福島原発事故10年検証委員会
民間事故調最終報告書

一般財団法人　アジア・パシフィック・イニシアティブ

福島原発事故10年検証委員会 民間事故調最終報告書 目次

福島原発事故10年検証委員会
『私たちは何を学んだのか』
──民間事故調　最終報告書

はじめに
「国の形」は変わったのか？

「備え」の検証と「学び」の検証

　シンクタンクの「日本再建イニシアティブ」は、2011年3月11日に始まる東京電力福島第一原発事故が最悪の時期を脱した後、民間の独自の立場から福島原発事故独立検証委員会（委員長：北澤宏一前科学技術振興機構理事長）──民間事故調──を設置し、事故の検証を行い、そこから教訓を引き出し、2012年2月28日、それらを盛り込んだ調査・検証報告書を刊行しました。2011年夏、民間事故調のワーキング・グループを立ち上げてから半年にわたる突貫作業でした。

　8年後の2019年夏、私たちは「福島原発事故10年検証委員会」を立ち上げました。いわば第二次民間事故調です。

　2021年3月11日の事故発生後10年のフクシマの真実に今一度正面から向かい合い、私たちが民間事故調で提起した課題と教訓をおさらいし、日本はそこからの教訓をどこまで学んだのか、実際のところ何をどのように活かしたのか、また、十分に学べなかったことは何なのか、それは何故なのか、要するに「私たちは何を学んだのか」を検証するためです。

　その際、政府事故調、国会事故調、学会事故調などのそれぞれの調査・検証の成果も大いに参考にし、そこでの提言も含めてそれらがどこまで活かされたのかを点検しました。それぞれの事故調を担当された方々への敬意と感謝を表したいと思います。

　民間事故調は一言でいえば、「備え（response, preparedness, prevention）」に焦点を当てて検証しました。それに対して、今回の第二次民間事故調は「学び」に照準を合わせて検証するのを目的としています。

　民間事故調の報告書は「最終章」（福島第一原発事故の教訓──復元力をめざして）においてフクシマの悲劇を「忘れてはならない」と結んでいます。人間社会における悲劇的事件・事故・事象を常に検証し続け、そこから学び

続けることが、「忘れない」ことのもっとも真摯な実践であるはずです。このたび再び、民間事故調を設立し、「10年後のフクシマ」を検証することにしたのはその実践の一環にほかなりません。

　しかし、実際のところ、「忘れない」ことを実践し続けるのはなかなかに難しい営みであるということを痛感します。

　2020年春以降の新型コロナウイルスに対する安倍晋三政権の取り組みを見ても、福島原発事故の際に露呈した危機管理ならぬそれこそ"管理危機"の経験から何をどこまで学んだのか疑問を感じざるを得ません。

　2009年の新型インフルエンザ（A/H1N1）の後、厚生労働省は専門家による「新型インフルエンザ（A/H1N1）対策総括会議」を設置し、日本政府の対応の課題を分析し、PCR等検査や保健所の機能について有益な提言をしています。

　それにもかかわらず、厚労省も政府全体としても次に備える体制を作ることができませんでした。この「備え」の欠如が、不十分で不公平だとして国民の不安と批判をもたらしたPCR等検査問題や機能不全に陥った保健所問題の根本原因となりました。なぜ、教訓を学んだはずなのにそれが活かされないのか？
「学ぶことを学ぶ」ことに私たちはもっと真剣に取り組まなければならないと思います。

　ことは決して「民主党政権だったから」とか「自民党政権だから」といった次元に収まるものではないのです。民主党のときのフクシマも自民党になってからのコロナウイルスも、危機の評価と管理をめぐるリスク、ガバナンス、リーダーシップのあり方をめぐる根本的な問題では共通しており、まさにそれこそが民間事故調が提起した問いそのものでもありました。私たちは民間事故調において、事故の調査・検証よりむしろ危機の調査・検証を行なったのです。

　今回もまた検証の主たる対象は、原子力という巨大技術を社会に実装し、それを経済と国民生活に活用するにあたっての政府と事業者（電力会社）の安全とセキュリティーに対する体制・態勢、事業者からも政治からも独立した確かで効果的な安全規制、「想定外」を含むリスクに対する備え（response, preparedness, prevention）、ファーストリスポンダーの役割と相互連携、国家的危機対応の司令塔機能、国家と社会の危機対応と危機管理に関するリスク、ガバナンス、リーダーシップ、とりわけ住民避難の費用対効果を含むあり方、そして、天災だろうが人災だろうが巨大な災難から国家と国民が立ち直り、未来への投資となる復興の戦略、といった「国民安全保障国家」（national security state）と国家統治（statecraft）——言い換えれば「この国の形」——に深く関わる領域を念頭に置いています。

「真実・独立・世界」

　福島原発事故を調査・検証した民間事故調は、報告書を作成し、それを世に問うに当たって、「真実・独立・世界」をモットーに掲げました。

　まず、調査・検証の前提である事実認定に当たっては当事者に直接、会って話を聞くことを心がけました。それは、証拠本位（evidence-based）の調査に不可欠です。

　次に、国家全体、社会全体への意味合い、つまり全体像を重視しました。

　日本の場合、行政も企業も司司のムラの虜となりがちで、「ムラと空気のガバナンス」の組織文化が生まれやすい。課題設定も解もタコツボ的な「部分最適解」になりやすい。そうではなくマルチ・ステークホルダーの利害関心と視点を踏まえた「全体最適解」を追求することが大切です。それを効果的に行うには、どこの虜でもない独立の立場の主宰力（convening power）が必要です。

　さらに、検証によって得られた知見を世界と共有し、世界と対話し、そこでのフィードバックを吸収し、それを世界の標準とルールの形成に活かすことを目指しました。

　日本は長い間、世界の標準・ルール形成において受け身で臨んできました。フクシマの経験とそこでの教訓を世界と共有することで世界の原子力安全の向上に資することは旧ソ連のチェルノブイリ事故に並ぶレベル７という史上最大規模事故の原子力災害を起こした日本の責任にほかなりません。

　今回も、こうした視点と視野を踏まえ、調査、検証するよう努めました。

　政府事故調も国会事故調も10年後の検証は行わないようです。それぞれ、質の高い調査・検証を行い、事故原因の究明に大きく貢献したと思います。とりわけ国会事故調は国会の監視機能（oversight）の一つとして画期的な試みだっただけに、追跡調査と再検証の機能を最初から組み込んでおくべきだったと思います。

　ただ、それだけに民間事故調の役割と責任が大きくなったともいえます。ヒアリングに応じていただいた畑村洋太郎・元政府事故調委員長は「検証するというのは、報告書を出してそれで済ますということではなく、日本の社会がどうやってこれを受けとめて、どういうふうに考えていくのかということを改めて外からもう一回見直すということを通じ、少しでも失敗を繰り返さなくするということです。そういう皆さんの試みに貢献できたらなと思って、今日は来ました」と激励してくださいました。

　また国会事故調委員を務めた野村修也中央大学教授は「国会事故調も、こうした検証の取り組みをやりたいけれども、集まるためにまた法律の権限が必要といった堅苦しいところがあって、皆さん方のように（民間で）立派な活動をされているのはうらやましいです（…）頑張ってください」と背中を

押してくださいました。

　そうした温かいお言葉は私たちにとって、大きな励みになりました。

　今回の「福島原発事故10年検証委員会」をつくるに当たって、鈴木一人東京大学教授に座長をお願いしました。鈴木教授は「国際政治と科学技術」分野の世界最先端の研究者ですが、2011年夏に発足した民間事故調のワーキング・グループのメンバーの一人として、「歴史的・構造的要因の分析」、なかでも原子力の「安全神話」の構造を鋭く分析した執筆者です。幸いなことに、鈴木教授はその任を快く引き受けてくれました。あの時のワーキング・グループからはもう一人、開沼博立命館大学准教授も参画してくれました。開沼准教授は事故後、福島に寄り添いつつ住民とともにフクシマの再生の思想とあり方を探求してきた福島復興論の第一人者です。

　このほか、磯部晃一（アジア・パシフィック・イニシアティブ　シニアフェロー）、奥山俊宏（朝日新聞編集委員）、久郷明秀（三菱総合研究所 主席専門研究員）、小林祐喜（笹川平和財団　安全保障研究グループ　研究員）、関谷直也（東京大学大学院情報学環 総合防災情報研究センター 准教授）、千々和泰明（防衛省防衛研究所 戦史研究センター安全保障政策史研究室　主任研究官）の各氏を委員にお招きし、今回の委員会を結成した次第です。いずれもそれぞれの分野でフクシマの投げかけた国家的課題に取り組んでこられた専門家です。このような即戦力のあるプロ集団で第二次民間事故調を結成できたことはまことに幸運でした。

　事務局は、瀬戸崇志（アジア・パシフィック・イニシアティブ前研究員）、柴田なるみ（同プログラム・オフィサー）、内海由香里（同職員）の3名で構成しました。インターンの平井拓磨（東京大学大学院）、小熊真也（オーストラリア国立大学大学院）、菊池明彦（慶應義塾大学）、石川雄介（中央ヨーロッパ大学大学院修了）、Lauren Altria（早稲田大学大学院）、Romeo Marcantuoni（早稲田大学大学院）の6名が、リサーチ・アシスタントとして参画しました。

　最後になりましたが、民間事故調の座長を務められた北澤宏一先生への心からの感謝の気持ちを改めて表したいと思います。先生は2014年9月に逝去されました。まだまだご専門の研究を続けていただきたかったし、私どもも引き続きご指導を仰ぎたかったと思っていただけに、とても悲しく、残念でした。

　先生は、社会に対する科学者としての強い使命と責任感をお持ちでした。民間事故調の報告書は先生なしには世に出なかったと思います。この「10年後のフクシマ」の再検証の試みも、ご存命であれば再度委員長をお願いしたはずの、そして必ずやお引き受けくださったであろう先生の御遺志として立ち上げたように思います。

日本再建イニシアティブは、民間事故調による調査・検証報告書を出版した後も、福島原発事故の継続的な研究とそこで得た知見を踏まえた日本のガバナンス危機・危機管理の課題を調査、研究してきました。『日本最悪のシナリオ　9つの死角』（新潮社、2013年）、『吉田昌郎の遺言　吉田調書に見る福島原発危機』（東洋出版、2015年）、『検証　日本の「失われた20年」　日本はなぜ停滞から抜け出せなかったのか』（東洋経済新報社、2015年）、『人口蒸発「5000万人国家」日本の衝撃　人口問題民間臨調　調査・報告書』（新潮社、2015年）、『縁助レジリエンス　医療機関の福島原発危機対応と避難』（東洋出版、2017年）などの著作物を発表してきました。

　このうち『日本最悪のシナリオ　9つの死角』では、浦島充佳東京慈恵会医科大学准教授（現教授）が「パンデミック——医者が消えた日」を執筆しました。

「未知のウイルスが猛威を振るうなか、人工呼吸器などの医療機器、医師や医療スタッフの不足により医療現場は崩壊の危機に直面する。問題解決の糸口となるのは『死ぬ順番』を決められるかどうかなのだが——。」

　この章は、そのような口上で始まっています。

　そして、浦島教授は、次のような「課題」を最後に指摘し、問題を提起しています。

「日本の医療機関は、医師、ベッド、人工呼吸器、ワクチンなどすべてにおいて不足し、平時から医療崩壊の危機にある。こうした現状を踏まえた上で、『新型インフルエンザ等対策特別措置法』に基づいた具体策の検討がなされているだろうか？」

　2020年3月下旬、新型コロナウイルス感染が拡大する中、私は浦島教授に電話しました。

「先生があの本で描かれた『最悪のシナリオ』が本当に来てしまうかもしれませんね。そうさせないため何をすべきか、今の政府のやっていることでいいのか、できれば政府に何かその都度、助言するような研究会をつくりませんか」

　その後、浦島教授と塩崎彰久弁護士（長島・大野・常松法律事務所パートナー）を中心に研究会（チームABC＝Ad hoc B team on COVID-19）をつくり、そこでの知見を踏まえて7月末、「新型コロナ対応・民間臨時調査会」（コロナ民間臨調＝小林喜光委員長）を立ち上げました。ワーキング・グループには鈴木一人教授にも加わっていただきました。10月8日、コロナ民間臨調の調査・検証報告書を日本記者クラブで発表しました。

　そこでの検証作業は福島原発の民間事故調のときの実証主義に基づき、当事者の話を丁寧に聞くといった検証原則を踏襲しました。

　今回の民間事故調の最終報告書も私たちのシンクタンクが進めてきたそうした公共政策を検証する継続的な取り組みの一環です。

　日本再建イニシアティブは、今回の「10年後のフクシマ」最終報告書の刊行を以って、解散します。これによって同シンクタンクが当初、自らに課した責任を一応果たしたと考えるからです。

　日本の社会と国家のリスク・ガバナンス・リーダーシップの課題は2017年に日本再建イニシアティブの上部機構として設立したシンクタンク、アジア・パシフィック・イニシアティブ（API）が引き続き取り組んでまいります。

謝辞

　福島原発事故10年検証委員会は、2019年8月から2020年3月まで計15回、以下の当事者と有識者へのヒアリング及び委員による研究会を実施しました（ご本人の希望もあり、一部の方は匿名としています。一部、機関名のみ掲載しています）。

チャールズ・カストー（President, The Casto Group Consulting LLC、元米原子力規制委員会地域センター長）2019年8月26日
畑村洋太郎（株式会社畑村創造工学研究所　代表取締役、元政府事故調委員長）2019年9月18日
椎名毅（元東京電力福島原子力発電所事故調査委員会事務局員）2019年10月9日
原子力規制庁 幹部 2019年10月10日
田中俊一（現飯舘村復興アドバイザー 双葉町放射線量等検証委員長・初代原子力規制委員長）2019年11月20日
東京電力 幹部 2019年11月27日
原子力損害賠償・廃炉等支援機構 幹部 2019年12月11日
細野豪志（衆議院議員・元内閣総理大臣補佐官・環境大臣）2019年12月19日
岡本全勝（元復興庁事務次官）2020年1月17日
ジョージ・アポストラキス（電力中央研究所原子力リスク研究センター所長、元米国原子力規制委員）2020年1月29日
野村修也（中央大学法科大学院教授 元国会事故調委員）2020年2月4日
元経済産業省高官 2020年2月27日
近藤駿介（原子力発電環境整備機構 理事長・元原子力委員会委員長）2020年3月10日
塩崎恭久（現自由民主党行政改革推進本部長）2020年3月17日
冨山和彦（株式会社経営共創基盤 代表取締役CEO・東京電力改革・1F問題委員会委員）2020年3月18日

　このほか、以下の方々には委員の個別のインタビューに応じていただきました（肩書はインタビュー実施当時のものです）。

寿楽浩太（東京電機大学 准教授）2019年9月24日
元国会事故調事務局調査員 2019年10月1日
佐藤康雄（消防防災科学センター参与）2019年10月8日
髙橋清孝（前内閣危機管理監）2019年11月13日

平岡英治（元原子力安全・保安院次長・環境省審議官）2019年11月19日
山田憲（元福島県警警備部長）2019年11月22日
山本哲也（元内閣府原子力防災政策統括官）2019年11月22日
美浜原子力緊急事態支援センター担当者 2019年11月26日
内閣府原子力防災 経験者 2019年11月29日
三浦宏（総務省消防庁特殊災害対策室長）2019年12月3日
久保信保（元総務省消防庁長官）2019年12月3日
警察庁 現役中堅職員 2019年12月6日
鈴木久泰（元海上保安庁長官）2020年1月30日
髙見澤將林（元内閣官房副長官補）2020年2月4日
環境省 除染政策担当者 2020年2月26日
大井良（海上保安庁環境防災課防災政策官）2020年3月5日
元自衛隊高官 2020年3月19日
田浦正人（元中央即応集団副司令官）2020年3月27日
国立保健医療科学院関係者 2020年3月30日
髙橋知之（京都大学 准教授）2020年3月30日
森田貴己（国立研究開発法人水産研究・教育機構 グループ長）2020年3月31日
丹羽太貫（公益財団法人放射線影響研究所 理事長）2020年4月1日

　いずれの方々にも、深くお礼を申し上げます。

　今回も出版は、ディスカヴァー・トゥエンティワンの干場弓子さん（ディスカヴァー・トゥエンティワン取締役社長＝当時）にお願いし、快諾を得ました。ありがとうございました。また、ディスカヴァー・トゥエンティワンの佐藤昌幸氏と渡辺基志氏にもお世話になりました。

　　　　　　　　　　　　　　　　　　　　　　　　　　　船橋洋一

序　章

第二次民間事故調の課題：
「いつものパターン」は許さない

第二次民間事故調の課題：
「いつものパターン」は許さない

　2011年3月11日14:46に東北地方太平洋沖で発生したマグニチュード9.0の巨大地震は大津波を引き起こし、東北地方から関東地方にかけての太平洋側の沿岸を襲った。福島県の浜通りと呼ばれる沿岸部に位置する東京電力福島第一原子力発電所（福島第一原発）の敷地内に押し寄せた大量の海水は、地下の配電盤と非常用ディーゼル発電機を水浸しにした。外部電源を供給する送電線が地震による鉄塔の倒壊によって断絶し、1–4号機の内部の電源も失われ、いわゆる全交流電源喪失（ステーションブラックアウト：SBO）をもたらした。福島第一原発は、原子炉の冷却機能を失い、原子力災害対策特別措置法（原災法）の第15条事象が宣言され、シビアアクシデントとなった。

　この未曾有の危機は、吉田昌郎所長をはじめ、福島第一原発の現場で命の危険を感じながら奮闘した人々、それを支援した人々、そしておそらくは運にも恵まれ、急性放射線障害による死者を一人も出すことはなかった。しかし、東日本大震災と福島第一原発事故による避難で亡くなった福島県の震災関連死者数は2301人（2020年3月時点）となり、また最も多い時で16万人の住民が避難を余儀なくされた。避難した多くの住民はそれぞれに厳しい生活を強いられ、しばしば報じられるように、被災者でありながら避難先でいわれのないいじめや差別を受けることもあり、原発事故のもたらす影響は極めて大きいものであった。

報告書は出して終わりではない

　この事故に関連して、本研究プロジェクトの前身となる、福島原発事故独立検証委員会（民間事故調）のみならず、内閣官房に設けられた東京電力福島原子力発電所における事故調査・検証委員会（政府事故調）や国会が憲政史上初めて設置した東京電力福島原子力発電所事故調査委員会（国会事故調）、さらには日本原子力学会による東京電力福島第一原子力発電所事故に関する調査委員会（学会事故調）、東京電力自身による福島原子力事故調査委員会（東電事故調）など、多数の事故調査委員会が立ち上がり、それぞれの問題関心から福島第一原発で起きた事故を調査・分析し、その事故がなぜ起きたのか、そこから何を学ぶべきなのか、様々な提言と教訓が導き出された。

　ところが、これは多くの事故調査に共通して言えることだが、日本において、こうした事故の調査は報告書を発表して解散することが一般的であり、

そこで提言されたことや教訓として示されたことがどの程度社会に受け入れられ、それがどのように政府や当事者を変化させ、そして二度と同じような事故が起こらないような「備え」が出来ているかを検証するということはほとんどなされない。その結果、事故直後のショックがまだ覚めやらない時期には、これらの報告書の提言や教訓を真摯に受け止め、二度と同じことが起こらないよう様々な改革や変化に取り組み、新たな法律や制度が生み出される。しかし、それらが10年も経つと、次第に記憶が風化し、事故がなぜ起こったのか、どのようにして対処したのか、そしてそこからどのような教訓を得たのかを忘れ、事故の前の習慣や考え方に戻っていってしまうことも大いにあり得る。本棚の片隅にしまい込まれた数々の事故調査委員会が出した報告書は再び開かれることなく、その教訓や提言が本当に実現されたのかを検証する機会を得ることもない。

　福島第一原発事故は、そのような「いつものパターン」に陥ってはならない巨大事故である。なぜならば、第一に、現在でも避難指示が解除されないまま、ふるさとに戻れない人たちが多数いるだけでなく、様々な事情により避難先で新しい生活を築いている人たちも、事故によって大きく人生を狂わされた。福島第一原発の原子炉の廃炉作業はまだまだ始まったばかりであり、未だに放射線量が高いため近づけない場所が多数あり、事故の全容は未だに解明されていない。つまり、福島第一原発事故は現在も続く事故であり、その事故がなぜ起こったのか、なぜ事故を避けることは出来なかったのか、なぜ事故を早期に収束することは出来なかったのか、という問いは続いている。

　第二に、福島第一原発事故を契機に大きなうねりとなった脱原発・反原発の運動があり、そうした社会勢力によって圧力がかけられるにもかかわらず、政府はエネルギー政策の戦略として原子力発電を続ける方針を示しており、既に9基の原子炉がすでに再稼働している（定期点検、特別重大事故等対処施設建設のために停止しているもの、および広島高裁によって差し止められた伊方原発3号機を含む）。また8基の原発が原子力規制委員会から基準適合と認可を受けており、地元自治体との調整が済めば再稼働することになるであろう。福島第一原発事故以降も原子力発電所を稼働させるのであれば、その稼働を許可した規制は適切なものなのか、また原発を運転する事業者はきちんと教訓を学んでいるのか、そしてその原発によって生み出された電気を使う国民は、原発の再稼働にどう向き合うべきなのか、そうしたことが問題となる。その際、福島第一原発事故で得られた教訓や、いくつもの事故調査委員会の提言がきちんと受け止められ、原発の規制や運転、そしてもし同じような事故が起きたときの「備え」に反映されているのかを検証する必要がある。

　第三に、福島第一原発事故は戦後日本の経済成長のあり方や社会のあり方、「この国のかたち」を大きく揺らがせるものであった。第二次大戦後、新たな日本国憲法の下で平和国家であることを誓い、科学技術の開発と利用を軍事

目的から切り離して経済発展に力を注ぎ、飛躍的な経済成長を経験してきた。その背景には急速に伸びる電力の需要を賄うための「夢のエネルギー」として原子力が位置づけられ、さらには世界でも実現したことのない、使用済み核燃料から新たな原発の燃料を作り出す「核燃料サイクル」を究極の目標として研究開発が続けられてきた。しかし、福島第一原発事故は、「安全神話」によって確立したと思われていた「原発は安全」との共通認識への根本的疑念を生み出し、原発は巨大原子力災害を引き起こすリスクを伴うエネルギー源であるということを知らしめた。これまで享受してきた電力による経済発展や日本における文明的な生活は、こうしたリスクと共にあるものであり、そのリスクとどう向き合うのか、また、原発による発電がなくなったとすれば、その代わりに起こりうる様々な問題—例えば、化石燃料を燃焼させて発電することによる温室効果ガスの大量排出—をどう解決していくべきなのか、といった問題を考えなければならなくなった。

民間事故調の後継プロジェクトとして

　この研究プロジェクトは、このような「いつものパターン」を打破すべく、福島第一原発事故の発生から10年が経とうとしていることを一つの契機として、事故と事故後の変化をレビューし、事故から得た教訓をどこまで学んだのか、提言がどこまで実現したのか、実現していない提言があるとすれば、それはなぜなのか、なぜ、変わっていないのか、変わらないのかを分析し、研究することを目的としている。

　このプロジェクトの前身である民間事故調では北澤宏一委員長が巻頭に掲げた「不幸な事故の背景を明らかにし安全な国を目指す教訓に」というメッセージに基づき、事故の「背景」となった様々な事象を取り上げた。第1部では、事故の経緯を整理し、技術的な観点から事故の原因を当時利用可能であった公開情報に基づき分析した。民間事故調は東京電力の協力を得ることが出来なかったため、事故の現場指揮を執った吉田所長をはじめ、東京電力の幹部や職員に聞き取りをすることは出来なかったが、事故の経緯から全電源喪失が原子炉の冷却を困難にし、シビアアクシデントをもたらしたという見解を示した。また、原発事故だけでなく、放射性物質の拡散による環境への影響や食品を通じた内部被曝の問題、そして低線量被曝がもたらすリスクなどを解説し、福島第一原発事故の影響がどの程度のものになるのかを評価し、事故後の対処に必要とされる基礎的な理解を共有した。

　第2部では原発事故への対応に焦点を当て、首相官邸の事故対応を菅直人首相をはじめ、意思決定に関与した主要閣僚、当時官邸内に詰めていた幹部職員などへのヒアリングを中心に、その経緯に関する公開情報と、意思決定におけるそれぞれのアクターが何を考えていたのかを明らかにした。ここでは官邸と原子力安全・保安院との関係や政府と東京電力の情報共有の仕組み

に大きな問題があり、超法規的に政府と東京電力の対策統合本部が設置されたことで情報の流通がスムーズになり、政府の対応が整理されるようになったことに焦点を当てて分析した。また、官邸における意思決定が菅首相の個人プレーに過度に左右されたことや、官邸によるマイクロマネジメントがもたらす問題を指摘し、官邸における原子力災害マニュアルの見直しを提言した。

　さらに第2部では、政府による情報発信をリスク・コミュニケーションの観点から分析し、国民が不安な状況にある中で、政府の情報発信が持つ重要性と、福島第一原発事故における政府のスポークスマンとなった枝野幸男官房長官や東京電力、原子力安全・保安院の情報発信について検討した。また、民間事故調は視座を国内に置くだけでなく、国際社会に向けての発信や、諸外国がどのように事故を受け止め、理解したのかを分析した。また、これらのリスクに関する誤った理解や意図的なデマ、恐怖に基づく曲解などがSNSを通じて拡散し、現在で言う「フェイクニュース」となって流布したことも分析の対象とした。

　民間事故調は現地における原子力災害への対応にも焦点をあて、ファーストリスポンダーである自衛隊・警察・消防の役割に着目し、異なる組織間のコミュニケーションの欠如や指揮命令系統の問題など、相互に協力することを想定していなかったがゆえの問題点を指摘した。また、文科省が持っていた放射性物質の拡散を予測する仕組みであるSPEEDIを巡る議論も整理し、SPEEDIに何が出来て何が出来ないのかを明らかにした上で、原発から放出される核種や量が定かでない中で、避難指示の材料とはならないと結論づけた。さらに政府の避難指示のあり方、地方自治体の対応なども調査し、「安全神話」に基づく、事故の想定の欠如と「備え」のなさが現場での混乱に拍車をかけ、様々な問題を生み出したことを明らかにした。

　第3部では福島第一原発事故の遠因となった、歴史的・構造的要因を分析した。まず、原子力安全の思想的背景として、安全規制の根底には設計基準事象（Design Basis Event：DBE）を想定してそれに対して決定論的安全評価を行って設計の妥当性を確認するという考え方、即ち、事故の想定をデザインし、そのデザインに基づいて安全設計を行うという考え方に基づいていたことを明らかにした。福島第一原発事故はその想定をはるかに超える事象が起きたため、「想定外」の事象への対応が求められたが、そもそもその事象を想定していなかったことで、その事象は「起こらないこと」とみなされ、その「想定外」の事象が引き起こす事故への「備え」が出来ていなかったことを明らかにした。それに対する提言として、日本では十分に実施されていなかった確率論的リスク評価と深層防護の概念の導入を訴え、アクシデント・マネジメント（AM）への積極的対応を求めた。

　また、第3部では行政のサイドから原子力安全規制のあり方を歴史的に検討し、規制を定める際の当事者の責任関係や津波、SBO、シビアアクシデン

ト、複合災害という状況をどこまで想定し、規制が定められていたのか、またそれらの設計をする際、規制当局はどのような考え方に基づいて規制を行っていたのかを分析し、その背景にある日本特有の安全規制ガバナンスの問題を取り上げた。その特有さは被爆国である日本に平和利用目的の原子力技術を導入する上での特殊性に基づくものであり、一方では「核燃料サイクル」をはじめとする研究開発を担う科学技術庁（文部科学省）と原発の商業運転を規制する通商産業省（経済産業省）の行政的な二元体制、さらには原子力委員会と原子力安全委員会との政策決定の二元体制、そして原子力安全・保安院と原子力安全委員会という安全規制ガバナンスの二元体制に加え、「国策民営」と呼ばれる政府と電力会社との二元体制という構造的な問題が、硬直的な規制と行政的な曖昧さを生み出し、事業者を適切に規制出来ていなかったことを指摘した。

　また、そうした原子力安全規制ガバナンスの背景にある思想的な問題、とりわけ「安全神話」と呼ばれるものがいかにして生み出され、維持されてきたかを分析した。ここでは「原子力ムラ」と呼ばれる政府、学術界、事業者、メーカー、メディアなどの利害関係者によって構成されるコミュニティでどのような言説が用いられたのかを明らかにし、原子力発電を推進していく側の論理を明らかにする一方、立地自治体において原発がどのように受容され、また国民に向けてどのような説得がなされてきたのかを明らかにした。さらに原発を推進する中央の「原子力ムラ」と、それを受け入れる立地自治体の「原子力ムラ」の外側に反原発運動などが展開され、訴訟戦術などが多用されたが、司法に依存した反原発運動が結果的に原子力の専門家ではない裁判官に判断を委ねることとなり、原子力安全がコンプライアンス問題に転化されていった経緯を論じた。

　第4部では、福島第一原発事故の直接の原因ではないが、事故後の対処を検討する上で重要となるグローバルなコンテクストからの分析を行い、事故後の原発が核セキュリティ上、どのような問題を孕むか、また、日本の原子力規制がIAEAなどの国際的な組織や、諸外国との文脈の中で、いかに特殊なものであり、また他国の専門家から安全規制の問題について指摘された際も、日本はそうした指摘に耳を貸してこなかったことについて検討した。さらに、原発事故を巡る対処で重要となったのが、日米関係であり、アメリカが自国民保護の観点から様々な措置を講じる中、日米の間のコミュニケーションギャップやアメリカの措置がもたらした日本国内での反応などを取り扱い、国際的な支援の受け入れにかかる問題を明らかにした。

　これらの議論を踏まえた上で、民間事故調では、福島第一原発事故をもたらした様々な「近因・中間因・遠因」を取り上げ、それらの原因を作り上げてきたのは、日本社会における部分最適解による、全体最適解の喪失であったと結論づけている。設計想定事象に基づく「想定外」を考えない設計思想、司法対応から生じたハードウェアの規制へのコンプライアンスを重視するこ

とで、形式的な安全対策に陥りがちとなり、2002年に明らかにされたトラブル隠し事件のように、書類上の記述だけで安全であることを証明しようとし、不断の努力による安全を高めるという発想を持たなかったこと、中央と立地自治体の「原子力ムラ」が相互に依存することで成立する「安全神話」、そして「想定外」の事象に対して備えのなかった政府と官邸の対応は、いずれも部分最適解ではあっても、全体最適解とはいえず、原子力安全が最終的に目指すべき「安全を高めるための不断の努力」という目標を見失っていたことが、福島第一原発事故の根底にあると論じた。そして、日本が学ぶべき教訓は、危機に対して「復元力（Resilience）」を高めることであるとのメッセージを発している。自然災害や感染症の爆発的流行など、危機は必ず起きる。政府のみならず、事業者やファーストリスポンダー、自治体や国民も含めて、そうした危機に備えるための能力と制度を整備し、危機があっても、そこから復元できる力を発揮できるよう、リーダーシップを磨き、様々な「想定外を想定」することで、危機管理を行うということを提言している。

　今回のプロジェクトは民間事故調の後継である第二次民間事故調として、その精神と問題意識を受け継ぎつつ、この10年で民間事故調が提起した問題について、日本の政府が、東京電力が、そして社会がどのように変化し、どのようにこれらの教訓や提言を受け入れてきたのかを検討する。

検証すべき対象とテーマ

　民間事故調での調査分析を基礎として、このプロジェクトでは以下のテーマを取り扱い、この10年を振り返る（括弧内は担当するメンバー）。

●原子力安全規制（久郷明秀）：福島第一原発事故の後、それまでの安全規制を担ってきた、経済産業省の外局である資源エネルギー庁の「特別の機関」として設置された原子力安全・保安院を解体して原子力規制庁に統合し、職員も同庁への出向ではなく「片道切符」となった。また原子力安全のダブルチェックを行うことを任務とする原子力安全委員会は廃止され、いわゆる第三条委員会である独立性の強い原子力規制委員会が新たに設置された。この新たな原子力安全規制の仕組みは、「世界一厳しい」とされる安全規制を定め、実施することとなっているが、果たしてそれは福島第一原発事故の遠因となった「安全神話」を乗り越えることが出来るのか、という課題に直面する。本プロジェクトでは、この10年での原子力安全規制のあり方は、どの程度まで事故の教訓から学んだのか、新たな「安全文化」は生まれたのか、という問題意識で取り組む。

●東京電力のガバナンス（奥山俊宏）：福島第一原発事故の当事者である東京電力は、これまで地域独占、総括原価方式の下、圧倒的な政治力を持ち、国会事故調の報告書によれば「規制の虜（Regulatory Capture）」の状態を作って規制当局にも影響力を及ぼすことが出来る存在であった。また

「国策民営」の下、巨大な官僚組織に比する組織構造を持ち、原子力部門における技術的特性から、極めて閉鎖的で風通しの悪い企業文化を特徴としていた。福島第一原発事故はそうした東京電力の体質を変えたのか。東電内部からの原子力部門の改革プランとして発表された「福島原子力事故の総括および原子力安全改革プラン」（通称、姉川プラン）は大胆な組織改革や意識改革を提唱したが、そうした試みは東京電力を変えることが出来たのだろうか。また、電力自由化によって競争環境が生まれつつあるが、それは東京電力の企業文化に影響しているのだろうか。さらに、福島第一原発の事故処理と賠償にかかる費用を最終的に負担することになる東京電力は、その支払に耐えられる企業となるのであろうか。

●リスク・コミュニケーション（関谷直也）：原発事故は、目に見えない放射線による被害への恐怖が人々の心を支配する。事故によってどの程度危険な状況が生じ、自らの生活がどの程度脅かされるのか、誰しもが不安になる。福島第一原発事故では、枝野官房長官が前面に出て政府からの情報発信を行ったが、発災当時の混乱した状況の中で「直ちに影響はない」とのメッセージは正確な発信ではあったが、国民の不安を解消するものではなかった。また東京電力、原子力安全・保安院からの情報発信も「炉心溶融」といった言葉遣いの問題などに注目が集まり、人々の不安や不信感をかき立てるものとなった。この10年でリスク・コミュニケーションの分野ではソーシャル・ネットワーク（SNS）が発達し、2011年当時とはコミュニケーションのあり方も大きく変わっている。また、福島第一原発事故が収束しきらない中で風評被害の問題は現在でも続いている。そんな中で、現代におけるリスク・コミュニケーションはどうあるべきなのか、また福島第一原発事故からの教訓は政府・東京電力からの情報発信にどのように活かされているのかを議論する。

●官邸の危機管理（千々和泰明）：民間事故調の中核的テーマであり、報告書の中でももっとも読まれたのは官邸の危機管理の部分であったと言って間違いはない。その官邸の危機管理は、当時の安全保障・危機管理室が事態対処・危機管理室に改組され、さらに国家安全保障局（NSS）が加わったことで制度的には強化された。しかし、その制度を動かす人材や、さらには危機管理の際のリーダーシップを取るべき政権トップと幹部が果たしてどの程度まで「備え」を意識しているのか、ということは改めて検証されるべきである。福島第一原発事故当時は民主党政権であり、現在は自民党政権、しかも長期政権であることから様々な自然災害に対する危機管理の経験を積み、事態対処の能力が高まっているという条件の違いはあるが、そうした個々の政権の特殊性を除いて考えたとき、制度として、仕組みとして原子力災害が発生したときの危機管理—それは往々にして複合的な危機における危機管理となる—ができる体制になっているのかを検討する。

●ロジスティクス（小林祐喜）：原子力災害において、事態対処の是非を分け

るのはロジスティクスと言っても過言ではない。福島第一原発事故では原子力災害に対する物理的な「備え」が欠けており、サイト内での電源の確保や給水のためのポンプ車、使用済み燃料プールを冷却するために、奇跡的に有効であった「キリン」と呼ばれるコンクリート用高圧ポンプ車など、物理的な装備がなければ事故はより悪化していた可能性は否定出来ない。事故後の原子力安全規制においても、こうしたロジスティクスの側面は重視され、原発再稼働の要件として、電源車や消防自動車などの物理的な「備え」を徹底することが求められた。果たして、これらの規制は適切なものと言えるのであろうか。複合災害が起きた際に、こうしたロジスティクスは適切に機能するのであろうか。さらには、こうしたハードウェアは整っていたとしても、それを運用することがどこまで出来ているのだろうか。事故の教訓から過剰なまでの「備え」をすることになっていないだろうか。物理的なロジスティクスは目に見えるものだけに安心感を与える存在ではあるが、そうした安心感を得るだけの飾りになってしまっては意味がない。ここでは事故後に議論された「日本版FEMA（米国の緊急事態管理庁）」の是非も含めて議論する。

●ファーストリスポンダー（磯部晃一）：民間事故調で扱い、他の事故調ではほとんど検証されなかったテーマとして、自衛隊・警察・消防などのファースト・リスポンダーの役割がある。自衛隊・警察・消防は必ずしも原子力災害の一義的なリスポンダーではないが、福島第一原発事故では陸上自衛隊のヘリコプターが3号機の使用済み燃料プールめがけて海水を投下した姿はテレビで大きく報じられ、その効果はともかく自衛隊が原子力災害に対応しているということは、国民の安心感や事故対処している当事者にとっても勇気を与えるものであった。また、消防は使用済み燃料プールへの注水において重要な役割を果たし、警察は住民避難をはじめ、様々な局面で社会的秩序を維持する役割を担った。しかし、問題は原子力災害においてこれらのファーストリスポンダーがどのような役割を果たすか、全く想定されておらず、制度的にも任務的にも「備え」がない状態で対処せざるを得なかった。また、通常は別個の任務に就いている組織が一つのオペレーションに協力して対処する際に、組織間の連絡や調整に大きな負荷がかかる。こうした福島第一原発事故で経験した様々な問題からどのような教訓を得て、どのような対応をしているのか。また、原子力災害が究極の状態になった際、民間企業である事業者が従業員に対して命を賭けて事故対処しろと命ずることは極めて困難である。そうした際に、「事に臨んでは危険を顧みず、身をもって責務の完遂に務め、もって国民の負託にこたえる」ことを誓うと宣誓した自衛官がその任を担うことになるのか。

●復興（開沼博）：民間事故調の調査では触れることが出来なかった問題として、復興の問題がある。福島第一原発事故では半径2km、3km、10km、20kmと避難指示区域が拡大し、16万人の人たちが住む場所を追われ、避

難を余儀なくされた。それから10年が経ち、避難指示解除された場所も拡大していったが、未だに避難指示区域のままである場所も残されている。また、避難した人たちがすぐに元の家に戻れるわけもなく、街全体の復興、生活基盤の再建なども大きな課題として存在する。原発事故の問題として長期にわたる復興をどうしていくべきなのか。明確な答えを出すことが難しいテーマではあるが、原発事故に対する「備え」とは、住民避難と復興まで含めての「備え」であるべきであり、原発の再稼働とともに自治体が進める避難計画の策定は進められているが、避難した後の復興については十分に議論が尽くされているとは言いがたい。この問題についても、何らかの議論の方向性を示すことがこのプロジェクトの任務であろう。

新たな事故検証

　本プロジェクトは、民間事故調の調査・検証の過程で問題意識として持ちつつも、資料的かつ時間的制約で掘り下げられなかったテーマを11テーマ選び、この10年の間にメディアの調査報道などで明らかになった事実や発見を織り込みながらコラムの形で記述した。その11のテーマは以下の通りである。

1. 消防車による原子炉注水
2. なぜ、米政府は4号機燃料プールに水はないと誤認したのか
3. "過剰避難"は過剰だったのか
4. 福島第二・女川・東海第二原発
5. 原子力安全・保安院とは何だったのか
6. 日本版「FEMA」の是非
7. 求められるエネルギー政策の国民的議論
8. 2つの「最悪のシナリオ」
9. 「Fukushima50」─逆輸入された英雄たち
10. 行き場のない"汚染水"
11. 免震重要棟

検証の対象

　民間事故調の報告書の要約と提言に関しては以上である。

　しかし、このプロジェクトで検証の対象としたのは、民間事故調の提言に限っていない。政府事故調、国会事故調、学会事故調もそれぞれに有意義な提言をしており、それらも含めて検証の対象とした。ただし、それらの事故調が扱った教訓や提言の全てを網羅し、それを一つ一つ検証、再検証することは本プロジェクトの本意ではない。この報告書ではあくまでも、原子力安全規制、東電のガバナンスなど、検証すべき主要テーマに即して、過去の事

故調が提示した提言を踏まえ、検証していくことする。

　末尾に各事故調が提示した提言を、本プロジェクトの調査テーマに即してまとめた参考資料を掲載した。

【参考資料】
　民間事故調・政府事故調・国会事故調・学会事故調の提言

　民間事故調、政府事故調、国会事故調、原子力学会の事故調が発表した提言を、各章ごとのテーマに整理し、それぞれの章で検証すべき課題としてリストアップした。各事故調で明示的に「提言」として出されていないものであっても、報告書の中で提言として示唆されているものも含めている。

第1章　安全規制──不確かさへのアプローチ──
・アクシデント・マネジメント（AM）の規制要件化と、制度上の留意点（民間事故調、p.266、第6章結論部）
・原子力推進行政から独立した実効的原子力安全規制機関の設置（民間事故調、p.388、第8章結論部）
・2-3年異動問題の克服：安全規制をライフワークとする専門家人材の育成（民間事故調、p.388、最終章）
・安全規制のガバナンスを巡る「批判的専門家グループ」の形成（民間事故調、p.321、第8章結論部）
・原子力災害対策マニュアル等の想定見直し（民間事故調、p.100、第3章）
・規制当局に対する国会の監視（国会事故調：提言1、ダイジェスト版p.2）
・新しい規制組織の要件（国会事故調：提言5、ダイジェスト版p.3）
・原子力法規制の見直し（国会事故調：提言6、ダイジェスト版p.3）
・複合災害を視野に入れた対策に関する提言（政府事故調：最終報告p.433）
・リスク認識の転換を求める提言（政府事故調：最終報告p.433）
・事故防止策の構築に関する提言（政府事故調：最終報告p.434）
・総合的リスク評価の必要性に関する提言（政府事故調：最終報告p.435）
・シビアアクシデント対策に関する提言（政府事故調：最終報告p.435）
・モニタリングの運用改善に関する提言（政府事故調：最終報告p.436）
・IAEA基準などとの国際的調和に関する提言（政府事故調：最終報告p.439）
・原子力安全規制機関の在り方に関する提言（政府事故調：最終報告pp.439–441）
・安全文化の再構築に関する提言（政府事故調：最終報告p.441）
・定量性を持った安全目標の設定と社会との共有・対話の努力（学会事故調、p.358）

- 基本安全原則など高次の安全思想の発展・深化と規制への明確な位置付け（学会事故調、p.359）
- 深層防護に関する発想の「規制図書」化／外的事象に対する対策強化／過去事故対策の強化（学会事故調、pp.360-362）
- 安全規制機関の取組み（学会事故調、p.367）

第2章　東京電力の政治学

- 適切な規制—事業者間関係の欠如：両者間の相互理解・尊重の必要性（民間事故調、pp.289-290、第7章結論部）
- 「国策民営」がもたらす責任の所在の曖昧さ／安全規制ガバナンス見直しへの事業者責任（民間事故調、pp.320-321、第8章結論部）
- 「国策民営」の中での事業者責任の限界—国家の非代替性（民間事故調、p.388、最終章）
- 電気事業者の監視（国会事故調：提言4、ダイジェスト版pp.2-3）
- 東京電力の在り方に関する提言（政府事故調：最終報告p.441）

第3章　放射線災害のリスク・コミュニケーション

- 科学的知見の曖昧性の中での合意形成・境界横断的科学コミュニケーション（民間事故調、p.66、第2章結論部）
- ソーシャルメディアと原発危機時のリスク・コミュニケーション（民間事故調、p.145、第4章結論部）
- 広報とリスクコミュニケーションに関する提言（政府事故調：最終報告p.436）
- 防災計画に新しい知見を取り入れることに関する提言（政府事故調：最終報告p.434）
- 住民避難の在り方に関する提言（政府事故調：最終報告pp.437-438）
- 放射線に関する国民の理解に関する提言（政府事故調：最終報告p.438）

第4章　官邸の危機管理体制

- 原発事故対処における官邸のマイクロマネジメントを巡る教訓（民間事故調、p.98、第3章）
- 複合災害の官邸危機管理における諸課題に対する教訓（民間事故調、p.119、第3章結論部）
- 原子力災害対応可能な官邸スタッフの制度的理解／政治家への助言を支える教育・訓練・体制（民間事故調、p.101）
- 政府の危機管理体制の見直し（国会事故調：提言2、ダイジェスト版p.2）
- 原災時の危機管理態勢の再構築に関する提言（政府事故調：最終報告p.435）
- 原子力災害対策本部の在り方に関する提言（政府事故調：最終報告pp.435-

436)

第5章　原子力緊急事態に対応するロジスティクス体制
・オフサイトセンターの体制に関する各種見直しへの提言（民間事故調、pp.168–169）
・最後の砦としての原子力災害対応部隊／FEMA類似組織の必要性（民間事故調、p.388、最終章）
・オフサイトセンターに関する提言（政府事故調：最終報告、p.436）
・緊急事態への準備と対応対策の強化（学会事故調、p.363）

第6章　ファーストリスポンダーと米軍の支援リスポンダー
・大規模災害時の各ファースト・リスポンダーの指揮系統を巡る教訓・提言（民間事故調、p.168）
・原子力災害時のファースト・リスポンダーのオンサイト対応を巡る論点（民間事故調、p.168）
・最後の砦としての原子力災害対応部隊／FEMA類似組織の必要性（民間事故調、p.388、最終章）
・危機管理時の同盟間連携におけるwhole of allianceアプローチへの示唆（民間事故調、p.380）
・ファースト・リスポンダー連携における共通基盤の整備（学会事故調 p.363）

第7章　原災復興フロンティア
・中長期的な住民被曝の影響モニタリング・管理のため追跡調査の必要性（民間事故調、p.67、第2章結論部）
・被災住民に対する政府の対応（国会事故調：提言3、ダイジェスト版p.2）
・SPEEDIシステムに関する提言（学会事故調、p.363）
・放射線モニタリングと長期の線量評価（学会事故調、p.370）
・除染を巡る法規制とガイドライン（学会事故調、p.370）
・除染対象区域の設定（学会事故調、p.370）
・除染と除染技術（学会事故調、p.370）

安全規制
―不確かさへのアプローチ―

第1章 安全規制—不確かさへのアプローチ—

何ものにも「囚われ」ない規制へ

　事故後、発表された各事故調査報告書は、原子力安全規制のあり方について以下のような教訓と提言を示している。

　民間事故調査報告書は、「国策民営がもたらす責任の所在の曖昧さと、そこからもたらされる事業者の危機管理能力の弱さ、そしてガバナンスの弱さがあった」ことを指摘し、その背景に日本の規制文化・慣行の組織文化面での特徴として「ムラと空気のガバナンス」や「小さな安心を優先し、大きな安全を犠牲にしてきた」ことを抉り出している。

　また、国会事故調は、「規制側と事業者側が、過去の規則と既存の原子炉の安全性が訴訟によって否定され、プラントが停止することを避けるため、両者の利害が一致するところで学界やその他の各方面に働きかけるなど、『本質的なリスクの低減』や、『安全の確保』からかけ離れた不健全な関係があった」と指摘している。

　さらに政府事故調は、「原子力安全規制機関は、原子力安全関連の意思決定を実効的に独立して行うことができ、意思決定に不当な影響を及ぼす可能性のある組織から機能面で分離されていなければならない」と強調している。

　そしてこの点については、2012年9月、純粋に科学的・技術的な見地から独立して意思決定する規制機関として原子力規制委員会が設立された。同委員会の委員長と委員の人事は緊急事態発令中の例外規定に基づいて衆参各議院の同意を得ずに任命された。（2013年2月に衆参各議院の同意を得ている）

　新たに設立された原子力規制委員会は、組織発足の3か月後に、「人と環境を守る」との使命と5つの活動原則からなる組織理念を公表した[1]。

　そこでは、「原子力に関わる者はすべからく高い倫理観を持ち、常に世界最高水準の安全を目指さなければならない。我々はこれを自覚し、たゆまず努力することを誓う」と述べ、その活動の原則の第一番目に「独立した意思決定」と題して「何物にもとらわれず、科学的・技術的な見地から、独立して意思決定を行う」ことを掲げた。

　規制委員会の委員たちは、新たな決意を口にした。

1　原子力規制委員会は活動原則として（1）独立した意思決定（2）実効ある行動（3）透明で開かれた組織（4）向上心と責任感（5）緊急時即応を挙げている；原子力規制委員会（n.d.）「組織理念」『原子力規制委員会（委員会ホームページ）』アクセス2020年6月30日〈https://www.nsr.go.jp/nra/gaiyou/idea.html〉

　原子力規制委員会の初代委員長に選任された田中俊一は第一声で、「原子力規制委員会の最も重要なことは、地に落ちた原子力安全行政に対する信頼を回復することにある。」[2]と発言し、そのための方法として透明性・中立性の確保を徹底したいと決意を語った。

　のちに田中の後任になった更田豊志も「地震、津波、航空機衝突のいずれもが、福島第一原発事故前から"脅威として存在することは認識されていたものの、その強度や発生確率は"不確かさ"を伴うもので（中略）、その"不確かさ"の大きさが、願望的な考えを招いたり、対策強化への決意を鈍らせたりしてしまった。原子力規制委員会はこれらの脅威への取組がその"不確かさ"の大きさの故に後送りされることの無いよう、監視、検討を続ける。」[3]と決意を語った。

　こうした新たな規制体制を裏打ちする法体系として、原子力安全規制の基礎となる原子炉等規制法[4]が改正され、またこれを受けて原子力規制委員会は規制基準を新たに整備した。

　従前の原子力利用の計画的な推進に関する文言を削除し、原子力に対する確かな規制を通じて人と環境を守るための安全確保に焦点を絞って強化し、電気事業法の原子力発電所に対する定期検査などの規制を原子炉等規制法に一元化した。

　それまで規制の枠外としていた重大事故を考慮した安全規制へと転換した。そして新たに整備する規制基準をすでに許可を得た施設に対しても最新の規制基準に適合するよう義務付ける「バックフィット制度」を導入した。これは、新たに技術的知見が得られて規制基準が変更された時に、これまでの「バックチェック」と称された制度のように、すでに安全規制の法的手続きを経て許可された施設に対して事業者責任で自主的に最新基準に適合させていくことを期待するのではなく、国の強制力をもって義務付ける制度である。規制基準に施設が適合しなければ、原子力規制委員会は事業者に対して運転停止や施設改造などを命令できるし、命令に違反すると許可取り消しや罰則を課すこともできる。

　さらには発電用原子炉設置者が発電用原子炉を運転できる期間を、原則、使用前検査に合格した日から起算して40年と限定し、原子力規制委員会の認可によって20年を超えない期間で政令で定める期間を限度に1回だけ運転期

2　原子力規制委員会（2012）「平成24年度原子力規制委員会　第1回会議議事録」p.3、アクセス2020年6月30日〈https://warp.da.ndl.go.jp/info:ndljp/pid/11160054/www.nsr.go.jp/data/000047389.pdf〉

3　更田豊志（2015）「地震・津波・航空機衝突対策に関する規制基準」日本原子力学会「2015年 秋の大会」静岡大学静岡キャンパス　原子力安全部会　企画セッション「外的事象対策の原則と具体化」講演資料、p.17、アクセス2020年6月30日〈https://www.nsr.go.jp/data/000121618.pdf〉

4　正式名称は「核原料物質、核燃料物質及び原子炉の規制に関する法律」（昭和32年法律第166号）平成24年（2012年）6月公布された改正では、施行と共に新たな規制基準とその審査ガイドが整備されている。新たな規制基準の特徴は重大事故を規制要件化したことであり、重大事故誘発要因に対する対策、重大事故防止・緩和対策の強化、環境への放射性物質放出を防止する対策の三つで構成されている。

間の延長を認めることができるとした。

　新たに定めた規制基準は、深層防護の徹底を第一に、確率的に極めて小さい重大事故の具体的な対応措置（シビアアクシデント対策のための施設、体制の整備）を求めた。すなわち、共通要因による安全機能の喪失を防止する観点から火山・竜巻・森林火災などの自然現象とそれ以外の理由で起きる停電、火災、内部溢水などに対して、万一重大事故が発生しても対処できる電源や炉心冷却システムの多重化・多様化と手順の整備を求め、意図的な航空機衝突などに対しても可搬型設備を中心とした対応策（可搬型設備・接続口の分散配置）とそれをバックアップする常設施設（特定重大事故等対処施設）の整備を要求した。

　また、規制法で事業者の安全性の向上のための評価活動を自ら実施することを義務付け、規制当局が日常の保安検査で確認していた定期安全レビュー（Periodic Safety Review：PSR）制度（最新の知見の反映、高経年化対策等を定期的に確認すること）を見直して安全余裕度評価に加えて確率論的リスク評価手法を用いた安全評価を追加し、原子力施設の安全性を総合的に評価して国に届け出る制度とした。

　そして、このような安全規制体系を独立的に運用するため、原子力安全規制の中核としての原子力規制委員会を環境省の外局に設置した。これにより、文部科学省および国土交通省の所掌する原子力安全の規制、核不拡散のための保障措置などの事務事項を集約一元化した安全規制体制に改革した。これに伴って原子力安全委員会および原子力安全・保安院を廃止した。

　原子力推進行政機関からの独立が保証されていなかった制度的な壁とそれを執行するガバナンスや規制側と規制される側の曖昧な関係を根本的に変革しなければまともな原子力の安全規制は望むべくもない。それが福島第一原発事故からの「学び」だった。原子力規制体制に関しては、大きな改革が実現した。日本はそこは、よく学んだと言える。

　しかし、仕組みは革新されたものの、その仕組みの運用ではまだまだ旧体制の惰性を引きずっている。ものごとを決める際の権限と責任のあいまいさ、司司のお家大事の組織文化は依然、変わっていない。民間事故調やその後、日本再建イニシアティブが刊行した『吉田昌郎の遺言　吉田調書に見る福島原発危機』の表現を使えば、「ムラと空気のガバナンス」や「小さな安心を優先し、大きな安全を犠牲にする」日本の規制文化・慣行の特質はなかなかぬぐい切れていない。

　以下、福島第一原発事故に至る経緯および当時の経験から得られた「学び」が安全規制に実効的に活かされているかどうかを、①**新規制基準**、②**自主的な安全性向上活動**、③**組織文化**の三つのテーマに絞って検証する。

1　"宿題型"基準遵守から自発型安全カイゼンへ

　福島第一原発事故の反省から原発に関する安全規制は、規制法で最新の知見を既存施設に反映することを強制力をもって求めるバックフィット制度を採り入れ、新たに整備した規制基準では、保安措置に重大事故対策を含むことを明記し、共通要因によって安全機能が喪失しないよう大規模な自然災害の設計基準を大幅に引き上げて対応を強化し、また自然現象以外でも、同様の機能喪失を招く可能性のある火災、内部溢水、停電等について耐久力を強化することを求めている。さらにテロや航空機衝突の対応、重大事故発生時の対処設備や手順の整備も求めている。ここでは規制基準が細かな仕様を要求しそれを確認する規範的な検査の功罪と、規制法で定めたバックフィット制度の課題について考察する。

基準遵守検査の功罪

　福島第一原発事故は、多くの安全機能が大規模な地震や津波等の自然災害の重畳で同時もしくは次々と機能喪失に至る「並行連鎖原災」（民間事故調）だったところに特徴がある。しかし、事故前においてはそれらのリスクに対する設計や運用の配慮が不十分だったし、重大事故に至った時の対応措置は規制対象から外されていた。それは、規制が認可した設計条件が守られていれば炉心溶融のような事故はほとんど起きないはずで、安全は十分担保されているとする規制の無謬性信奉があったからであり、過去の施策との連続性・整合性を維持する行政方針とは相容れなかったからである。したがって規制当局が新しい知見を取り入れた指針（基準）を策定しても、結果として最新の指針（基準）に適合することを事業者に強く求めることはできなかった。

　新たに設立された原子力規制委員会は、これらの反省を踏まえて、「世界最高水準の安全」[5]（田中初代原子力規制委員長）と自負する規制基準を新しく策定した。（図1参照）

　原子力規制委員会は、国家行政組織法第三条に規定されるいわゆる三条委員会である。独立かつ中立の立場から原子力規制に必要な規則制定権[6]を持っている。また、国家行政組織法第七条は「委員会には事務局を置くことができる」と規定している。その事務局が原子力規制庁である。庁の名称で呼ばれているが、国家行政組織法第三条2項の国の行政機関としての「庁」ではない。原発事故前の原子力安全委員会は、行政機関に対して助言・諮問答申し、原子力利用の安全の確保のための規制に関する政策の所掌事務を調査し、

5　原子力規制委員会（2013）「原子力規制委員会の組織理念」アクセス2020年6月30日〈https://www.nsr.go.jp/data/000069078.pdf〉

6　国家行政組織法（昭和23年法律第120号）第3条2項；原子力規制委員会設置法（平成24年法律第47号）第26条参照

●図1 新規制基準の概念

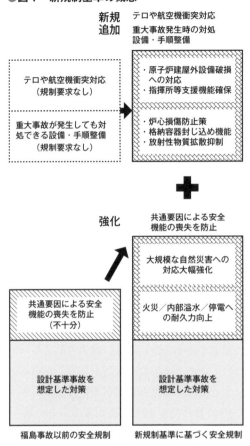

原子力規制委員会HPを参考に作成 https://www.nsr.
go.jp/data/000070101.pdf

必要と認めるときには内閣総理大臣を通じて関係行政機関の長に勧告するこ
とができる合議制の審議会等の機関であった。また、規制行政機関が審査の
際に参照する指針（原子力安全委員会決定等）を指し示すだけで、事業者に
法的な瑕疵を見つけても直接行政処分を行う権限を持たなかった（いわゆる
八条委員会）。

　原子力規制委員会は、他の省庁と同じ規則制定権、許認可権、報告徴収権、
勧告権等の強い権限を持つ。委員会が定めた新規制基準や審査ガイドは原子
炉等規制法の体系の中で事業者に対し独立した強い意思を示すものとなり、安
全審査行為の技術的基盤は直接的かつ法的に強固なものになった。その所掌
事務を遂行するため必要があると認めるときは、関係行政機関の長に対し、
原子力利用における安全の確保に関する事項について勧告し、及びその勧告
に基づいてとった措置について報告を求めることができる[7]。委員長は、外部
からの圧力に左右されない立場で任期を5年と定め、その間の罷免に強い制

7　原子力規制委員会設置法（平成24年法律第47号）第4条第2項

約を課し、厚い身分保障となっている[8]。

　当初の政府法案は、環境省内に国家行政組織法第3条第2項に基づき原子力規制庁を設けるものだったが、当時野党だった自民党及び公明党は、環境省の大臣からの指揮監督を受けず、独立した権限行使を保障される合議制の機関が望ましいとする委員会設置法案を国会に提出、政府案と調整の結果、原子力規制委員会とその事務局としての原子力規制庁の設置が国会承認されたいきさつがある。

　原子力規制委員会を三条委員会とすべく野党側で国会で法案調整に奔走した自民党衆議院議員の塩崎恭久は、「規制の独立性が喫緊の課題との思いで、トップの身分を保証する『原子力規制委員会設置法案』を自民・公明両党で共同提案し、自・公・民でその修正案を成立させた」と当時を回想する[9]。

　これを受けて初代原子力規制委員長となった田中は、「国会に招致されて答弁する時に、違うと思うことははっきり違うと言う覚悟を持って臨んだ。」[10]と語り、政治的圧力に対しても独立性を保ち、新たな組織理念に忠実であろうとしたと証言している。

　一方、事業者は、先ずは原子力発電の運転再開のために新規制基準の要求を満たすことを最大の経営課題とし、設計条件を見直し、設備を強化し、安全評価に取り組んできた。ただし原子力規制委員会の厳重にして保守的な審査や検査姿勢もあって、時として現場では軋轢が生じている。例えば審査官は、対応策の多様化の観点から高台に設置された電源車や消防車（注水ポンプ）が地震の時に転倒することを防止するためにチェーンで固定するよう求めたが、これに対して電力会社の幹部は、「重大事故時に機動性を期待して配置した電源車の個別機能の完璧性（ゼロリスク）を求める硬直的な規制要求が、事象全体の中でどれだけ有効か検証されていない」と指摘する[11]。彼はまた「規制委員会発足後は、規制庁の職員が、歌舞伎の『勧進帳』の安宅の関の役人さながらに、義経一行を厳しく問い質したことは致し方なかったと思う。ただ8年も経つわけだから、今は専門家として、より安全にするためにどうしたら良いかというその一点で判断して欲しい」[12]と規制当局の杓子定規的な姿勢が変わらないことに疑問を投げかける。

　一般に行政官は小さいリスクでも目敏く見つけることが良い行政官とされる。それはプロの検査官として必要な資質である。ただし、それが別のリスクを増加させる可能性もある。上記の例のように多様性を考えて装備した電源車や消防車（注水ポンプ）が緊急を要する際にチェーンを外すための時間をロスしてしまうなど、転倒防止という目の前で見つけたリスク（部分最適）

8　原子力規制委員会設置法（平成24年法律第47号）第7-9条
9　塩崎恭久氏ヒアリング、2020年3月17日
10　田中俊一氏ヒアリング、2019年11月20日
11　東京電力幹部ヒアリング、2019年11月27日
12　同上。

だけに目を奪われて炉心冷却の時間が遅れる大きなリスク（全体最適）を見失う危険もある。事業の現場にはこうした新規制基準の審査官／検査官レベルでの適用と運用に対する不満や懸念がある。

これに対して、原子力規制委員長の更田は、「国の規制が重箱の隅をつつくようなことをやっているようでは改善意欲を削いでしまう。重要度、プライオリティ（筆者注：優先度）をきっちりつけて、安全上重要なところに審査なり、検査なりを集中させることが重要」[13] と述べ、安全への改善意欲を育てる規制のあり方を語るが、審査や検査の現場では、現場で判断し易い客観的な基準、すなわち外形的（tangible）な要件を求め、それを実現することが規制の責任の遂行であるとの空気が支配的である。また、学識専門家の立場から原子力規制委員会の審議会組織・核燃料安全専門審査会委員長を務める山本章夫は、「現在の新規制基準は、従来の設計指針を引き継いでハード寄りの内容だ。IAEAのガイドラインにはソフトの部分も別にあり、こういうところを拡充していく必要がある。」[14] と語り、技術的細部に入りすぎず、むしろ今後はソフト面の運用に注意を向けることを提案している。このように設備要求に重点を置いた規制基準の運用だけでなく、リーダーシップやマネジメントなど組織文化に関わる取り組みが国際的に注目されていることにも留意が必要である。

規制の検査姿勢に対してIAEAの規制評価サービス（IRRS）は、Less Prescriptive（基準遵守だがもっとその根底にある概念を理解して対応せよ）という言葉を用いて、ハシの上げ下げまで指示するような規制検査ではなく、事業者が自立的に考えるような検査を目指せと勧告[15] している。加えて、規制当局のあまりにも保守的な姿勢は、規制基準の適合性審査を長期化させ、審査期間の予見性を奪う側面もある。例えば、テロ対策のために、規制基準では中央制御室とは別に原子炉を遠隔操作できる特定重大事故等対処施設の整備が求められている。規制委員会は完成まで5年の猶予期間を置いたが、期間の終了が近づくと、審査が長期化したことから猶予期間の延長を申し出る事業者が相次いだ。

もっとも、規制側にも言い分はある。福島第一原発事故当時、原子力安全・保安院次長だった平岡英治は、現在の原子力規制委員会と事業者の「対話」について、「電力事業者の姿勢として、陳情すれば最後は規制機関が折れ

13 原子力規制委員会（2019）「原子力規制委員会記者会見録（2019年9月25日会見録）」p.4、アクセス2020年6月30日〈https://www.nsr.go.jp/data/000285050.pdf〉

14 原子力規制委員会（2018）「平成30年度原子力規制委員会 第8回臨時会議議事録」p.18、アクセス2020年6月30日〈https://www.nsr.go.jp/data/000231112.pdf〉

15 IAEA Department of Nuclear Safety and Security (2016) "Integrated Regulatory Review Service (IRRS) Mission to Japan: Tokyo, Japan 10-22 January 2016" p.72、アクセス2020年6月30日〈https://www.nsr.go.jp/data/000148261.pdf〉; IAEA（国際原子力機関）原子力安全・セキュリティ局（2016）「日本への総合規制評価サービス（IRRS）ミッション2016年1月10日–22日（原子力規制委員会による報告書仮訳）」p.72、アクセス2020年6月30日〈https://www.nsr.go.jp/data/000148263.pdf〉

てくれると期待しているような雰囲気は、福島第一原発事故前とあまり変化していないように見える。規制委員会はこれを認めたら保安院時代の耐震バックチェックが遅れたことの二の舞になると考えたのだと思う。」と話す[16]。規制当局からすれば、陳情すればどうにかなるという事業者の「甘え」と映るのである。

　現行の安全規制の検査は、事業者の施設やその運営状況が、認可された規定や技術基準等に照らして適合し、違反していないことを確認するコンプライアンスの状況確認が中心である。このため規制側にとっては、規定や基準に関わる検査項目を網羅的に、愚直に確認することが求められ、原子力安全に大きく寄与する事項や懸念事項に検査の重点を置く裁量は許されない。また事業者側は、現状の規制基準を満たすことが優先事項となり、安全性をさらに高めるための追加方策は、むしろ規制基準の新たな審査・検査手続きを伴い、経営の効率性を低下させる要因となるのであえて取り組もうとはしない。

　そこで、原子力規制委員会は原子力安全の第一義的な責任が事業者にあることを改めて明確にし、事業者自らが基準の適合性を確認しつつ基準を満たすだけに留まらず、自ら進んで安全を目指すよう動機づける検査へと現行の検査制度の改革を目指している。2020年度から始まったこの新たな検査制度は、事業者自らの保安活動結果を重視するパフォーマンスベース規制とリスク情報を活用して効果的な安全確保を図るリスクインフォームド規制を基本コンセプト[17]とする米国の検査制度をモデルにしている[18]。元米国原子力規制委員会（以下NRCと称す）委員のジョージ・アポストラキスはこの米国モデルについて次のように語っている。「米国の規制には、“適切な防護”[19]と“安全の向上”[20]という二つの目的を示すキーワードがある。前者の“適切な防護”には、絶対的な基準は存在せず、合理的に確証された防護[21]という意味である。二つのキーワードの概念を区別することが規制と自主のバランスを取る施策の第一歩だ。」[22]

　また、米国の原発安全規制の現場のたたき上げともいうべきチャールズ・

16　平岡英治氏ヒアリング、2019年11月19日

17　リスクインフォームド（Risk-informed）とグレーデッドアプローチ（Graded-approach）を指す。

18　IAEAのフォローアップミッション（2020.1）では、「原子力規制委員会は、公衆と環境を適切に保護するために、規制対象の施設や活動のリスクに見合った形で実施することが必要とされる規制プログラムの強化を図った」と評価された。; IAEA Department of Nuclear Safety and Security（2020）"Integrated Regulatory Review Service (IRRS) Follow-Up Mission to Japan ; Tokyo, Japan 14-21 January 2020" アクセス2020年6月30日〈https://www.nsr.go.jp/data/000305635.pdf〉; IAEA（国際原子力機関）原子力安全・セキュリティ局（2020）「日本への総合規制評価サービス（IRRS）フォローアップミッション2020年1月14日–21日（原子力規制委員会による報告書仮訳）」アクセス2020年6月30日〈https://www.nsr.go.jp/data/000309586.pdf〉

19　"adequate protection"の訳語として“適切な防護”を充てている。

20　"safety enhancement"の訳語として“安全の向上”を充てている。

21　"reasonable assurance of adequate protection"の訳語として“合理的に確証された防護”を充てている。

22　ジョージ・アポストラキス氏ヒアリング、2020年1月29日

カストー元NRC検査統括官は、この検査制度の成熟度を表す言葉として「検査官と規制官では役割が違う。米国の規制官は事業者の安全性向上のための知恵を出す。日本は事業者のパフォーマンスを測る検査官の段階に留まっている」[23]と述べている。

　この新しい検査制度は事業者が国に安全性を確認してもらう受動的な検査から自らの保安活動で安全性を立証する能動的な検査へと「発想の転換」を伴う。米国でも規制と事業者双方がこの制度の趣旨を理解し成熟したものとするために20年近くを要した制度[24]であり、我が国でも規制と事業者の理念の共有が重要である。

　福島第一原発事故からの「学び」の一つは、規制の独立性を堅持しつつ、規制の考え方や運用について、規制側と事業者の間で不確かな事象に対して認識を徹底して共有しなければならないことだった。

　約20年前の東海村で起きた核燃料加工施設の臨界事故現場で陣頭指揮を執った原子力安全委員長代理（当時）の住田健二も「世界中どこでも政府が原子力安全行政に大きく介入し、強制力を発揮していることは、それなりの必然性がある。（中略）ただ、そうした形の上での規制が強化されるほど、現場は形式的な遵守を先行させて自発性を失っていく。どこかでバランスを取らないと、実質が失われる危険性が大きい。現場の気持ちも大切にして欲しい。」[25]と語り、規制基準の厳格な運用と事業者の動機づけのバランスについて示唆を与えている。

　規制当局側は、従来の目に見える「基準を厳格に適用する」検査文化を引きずっている。事業者側は基準遵守マニュアルのとおりこなすことに汲々としている。ここからは真の協同作業による規制のカイゼンもイノベーションも生まれにくい。

　留意すべきは、規制基準が「原子力施設の設置や運転等の可否を判断するためのもの」ではあるが、「これを満たすことによって絶対的な安全性が確保できるわけではない」[26]ことである。原子力の安全追求に終わりはなく、常により高いレベルのものを目指し続けることが求められる。規制基準をクリアすればもう安全だと事業者——そして重要なことは規制当局も——が安心してしまわないようにクギを刺したものと受け取るべきである。国会事故調の事務局を務めた弁護士の椎名毅はこうした基準遵守で安全達成と見なす事業者側（と当局者側）の対応を生徒と先生の関係になぞらえて、「宿題対応」[27]

23　チャールズ・カストー氏ヒアリング、2019年8月26日
24　日本原子力学会原子力安全部会（2019）「『新検査制度と原子力発電所の安全性』フォローアップセミナー　総合討論概要」pp.3-4. アクセス2020年6月30日〈http://www.aesj.or.jp/~safety/7_Memo_20190716.pdf〉
25　住田健二（2000）「事故発生を防ぐには—規制強化だけが改善策か—」『Isotope News』557, pp.24-26.
26　原子力規制委員会（n.d.）「新規制基準」『原子力規制委員会（委員会ホームページ）』アクセス2020年6月30日〈https://www.nsr.go.jp/activity/regulation/tekigousei.html〉
27　椎名毅氏ヒアリング、2019年10月9日

と形容している。事業者（及び規制当局）が新規制基準の理念を誤解して、「基準を遵守する」ことで絶対的な安全が確保されたと思ってしまうとすれば、それこそ福島第一原発事故の教訓を学んでいないことになる。

2　バックチェックからバックフィットへ

　バックフィット制度は、絶えず安全規制の見直しを図り、継続的に安全性の向上を図るための制度で、普遍的な安全を信ずる「安全神話と相対する概念」[28]である。例えば重大事故対応措置（AM）については、これまで耐震指針のような新しい規制基準が施行されても既に設置（変更）許可を得ている施設に新たな基準の適合を求める法的根拠がなく、事業者の自主的活動に委ねられていたので福島第一原発事故を招いたとの反省を踏まえて、2012年の原子炉等規制法改正で新たに導入された。それまでは、最新の水準に照らして設備の強度や耐久性確認を事業者の責任でやって欲しいと規制当局が事業者に要請するバックチェックと称される措置に留まっていた。バックチェックは、事業者の自主的な活動に依拠しており、2006年に耐震指針が大幅改定された際に原子力安全・保安院がこの指針に基づく早急な安全確認を事業者に求めた時に、東電は最終報告を2016年まで先送りしていたとの指摘が国会事故調査報告に記載されているとおり、実効性に弱点があった。

　最新の知見を既存施設に反映するように強制力をもって求めるバックフィット制度が適用された事例としては、既に規制基準適合審査を終えていた高浜、大飯、美浜発電所の安全審査手続きに対して、火山灰の影響を見直して再申請することを求めた原子力規制委員会の決定[29]がある。原子力規制委員会は自身の委託した研究の中で「大山生竹テフラ（火山噴出物）」と呼ばれる大山を起源とする火山灰の噴出規模がこれまでの審査で想定されていた規模を上回っていることを見つけ、規制基準の適合審査を既に終えていたそれら三つの原子炉の安全評価条件（最大降灰層厚）では不十分と判断し、基準適合再審査を受けるよう求めた。

　これは新知見を得て変更された規制基準に既設炉を速やかに適合させることを求めた適用事例であり、耐震指針改定に際して事業者が自主的に指針の要求を満たしていることを期待した福島第一原発事故以前の「指導」から、法的根拠に基づく「要求」へと、安全規制の強制力[30]を示す象徴的なケースとなった。更田委員長は記者会見で、「今回の新知見は、即座に施設の利用を停止しなければならないような極めて大きな変化ではないが、だからといっ

28　原子力規制委員会（2017）「田中俊一 前委員長　退任挨拶」『原子力規制委員会（委員会ホームページ）』アクセス2020年5月26日〈https://www.nsr.go.jp/nra/kaiken/h29_0925_02.html〉

29　原子力規制委員会（2019）「第1回大山火山の大山生竹テフラの噴出規模に係る報告徴収結果に関する会合」『原子力規制委員会（委員会ホームページ）』アクセス2020年5月26日〈https://www.nsr.go.jp/disclosure/committee/ikenkokan_other/daisen20190405_01.html〉

て放置することなく、一定の状況の変化があったら設置変更に係る議論に乗せて議論していく一つの規制委員会の姿勢を示す事例」[31]と語った。

　ただ、バックフィットには難しい問題もある。更田委員長は、「改善点が見つかったら速やかに対処していくというのは、規制の上でも、原子力安全にとっても重要なこと」[32]と迅速性の意義を強調する。確かに、そうした迅速かつ柔軟な姿勢が重要であることは間違いないが、同時に、自然現象の"不確かさ"については学術的評価が定まらないことも多く、そうした場合、バックフィットを要請する行政判断の根拠は必ずしも説得的とはいえない。

　もう一つ、運転経験、機器の信頼性に関する新知見、研究成果、再定義された外部ハザード、その他様々な要因に基づく新知見の情報を集める責任の所在は、規制と事業者の双方にあるが、事業者側からすれば、このための情報収集は手間とコストがかかるという点である。

　NRC（米国原子力規制委員会）のバックフィット規則[33]も、原子力安全に関する新たな情報が得られた場合、既存の施設への反映を義務付けている点では日本の規制委員会の規制基準の運用と同様である。ただし、日本と大きく異なるのは、目標値を定め、そこを目指す効果を費用とバランスを考えながら判断するプロセスの存在である。NRCがこの種の要求を行う時は、関係者を公聴会に招き、推定される安全上の効果がシステムや運用の変更に要するコストを上回ることを示す「費用対効果」分析結果を示すことが求められている。自然現象のリスクが大きく寄与し、専門家によってハザードの見解が大きく異なるために不確かさが残ることから容易に導入が難しい日本の事情があるとはいえ、日本の規制当局の要求にはこの「費用対効果」の視点が希薄である。

3　どこまで「自主性」を発揮できるか
─規制の中に組み込まれた自主性─

　原子力の安全を確保し、向上させるために事業者が自主的に努力し、それが持続的な実効力を持つための一つの有効な手段は、確率論的リスク評価手法を導入し、それを定着させることである。

30　新知見が得られ、許可基準が変更された場合や許可基準は変更されないものの発電用原子炉施設が許可基準に適合しなくなった場合などにおいて、原子力規制委員会は、当該発電用原子炉設置者に対し、発電用原子炉施設の使用の停止や改造、修理又は移転、発電用原子炉の運転の方法の指定その他保安のために必要な措置の命令、いわゆる「バックフィット」命令を行うことができる：原子炉等規制法（昭和32年法律第166号）43条の3の23

31　原子力規制委員会（2019）「原子力規制委員会記者会見録（2019年6月19日会見録）」p.2、アクセス2020年6月30日〈https://www.nsr.go.jp/data/000274071.pdf〉

32　同上、p.5。

33　Federal Court of Appeals Decision（合衆国控訴裁判所）（1987）, The Commission may impose "safety enhancement" requirements, but these are subjected to cost-benefit analysis (backfit rule), NRC 規則 10 CFR 50.109 参照

　しかし、ここでも克服すべき課題がある。

安全性向上評価制度の持続性

　安全の第一義的責任は原子力事業を営む事業者にある。事業者が原子力安全に対して真摯に取組み、第三者によってそれが確認され、その姿が社会にも明確に見えることで、原子力安全に対する信頼は生まれる。高度な専門技術が集積された原子力発電システムの安全性を一般市民の目線からチェックすることは難しい。その役割は第三者、つまり国の安全規制に委ねられている。もっとも原子力安全を政府の規制当局の手に全て委ねておけばそれで安全安心とはいかない。福島第一原発事故では、事業者と国の安全規制当局の双方のガバナンスが不十分だったことが明らかとなった。

　この両者の関係は後述の独立性の項で触れる「システムとしての深層防護」で整理するのでここでは簡単に触れるだけにするが、事業者の「安全の第一義的責任」は、原子力の安全を確保しそれを一層向上させて原子力のリスクをできる限り低く抑え、国民の生命、健康、環境の保全並びに日本の安全保障に資する事業者責任である。またこれに加えて独善に陥らないよう国内外の同業者のプレッシャーや相互レビュー活動を受けて自らの活動の質を更に向上させることも求められる。一方、国の規制は、上記の事業者の活動を監督することになるが、その規制活動も同じ規制の立場にある海外組織、国際機関との情報共有や助言支援活動等の連携を通じて規制責任を果たすことになる。更には自治体や報道機関などの社会的ステークホルダーが、事業者や規制のこれらの活動を監視する重層なガバナンス体制が機能することで原子力安全の社会的責任が果たされる。

　福島第一原発事故後、原子力規制委員会は原子力安全について一義的責任を有する事業者の自主的な安全性向上を目指す姿勢が大事だとの認識の下に、事業者の自主性を活かすと同時にその動きを監視すべく、事業者が自ら定期的に施設の安全性を評価し、原子力規制委員会にその結果を届出、公表することを義務付ける安全性向上評価制度を設けた。

　この仕組みは、新規制基準適合の有無で縛る安全規制活動だけでなく、安全向上のために自主的な活動の余地があるのだと事業者の意識を高め、事業者自らの不断の安全性向上活動を規制法体系[34]の中に義務として位置付ける制度である。これは規制のハードルをクリアしてしまえば安全は守られるという安全神話の罠、言い換えると自己満足による思考停止の罠から逃れる自主性の確立を目指した制度と言えよう。

　この制度の下では、事業者は定期的に最新の知見の反映状況、確率論的リスク評価（Probabilistic Risk Assessment：PRA）、安全裕度評価（ストレ

34　原子力規制委員会（2017）「実用発電用原子炉の安全性向上評価に関する運用ガイド」アクセス2020年5月26日〈https://www.nsr.go.jp/data/000183879.pdf〉

ステスト）、安全性向上の中長期的な評価を行い、これらの活動を総合的に評価することが求められる。

　ただし、類似の制度は30年ほど前から存在した。当初は自主的に施設の安全性と運用管理を最新の知見に照らして包括的に定期的に評価する活動だった。だが、発電所で起きた不祥事をきっかけに現場の活動状況を規制当局が監視する検査へと姿を変えていった。結果として設計段階の深層防護思想に照らして「最新知見を反映する」という当初の活動目的は後退し、深層防護の確認の焦点は設計から運用へと移行した。この点に関連して、政府事故調は「保安検査官によるPSR（^注定期安全評価：Periodic Safety Review）に係る保安検査は、（中略）東京電力に対してAM（アクシデントマネジメント）の内容改善を直接促す契機とはならず、東京電力は自主的取り組みとして、設計基準事象を超える地震等の外部事象に対するAM（アクシデントマネジメント）の検討を行うことはなかった」と記している。

　この施設の安全性と運用管理を、最新の知見に照らして評価する自主的な活動が規制の検査活動へと運用形態を変えていく中で、個別プラントの故障率を用いたリスク評価という新たな知見がPSRに加えられることはなかった。

　事業者の自主的レビュー行為はプラントの現状や自身の活動に対する状態把握に留まり、更なる安全性向上のために何が不足しているかを見つける仕組みにはならなかった。施設内で起きた運転経験を分析して当該施設固有の問題に対策を取ること、施設外で得られている新知見を当該施設に反映することを期待された定期的なレビューで、新知見を探し、必要に応じて設計に反映するという本来の目的は、報告書の記載内容の充実や適正化などの指摘に留まり、同じことを繰り返すルティーンと化した。さらに、定期安全評価の結果を現場で保安検査官が確認する検査制度では、どうしても外形的（tangible）な結果情報を確認することが主になってしまい、安全性を高めるための相互探求的な取り組みを期待する当初の理念は形骸化していった[35]。

　どこに問題があったのか。設計段階と運用段階のそれぞれにおいて深層防護の思想が失われていることに鋭敏に気づく必要があった。また事業者を検査するだけでなく、やる気を促し、真に実効力のある安全体制を共に作っていく心理的な側面の価値に気づく必要があった。

　原子力規制委員会は、こうした点に対する反省からさまざまな改革を進めてきた。定期検査終了後6ヶ月以内に遅滞なく事業者から原子力規制委員会へ届け出て、公開する安全性向上評価制度を設けた。「規制の枠組みの中の自主的な活動」としてIAEAの定期安全レビューガイドライン（SSG-25）[36]を参

---

35 山本晃弘、関村直人（2018）「原子力発電所の定期安全レビューの実効性向上に関わる研究」『日本原子力学会和文論文誌』17（2）、pp.67-85。

36 統合的なリスク情報の分析の鍵となる要素　①基準及び良好な慣行 ②運転経験 ③決定論的考慮事項 ④確率論的考慮事項 ⑤組織に係る考慮事項 ⑥セキュリティに係る考慮事項 ⑦その他考慮事項；IAEA（2013），Periodic Safety Review For Nuclear Power Plants: Specific Safety Guide. IAEA Safety Standards Series, SSG-25.

●図２　安全性向上評価届出書の内容

```
┌─────────────────────────────────────┐
│         安全性向上評価の届出書の内容          │
└─────────────────────────────────────┘
```

1. 安全規制による許認可図書の確認（法令適合性）
2. 自主的保安活動情報
   （品質保証活動、運転管理、保守管理、燃料管理、放射線管理、安全文化醸成　等）
3. 最新知見の情報（運転経験、研究成果、技術基準　等）
4. 確率論的リスク評価（内部事象（出力時、停止時）、外部事象（地震、津波））
5. 安全余裕度の評価
   （炉心損傷を回避出来なくなる地震加速度、津波高さ、随伴事象の条件（クリフエッジ）の特定）
6. 安全性向上に関する中長期的評価
   （IAEA 安全ガイド SSG-25、日本原子力学会標準　AESJ-SC-S006：2015）
7. 総合評価と安全性向上計画

考にしたものだ。

　図２に示すように、基本設計の面では、最新の知見を収集し反映すること、確率論的にリスクを評価すること[37]、限界値と比較して安全余裕度の実力を評価すること[38]、安全性向上に関する中長期的な評価を行うことなどを通じて総合的な評価を行うことになった。その際、公開を義務付けて広く社会からの批判に曝す機会を設けたことで、新たな知見や安全性評価の事業者の考えが分かり易くなった。

　一方、制度の運用面では、運用開始段階で、事業者から原子力規制委員会に届けられた安全性向上評価結果の報告書はWeb上に公開[39]されるようになった。そして、この届出書には新知見の収集結果が記載されることが期待されている。規制当局は、事故トラブル情報という受け身の結果情報だけでなく良好な実績を持つ運転情報等を進んで提供してほしいとの要望を事業者側に出している[40]。この仕組みは、後で述べるIAEA事務局長諮問機関の国際原子力安全諮問グループ（INSAG）の文書INSAG-27[41]で提案された「深層的な制度の強化策」に記載される「ステークホルダーによる監視」と称される第３層の一つの段階を具現化したものと言える。

　しかし、この仕組みの価値をどこまで双方で共有されているだろうか。安

37　大規模工事などで変更が無い場合には５年毎に実施する。
38　設計を超える自然現象の発生を仮定し、原子炉施設がどの程度まで炉心や使用済み燃料の著しい損傷をもたらすことなく耐えることができるかを評価すること。大規模工事などで変更が無い場合には５年毎に実施する。
39　ただし、当初の６回の会合以降、届出書記載内容に関する調整会合は開かれていない；原子力規制委員会「実用発電用原子炉の安全性向上評価の継続的な改善に係る会合」『原子力規制委員会（委員会ホームページ）』アクセス2020年6月30日〈https://www.nsr.go.jp/disclosure/committee/yuushikisya/anzenpower_plants/index.html〉
40　原子力規制委員会（2018）「実用発電用原子炉の安全性向上評価の継続的な改善に係る会合　第6回」アクセス2020年5月26日〈https://www.nsr.go.jp/data/000225658.pdf〉
41　IAEA International Nuclear Safety Group（2017）, "INSAG-27 Ensuring Robust National Nuclear Safety Systems-Institutional Strength in Depth." アクセス2020年6月30日〈https://www.pub.iaea.org/MTCD/Publications/PDF/P1779_web.pdf〉

全性向上評価制度という仕組みを強権的に作るだけではなく、事業者の自主的な活動を促す動機を作ることができるだろうか。もし、「規制の枠組みの中の自主的な活動」である安全性向上評価制度が、事業者と規制の間の質疑・要望だけで終わり、広く外部の意見・評価が集まらなければ、ステークホルダーによる監視すなわち「第三者の検証」の理念は絵に描いた餅に終わる。

　自主的な規制を行うことで成功している事例としては、米国でTMI事故後に「事業者の自主規制」が大事という基本理念を掲げて設立された民間の米国運転事業者協会（INPO）が、「仲間同士が相互にかける圧力（ピアプレッシャー）」という心理作用を使って事業者自らが自主的に安全性向上に取り組む仕組みを作り上げている。米国の電力業界はINPOが海軍の強力なリーダーシップを業界に持ち込むことを受け容れ、これを基にINPOは大小の事業者は規模が違っても皆同じリスク環境にあるとして相互に助け合うための厳しい規律を業界各社に求めた。福島第一原発事故後に日本の業界の総意で設立された原子力安全推進協会（JANSI）は、INPOの先行事例を学びながら同様の歩みを進めている。だが、合意形成型意思決定方式の日本社会は同業者の弱点に口を挟むことをイサギヨしとしない属性を持ち、同じ業界出身者で職員の大部分を占めるJANSIはその属性を乗り越えて厳しい役割を果たさねばならない。だが弱点を見つけてもそれを率直に受け入れてもらえず「仲間同士が相互にかける圧力（ピアプレッシャー）」の心理作用を活かすにはいまなお途半ばである。

4　オール・オア・ナッシングのリスク受け止め

　米国では原子力安全に関する行政判断は、定量的リスク評価とバックフィットコストのバランスにおいて決定される[42]。しかし、日本のバックフィット制度は、米国のような目標が定められていない。また、機器の故障データや人間の過誤率などのデータの信頼度の検証不足や専門家の育成不足などの理由で確率論的リスク評価は原子力規制委員会による適合性審査過程では、不確かさの大きな評価結果を何らかの基準値と比べると判断を間違う危険性があることを懸念してその可否判断は明示的に示されていない。自然現象などの外的事象のリスク評価には大きな不確実さが伴うという前提の下で、確率論的リスク評価をどうすれば安全審査や安全性向上に有効に活かすことができるか、方法論を規制と事業者が議論し作り上げることが成熟した安全規制の姿であろう。

　アポストラキスは、「日本の国民は原子力にきわめてネガティブであることからして、規制委員会は真に独立していることを示さなければならない。だ

42　ジョン・ギャリック、電力中央研究所原子力リスク研究センター（NRRC）（2017）「リスク情報を活用した意思決定：米国の経験に関する調査」アクセス2020年6月30日〈https://criepi.denken.or.jp/jp/nrrc/pdf/ridm_report_jp.pdf〉

から日本の規制は極端に厳しいのだと思う。もうすこし合理的な規制とリスクへの洞察が必要であると思う」と述べている[43]。その上で同氏は「規制との対話の際の共通言語はリスクであるべきだ」[44]と指摘し、とりわけ規制当局と事業者、さらにはステークホルダーの間におけるリスクに対する考え方の基本的合意と成熟した対話に期待を寄せる。

　ただ、リスクに関しては、安全性向上評価制度の中で求められている確率論的リスク評価（PRA）の考え方が福島第一原発事故後に日本で根付いたのかどうかが一つのカギとなる。

　政府事故調は報告書の中で、地震・津波等の外的事象を対象とする確率論的リスク評価の検討経緯を検証し、その評価システムを重大事故対応措置（AM）に活かせなかった背景を分析した。そして外的事象をも考慮した総合的な安全評価を行い、施設の脆弱性を見出し、有効な対策を検討し準備すること、その対策の有効性評価に確率論的リスク評価手法を用いることを提言[45]した。

　従来の手法は決定論的安全評価と呼ばれ、工学的な判断によって保守的に仮定したいくつもの事象を包絡させた最も厳しい設計条件で安全性を担保する考え方である。一方、確率論的リスク評価手法は、重大な事故発生に至ると考えられる全ての起因事象の発生頻度と被害の大きさを整理し、確率論に基づいて設計仕様の有効性を評価する米国で生まれた考え方である。

　日本でも1990年代から2000年初頭にかけて重大事故対応措置（AM）の有効性を評価する確率論的リスク評価手法を用いた活動が始まっていたが、当時は発電所設備の故障や運営に携わる人の過誤を起因事象とするリスク評価に手一杯で、地震を始めとした自然現象を起因とする確率論的リスク評価（地震PRA）は信頼できるデータ整備も覚束ない状態だった。因みに原子力施設の内外において原子力施設の運転に直接関わらない部分に端を発し、炉心損傷や溶融そして格納容器の機能喪失に至る事故の誘因となる可能性を持つ事象を外的事象あるいは外部事象（External Event）と呼ぶ。外部事象は、地震、津波、洪水、火山などの自然現象と、航空機落下やサイバーテロなどの人為事象に大きく分類される。一方、原子炉に接続された配管の破断や機器の故障、ヒューマンエラーなどを原因として炉心損傷を引き起こす事象を内的事象（Internal Event）と呼ぶ。

　当時から米国では法律[46]に基づいて集められた信頼度の高いデータで機器故障率が算出されていたが、日本ではそのようなデータベースは未だに整備

43　ジョージ・アポストラキス（2019）「U.S. Safety Goals（米国の安全目標）」2019年11月9日リスク俯瞰工学シンポジウムでの講演、アクセス2020年6月30日〈https://criepi.denken.or.jp/jp/nrrc/intro/presen.html〉

44　同上

45　「主要な問題点の分析（4）事故の未然防止策や事前の防災対策に関する分析 a. 総合的リスク評価とシビアアクシデント対策の必要性」政府事故調（東京電力福島原子力発電所における事故調査・検証委員会）（2012）『政府事故調最終報告書』内閣府、pp.396-398。

段階にあり、米国のような公正中立の立場でデータの信頼性を検証する仕組みも構築されていない。日本原子力学会はリスク情報の活用に関する標準類[47]を精力的に整備してきたものの、事業者のリスク情報の活用は限定的なものに留まった。この背景には「不確かな」データでも条件をつけてリスク評価の参考とすることを許容する事業環境や社会環境が日本には希薄であることがあるだろう。特に、日本では1999年のジェー・シー・オー東海事業所の核燃料加工施設の臨界事故や2002年の東京電力の自主点検の不正問題の発覚で品質保証に対する規制強化が進められ、運営効率を事業者が追求することは社会から許容されにくい状況にあった。

　原子力安全・保安院が、事業者から重大事故対応措置（AM）の完了報告を受けて総括した評価結果は、設備の故障率やヒューマンエラーなどのデータが整備された起因事象を基にして炉心損傷確率や格納容器破損確率を求めていた。これが一定の基準値内に収まっていれば重大事故対応措置（AM）は無事完了というお墨付きを与えた[48]。しかし、この評価結果は自然現象などの「不確かさ」の大きな事象をリスクの対象とはしていない。これが都合の良いものだけを集めた情報を根拠にめったに起きない重大事故の備えは出来ているとしてそれ以上の対策に思いを巡らさない思考停止を招き、原発の「安全神話」を一層強固にする結果をもたらすとともに、この認知バイアスが自然災害の「不確かさ」をリスク評価の対象から敢えて遠ざける原因ともなった。

　米国では1980年代から発電所の確率論的リスク評価において外部事象が評価対象となり、例えばあるプラントでは、地震のリスクが広い領域の不確かさを持つことを認識した上でトータルの炉心損傷確率に大きく寄与しないことを確認していた。

　日本で再稼働を果たしたプラントの安全性向上評価届出の内容を確認すると、内部事象、地震、津波の外部事象を対象にして福島第一原発事故後に整備した対策の効果も加えて確率論的リスク評価がなされているものの、肝心の内部溢水、内部火災、地震・津波の重畳、多数基同時被災などの福島第一原発事故で経験した事象は「PRA実施手法の成熟に応じて段階的に拡張する」としてまだ報告されていない。内部溢水や火災、地震と津波の重畳などの事

46 Nuclear Regulatory Commission, "10 C. F. R. § 50.65 Requirements for monitoring the effectiveness of maintenance at nuclear power plants. (原子力発電所の保守の有効性の監視に係る要件)" アクセス2020年6月30日〈https://www.nrc.gov/reading-rm/doc-collections/cfr/part050/part050-0065.html〉

47 例えば、日本原子力学会標準委員会PSA用パラメータ分科会（2010）『原子力発電所の確率論的安全評価用のパラメータ推定に関する実施基準』日本原子力学会。

48 原子力安全・保安院は報告書において、「本件をもって、既設原子炉施設52基のAM（アクシデントマネジメント）に関する確率論的安全評価が全て終了した」としている；経済産業省、原子力安全・保安院（2004）「軽水型原子力発電所における『アクシデントマネジメント整備後確率論的安全評価』に関する評価報告書」p.15.アクセス2020年6月30日〈https://www8.cao.go.jp/genshiryoku_bousai/fu_koukai/pdf_2/638_2.pdf〉

象がどのくらいの「不確かさ」を持つかを確認しないならば、そして技術開発の進展という「不確かさ」に一定の見切りをつけないならば、福島第一原発事故の「学び」はいつまでも活かされない。

国際環境経済研究所の斎藤飾は、「AMの整備は、内的起因事象を念頭に考えられたもので、地震、津波という外的起因事象の整備は福島第一原発事故に対して有効に機能しなかった。支配的な脅威は何であるかを直視することなく、海外の考え方や方法論をいくら学んでも、大きな抜けが生じてしまう。」[49]と語り、大きなリスクを直視する姿勢の大事さを説いている。

いずれにせよ、確率論的リスク評価を日本で定着させるには、米国保守規則（10CFR50.65「原子力発電所の保守の有効性監視の要件」）とこれに対応する産業界の指針（NUMARC93-01「原子力発電所の保守の有効性監視に関する産業界のガイドライン」）を学び、運転中の保守活動（オンラインメンテナンス）がプラント設備のトータルの安全性・信頼性を損ねないことを事業者から規制当局に定量的に示し、結果として稼働率が向上する姿を社会に認めてもらうことが必要だろう。「事業者からの提案は規制側の信頼を高める重要な要素だ」と米国の経験からアポストラキス所長も語っている[50]。

原子力規制委員会は、重大事故対応措置（AM）の実効性を評価し、確率論的リスク評価から得た施設の弱点を示す情報が、原子力安全を総合的に判断するための必須情報だと考えている。原子力規制委員会が定める「実用発電用原子炉の安全性向上に関する運用ガイド」には、事業者が行う安全性向上のため自主的に講じた措置の調査および分析の具体的方法として、①内部事象及び外部事象に係る評価、②決定論的安全評価、③安全裕度評価に加えて、④内部事象及び外部事象に係る確率論的リスク評価を実施するように求めている。

にもかかわらず、規制当局が事業者に求める現行の確率論的リスク評価は、設備故障などの内部事象と地震と津波の外部事象だけを対象とすることにほぼ留まっている。施設内部で起きる溢水や火災、地震・津波の重畳、多数基同時被災等の福島第一原発事故で経験した事象を対象とした評価は未だ実用に供されず、「今後の技術開発の進展を待つ」という他人事のような受け身の姿勢でしかない[51]。自然現象などの外部事象によって引き起こされる事故のリスクを分析評価するには、自然界の物理的なばらつきに由来する不確かさと、知識が十分に得られていないために生じる不確かさとの両面からのアプローチが必要で、一筋縄ではいかない難しさがあるが、その課題解決に向けた姿勢は積極的に見せてほしいところである。

---

49 斎藤飾（2015）「『福島第一事故はなぜ起きたのか』再考」『IEEI（国際環境経済研究所ホームページ）』2020年5月20日アクセス〈http://ieei.or.jp/2015/10/opinion151001/〉

50 原子力規制委員会（2018）「一般財団法人電力中央研究所原子力リスク研究センターとのリスク情報の活用に関する意見交換（2018年09月10日）会議映像（日本語通訳）」アクセス2020年6月30日〈https://www.youtube.com/watch?v=NxUcVbgmF3A〉

政府事故調が「PSA手法の未成熟等を理由にシビアアクシデント対策の検討・実施を行わないことを合理化することは許されない。」[52]（事故調報告書では確率論的安全評価：Probabilistic Safety Assessmentという呼び名を使用）と厳しく指摘したことを今一度重く受けとめる必要があろう。

5　定まらない安全目標

もう一つ、確率論的リスク評価と密接な関係にある安全目標についても触れておく。

原子力規制委員会の発足前の準備会合と第1回会合で、更田委員（当時）は、安全目標に係る議論は環境や人命に対して被害を及ぼすことを直視する議論になるために避けられがちだが、常に原子力の利用には危険が伴うのだということを改めて意識し、「安全目標の議論を続けたい。」[53]と語り、その後も折に触れてこの主旨の発言を行っている。

実際のところ、2013年に原子力規制委員会は「万一の事故時のセシウム137の放出量が福島第一原発事故の100分の一程度の100TBqを超える事故の発生頻度が100万炉年に1回程度を超えないように抑制し、原子力施設の規制を進めていくうえで達成を目指す数値」を安全目標として定めた。これは福島第一原発事故を念頭に施設の要求性能をどこまで具体的に求めるか明示したという意味で意義を持つ。

にもかかわらず、原子力規制委員会は、安全目標を確率論で示すことには慎重である。すなわち「規制基準の適合によって達成される安全を（確率論の表現で）一義的に示すことができない」[54]との立場である。したがって、再稼働後に事業者から定期的に提出される安全性向上評価届出書では、確率論的リスク評価の結果に加え、安全余裕度、決定論的手法による深層防護の有効性評価結果、運転経験の反映、組織要因など、安全に関連する多面的な尺度で総合的に安全性を測定している。

ここで強調されているのは、リスク情報に関する事業者の一段の努力である。更田原子力規制委員長は、「定量的な安全目標（性能目標）を決めることの最大価値は、リスクが存在することを明示し、ゼロリスクの否定、安全神

---

51 原子力規制委員会の運用ガイドでは"本評価で対象とする事象は、PRA実施手法の成熟状況に応じ段階的に拡張していくものとする。"と記載されており、福島第一原発事故の要因となった地震と津波の重畳、そして多数基での同時発災について、確率論的リスク評価手法は未だ確立されていないことが明示されている。原子力規制委員会（2013）「実用発電用原子炉の安全性向上評価に関する運用ガイド」p.6 アクセス2020年6月30日〈https://www.nsr.go.jp/data/000069245.pdf〉；九州電力株式会社（2017）「川内1号第1回安全性向上評価　内部事象及び外部事象に係る確率論的リスク評価（PRA）について」p.1 アクセス2020年6月30日〈https://www.nsr.go.jp/data/000205975.pdf〉

52 政府事故調、2012、p.398。

53 原子力規制委員会、2012、p.11。

54 原子力規制委員会（2018）「平成30年度原子力規制委員会　第8回臨時会議議事録」p.4、アクセス2020年6月30日〈https://www.nsr.go.jp/data/000231112.pdf〉

話の否定を意識づけることだ」[55] とした上で、事業者との関係について「リスク情報の活用は事業者の努力が伴わないと（規制と事業者の間で）議論のしようがない。（中略）例えば重大事故対策機器の許容待機除外時間[56] に関しても（事業者から）提案があるわけではない。より良い検査にしていくためには必要なこと。」と事業者側の奮起を促している。

　これはまさに、アポストラキスが言う「事業者側と規制当局がリスクという共通言語を使う」ことの重要性にほかならない。その共通言語を使って双方が意見を戦わせてこそ、事業者の実力が社会から見えて、自主的安全性向上の実像が現れる。

　しかし、そうだとすればなおさら確率論をより明示的に中心に据えることが必要になるのではないか。

　米国では、安全目標という基盤なくして深層防護を適用する論理的な枠組みは存在せず、安全目標がないと無制限に安全の層を追加できることになるとして、安全目標を歯止めをかける指標と位置付けている。一方、日本の場合、事業者がリスク情報を用いた原子力安全の姿を論ずる技術水準、成熟度に達しておらず、結果として、規制要求に対して、あるいは自主的な活動について、正面から規制当局と事業者の間で議論が成立していないのが実状である。前述の通り、自然現象などの不確かさの大きな事象のリスク評価結果を例えば安全目標という基準値と比べることにどれほどの意味があるかを認識し、リスク情報をどうすれば安全審査や安全性向上に有効に活かすことができるかという方法論について両者の間で議論がない。要するに、規制当局と事業者の間に共通する安全の価値尺度（リスク評価）が存在せず、結果として両者のコミュニケーションは一方的なすれ違いの説明に終わっている。更田の意気込みにもかかわらず、大きなリスクを直視して「不確かさ」をどこまで許容するか規制側と事業者側の間で議論が成立していない現状は、福島第一原発事故前と実質的に変わっていない。

6　「ムラと空気のガバナンス」は変わるか　─組織文化の変革─

　事故後、各事故調がそろって指摘したのが東京電力の組織文化の問題だった。東京電力はその後どれほど「学習する組織」へと変わったのか、リスクを直視する組織として出直したのか、それによってシステムとしての深層防護を確かなものにすることができているのか。ここではこうした視点から東電の組織文化と規制の対応について考察する。

---

[55]　同上、p.13。
[56]　保安規定で規定され、機器が故障した時に一定の時間内に修理を完了させなければならない許容時間をこう呼ぶ。

「学習する組織」へ

　民間事故調報告書は、福島第一原発事故に至る誘因となった「安全神話」について歴史的・構造的要因を掘り下げ、その分析で安全規制について、規制関係者のリスク認識の甘さ、原子力安全規制に不向きな行政機構、硬直したステークホルダー関係を指摘[57]している。そして安全規制ガバナンスの欠如、「国策民営」の曖昧さ、セキュリティなき安全、危機管理とリーダーシップに分けて考察・提言[58]を行っている。なかでも、事業者と規制当局双方の「組織」が持つ潜在的な問題を改革し、「不都合なことに目を背けない」重要性を特筆している。

　政府事故調報告書は、組織事故を発現させる要因は事業者だけでなく規制当局が作り出すこともあるとして、行政組織の課題として推進と規制の分離、安全への使命感、事業者に劣らない専門的知見・理解力を備えたスタッフの充実、枝葉末節に捉われず大局を見る余裕などを提言した。

　これらの点に関して、東京電力は2013年3月に「福島原子力事故の総括および原子力安全改革プラン」を世に出した[59]。（以下、このプランを取りまとめた当時の責任者の名前を冠して「姉川プラン」と略称する）

　その総括の中で、東電は「継続的なリスク低減の努力が足りず、過酷事故への備えが設備面でも人的な面でも不十分」だったために、「防ぐべき事故を防げなかった」と結論づけた[60]。さらに、東電組織に内在する本質的な問題、すなわち安全意識、技術力、対話力の不足が事故の背後要因だったとして、その是正のため、原子力の特別なリスクに関する経営層の認識強化や組織横断で安全に関する議論の継続、費用対効果の高い深層防護提案力を育てる仕組みの構築などの対策を講じると宣言した[61]。

「姉川プラン」は東電がそれまで主張してきた福島第一原発事故は「想定外」との主張を撤回したものとなった。それは、新生・東電を象徴する基本文書に位置づけられ、その内容も高く評価されることになった。

「姉川プラン」は同時に、「原子力の特別なリスクを強く認識し、その責任を負うことを深く自覚する高い安全意識を持つ『経営層からの改革』を出発点にすること」を訴え、原子力部門に限らず「東電の全社的な組織構造的な問題の負の連鎖を断ち切る対策」と「ガバナンスの強化と内部コミュニケーションの充実の必要性」を挙げた。東電はその後、「姉川プラン」を下敷きにし、社長、原子力・立地本部長等を中心とした経営層による安全ステアリング会議を開催し、事故・トラブルの原因や対策について議論を重ねている。また、これまでの取組みを整理統合し体系化する「次世代に向けた原子力安全改革」

57　民間事故調、2012、第7、8、9章参照。
58　同上、pp.388-396。
59　東京電力株式会社（2013）「福島原子力事故の総括および原子力安全改革プラン」アクセス2020年6月30日〈http://www.tepco.co.jp/cc/press/betu13_j/images/130329j0401.pdf〉
60　同上、pp.6-9。
61　同上、pp.7-8。

48

の検討を始めている。（2019年度第3四半期進捗報告書）

　それが本当に「学習する組織」を作り上げているのかどうかの詳しい分析は第2章に譲ることにして、ここでは政府事故調の畑村洋太郎委員長が報告書の最後で記した7つの所感[62]の一節を紹介するにとどめる。畑村委員長は、そのうち組織文化について「仕組みは作れるが、目的は共有されない」落とし穴と「危険に正対して議論できる文化を作る」ことの重要性に言及している。東京電力の上記の取組みは、依然「仕組み」のレベルにとどまっているきらいがある。これらの取組みは「経験の普遍化に対する意思」[63]を必要とし原子力安全への高い自覚を持つ経営層からの組織文化の変革になお時間がかかることを示している。

リスクを直視する組織文化

　政府事故調報告書は、「確率論的に発生確率が低いとされた事象であっても、事故・災害が起こった時の被害規模が極めて大きい場合には、しかるべき対策を立てることが必要だというリスク認識の転換」[64]を求めている。

　これは極めて低い確率で起きる事象を切り捨ててしまうリスク認知の姿勢を改めることを意味するが、もしそれが出来たとしても評価を組織で共有するためにはコミュニケーションの取り方を変えていかなければならない。

　例えば、想定した備えの限界を超える事象（例えばこれまで想定し設計施工してきた津波の規模を超える津波の算出結果など）を経営層に報告し対応策の必要を上司に伺う際にも、相手の気分を忖度し調和を重んじて婉曲に伝えようとする傾向が日本では強い。間接的表現を使って婉曲に問題提起し曖昧さを残して意思決定する姿勢、予定調和を重んじてリスクを直視しない傾向は日本社会の文化的特徴である。黒川清国会事故調委員長は、「福島第一原発事故は日本製の事故（Made in Japan）であり、その根本原因は、日本文化に内在する反射的な従順性、権威勾配の受容、予定調和重視、集団主義そして島国根性にある。」と英文の報告書の巻頭メッセージで述べた。この指摘に関しては、「『日本特殊論』に逃げ込んだ一億総ざんげの無責任体制論だ」といった多くの批判が寄せられた。知日派として知られるジェラルド・カーティス米コロンビア大学教授は、英ファイナンシャルタイムズに寄稿し、「文化に非難を帰着させるのは、責任回避に他ならない。誰も責任を負わなくて済む」と批判し、「個々に責任を追及しないと本質的な問題の解決にはつながらない」と主張した[65]。ジャーナリストの船橋洋一も『原発敗戦』の中で、組織文化（institutional culture）の歴史的、構造的背景が「失敗の本質」を照

62　「委員長所感」、政府事故調、2012、pp.443–448。
63　船橋洋一（2014）『原発敗戦　危機のリーダーシップとは』文藝春秋、p.116。
64　「2　重要な論点の総括（3）求められるリスク認識の転換」、政府事故調、2012、p.413。
65　Curtis, G. L. (2012). "Stop Blaming Fukushima on Japan's Culture." *Financial Times*. July 10. 2020年5月13日アクセス〈https://www.ft.com/content/6cecbfb2-c9b4-11e1-a5e2-00144fe abdc0〉

らし出すこともあるとしつつも、「文化論（日本人論）は主たる因果関係を説明するとき、それほど説得的ではない。（中略）失敗から学ぶ上では逆効果である」[66]と批判した。

　ただ、経済協力開発機構／原子力機関（OECD/NEA）は、世界原子力発電事業者協会（WANO）と協働して原子力安全を国民性という大きな視点から眺め、国民性が安全の劣化に影響しないよう注意を払っていくことを各国に呼びかけている。そして国民性が原子力の安全にどのように影響を及ぼすか官民協働で考えるフォーラム[67]を企画し、各国に順次展開している。

　因みに安全文化の特性を表わす国際的な定義は、IAEA、OECD/NEA、WANOなどで、「問いかける姿勢」、「常に学ぶ姿勢」、「風通しの良い職場」などいくつかの属性が示されている。

　スウェーデンで行われたフォーラムでは、これらの属性を踏まえつつ参加者[68]が原子力発電所で起きる事故の兆候段階から事故対応までのシナリオに沿ってそれぞれの"役割"を演じ、その振る舞いからスウェーデン国民に特徴的に現れると思われる属性を抽出し、それが及ぼす原子力安全への影響を話し合った。その結果、参加者グループは自国の国民には一体感と集団的義務遂行意識（スウェーデン語ではsamskap）と平等と公正（同allskap）を重視する価値観があることを抽出した。話し合いでは、例えば、会議で議長が「わかりましたか？」と尋ね、全員が「はい」と答えると議事録が作成されないことがあると報告された。そしてこの一体感と集団的義務遂行を重視する社会的属性は強力な長所ではあるが、反対意見を封ずる圧力、すなわち偽りの合意を生みかねないことに注意が必要との認識が共有された。また国際社会では決定事項のフォローアップとフィードバックが標準的な慣行とされているが、平等と公正に対する価値観の強いスウェーデン社会では他人の仕事を探りまわるべきではないという気持ちが強く、更なる考察が必要との認識も共有された。このようにこのフォーラムは国民性の長所短所を客観的に捉え、原子力安全を国民性に沿って上手に高めていくための思考を深めようとしている。

　事務局長のウィリアム.D.マグウッドは、フォーラムの挨拶で「世界に共通する一般論で原子力安全のための属性を考えるのではなく、各国の国民性に根ざした安全のための組織と個人の在り方を考察すべきであり、その国の言葉で考えて欲しい。」[69]と語っている。

66　船橋、2014、p.18, 249。
67　例えば、2018年1月にスウェーデンで、次いで2019年3月にフィンランドで開催され、"Country-Specific Safety Culture Forum"と称される。
68　スウェーデンのフォーラムでは、国内すべての原子力事業者（ウェスティングハウススウェーデン社、Svensk核燃料・廃棄物管理会社、全原子力発電所、バッテンフォール社、ユニバーススウェーデン社）から取締役や部長等の幹部、規制側からスウェーデン放射線安全局幹部が参加し、国際機関も傍聴した。
69　W. D. Magwood, (2018) OECD/NEA Country-Specific Safety Culture Forum Launch webinarでの講演、アクセス2020年6月30日〈http://www.oecd-nea.org/hans/webinars/2018/safety-culture-sweden/〉

　もっとも、経済協力開発機構／原子力機関（OECD/NEA）が企画するこの
フォーラムを日本政府はまだ開いていない。リスクを直視することが苦手と
言われる日本社会の安全のための組織文化を、規制側と事業者の間で深く議
論出来ていないことが背景の一つにある。

　また2020年から新たに始まった新検査制度では、規制当局は事業者の横
断的活動領域として安全文化の育成と維持について注目することになった。検
査官向けのガイドには4つの視点すなわち、健全な安全文化育成と維持に関
するリーダーシップの発揮を確認する視点、その事業者の取組みを確認する
視点、安全文化に関する状態の評価および改善を確認する視点、安全文化を
組織内部で保持すべき能力を確認する視点から組織文化を見ていくように推
奨している。規制委員会や現場の検査官は、各事業者の組織文化の中に福島
第一原発事故の教訓を真摯に学び、その他の事象も含めて普遍化して活かす
意識と行動が育まれているかどうかを見抜く眼力が求められる。

　福島第一原発事故を踏まえ反射的対策（モグラ叩き）では同じことは防げ
ても、また違った災害・事故がやってくる。民間事故調の報告書が最終章で
記したように「同じ危機は、二度と同じようには起きない」し、「同じ運は、
二度と同じようにはやって来ない」[70]。「リスクを直視し、予期せぬことに備
える」とはどういうことかを常に考え、「経験を普遍化する意志」を持続する
組織文化を創ることがあの悲劇の教訓だったはずである。

7　規制当局の「独立性」とは何か

　冒頭でも紹介したが、福島第一原発事故の後に設立された原子力規制委員
会は、「何物にもとらわれず、科学的・技術的な見地から、独立して意思決定
を行う」ことをモットーとして掲げた。

　これは、重大事故対応措置（AM）の導入、そして地震・津波対策の検討
において「規制の虜」と指摘された安全規制ガバナンスの欠陥を反省し、外
部の干渉に左右されず強力なリーダーシップを発揮することを誓った出直し
の覚悟に他ならなかった。

　原子力規制委員会の委員長には、政治からの独立性、「原子力ムラ」からの
独立性、高い専門性、そして人格識見を備え有事に動じない判断力と指導力
が求められたことから、「人選には苦労した」[71]と当時の政権でこの作業に関
わった細野豪志衆議院議員は述懐する。当時は科学技術的知見の独立性を重
視するあまり、三条委員会の長として首相に干渉されない強い権限を与える
べきだとの意見が強く、相当の議論もあったが、そこは合議制の委員会とし
て押し切ったという[72]。

70　民間事故調、2012、p.396
71　細野豪志氏ヒアリング、2019年12月19日

結果として、平時には原子力防災対策において関係機関の調整等を行う内閣総理大臣が議長を務める原子力防災会議を設置し、副議長に内閣官房長官、環境大臣、内閣府特命担当大臣（原子力防災）、そして原子力規制委員長が務めることとなった。なお原子力規制委員長は、原子力事業者、国、地方公共団体等が原子力災害対策に係る計画を策定する際や当該対策を実施する際等において、科学的、客観的判断を支援するために、専門的・技術的事項等について定めた原子力災害対策指針を策定する役割を担っている。一方、緊急事態が生じた際には内閣総理大臣が本部長を務める原子力災害対策本部が設置される。この時、内閣総理大臣（本部長）の指示権の中から「技術的及び専門的な知見に基づく判断は除外する」[73]と原子力災害対策特別措置法に明記されている。緊急事態における技術的及び専門的な知見に基づく判断は原子力規制委員長が責任を担うという独立性がここに定まっている。

　これとともに、事務局である原子力規制庁の独立性を維持することも不可欠だった。同庁の職員についても出身元の省庁からの出向と処遇人事の場とならないようにかつての"親元"には戻らないノーリターン・ルールの徹底とプロパーの専門家の育成にも取り組んでいる。

　また事業者との関係において独立性を示すために透明性を確保することも必要だった。原子力規制委員会では事業者やその他のステークホルダーとの意見交換会、会議は原則として議事録が公開され、場合によっては会議映像が公開されている。

　ただし、この透明性の原則に事業者側は戸惑っている。日本社会には公開の場で失言を恐れ、言質を取られることを嫌う傾向が存在する。また事業者にはプラント再起動という"人質"を規制当局に取られているという意識があり、認可権限を持つ規制当局に対して強く反論しづらいという声も聞かれる。

　しかし、大事なことは、透明性が確保されているからこそ、理不尽なことが起きているかどうかを第三者が判断できることにあり、またレフリーとしての第三者が声を出すことにある。IAEAの事務局長諮問機関である国際原子力安全諮問グループ[74]は福島第一原発事故の教訓を踏まえて、このような仕組みを重層化する「制度的オーバーサイト」の重要性を強調している[75]。「制度的オーバーサイト」とは第三者が当事者の活動を多種多様な層から監査するガバナンスの仕組みである。それは、自分ではなかなか気づかないことを率直に指摘してくれる重層的な「牽制」の仕組みである。その指摘は、

<hr />

72　塩崎恭久（2012）「『原子力規制委員会』設置法がついに成立した背景で、最後まで続いた『省益優先』官僚の抵抗劇」『現代ビジネス』アクセス2020年6月9日〈https://gendai.ismedia.jp/articles/-/32862〉

73　原子力災害対策特別措置法（平成11年法律第156号）第20条第3項「前項に規定する原子力災害対策本部長の指示は、原子力規制委員会がその所掌に属する事務に関して専ら技術的及び専門的な知見に基づいて原子力施設の安全の確保のために行うべき判断の内容に係る事項については、対象としない。」

74　IAEA事務局長の諮問機関（International Nuclear Safety Group; INSAG）

75　IAEA International Nuclear Safety Group, 2017

技術的な教訓や制度だけでなく、人事や組織文化にも及ぶ。当事者は「見たいものだけが見える」ので、見えていないリスクには気づかない。そこで人間行動を支える価値観、さらに言えば組織の中での自己正当化バイアスが働いて問題を放置していないかどうかをチェックする機能を持たなければならない。ここにオーバーサイトの意義がある。

IAEAの国際原子力安全諮問グループが提案する制度としてオーバーサイト機能を働かせる仕組みを図3に示す。そこでは原子力に関係するグループを事業者、規制、社会の3層に分類し、第1層は第一義的責任を有する事業者を取り巻くグループ、第2層は事業者の監督責任を有する規制当局とそれを取り巻くグループ、そして第3層は直接的な影響を受けるステークホルダーのコミュニティやメディア等の一般社会の構成グループである。このグループのそれぞれが下位の層を監視し牽制作用を働かせる。

なお各層は多くの構成要素で構築され、多重多様なバリアを構成する深層防護の思想を具現化する。例えば第1層の事業者の活動は、第1段は事業者の自主的安全性向上活動、第2段は国内の事業者間で相互にプレッシャーをかける相互支援活動、第3段は国際的な事業者機関による安全性評価活動、第4段はIAEAなどの国際機関による査察や助言活動と多段構造的にセルフチェックすることで原子力安全を確保することを推奨する。

東京電力などの原子力事業者は、第1層のチェック機能として、原子力改革監視委員会や原子力安全監視室等の内部監視機構の活動に加えて原子力安全推進協会（JANSI）のピアレビュー活動等の国内同業者の監視チェックを受け、更に国際同業者の集まりであるWANOのピアレビューを受け、更にはIAEAの運転安全管理調査チーム（OSART）のレビューを受けている。また

●図3　システムとしての深層防護

INSAG-27 Ensuring Robust National Nuclear Safety Systems-Institutional Strength in Depth-を元に作成

第2層の監視機能は、原子力規制委員会による指導監督とそれを支援する OECD/NEA 等の国際機関のサービス、そして IAEA の行政レビューサービス（IRRS）等で構成する。さらに第3層のステークホルダーの監視機能は、国の原子力関係の行政機関や地方自治体、地元の地域住民団体の協議会、メディア等のチェックを受ける多種多様なガバナンス機能が働く。

ただし、オーバーサイトという概念は欧米で生まれた概念である。相手に耳障りなことでも伝えなければならない時に曖昧な表現を使いやすい特性や、面子を大事にして外部の指摘を容易に受け容れない社会風土、またグローバル経営とは縁遠い地域密着型企業風土ではこのシステムをそのまま導入しても機能しない。

単に形を作るのではなく、外部から得られる多様な指導助言を真摯に活かすために日本流の指摘方法、チェックのやり方を先に述べた国の社会的特性の視点から原子力安全を論じる安全文化フォーラムを開催し、官民協働して方策を話し合う必要がある。

もう一つ真剣に検討すべきは、国会に原子力安全規制に関する常設監視機関を設置することである。国会事故調は、事故の調査検証で指摘した課題を継続的にフォローする常設機関として、国会に原子力事業者及び行政機関から独立した、民間中心の専門家で構成する調査委員会を設置するよう提言した。(国会事故調 提言7：独立調査委員会の活用[76])

確かに衆議院には原子力問題調査特別委員会（2013.1.28設置）があり、参議院には原子力問題特別委員会（2013.8.7設置）[77]があって、事故後の課題検討状況はフォローされている。しかし、原子力利用における安全の確保に関して専門的知識及び経験並びに高い識見をもって行政の施策をチェックする機能を持つわけではない。

現在の原子力規制委員会の運営について自民・公明党案を起草した塩崎衆議院議員は、設立当時の理想と現在を比較して原子力安全規制の独立性は「まだまだサプライサイド（政府）の目線で運営されており、海外機関のような国民目線では運営されていない」[78]と語る。

国会事故調査委員会の事務局を務めた椎名は、「独立性を重んじて設置された原子力規制委員会は三条委員会だから大臣管轄下ではないが行政であることに変わりはない。(国会事故調の提言の主旨は)国民から選ばれた立法府が行政を監視するという三権分立の基本思想と、行政と同程度の専門知識を持つ人が監視することで情報の非対称性をなくすという二つの役割を期待し

---

76 「提言7：独立調査委員会の活用」(前略)国会に、原子力事業者及び行政機関から独立した、民間中心の専門家からなる第三者機関として原子力臨時調査委員会（仮称）を設置する。また国会がこのような独立した調査委員会を課題別に立ち上げられる仕組みとし、これまでの発想に拘泥せず、引き続き調査、検討を行う；国会事故調（国会東京電力福島原子力発電所事故調査委員会）(2012)『東京電力福島原子力発電所事故調査委員会報告書』p.22.

77 第184回国会で設置され、第192回国会で東日本大震災復興特別委員会に吸収改組された。

78 塩崎恭久氏ヒアリング、2020年3月17日

た。」[79]と言う。

　原子力安全規制の独立性を更に高めるためには、行政と国会の間のチェック・アンド・バランス機能を強化することが望ましい。そしてIAEA事務局長の諮問機関である国際原子力安全諮問グループ（INSAG）が提言する多種多様な視点による多層の監視機能を働かすことでガバナンスの効いた安全規制の独立性を確実に担保すべきである。それは、複雑で専門性の高い原子力安全規制の透明性を高め、ひいては国民の信頼性を得ることにもつながるはずである。

まとめ

　各事故調報告に共通するのは、規制当局の独立性の重要性である。規制のやり方と規制のあり方（ガバナンス）に最大の問題があった。現在、仕組みは革新されたものの、運用は旧体制の心を引きずっている。形の上で、新規制基準、バックフィット制度、安全性向上評価届出制度、新検査制度など制度改革がなされつつあるが、ものごとを決める際の権限と責任のあいまいさ、「ムラと空気のガバナンス」や「小さな安心を優先し、大きな安全を犠牲にする」日本の規制文化・慣行は依然変わっていない。IAEAのIRRSで指摘されたように些末な仕様、目に見える形を検査する文化を引きずっている。ここからは真の協同作業による規制のカイゼンもイノベーションも生まれにくい。事業者（及び規制当局）が新規制基準の理念を誤解し、基準遵守で絶対的な安全が確保されると思ったならば、それこそ福島第一原発事故の教訓を学んでいない。

　規制の制度に組み込んで事業者の自主性を活かす仕組みが機能するかどうかは事業者の動機づけにかかっている。定期安全レビューが形式化し、基本設計段階での新知見に対する感度を低下させた教訓が活かされるかどうかは今後の運用次第。福島第一原発事故で見られた事象と類似の事象の確率論的リスク評価は技術の未成熟を理由になされていない。また規制当局と事業者の間で安全目標についての議論も進んでいない。大きなリスクを直視して「不確かさ」をどこまで許容するか、両者で安全に関する対話のための共通言語が整備されていないことは福島第一原発事故前と変わらない。

　規制当局の独立性を重んじて様々な運用が行われ、人材の専門性を高める環境整備、組織文化の改革も認められるが、規制当局と事業者が同じ過ちを二度と繰り返さないという目的を共有する組織文化はまだできていない。また国会の常設委員会のような重層的なオーバーサイトの仕組みも出来ていないが、これを作ることで国民の信頼性を高めることも期待できる。

79　椎名毅氏ヒアリング、2019年10月9日

コラム1 消防車による原子炉注水

「止める、冷やす、閉じ込める」——原子炉安全確保のイロハであり、標語である。福島原発事故にあっては安全の最後の決め手は燃料棒を「冷やす」作業を確実に行うことができたかどうかだった。吉田昌郎所長以下現場の担当者は、燃料プールへの自衛隊ヘリによる放水や"キリン"と呼ばれる巨大コンクリートポンプ車による注水などさまざまな「冷やす」オペレーションを行ったが、それに先立って早くも3月11日夕方から冷却機能喪失に対応し、消防車を使って原子炉への直接注水を試みる代替注水作戦を展開した。

消防車による注水は、国会事故調が「定常的に見える状況を作り出すのに役立った唯一の注水系である」と記し、東京電力も2012年に「(1号機注水について)炉心損傷を防止できなかったものの、その後の進展の抑制に寄与したものと考えられる」と結論づけるなど、一定の評価を得ている[1]。しかし実際のところ、あの大量の注水にはどの程度の効果があったのだろうか。

これは具体的には、消防車を消火系に接続して、消火系から復水補給水系を経由し、1号機では炉心スプレイ系、2・3号機では残留熱除去系(両者共に炉停止時の冷却設備)から注水を試みるというものである。注水によって「冷やす」ためには、水が原子炉に到達しなければならない。しかし、そこに向けて注水しても、原子炉配管以外の系統や機器へのいわゆるバイパス流が発生してしまう。東電は2013年〜2017年にわたって行った「未解明事案報告」の中で、改めて検証を行っている。

1号機では、3月12日午前4時頃、復水補給水系経由の注水を開始した。復水補給水系は、プラント内の各種機器の洗浄や封水、各タンクや機器への給水などを行う系統である。しかし、報告書によれば、1号機の水素爆発(12日15時36分)前の注水では、消防車の吐出流量のうち格納容器にまで到達したのは20%をやや超える程度にとどまり[2]、水素爆発後は炉心の低下とともに格納容器への到達割合は50%弱だったとしている[3]。

2号機は、地震後、RCIC(原子炉隔離時冷却系)の手動起動と自動停止を繰り返しながら冷却機能を維持していた。しかし、3度目の手動起動後に津波が来襲、電源喪失に陥った。吉田は、11日夕刻、2号機の消火系注水検討を指示した。電源復旧による冷却機能回復の試みは、12日15時30分頃に準備をほぼ完了していたところへ1号機の水素爆発が起こり、注水作戦は実行できなくなった。13日からはRCIC停止に備えて津波の残り侵入水を水源と

1　東電2012年報告書本編 p142、国会事故調p173
2　未解明事項報告　添付資料1−5「消防車による1号機原子炉注水の注水量に関する検討」(公表は2013年、最終更新は2014年) p12、13
3　同上

する注水準備とホース敷設を行なっていたが、14日11時1分、今度は3号機が水素爆発し、がれきの散乱や線量上昇で再び一時断念に追い込まれた。2度の不運がRCIC機能喪失後の「冷やす」機能維持を妨げた。それでも現場はなお海水注入を試みるライン構成を再開し、19時54分には海水注入に辿り着いた。報告書では、この操作により原子炉に到達した水量は、最高でも注水量の半分に満たないと試算している[4]。

　3号機も、2号機と同様にRCICが作動したが、12日に停止、その原因を突き止められずに稼働再開には至らなかった。直流電源が生きていたため、RCIC停止後にHPCI（高圧注水系）が自動起動して冷却機能を維持していた。しかし、HPCIの稼働によって原子炉圧力が大幅に低下したため、13日2時42分にはHPCIを手動停止した[5]。（東電の検証では手動停止前にHPCIは注水能力を喪失していた可能性が高いとしている）[6]。この「冷やす」機能の遮断が3号機でも原子炉の温度上昇と圧力上昇につながり、9時25分に消防車注水が行われた。しかし、結局は14日11時1分、水素爆発を起こした。報告書は、3号機は消防車注水の全量が原子炉注水された可能性は低いとしている[7]。消防車による1～3号機に対する注水オペレーションは、このようにバイパス流の存在、そして原子炉自体の圧力のために、十全の役割を果たしたとは言い難い。

　消防車注水は事故前から想定されていた冷却手段ではなかった。化学消防車は2008年2月に配備、消防車による注水ラインへの注水口は2010年6月に設置された。その目的は、2007年中越沖地震時に柏崎刈羽原発で起きた火災を受け、消防・消火施設を拡充することにあった[8]。国会事故調はこれについて、「今回この注水系が役立ったのは偶然の幸運に見えるかもしれない。しかし多重性、多様性を確保しようとする意図があったから、前述の注水口からも原子炉に注水できるようにしたわけであり、単なる偶然の幸運ということではなかったと思われる」と述べている[9]。たしかに、多重性の確保が事故のさらなる深刻化を食い止めたということは言えるかもしれない。同時に、注水だけいかに務めてもそれだけでは「冷やす」機能を十分に強化したことにはならない。原子炉圧力の制御とともに注水ルートにおける水の漏出を塞ぐ全体としての注水戦略がなければならない。東電は、柏崎刈羽原発7号機では、電動弁の設置、耐震強化工事の実施、消防車注水のためのホース接続口追加といった対策により、バイパス流の発生防止対策を施している[10]。

4　未解明事項報告　添付資料2-14「2号機の炉心損傷・炉心溶融が進展した時期における原子炉水位の推定」p20
5　東電2012年報告書本編p178、179
6　未解明事項報告　添付資料1-4「消防車による原子炉注水に関する検討」p19
7　未解明事項報告　添付資料1-4「消防車による原子炉注水に関する検討」p23
8　国会事故調pp173-174、政府事故調中間p438
9　同上
10　未解明事項報告　添付資料1-4「消防車による原子炉注水に関する検討」p26

東京電力の政治学

東京電力の政治学

はじめに　東京電力は何を「総括」したのか

　東京電力を筆頭とする日本の原子力事業者は福島第一原発事故からどのような教訓を学んだのか、あるいは、学ばなかったのか。そして、事故後、どのような変革・向上を実現できたのか、できなかったのか。福島第一原発のような事故を二度と起こさないようにするために、果たして現状で問題はないのか。それがこの章の主題である。

　私たちは、東京電力という会社組織に焦点をあてて、事故をめぐる事実関係、なかでも、ここ5年間に新たに明らかになった事実関係に特に注意を払いつつ全体を俯瞰し、そこから3つの教訓を抽出し、それへの対応の現状を評価した。その作業にあたっては、事故後の最初の4年間に公表された種々の報告、東電テレビ会議の記録、政府事故調の調書、また、公的管理下に入った東電自身によって2013年に取りまとめられた「福島原子力事故の総括および原子力安全改革プラン」などで得られたり示されたりした教訓や提言に、事故発生10年目の東京電力は応えることができているのか、また、そもそもそれら教訓や提言の中に汲み取るべきなのに抜け落ちてしまったものはなかったのかという問いを立て、その観点から、福島第一原発事故と東京電力に関する最新の知見や関係者の見解、関連の訴訟記録を集め、精査した。

　事故後の最初の4年間に、東電の組織上の問題点はさまざまに指摘されている。

　民間事故調は2012年2月の報告書で、原子力平和利用推進の国策を民間企業の原子力発電事業によって担う「国策民営」体制が、電力会社の「国から言われている基準を守っていた」「だから、仕方ない」「私たちのせいではない」といったたぐいの弁解を許す「負の面」を生じさせ、その結果、民間企業としての電力会社の健全性が損なわれてきたとの見方を紹介し[1]、「東京電力の危機管理能力と意思決定、そしてガバナンスの弱さは、このような企業に原子力発電を行う資格があるのか、という疑問を国民に抱かせる結果となった」と指摘した[2]。国会事故調は2012年7月の報告書で、東電のガバナンスについて「自律性と責任感が希薄で、官僚的」と評し[3]、東電の「役所と手

1　民間事故調（福島原発事故独立検証委員会）(2012)『福島原発事故独立検証委員会：調査・検証報告書』一般財団法人日本再建イニシアティブ、p.320。

2　同上、p.388。

3　国会事故調（東京電力福島原子力発電所事故調査委員会）(2012)『東京電力福島原子力発電所事故調査委員会報告書』p.525。

を握りながら役所に責任転嫁するといった黒幕のような経営の体質[4]」を喝破した。

　多くの報告で問題とされたのは東電の安全文化、つまり、社内の風土や企業体質、なかんずく、社内のコミュニケーション不全や上意下達の傾向である。政府事故調は2012年7月の最終報告書で、「社員が専門分野ごとに縦割り的になっており、今回の事故対処に当たっても、事態を総合的に見渡して必要な業務を行うという視点が十分でなかったこと、事故対処に関わる重要な措置が幹部社員の指示を仰ぐことなく行われるなど、情報共有体制に不備があったこと」などの根拠を挙げて、東電の安全文化に問題があったと示唆[5]。米国原子力発電運転協会（INPO）の2012年8月の報告書は、安全文化の原則として「問いかける態度を培い、前提を疑うこと」の重要性を強調し、もし東電にそうした安全文化があれば、事故前の津波対策や事故時の炉心冷却に何らかの恩恵があったかもしれないと指摘した[6]。この点、米国の科学アカデミー研究評議会は2014年の報告書で「強い安全文化がなかったことが福島第一事故の重要な要因だった」と、より端的に述べている[7]。

　国会事故調によれば、東電における事故リスクへの向き合い方には「ゆがみ」があった[8]。日本原子力学会の事故調は2014年3月の最終報告書で、「東京電力は、津波や過酷事故に対する新たな知見により明らかとなったリスクを直視せず、必要な安全対策を先延ばしにしたと思われても仕方がない」と東電のマネジメント能力の欠如を指摘した[9]。

　これらの教訓や提言に東京電力が応えるにあたって、その最も重要なよりどころとしているのは、東電が国に資本の過半を握られ、実質的に公的管理の下に入った後の2013年3月にとりまとめた「福島原子力事故の総括および原子力安全改革プラン[10]」（「姉川プラン」）である。

　その前年の2012年6月に東電は、勝俣恒久会長ら旧経営陣の下で事故調査報告書を公表し、その中で、「今回のような大きな地震や津波がくるとは想定していなかったし、想定できなかったのが実態である」と結論づけた[11]。これに対し、東電社内で事故発生後に電気自動車担当から古巣の原子力部門に

4　同上、p.256。

5　政府事故調（東京電力福島原子力発電所における事故調査・検証委員会）（2012）『最終報告（本文編）』p.428。

6　Institute of Nuclear Power Operations (2012) "Special Report INPO 11-005, Lessons Learned from the Nuclear Accident at the Fukushima Daiichi Nuclear Power Station", p.34. アクセス2020年5月8日〈https://www.nrc.gov/docs/ML1221/ML12219A131.pdf〉

7　National Research Council (2014). *Lessons Learned from the Fukushima Nuclear Accident for Improving Safety of U.S. Nuclear Plants*. Washington, DC: The National Academies Press, pp.232-237.

8　国会事故調、2012、p.525。

9　学会事故調（日本原子力学会東京電力福島第一原子力発電所事故に関する調査委員会）（2014）『福島第一原子力発電所事故　その全貌と明日に向けた提言　学会事故調最終報告書』日本原子力学会、pp.355-356。

10　東京電力株式会社（2013）「福島原子力事故の総括および原子力安全改革プラン（姉川プラン）」アクセス2020年5月13日〈https://www.tepco.co.jp/cc/press/betu13_j/images/130329j0401.pdf〉

11　東京電力（東電事故調）（2012a）『福島原子力事故調査報告書』東京電力、p.33。

呼び戻され、その年の暮れに原子力設備管理部長となった姉川尚史は「この程度の反省では、再び原子力発電を行うことはできないのではないか」と考え、報告書の追補版をつくるための活動をボランティアで始め、それはやがて会社公認となった[12]。

　東京電力をよく知る経産省の元幹部によれば、東電社内では、東日本大震災は2万人もの死者・行方不明者が出た「天災」であるのに「なんで我が社だけこうなるんですか」というような恨みがましい声が聞かれたという。そうした議論を聞くたび、「これは1回、法的整理をして、ゼロベースで出直さないと、直らないのではないか」と迷うことが何度もあったとこの元経産省幹部は証言している[13]。そういう中で、姉川らのチームが会社公認となり、東電自身が福島原発事故に人災の側面があることを認めてしまえば、法的責任の追及の対象となっている勝俣元東電会長ら旧経営陣を「売る」ことになるとして、総務・企画部門から激烈な反対があった。しかし、それを押し切って「総括および改革プラン」の公表にこぎつけたいきさつがある[14]。

　このようにして曲がりなりにも、東電の組織の問題点についての指摘やそこから汲み取るべき教訓は、事故後の最初の4年間で出尽くし、東電も、新たな経営陣の下でそれに応えようと動き出しつつあるかに見えた。しかし、その実態はどうなのか。本当に教訓は汲み取られ尽くしたのか、それら教訓に東電は本当に応えられているのか。教訓に応える動きの進捗はどうなっているのか。そして、最初の4年間で得られた教訓や提言にそもそも抜け落ちているところがなかったのか、抜け落ちがあるとして、それへの対策はどうあるべきなのか。以下、検証する。

1　捜査・公判が明らかにした津波対策「先送り」

「姉川プラン」を含め東電の自己検証で核心部分をほぼ素通りし、2017年以降の刑事裁判の過程で新たな事実が明るみに出たのは、東電はなぜ津波への備えができなかったのか、という最重要の問題である。

　事故前、東電の津波評価部門は津波対策の必要性を認識していた。

　すなわち、東京電力の原子力設備管理部で津波評価を担当する土木調査グループは2008年、阪神大震災の被害を踏まえて新たに策定された耐震指針に基づく国の規制に適合するためには福島第一原発の津波対策の抜本的強化が必要だと認識した。しかし、社の上層部はその認識を共有せず、対策の検討を先送りした。それでも、土木調査グループは、規制に適合するには対策が必要だという認識を維持し、2009年、部門横断の会議体を設置して対策を

12　奥山俊宏「〔インタビュー〕原発を続ける資格 東京電力常務・原子力技術者トップ、姉川尚史さん」『朝日新聞』2014年3月29日。
13　経済産業省元幹部ヒアリング、2020年2月27日
14　同上

具体化しようと社内で提案した。しかし、前年の先送り決定があったため、その提案もまた社内で受け入れられるところとならなかった。

　こうした事実関係の詳細は、2012年から2013年にかけて東京地検の捜査によって把握されたが、その時点では公表されず、2017年から2019年にかけて公判廷に捜査記録が提出され、東電社員の証人尋問が実現したことで初めて世間に知られるようになった。各事故調の報告書や姉川プランにはこうした事実の詳細は記載されておらず、したがって、ここからの教訓の抽出やそれへの対策は見当たらない。

　まず、事実関係を確認することにする。

・2008年、土木調査グループの進言を却下

　2006年9月、原発の安全審査に適用される耐震設計審査指針が改訂され、国の規制機関である原子力安全・保安院は既存原発について改訂指針に照らして安全性に問題がないか確認するよう電力各社に指示した。その中では津波についても地震随伴現象として、「施設の供用期間中に極めてまれではあるが発生する可能性があると想定することが適切な津波」を考慮した設計となっているかを評価するよう求め、保安院は電力会社の評価結果が妥当かどうか審査する予定だった。

　これを受け、東電では、本店の原子力設備管理部の中越沖地震対策センターに属する土木グループ（のちの2008年7月1日に土木調査グループに改組）が津波への対応を検討した。

　その検討では、政府の地震調査研究推進本部（地震本部）が2002年7月末に発表した「三陸沖から房総沖にかけての地震活動の長期評価」（長期評価）を福島第一原発、福島第二原発の津波想定に採り入れるかどうかが問題となった。従来は、土木学会で2002年2月にとりまとめられた手法を用い、福島県沖では大きな津波地震は起きないとの前提で福島第一原発の想定津波高さを5.4〜5.7メートルと計算し、これを2006年当時も維持していたが、一方、地震本部の長期評価は土木学会と異なり、福島県の沖合を含め三陸沖から房総沖にかけての日本海溝沿いでどこでもマグニチュード8級の津波地震が起きる可能性があると指摘していた。これに従えば従来の津波高さの想定は不十分とみなされるだろうと見込まれた。土木グループ内部では、長期評価の見解を採り入れる方針を2007年12月ごろに固めた。

　2008年春、原子力設備管理部の委託を受けた東電子会社の東電設計が地震本部の長期評価に基づいて津波の高さを計算したところ、福島第一原発には敷地高さの10メートルを越えて、最大15.7メートルの津波が来襲する可能性があるとの結果が出た。

　土木グループは、津波想定の大幅引き上げとそれに見合う対策工事が必要だと認識した。沖に防波堤を建設し、敷地上に防潮壁を築くなどの計画の検討を始めた。

しかし、土木グループを統括する原子力設備管理部長だった吉田昌郎、同部のナンバー2にあたる地震対策センター所長だった山下和彦は土木技術者らとは異なる認識だった。

山下所長は東京地検の聴取に次のように供述した。

「私は、15.7メートルという数値に強い違和感を覚え、その水位に対する対策工事を実施するのは現実的ではないと思い、反対的な立場でした。吉田部長は、その水位に対する対策をとることに、少なくとも賛成していませんでした[15]」

吉田は政府事故調の聴取に対し、地震本部の長期評価について次のように述べた。

「学者さんたちが可能性あるよというのは幾らでも言えるんだけれども、ちゃんとものを設計したりだとかいうレベルまでなっているんですかと言うと、なっていない[16]」

吉田部長らの上司にあたる原子力・立地本部副本部長の武藤栄常務（当時）は2008年7月31日の会議で、土木学会に長期評価の扱いの研究を依頼し、その結果が出るまでは従来の手法による津波想定のままとする方針を決定した。

そのときの会議について、土木グループから改組された土木調査グループの課長だった高尾誠はのちに法廷で次のように証言した。

「検討のそれまでの状況からすると、ちょっと予想していなかったような結論だったので、分かりやすい言葉で言えば、力が抜けたという、そういう状況だったかと思います」

現場の技術判断と異なる結論だったというのだ。高尾は法廷で「力が抜けた」という言葉を繰り返した。

「いろいろ検討しておりましたので、そういったことがちょっと一旦保留になるといいますか、そういったことでしたので、それで力が抜けてしまったような感じになった[17]」

その部下にあたる金戸俊道は次のように証言した。

「対策工事は必要だと思ってました。それは、土木学会なりにこの後依頼して研究をしていくことになりますけれども、研究を実施したとしても、それなりの規模の津波が起きるということは多分変わらないだろうなって、技術的にというか、地震本部が言っていることを覆す材料がないので、そういうふうになると思っていたので、時間は少し遅くなるかもしれないけれども、対策工事はいずれやっていくというふうに考えてたと思います。」

15　東電株主代表訴訟　甲349号証、山下和彦供述調書、p.24。
16　政府事故調（2011）「聴取結果書　被聴取者：吉田昌郎、聴取日：2011年11月6日（吉田調書）」p.13、アクセス2020年5月13日〈http://warp.da.ndl.go.jp/info/ndljp/pid/10317644/www.cas.go.jp/jp/genpatsujiko/hearing_koukai/348_349_koukai.pdf#page=13〉
17　東電株主代表訴訟　甲297号証の1、高尾誠証人尋問調書、pp.110-111。

武藤常務に受け入れられるところとはならなかったものの、土木調査グループの技術判断は変わらなかった。グループマネージャーだった酒井俊朗は武藤常務らによる決定について「時間稼ぎ」と受け止めた[18]。

・2009年、部門横断検討会議設置の進言も却下

その後、津波対策の検討はなかなか進まなかった。翌2009年夏、土木調査グループは原子力設備管理部内で体制づくりを提案した。

土木調査グループの課長だった高尾は次のように証言した。

「各グループが個別に検討しているのではなくて、もっとプラントの安全性全体が分かる、そういったことを把握している人がキャップになって、各グループの検討を有機的に結び付けたような会議体、そこで検討していく必要があるのだというふうに考えまして[19]」

金戸はこれについて次のように証言している。

「やっぱり対策はいずれやらなきゃ駄目だということは、我々は共通認識として持っていたんだけれども、対策するほうのグループは、やっぱりその辺が多分認識が甘いというか（中略）そこまで強く意識できていなくて、その検討がなかなか進まないなというふうに思っていた[20]」

酒井がマネージャーとして率い、高尾、金戸が属する土木調査グループは、原発の津波評価の担当ではあったが、原子炉プラントそのものに詳しいわけではない。福島第一原発で津波が敷地高さを越えたときにその原子炉プラントがどのような事態に陥るのか、に通暁しているわけではなかった。防潮壁や防波堤といった「土木」に関連する対策については土木調査グループでもアイデアを出すことができたが、それを超えた広い発想で対策を検討するには、原子力設備管理部の各グループがそれぞれ主体性をもって検討に関わる必要があった。

酒井の証言によれば、部下からの提言を受けて、2009年7月、原子力設備管理部内の機器耐震グループのマネージャーに相談したところ、次のように言われた。

「津波の水位すら決まってないものを、今、あれだけ忙しいメーカーに提示して、で、なんか考えてよってできますか、酒井さん」

これを聞いて酒井は次のように思った。「それはそうだよな」

原子力・立地本部としては前年7月末に武藤副本部長の断によって、津波高さの想定について土木学会に研究を依頼すると決めていた。酒井ら土木調査グループはそれに従わざるを得ず、したがって、想定津波水位を自分たちの意思で決めることができない状況だった。対策の必要性は認識していたが、「水位を明確にしていかないと、ちゃんとした対策に結び付かない」というの

18　東電株主代表訴訟　甲298号証の1、酒井俊朗証人尋問調書、pp.95-96。
19　東電株主代表訴訟　甲297号証の2、高尾誠証人尋問調書、pp.32-33。
20　東電株主代表訴訟　甲299号証の1、金戸俊道証人尋問調書、p.100。

も現実であり、酒井は機器耐震グループのマネージャーの言うことに同意せざるを得なかった。

　この経緯について酒井はのちに次のように証言した。

「土木調査が水位を出さないと、なかなか対策は進まないから、なんか、誰のせいでもない、自分のせいの部分もあるし、難しいなとは思いました[21]。」

　このとき東電の津波対策検討は前年の先送り決定によって自縄自縛に陥っていた、ということができる。

2　津波対策先送りの政治学

・東電は今も「事故前の津波対策は適切」と主張

　このように、東京電力社内で、福島原発の津波対策に関する土木調査グループの提案は2008年夏から2009年夏にかけて繰り返し退けられた。

　その最大の要因は、土木調査グループの技術者たちの問題認識とそれ以外の技術者たちの問題認識に大きな落差があったことにある。それぞれ専門領域がまったく異なっており、津波対策の必要性を基礎づける前提事実の認識の程度に両者の間で相違があった。この認識の相違は解消されることなく、両者の溝は埋められることなく、2011年3月を迎えた。

　その背景として、たとえば、次のような東京電力の社内事情があった。

　土木調査グループの技術者たちは、上司である原子力設備管理部長らと直接会って議論する機会を得るのに苦労する状況だった[22]。グループマネージャーの酒井は部下たちに喫煙者となって喫煙室でタバコを吸いながら部長らグループ外の技術者と交流するよう勧めた[23]。土木調査グループの技術者たちが武藤と実際に顔を合わせて津波のリスクを議論する場は2回しかなかったようだ。

　東電にはまた、重要な知見や提案について、事前の根回しをすることなく、社内に広く知らせるのをはばかる社風があった。

　たとえば、2008年3月7日の部内の会議で、土木グループ課長の高尾が福島第一原発で想定される津波高さについて、12〜3メートル程度になる可能性が高いと建築や機器耐震の担当者にいち早く説明したところ[24]、原子力設備管理部内でその話が広がり、吉田部長の耳にも入って、吉田部長がグループマネージャーの酒井に「言っていた数字に比べてかなり高いけど」と問い合わせる出来事があった。これについて酒井は好ましくないことと受け止め

21　東電株主代表訴訟　甲298号証の1、酒井俊朗証人尋問調書、p.117。

22　東電株主代表訴訟　甲298号証の1、酒井俊朗証人尋問調書、p.9：「東電のラインの部長は非常に忙しくて、説明をするのに順番を並ぶぐらいの状態なんですね、日常的に」と酒井は証言している。

23　東電株主代表訴訟　甲298号証の3：「証人酒井俊朗に示す証拠」資料30、「1F／2F津波バックチェック」と題する2008年3月7日の酒井発メール。

24　同上資料29、2008年3月7日の「津波対策のスケジュールに関する打合せ議事メモ」と題する東電内部文書。

たようで、3月10日、部下の高尾に「もうちょっと早い段階で、部長にも説明したり、ちゃんとしましょう」と注意した[25]。

2009年7月1日、原子力設備管理部内で部門横断の検討体制を提案する際にも、酒井は「東電内ではありがちなこと」について部下の金戸を注意した[26]。

「どうもやっぱり仕事の仕方が青いというか、そんなの、いきなりぽんと出したって、みんな反発するだけ」

「ちゃんと事前に、こういうふうな体制を作りたいんだと。それで、それをちゃんと関係部署で8割ぐらいは了解した後で会議に持っていかないと、そんなの聞いてないとかって、日本は必ずそうなっちゃう[27]」

喫煙室でのコミュニケーションや事前の根回しを重視するこのような意思決定の流儀は、かえって正式なルートを介した認識共有や検討・議論を遅れさせたり不徹底なものに形骸化させたり、組織内部での責任の所在をあいまいにしたりするおそれがある。客観的な事実や科学的な根拠に基づく論理的な判断ではなく、地位が高かったり発言力が大きかったりする人物の意見を過大に反映した、いわば場の空気を読んだ、歪んだ判断となってしまいがちとなる。

東電の原子力部門で、原子炉プラントを専門とする技術者が枢要な職に就くことが多いのに比べて、土木技術者らはそうではなく、社内における発言力など両者の力関係の差が大きかった事情もあるかもしれない。決定権を握る地位にある技術者たちは津波評価や土木に関しては専門ではなかった。たとえば、原子力設備管理部長だった吉田はのちに「もともと私もこの辺は不案内なものですから」「（設計の）条件をつくる側の仕事は今まで一回もしていないですから、その辺の目分量というか、感覚がわからない」「私はほとんど素人ですから」と述べている[28]。

2008年から2009年にかけて東電社内では、福島第一原発の津波対策について、津波に関する専門知識・経験は土木調査グループのほうが経営層や原子力専門の技術者に勝っているのに、土木調査グループの技術判断が繰り返し覆された。覆すにあたって、科学的根拠は用意されなかった。原子力設備管理部ナンバー2の地震対策センター所長だった山下は東京地検の取り調べに「根拠は特にない」と認めている[29]。玄人の技術判断を素人が覆した、ということができる。

この経緯は、1986年1月28日に発生したスペースシャトル・チャレンジャー爆発事故の前夜にあった有名なエピソードを想起させる。ロケット製造メーカー、モートン・サイオコール社と航空宇宙局（NASA）の会議で、同

---

25 東電株主代表訴訟　甲298号証の1、酒井俊朗証人尋問調書、p.43。

26 東電株主代表訴訟　甲298号証の3；「証人酒井俊朗に示す証拠」資料106、「Re: 福島津波対策工検討体制」と題する2009年7月1日の酒井発メール。

27 東電株主代表訴訟　甲298号証の1、酒井俊朗証人尋問調書、p.116。

28 政府事故調（2011）吉田調書、pp.4、6、13。

29 東電株主代表訴訟　甲349号証、山下和彦供述調書、p.40。

社の現場技術者らはゴム製のシール材「Oリング」の特性への懸念から、低温となることが予想される翌日の打ち上げに反対した。技術者を束ねる立場にあったランド技術担当副社長も同じ意見をNASAに伝えていた。これに対し、メーソン上級副社長は「経営の判断が必要だ」「技術者の帽子は脱いで、経営者の帽子をかぶりなさい」と迫り、技術担当副社長の判断を覆させた[30,31]。

これは、人の生命が損なわれたり多額の損失を被ったりする恐れがあるときには、技術者は安易に経営判断に従ってはならず、不当だと思われる経営判断に抵抗するべきだ、などといった倫理規範を導く事例であり、技術者倫理の教科書に必ずと言っていいほど取り上げられている。

東京電力の土木調査グループの技術者たちは2008年から2010年にかけて、モートン・サイオコール社のロケット技術者たちと似たジレンマの上に置かれていた、ということができる。

一般論として、経営判断は、様々な要素を比較考量して総合的になされるのであり、原子力安全に関する経営判断についても同様に、他の分野の技術者の意見や、費用などコスト、地元や行政への影響など幅広い要素を考慮に入れて総合的になされ、その結果、土木調査グループの技術判断と異なる方向性の結論が下されることはありうるし、そのことだけをもって非難されるべきものではない。しかし、その総合的な判断にあたって、意思決定者は、キーとなる技術判断の内容を十二分に理解し、歪めることなく等身大に客観的に比較考量の対象にしなければならない。その技術について暗黙知を持たない素人が意思決定者である場合には、意思決定者は自身の直感に頼ってはならない。特に、技術判断と異なる内容で意思決定をする場合には、そうでない場合より一層高く深く注意を払う必要がある。2008年7月末になされた東京電力の意思決定は、これらあるべき総合判断の要件を満たしていないように見える。

しかし、東電は今も、福島事故前の津波対策について、「それぞれの時点における科学的・専門的知見等の状況に照らして適切に講じられた[32]」、「合理性のある対応を講じてきた[33]」と主張し続けている。

30 Presidential Commission on the Space Shuttle Challenger Accident. (1986). *Report to the President by the Presidential Commission on space shuttle Challenger accident.* p.94 アクセス2020年5月12日〈https://spaceflight.nasa.gov/outreach/SignificantIncidents/assets/rogers_commission_report.pdf#page=99〉

31 奥山俊宏（2004）『内部告発の力─公益通報者保護法は何を守るのか』現代人文社、pp.190-193。

32 東電株主代表訴訟（2017年2月24日）補助参加人東京電力、第21準備書面、p.65。

33 「控訴審準備書面（5）一審原告ら控訴審準備書面（6）及び（11）に対する反論」；福島避難者訴訟（2019年9月5日）第一陣、控訴審に一審被告、東京電力ホールディングスの訴訟代理人が提出した控訴審準備書面；アクセス2020年5月13日〈https://8b1b4cba-02ec-489e-99fb-71f4eee99d09.filesusr.com/ugd/8b6c85_d42489c05d60407c9ba883b92714106f.pdf#page=17〉

3　人命にかかわる経営判断では正当な理由なく　　技術判断を無視してはならない

・事故対処においても技術判断を経営層が覆そうとした

　現場の技術判断を東電の経営層が覆した事例は、福島原発事故が発生した直後の事態対処でも見られる。

　2011年3月12日午後7時25分ごろ、東京電力の元副社長でそのときはフェローだった武黒一郎は、空だき状態にあった1号機への海水注入をやめるよう福島第一原発の吉田昌郎所長に求めた。当時、首相官邸では、海水注入開始を知らない菅直人首相や班目春樹原子力安全委員長らの間で海水注入を始めた場合の炉心への悪影響の可能性について議論が続いており、武黒フェローは、「原子力災害対策本部の最高責任者である総理の了解なしに現場作業が先行してしまうことは今後ますます必要な政府機関との連携において大きな妨げとなる」と判断したのだという[34]。社長の清水正孝もこの武黒の指示を是認した[35]。

　安全よりも行政への配慮を優先する、それはあまりに理不尽な判断だった。吉田所長が面従腹背でこれに従わなかったために、結果的に事態に悪影響を与えることはなかったが、このエピソードは、現場の技術判断を却下した上での経営判断の弊害を端的に物語る事例の一つである。

　こうした事例はこれだけではない。

　2011年3月14日夕には、すべての冷却装置が作動しなくなった2号機について、圧力容器を減圧した上で注水を開始するのを優先するか、それとも、格納容器ベントをするのを優先するかで、意見が対立する局面があった。吉田所長は、政府の原子力安全委員会の班目委員長から格納容器ベントよりも圧力容器への注水を先にするべきじゃないかとの「サジェスチョン」が来たと述べて、本店の意見を求めた。福島第一原発の技術者は格納容器ベントを優先するべきだとの判断で、本店の原子炉安全技術グループの技術者もそれに同調した。しかし、午後4時22分、清水社長が議論に割り込んで言った。「吉田さん。清水ですがね。班目先生の方式で行ってください」

　吉田所長は、あっけにとられたような空気をただよわせながら、「本店の社長の指示が出ましたけど、技術的に」と言い、「武藤本部長、大丈夫ですか?」とテレビ会議の画面に問いかけた。しかし、返事はなかった[36]。原子力・立地本部長で副社長でもある武藤はそのとき福島から東京に向かってヘリコプターで移動中だったため、テレビ会議のつながる場所にいなかったか

34　東電事故調、2012a、p.133。

35　国会事故調の2012年6月8日の会議における清水正孝の答弁。〈https://warp.da.ndl.go.jp/info:ndljp/pid/3856371/naiic.go.jp/wp-content/uploads/2012/08/18th-report.pdf#page=6〉

36　奥山俊宏ら（2012）『検証 東電テレビ会議』朝日新聞出版、pp.301-303。

らだ。

　東京工業大学で原子核工学を専攻した吉田所長や東大工学部原子力工学科卒で核燃料や安全解析に詳しい武藤副社長とは異なり、清水社長は慶應義塾大学経済学部卒業で、原子力を専門にしたことはない。その清水社長が現場の技術判断を覆して、圧力容器の減圧と注水を優先するとの判断を下した。

　このように2号機に関するベント優先の技術判断を清水社長が覆したことについて、東電は2012年の調査報告書でも姉川プランの総括でも一切、触れていない[37]。ただし、姉川プランでは「最終的な対応責任は現場指揮官にあたえ、たとえ上位組織・上位職者であっても周辺はそのサポートに徹する役割を分担する」との方針を明確化し[38]、東電によれば、現在、訓練ではそのように徹底しているという[39]。

・国の地震本部の公表文の表現にも容喙

　純粋に科学的な見地からとりまとめられるべき国の地震本部の長期評価に東京電力が容喙しようとした経緯も、現場の技術判断を東電の経営者が覆した事例とよく似た問題性を帯びている。

　政府の地震本部の地震調査委員会は2010年から、宮城県内や福島県内の太平洋沿岸部の地下に残る過去の津波の痕跡に関する研究成果を検討し、その結果を翌2011年春公表予定の「三陸沖から房総沖にかけての地震活動の長期評価（第二版）」に盛り込む方向で議論を進めていた。

　東電の武藤副社長らに対する土木調査グループの高尾の報告メールによれば、2011年2月22日、保安院の審査官は「地震本部の公表の仕方と内容によるが、保安院として耐えられないと判断した場合は、事業者に対して何らかの指示を出す可能性もある」と高尾に述べた。この報告に対して、武藤副社長は2月26日午後、「話の進展によっては大きな影響がありうるので、情報を共有しながら保安院との意思疎通を各レベルで図ることができるように配慮をお願い致します」と高尾に指示した[40]。

　5日後の3月3日、地震本部事務局の文科省の管理官らと東電の高尾ら電力会社の技術者らとの会議が開かれた。「宮城県中南部から福島県中部にかけての沿岸で（中略）巨大津波が複数回襲来していることに留意する必要がある」などの記載のある長期評価の文案が文科省側によって配布された。東電側が作成した記録によれば、東電の側は「科学を否定するつもりもないが、色眼鏡をつけた人が、地震本部の文章の一部を切り出して都合良く使うことがあ

37　東電事故調、2012a、p.163、同報告書別紙2のpp.73-74、79-80に判断が変わった経緯の説明があるものの、清水社長に関する記述はない。

38　東京電力株式会社（2013）「福島原子力事故の総括および原子力安全改革プラン（姉川プラン）」p.82。

39　東京電力ホールディングス株式会社（2020年7月2日）アジア・パシフィック・イニシアティブの質問に対する回答①

40　東電株主代表訴訟　甲297の4「証人髙尾誠に示す証拠」資料180「Re:【重要】地震本部の公表について」と題するメール。

る。意図と反する使われ方をすることが無いよう、文章の表現に配慮頂きたい」、「貞観地震が繰り返し発生しているかのようにも読めるので、表現を工夫して頂きたい」などと文科省に要望した[41]。

　これを受けて、文科省の側は長期評価の文案の修正に着手した。３月８日時点の修正素案には、東電の意向に沿うかのように、「貞観地震の地震動についてと、貞観地震が固有地震として繰り返し発生しているかについては、これらを判断するのに適切なデータが十分でない[42]」などと書き加えられた[43]。

　地震の発生を長期的に予測し、それを政府の公式文書に記す際にどのような表現を用いるかは、純粋に科学的な検討に基づいて決定されるべきことがらである。中でも、個々の長期評価にどの程度の不確かさがあるのかをどの程度まで厳密に表現するかは、読み手にとっての分かりやすさとの間で、トレードオフの関係になることがあり、それをどのように整理するかもまた、科学者たちが最新・最良の知見を総合して判断するべき微妙な問題である。公開の手続きの下で多様な意見を求められたのに応え、自身の立場を明示してそれがなされるのならば許容できるが、そうではなく、利害関係の当事者である東電が密室でのやりとりで地震本部の長期評価の公表文の表現内容を変えさせようとするのは、科学者による科学的な判断に対して、別の思惑で介入しようとするものと言わざるを得ず、技術者による技術判断を経営者が無理やり変えさせたスペースシャトル・チャレンジャー事故の事例と似て、科学的判断を歪めるおそれがある。それを積極的に受け入れようとした文科省はもちろん、東電も反省するべきであるのに、現実はそうではない。

　この経緯について、東電は「当社は、現状を正しく反映した記載にすることを要望する旨の意見を述べたに過ぎ」ないとの見解を今も維持しており[44]、つまり、何らの学びも得ていない。

4　貪欲にリスクを低減し、対応の多様性を確保せよ

　日本の電力会社や原子力規制組織では福島事故より前、事故の確率論的リスクを計算して、それを評価軸にしてその値を低減させるべく安全対策を実施していこうという考え方がほとんど採り入れられておらず、あらかじめ決

41 「別紙12　文部科学省　日本海溝長期評価情報交換会」政府事故調（2011）「聴取結果書　平成23年8月18日」アクセス2020年５月13日〈http://warp.da.ndl.go.jp/info:ndljp/pid/11180230/www8.cao.go.jp/genshiryoku_bousai/fu_koukai/pdf_2/110_1.pdf#page=8〉

42 情報公開法に基づき文科省から奥山に2020年２月に開示された文書「17『三陸沖から房総沖にかけての地震活動の長期評価』の平成23年３月８日時点での修正素案について」。

43 橋本学、島崎邦彦、鷺谷威（2015）「2011年３月３日の地震調査研究推進本部事務局と電力事業者による日本海溝の長期評価に関する情報交換会の経緯と問題点」日本地震学会モノグラフ「日本の原子力発電と地球科学」編集委員会編『日本の原子力発電と地球科学』pp.34-44。アクセス2020年６月22日〈https://www.zisin.jp/publications/pdf/monograph2015.pdf#page=37〉

44 東京電力ホールディングス株式会社（2020年７月２日）アジア・パシフィック・イニシアティブの質問に対する回答②

められた一定の基準を満たせばそれで良しとする決定論的な考え方が主流だった。このため、東京電力は、福島第一原発が津波で電源を喪失して大事故に至るリスクが比較的大きいことを認識していたのに、対策を部門横断で検討しようとせず、実際、何らの有効な対策もとらなかった。その結果、福島第一原発では、電源設備の位置に多様性が足りず、応急資機材や外部からの応援の準備がなく、全電源喪失事故への対応を定めたマニュアルも訓練もなく、それらが事故拡大の原因となった。

・想定外の津波の確率は工学的に無視できないレベルと見込まれていた

　福島第一原発1～4号機が将来のある1年の間に敷地高さを超える津波に見舞われる確率（年超過確率）について、2004年12月当時、東京電力は、10万分の1よりやや低い程度であると報告を受けていた[45]。原子力の安全設計において一般に無視してよい事象の発生頻度は100万年に1回以下であるというのが相場とされているが[46]、それより1桁近くも大きな値である。

　一方、規制当局の求めに従って2002年5月に東電など電力各社が公表した確率論的リスク評価の結果に関する報告書によれば、福島第一原発1号機の全格納容器破損頻度は1億年に1回。2号機は同1.2回[47]。同様に2004年3月に東電が公表した報告書によれば、3号機の全格納容器破損頻度は同1.3回、4号機は同1.5回とされていた[48,49]。

　これら福島第一原発1～4号機の「1億年に1.0～1.5回」の格納容器破損頻度には重大な問題があった。すなわち、その値は津波や地震といった外的事象を考慮せずに算出されていた。電源喪失や冷却材喪失事故など内的事象のみに絞った評価であり、地震国・日本では現実離れした過小な値で、その過小な確率が一般に公表されていた。炉心損傷に直結し、格納容器損傷につながる恐れの小さくない敷地高さ超の津波の確率はそれに比較すると桁違いに大きな値だった。

　保安院に提示された2006年5月25日付の東電資料によれば、5号機に関する試計算ではあるものの、高さ10メートルの津波の年超過確率は数万分の1、想定の6メートルを越える津波の年超過確率は数千分の1となっていた[50,51]。

45　東電設計株式会社、2004年12月、「既設プラントに対する津波ハザード解析委託報告書」pp.4-45。刑事裁判では甲A257号証。福島第一原発事故に伴って避難した人たちが国と東京電力を相手取って大阪地裁に起こした訴訟「原発賠償関西訴訟」では丙B275号証添付の指定弁護士提示資料9-6。原子力規制委員会が情報公開法に基づき2020年7月に奥山に開示した。

46　東京電力株式会社（2013）「福島原子力事故の総括および原子力安全改革プラン（姉川プラン）」p.18。

47　東京電力株式会社など（2002年5月）「アクシデントマネジメント整備有効性評価報告書」pp.35-36。

48　東京電力株式会社（2004年3月）「アクシデントマネジメント整備後確率論的安全評価報告書」pp.20-21。

49　経済産業省原子力安全・保安院（2004）「軽水型原子力発電所における『アクシデントマネジメント整備後確率論的安全評価』に関する評価について」p.6。アクセス2020年5月13日〈https://warp.da.ndl.go.jp/info:ndljp/pid/1368617/www.meti.go.jp/press/0005696/0/041018accident.pdf#page=10〉

50　東電株主代表訴訟の乙B116号証（刑事裁判では弁14号証）、長澤和幸供述調書添付の資料4-3「確率論的津波ハザード解析における試計算について」、2006年5月25日、東京電力。

2007年6月には、想定を上回る津波の確率が「工学的に無視できるレベルにはならない見込みである」との認識が経営層にも共有された[52]。

　2008年夏に土木調査グループが防波堤や防潮壁の設置を進言した際に武藤常務らに示された津波ハザード曲線（津波の水位とそれを超過する1年あたりの確率の関係を示したグラフ）によれば、津波が当時の想定高さの5.4〜5.7メートルを超える確率はおおむね千分の1前後、1〜4号機の敷地高さに相当する10メートルを超える確率は数万分の1、5〜6号機の敷地高さに相当する13メートルを超える確率は数十万分の1となっていた[53]。これらは「1億年に1.0〜1.5回」に比較すると、非常に大きな確率だった。

　東電の高尾らは2008年7月23日、東日本の太平洋岸に原子力施設を抱える東北電力、日本原子力発電、日本原子力研究開発機構の津波担当者らと開いた連絡会で、従来の想定津波高さを超える津波が来る1年あたりの確率が千分の1のオーダー（想定超えの津波高さの頻度は数百年に1回）であり、地震本部の見解を採り入れた10メートル超の津波高さの確率は10万分の1のオーダー（10メートル超の津波高さの頻度は数万年に1回）であると説明した上で、「地震のハザードが10万分の1のオーダーであることから、地震本部の津波も考慮すべきであるとの社内調整を進めている」と説明したとされる[54,55]。2006年に改訂された耐震指針で規制当局は後期更新世（12万6千年前）以降の活動が否定できない活断層を設計上考慮するように求めており、それと同様に、10万年前後に1回の頻度でしか発生しない津波高さであってもそれを設計想定に採り入れる方針を表明した発言だとみられる[56]。

　これらの検討で東電の高尾ら土木調査グループが参照している津波ハザードの頻度は、地震学者や津波研究者、東電など電力会社の土木技術者たちにアンケートした結果に基づいて、異なる見解をそれぞれ重みづけしてその認識論的な確からしさを定量化し、それを総合して算出した頻度の平均値だったが、もし仮に少数意見に目配りした場合は、高い水位の確率はさらに大きくなり、想定高さを超える年超過確率は数百分の1、10メートルを超える年

51　国会事故調 2012、p.93。

52　東電株主代表訴訟　甲488号証（刑事裁判では甲A136号証）捜査報告書（株主総会本部長手持資料における津波対策の記載について）2014年12月9日、東京地方検察庁検察官検事吉田純平、別添1「平成19年度株主総会本部長手持ち資料」。

53　東電株主代表訴訟の甲297号証の4の資料112（刑事裁判では甲A188号証）、「津波ハザード曲線（福島第一6号機）」。

54　東電株主代表訴訟の甲297号証の4の資料115（刑事裁判では甲A160号証）、「津波に関する4社情報連絡会　議事録」、2008年7月23日、日本原子力発電。このほかに国立研究開発法人日本原子力研究開発機構が情報公開法に基づき2019年10月に奥山に開示した法人文書「津波評価に関する電力との打合せメモ」でもこの説明は裏付けられる。

55　東電株主代表訴訟の甲297号証の1、刑事裁判における高尾証人尋問調書、p.102、103。

56　高尾の部下の金戸は刑事裁判の証人尋問で、「10メートルを超えるような津波の発生する確率、津波の水位がそれを超過する確率が10のマイナス5乗程度になっていたと思いますけれども、その10のマイナス5乗という数値は、基準地震動の策定の中で、もう既に地震ハザードの参照をしていたんですけれども、そのときの参照結果として10のマイナス5乗程度だったので、地震で考慮している事象と、津波で、今考えている事象というのが、ほぼ同じくらいの年超過確率のものです」と述べている。東電株主代表訴訟　甲

超過確率は数千分の1、13メートルを超える年超過確率は数万分の1だった。

　2010年末ごろには、東電は、福島第一原発4号機で敷地高さの10メートルを超える津波が来る年超過確率が1万年に1回よりやや低い頻度であると報告を受けていた可能性がある[57]。

　この値は、内的事象に起因する格納容器破損の頻度として公表されていた「1億年に1.0〜1.5回」より4桁近くも大きな値である。原子力の安全設計において一般に無視してよい事象の発生頻度であると考えられている「100万年に1回以下」に比べて2桁近く大きい。原発の性能目標の相場である「10万年に1回程度」の格納容器機能喪失頻度と比べても1桁大きい。

　東電は2011年当時、福島第一原発について5.7〜6.1メートルの津波高さを想定していたが、それを1メートルでも超えれば原子炉のシステムから熱を取り除く機能を失い、10〜13メートルの敷地高さを1メートルでも超えてそれが一定時間続けば全電源を喪失し、原子炉を制御できなくなる設計となっていた。そのことは原子力設備管理部内の一部の技術者の間では当然の前提として認識されていた[58,59]。崖の手前までは少しずつ悪化するだけで済んでいたのに、崖の端をまたいだ途端にほぼ真っ逆さまに急激に事態が悪化するような場合の「崖の端」のことを原子力業界では「クリフエッジ」と呼ぶが、津波高さ6メートルはクリフエッジの第1段、津波高さ10メートルは第2段のクリフエッジとなっていた。第2段のクリフエッジを津波が越えると、1分の1に近い高い確率で炉心や格納容器の損傷に至ることがあらかじめ分かっていた。

　事故確率を小さくするためには、この「1分の1」をせめて「10分の1」あるいは「100分の1」に低減するべきであり、それはさほど費用をかけなくても可能だったと思われる。すなわち、津波が想定を越えたとしても最低限の安全設備が保たれるように、建屋の扉や配管貫通部、ケーブル貫通部を水密化したり、吸排気口をより高い場所に設置し直したり、建屋内部で重要な

　　299号証の1、証人尋問調書、p.58。

[57] 東電元会長の勝俣らが業務上過失致死傷の罪で起訴された刑事裁判の一審判決、東京地方裁判所刑事第4部（永渕健一裁判長）、2019年9月19日、p.34。

[58] 東京電力原子力・立地本部の松本純一本部長代行は2012年5月15日の記者会見で次のように述べている。「当然、建屋の敷地が浸水いたしますと、建屋の開口部から水が侵入いたしまして、建屋の中にございます電源設備などが水没し、機能を失うということは、まあ、ある意味、当然考えられるべきことでございまして（中略）私どもといたしましても当然の認識という形でもっております」
「当然、敷地のレベルを超えてきた津波に対しては全電源喪失になるというような結論が得られています」
「当然、敷地の高さまで津波が押し寄せてくれば、建屋の開口部から水が入ってきて、地下にございます電源装置が水をかぶれば当然機能を失うということに関しましては、ある意味、私ども原子力、発電所、エンジニアに関しましては常識として知っている状況です。（中略）全電源が喪失すると原子炉を冷やすものが無くなりますから炉心損傷に至るということは、皆さん、原子力のエンジニアとしては知っておりますし、建屋の中に水が入ってくるということを仮定すると、電源、電気を使っている設備は使えなくなるということは知っています」；ニコニコニュース（2012）『【5/15・18:00開始】東京電力 記者会見』動画、5月15日。アクセス2020年6月15日〈https://live.nicovideo.jp/watch/lv92597723〉

[59] 東電事故調報告書p.38には「当然のことながら、敷地高さ＋1mの津波が無限時間継続すれば、建屋開口部から限りなく建屋内に海水が侵入することから、電源設備や電動駆動の設備の多くが機能を喪失する」とある；東電事故調、2012a、p.38。

機器がある部屋を水密化したり、独立した電源設備を高い場所に配置したり、人力で持ち運びできる可搬の電源や各種ポンプの交換品を準備しておいて緊急時に使用できるように所員を訓練しておいたり、外部からの支援で電源やポンプを運び込めるように手順をあらかじめ定めておいたりする方法がありうる[60,61]。それらは、土木調査グループだけではなく、東電社内の電気系、機械系、建築系、原子力工学系の技術者の知恵を結集して検討を加え、考えに考え抜けば容易に導き出すことができたアイデアであっただろう。

　現に東電社内で、2008年2月16日に社長の勝俣ら最高首脳を交えて開かれた「御前会議」のために原子力設備管理部が作成した資料には、「津波高さの想定変更」に伴う対策として、「建屋の防水性の向上」のための「貫通部、扉部のシール性向上等」や「非常用海水ポンプの機能維持」のための「ポンプモータ予備品保有」が検討対象に挙げられていた[62]。東電が出資し、技術者を出向させている同業他社の日本原子力発電は2008年12月から2009年9月にかけて建屋の扉を防水化するなどの対策工事を現に行った。別の原子力事業者では現に2008年に自主的に海水ポンプのモーターの予備品を購入して発電所内に備え付けた。そして、これらの対策は数百億円ではなく、数千万円から十数億円のオーダーの費用で準備できた[63]。

　こうした対策を多重・多様に組み合わせれば、「1分の1」を「数十分の1」に低減し、クリフエッジをなくすことができたであろう。すなわち、想定を超える津波が来たとしても、ほとんどの場合、炉心損傷に至る前の段階で被

60　姉川プランp.18には「自ら必要な対策を考えて電池室の止水や予備電源の準備等の対策が実施されていれば、今回の東北地方太平洋沖地震津波に対しても一定の影響緩和が図られ、大量の放射性物質の放出という最悪の事態を防げた可能性がある」と記載されている；東京電力株式会社、2013、p.18。

61　福島第一原発事故で福島県外への避難を余儀なくされた人たちが東電と国を相手取って損害賠償を求めた訴訟で前橋地裁が2017年3月17日に請求の一部を認容する判決を出し、その判決理由の中で、同地裁は「本件事故を回避すべき具体的措置としては、i) 給気ルーバをかさ上げして、開口部最下端の位置を上げること、ii) 配電盤及び空冷式非常用DGを建屋の上階に設置すること、iii) 配電盤及び空冷式非常用DG（併せて電源車の配置）の高台への設置並びにこれらと冷却設備を接続する常設のケーブルを地中に敷設すること、を挙げることができる。そして、上記i) ないしiii) の状況のいずれかが確保されていれば、本件原発は冷却機能を喪失しなかったことから、本件事故は発生しなかったということができる」と述べている。前橋地判平29・3・17、判時2339号、p.4。〈https://www.courts.go.jp/app/hanrei_jp/detail4?id=86691〉。

62　東電株主代表訴訟の甲298号証の3の資料20（刑事裁判では甲A156）の東電内部文書「Ssに基づく耐震安全性評価の打ち出しについて」、2008年2月16日、東京電力原子力設備管理部新潟県中越沖地震対策センター。

63　東電株主代表訴訟の甲466号証（刑事裁判では甲A265）の捜査報告書（津波に関する資料⑤（日本原電）と題するファイルの写しの作成について）（2018年7月10日付、東京地方検察庁検察事務官安原幸江作成）に添付された日本原子力発電株式会社の技術検討書（承認年月日　平成20年12月2日）には、同社の原発である東海第二発電所及び敦賀発電所1号機、2号機について「将来想定しうる最大の敷地内浸水（東海：津波、敦賀：津波、放水路溢水）により、原子炉の停止、冷却、或いは閉じ込めに関わる機能設備（以下、安全機能設備）が喪失することのないよう、安全機能設備を収納する建屋の防潮対策を実施する。また、管理区域（汚染の恐れのない管理区域を除く）境界の防潮対策を併せて行う」と記載されており、それら建屋津波対策工事の内容として、防水扉、防潮シャッター、防潮堰が挙げられている。同捜査報告書添付の日本原電の2008年12月3日付の決裁書によれば、そのための費用は3発電所で1億8632万円と見込まれていた。このうち東海第二の工期は2008年12月8日から2009年9月30日とされており、実際に同日に清水建設より竣工届が提出され、それによれば、同発電所で建屋津波対策に要したのは3300万円だった。

害を食い止めることができ、津波を起因事象とする大事故の確率を十分に下げるのも不可能ではなかった。

　にもかかわらず、東京電力は、そうした対応をとらず、このクリフエッジをなくそうとはしなかった。確率論的リスクを低減するための費用対効果の高い対策があるのに、それを思いつこうとせず、考え抜こうとしなかった。実態として、東電は、津波を考慮に入れた事故の確率の大きさから目を背け、その値を小さくするための対策の実施を検討しようともしなかった、ということができる。

　この経緯について、東電は「津波に対する確率論的安全評価については、2011年3月11日時点においても、未だ研究・開発途上にあって具体的な評価手法としては確立されておりませんでした」と言う[64]。しかし、津波高さの確率論的評価（津波ハザード曲線の作成）は繰り返し試みられ、経営判断にあたる武藤常務ら上層部や規制当局にその結果の一部が示されていた。クリフエッジの存在を知る東電社員ならば、内的事象のリスクより桁違いに大きな確率論的リスクが津波に存すると容易にその津波ハザード曲線から読み取ることができる。にもかかわらず、その結果を「未だ研究・開発途上」として軽視し、土木調査グループによる「地震本部の津波も考慮すべきであるとの社内調整」を退けた。それはつまるところ、武藤ら東電上層部がリスク軽視の姿勢だったことを示すものだといえる。そして、こうした経緯の全容もまた、刑事・民事の裁判に提出された証拠類によってようやく明確になってきたのであり、東電が自ら事実を直視してそこから学びを十分に得たとは言いがたい。

・多様性の欠如が事故を発生させ、外部支援の遅れが事故を拡大した

　このようなリスク軽視の結果、福島第一原発は以下のような弱点を抱えることになった。

　すなわち、福島第一原発では、非常用ディーゼル発電機（所内交流電源）、非常用高圧電源盤、直流電源盤など枢要な電源設備の場所が軒並み1階または地下にあった。2階以上の高所にはまったくなかった。

　いずれの設備も複数が用意されており、その点で「多重性」は確保されていた。2、4、6号機では水冷式ではなく空冷式の非常用ディーゼル発電機が地下ではなく地上1階に配置されており、意図してそのように配置したかどうかはともかくとして、一定の多様性はあった。しかし、不十分だった。

　1、3、5号機では全ての非常用発電機が地下にあり、2〜5号機では全ての非常用高圧電源盤が地下にあり、1、2、4号機では全ての直流電源が地下階の床の上にあった。そのため、津波による地下階の浸水という単一の原因で

---

64 東京電力ホールディングス株式会社（2020年7月2日）アジア・パシフィック・イニシアティブの質問に対する回答②

これらの設備は軒並み機能不全に陥り、1、2、4号機では津波来襲直後に交流電源も直流電源も失われた[65]。

　津波という単一の原因で軒並み機能不全に陥ったのは、電源設備の場所に「多様性」が足りなかったことの帰結である。

　また、福島第一原発構内には、原子炉への代替注水に必要とされた消防車が3台しかなく、また、原子炉制御に必要なバッテリーに予備品がなかった。海水ポンプについても、部品単位では予備品があったが、全体として使用可能な予備品はなかった。

　全電源喪失に備えた手順が定められておらず、訓練もされていなかった。外部からの支援も十分には予定されていなかった。このため、福島第一原発で原子炉制御に必要な電圧12ボルトの可搬バッテリーを調達するため、社員のマイカーから拠出してもらったり、いわき市内のホームセンターやカー用品店に買い出しに出向いたりしたのは震災発生3日目の3月13日朝と遅れた。太平洋から海水を取るために必要な大型消防車4台が首都圏の火力発電所から来援し、福島第一原発に到着したのは震災発生4日目の3月14日の朝。本店が東芝に発注した十分な量のバッテリーが福島第一原発に搬入されたのは3月14日夜だった。こうした遅れが3号機と2号機、4号機の致命傷の原因となった。

　このように、枢要な電源設備の配置に多様性を欠いたことが全電源喪失の原因となり、また、可搬の応急資機材の準備がなく、外部からの支援が遅れたことが事故拡大の原因となった。

・汎用性ある外部支援を準備し、対応の多様性を確保せよ

　事故の確率論的リスクを低減するためには、安全設備を多重化するだけでなく、多様化するべきである、という教訓は福島原発事故の後、東京電力を含む原子力業界や原子力規制組織において比較的強く認識されている。「多重性による信頼性確保から、多様性や位置的分散を重視した信頼性確保にシフトし、深層防護を強化する」と姉川プランは述べる[66]。

　しかしながら、原子力発電所の現状を見ると、確率論的リスクを低減するためというよりも、2013年に定められた新しい規制基準に適合するために、規制で求められた多様性を確保するのにとどまっているのが現状であるように見受けられる。

　東京電力の柏崎刈羽原発には、福島第一原発事故の後、消防車の配備が大幅に増やされ、現在、42台ある。

　これは合理的な安全対策と言えるのかとの質問に対し、東電幹部は「極め

65　「添付資料7-4　福島第一原子力発電所　所内電源設備の被害状況（津波後）」東京電力（東電事故調）（2012b）『福島原子力事故調査報告書　添付資料』東京電力、pp.288-289。
66　東京電力株式会社、2013、p.55。

て不合理だと思います」と答えた。消防車を配置するつもりではあったが、40台を超える台数が必要だとは思っていなかった。しかし、規制側からの要求があり、また、さほどの費用を要するわけでもなく、安全性が低下することもないため、譲ることにしたのだという[67]。

たしかに「多いに越したことはない」が、これらを実際にいつでも稼働できるように維持・管理していくにはそのための人員や資金が必要となる。それによって高いリスク低減効果を期待できるのならば人員や資金を惜しむべきではないが、柏崎刈羽原発の現場や空撮写真を見ると、所内の特定の場所2か所に集中的にこれらの消防車は置かれている。東電は「地震や津波などによって同時に使えなくなるリスクを避けるため、発電所構内の高台に分散して配置しています」と説明しているが[68]、所内に入れば、10台前後の同型らしき赤い消防車がずらりと並んでいる光景を目にすることができる。多重性はあっても、多様性は不十分で、分散が不徹底である。敷地がいくら広大であっても、一つの発電所に42台も配備するのでは、その限界効用は限りなくゼロに近いところまで逓減してしまっているであろう。

これについて、東京電力は私たちの疑問提起に、次のように、規制当局のお墨付きがあることを理由に現状を正当化しようとする。「消防車は、共通要因（単一原因）により原子炉建屋内にある安全設備等と同時にその機能が損なわれないよう、原子炉建屋から100メートル以上の離隔を取るとともに、分散配置することで新規制基準適合性を満たしている旨、審査の中でご確認いただいています。よって、単一原因で軒並みそれらの機能が失われることがないものと考えています[69]」

事故の原因は単一であるとは限らず、地震、津波、雪害、テロなど複数の原因が重なる可能性がある。それを含めたリスクの全体を低減するのに効果的・合理的な方法があるのならば、規制要求の有無にかかわらず、その方法の実践を追求する姿勢であるべきだろう。

関西電力の高浜原発にも、新しい規制基準に従って、空冷式ディーゼル発電機車や注水ポンプが配備された。現場や空撮写真を見ると、それらは原子炉建屋から数十メートルしか離れていない場所に配置されている。4号機用の注水ポンプは3号機原子炉建屋の裏にあり、3号機用の注水ポンプは4号機原子炉建屋の裏にあり、これをもって「原子炉建屋から100メートル以上離隔すること」を満たしているというのが関電の説明で[70]、これがまかり通っ

---

67 東京電力幹部ヒアリング、2019年11月27日

68 東京電力株式会社「福島第一原子力発電所の事故時の教訓と課題は？」アクセス2020年5月14日〈https://www.tepco.co.jp/kk-np/safety/images/how_image1.pdf〉

69 東京電力ホールディングス株式会社（2020年7月2日）アジア・パシフィック・イニシアティブの質問に対する回答①

70 関西電力株式会社（2013）「高浜3号炉及び4号炉 可搬型重大事故等対処設備 保管場所及びアクセスルートについて」原子力規制委員会第61回原子力発電所の新規制基準適合性に係る審査会合、配布資料、資料3-5、アクセス2020年5月14日〈https://warp.ndl.go.jp/info:ndljp/pid/10249547/www.nsr.go.jp/data/000034987.pdf#page=3〉

ている。柏崎刈羽原発ほど多数ではないが、高浜原発でも、同型の発電機車が2台、隣り合わせるように並べられている。せっかく多重化するのならば、同じ場所に同じ仕組みの電源を並べておくのではなく、場所や仕組みを多様化したほうが安全性向上に資するのに、そうはなっていない。

　これについて関西電力の原子力事業本部の広報グループは「規制基準に基づき、電源車や消防ポンプは、対象ユニットの原子炉建屋から100メートル以上離隔して配備しており、更に原子炉建屋から100メートル以上離隔した位置に、もう1セット保管するなど、分散して配置しています。（中略）更には、規制の枠組みに留まらず、自主的に電源供給や冷却機能を有する設備を配備するなど、安全性向上に向けた取組みを展開しています」と説明する。個々の電源車やポンプに「対象ユニット」を定める意義については「訓練を重ねることができ、事故発生時には混乱をきたすことなく迅速な事故収束が可能になる」と考えているのだという[71]。

　ナンバープレートのついていない大容量ポンプ車や電源車など緊急時対応の車両を原発構内で見かけることも珍しくない。他の発電所への応援が想定されていないのだ。ある電力会社の事務系幹部は、法規制で要求されている数のポンプ車や電源車を発電所構内に備えておく義務があり、それらをほかの発電所に応援に出すことは社内であってもできないと言う。発電所間で大容量ポンプ車や電源車を融通できるようにしておいたほうが深層防護の充実に資するのにもかかわらず、規制を理由に、それができない、というのだ。これについては、「万が一、他の発電所に融通する必要がある場合は、規制基準等で明確に定義されたものではないが、臨機の対応として運搬車や牽引車を使うこと等で、必要な資機材を他の発電所に運ぶことも可能[72]」との見解もあるが、そのためには緊急時に牽引車を準備する手間ひまと時間を要することになり、現実には、ふだんからの手順策定や訓練実施がなければ困難だろう。

　これらから、日本の原発では福島事故後も、緊急時対処用の資機材の配備場所が十分に分散されておらず、むしろ集中しており、多様性確保の要請が軽視されている、ということができる。安全設備の位置を多様化しなかったために軒並みそれらの機能が失われた福島第一原発の反省を十分に踏まえていない、ということができる。安全設備を配置する場所の数が少なければ少ないほど、相対的に集中度は高まり、それらが同時に被災して、同時に機能を喪失してしまう確率論的リスクがそのぶんだけ高くなる。そのようなリスクを少しでも低減しようとする努力が十分に払われているようには見えない。

　注水ポンプや発電機車を発電所内外に分散して配置したり、社内外の他の発電所と融通しあえるようにしてリソースを多層化したりすることは、さほ

71　関西電力株式会社 原子力事業本部 地域共生本部 広報グループ（2020年5月15日）「関西電力の原子力発電所の緊急時対処資機材の配置に関するお問い合わせに対する回答について」

72　同上

どの費用を要するはずがない。にもかかわらず、そのような対応をしないのは、規制基準に適合するだけで事足れりとする発想があるからだと思われる。

米国では、福島第一原発事故の教訓に基づく米政府の原子力規制委員会（NRC）の規制要求に従って、2014年6月、原子力事業者各社が共同で運営する「緊急事態対応センター（National SAFER Response Center）」の倉庫がテネシー州メンフィスとアリゾナ州フェニックスの東西2か所に設けられ、そこに、低圧ポンプ、中圧ポンプ、高圧ポンプ、水浄化装置、ガスタービン発電機、空気コンプレッサー、投光器などの応急資機材5セットずつがいつでも全米の原発に24時間以内に到着できるように配備されている。これに合わせて、全米の原発で同じ機器を使えるようにするため、電源やホースの接続口を同じ大きさと形に標準化し、発電所同士で機材を融通しあえるようにし、防護を多層化した[73]。「FLEX戦略」と呼ばれるこうした対策は、安全設備の配置場所を多様化・多層化する試みだということができる。

これに対して、日本では原発構内に十分過ぎるほどの消防車や電源車を配置することで米国より安全な体制を敷いていると官民とも胸を張っているかに見える。

遅ればせながら日本でも2016年以降、米国のFLEX戦略を参考にして、電力各社が保有する電源やポンプなどの資機材をデータベース化し、各社で共有することにした。また、他社から可搬型の注水設備や電源車の融通を受けられるようにするため、接続口のアタッチメントを準備する試みが整備されつつある。また、電気事業連合会が日本原子力発電に依頼して、福井県内に2016年3月に「原子力緊急事態支援センター」を開設し、ロボットや無線重機、ドローンを備え、いつでも出動できるように態勢を整えた。しかし、米国のFLEX戦略とは異なり、同センターにポンプや発電機は備えられておらず、また、発電所外からの資機材融通は、規制当局の確認や検査を受けない、自主対策として行われている。こうしたことから、それらの対策の実効性や持続可能性には疑問がある。つまり、福島事故の当事国でありながら、日本の対応は、米国の対応に3年も遅れている上、その内容が不徹底で、疑問が残る現状にある。

5　空気を読まず、進言しなければならない

東京電力には、上意下達、面従腹背、内向きの風土・体質がある——。東電の経営を間近に見る立場にある少なからぬ関係者がそう証言する。

---

73 奥山俊宏（2016年3月30日）「日米でこんなに違う原発事故の対応、福島の教訓」『法と経済のジャーナル Asahi Judiciary』アクセス2020年5月14日〈https://judiciary.asahi.com/fukabori/2016032400001.html〉

・国の原子力委員会が指摘する「本質的な課題」とは

　内閣府の原子力委員会は2017年7月20日にとりまとめた「原子力利用に関する基本的考え方」で「原子力関連機関に継続して内在している本質的な課題」を次のように指摘した[74]。

「グループシンク（集団思考や集団浅慮）、多数意見に合わせるよう暗黙のうちに強制される同調圧力、現状維持志向が強いことが課題の一つとして考えられる。」

　原子力委員会によれば、このような傾向が原子力の安全確保に影響を及ぼした。

「組織内で部分最適に陥り、情報共有の内容や範囲について全体での最適化が図られない結果として必要な情報が適切に共有されない状況も生じており、組織内外を問わず、根拠に基づいて様々な意見を言い合える文化を創り出す必要もある。」

　原子力委員会はこのように提言し、日本政府はこれを尊重すると閣議で決定した[75]。

　原子力委員会の岡芳明委員長（当時）は「東電福島原発事故の痛烈な教訓として、異論を仕事として根拠に基づき述べあうことが特に必要である」と言う。

「日本人は異論を述べるのが苦手である。異論を無視し、短期視野の見かけの効率重視では、中長期的には失敗する。（中略）日本人は根拠に基づいて異論を述べあうことが苦手であるが、この国民性の弱点を克服する努力が、それに起因する様々な課題の認識とともに、安全のみならず原子力利用についても原子力関係者にとって必須であると強く感じる[76]。」

　原子力委員会や岡委員長は、こうした「原子力関連機関に継続して内在している本質的な課題」について、「従来の日本型組織や国民性の特徴」であると指摘している。しかし、東電の組織風土と組織文化を「日本特有の企業体質」であると言い切るのであればそれは論理の飛躍である。欧米や中国の大企業や大組織の中にも同様の傾向を抱えるところが少なくないし、逆に、日本企業の中にも、そうした傾向の薄い、または、そうではない企業も数多くある。

　ただ、東京電力が、原子力委員会の指摘する「従来の日本型組織や国民性の特徴」を凝縮する形で有しており、その結果として「原子力関連機関に継

74　内閣府原子力委員会（2017）「原子力利用に関する基本的考え方」アクセス2020年5月14日〈http://www.aec.go.jp/jicst/NC/about/kettei/kettei170720.pdf#page=7〉

75　日本政府（2017年7月21日）「原子力委員会の『原子力利用に関する基本的考え方』に関する対処方針について」閣議決定、アクセス2020年6月23日〈http://www.aec.go.jp/jicst/NC/sitemap/bunya22.htm#kakugi〉、アクセス2020年12月22日〈https://www.kantei.go.jp/jp/content/290721gijiroku.pdf〉

76　内閣府 原子力委員会（2017年6月30日）「委員からひとこと」
原子力委員会メールマガジン第224号、アクセス2020年5月14日〈http://www.aec.go.jp/jicst/NC/melmaga/2017-0224.html〉

続して内在している本質的な課題」を抱えているというのであれば、それはその通りであろう。

・互いに問いかけ、チャレンジしあう姿勢を

東電の「姉川プラン」でも企業風土の問題は取り上げられた。

それによれば、福島原発事故の前、世界原子力発電事業者協会（WANO）など外部の同業者団体や社内の原子力品質監査部によるレビューや監査に対して、東電社内では「指摘事項を受けないようにすることに注力し、実際に指摘された事項があった場合には何とかうまく処理しようとしてきた姿」が見られた。監査を通じて安全に関する議論を深めたり、外部からの指摘を真摯に受け止めたりする姿勢が欠けていた[77]。原子力安全・保安院による規制への対応についても、東電社内には「保安検査官の指摘に従うこと、すなわち規制の要求さえ満足していれば十分」「マニュアルどおりに業務を行えばよい」という風潮があった[78]。自分の職掌の外にあることに手を出そうとせず、何か問題が起きると異口同音に「それは僕の役割じゃないんです」と言い訳する「自分では考えない集団」ができあがってしまったと東電幹部の一人は振り返る[79]。

こうした状況をとらえて「姉川プラン」は「当社の安全文化は決して良い状態ではなかったにもかかわらず（中略）安全文化の劣化に気づかず、改善に向けた活動が不足していた」と結論づけ、福島原発事故の原因について次のように指摘した。

「原子力不祥事を安全文化劣化の兆候とは捉えず、コミュニケーションスキルや課題解決手法の不足と捉えたため、組織的に安全意識を向上させる対策が不十分であった[80]」

このように反省した上で、「姉川プラン」で東電は、毎朝、毎夕のグループミーティングや種々の会議の場で、上司から部下に「それでいいのか？」、部下から上司に「こうした方が良いと思うがどうか？」とお互いに問いかける姿勢を実践し、お互いにチャレンジしあうことで現状認識の共有や改善策の決定というアウトプットを必ず出していく、と誓った[81]。

特に、部長級、課長級の中間管理職者に対して、「姉川プラン」は「ライン上の職責（業務分掌・職務権限）を過小認識せず積極的に提言していくこと」を求めた。

「仮に原子力リーダーが安全を軽視、またはむやみに結論を先延ばしするような態度を示唆したときには、ミドルマネジメントは進言しなければならな

---

77 東京電力株式会社、2013、p.38
78 同上、pp.41-42
79 東京電力幹部ヒアリング、2019年11月27日
80 東京電力株式会社、2013、p.50
81 同上、pp.64-65

い。その場の空気を読み、上位職の意向をうのみにしたり、波風立てないような沈黙があったりしてはならず、必要な判断材料を経営層に適時適切に提供しなければならない[82]」

　この記述は、事故前の中間管理職たちが、場の空気を読んで、上司の意向をうのみにしたり、そんたくしたり、波風を立てないように沈黙したりしたことで、経営層に必要な判断材料が共有されず、むやみに結論を先延ばしするような結果になったことへの反省の弁といってよいだろう。

「姉川プラン」が、自社の企業体質の課題を抉り出そうとする真摯な思いと努力を反映していたことは間違いない。

　にもかかわらず、そこには津波対策を見送った経緯の真相に関する記載もなければ、福島原発事故の発生と拡大の経緯を安全文化の劣化、さらには経営の風土と企業体質に関連させたさらに深い分析も見当たらない。

・非常用復水器をめぐるコミュニケーション失敗の真因は謎のまま

　例えば、福島第一原発1号機の非常用復水器（IC）が作動しているのかどうかをめぐる社内のコミュニケーション不全のケースである。それは「お互いに問いかける姿勢を実践し、お互いにチャレンジし合う」コミュニケーションの悲劇的な欠如にほかならなかった。

　震災発生当日の夕方から夜にかけて、福島第一原発1号機で原子炉の炉心溶融が始まっていたのに、東京電力はそれに気づかず、冷却が続いていると誤認した。

　2011年3月11日午後3時36分ごろに津波が来襲し、1号機ではそれから間もなく直流電源を含む全電源を喪失した。その直前の時点で1号機では、非常用復水器（IC）を含め冷却装置がすべて停止中で、全電源喪失後は中央制御室での遠隔操作による冷却装置起動が不可能になった。ICの操作を担当していた運転員（主機操作員）とその上司にあたる当直副主任はそのとき、IC停止の事実を把握していた。しかし、同じ中央制御室にいた当直長や当直主任にその認識は伝わらなかった。当直長は、ICは停止しているのではないか、と強く疑ったが、免震重要棟にある対策本部にその認識は伝わらなかった[83]。その結果、対策本部にいた吉田所長、東京にいた東電の緊急時対策本部長代理の小森明生常務、政府、報道機関はすべて、1号機ではICが作動しており、冷却が継続している、と認識した。この誤認が事故対処の「遅延の連鎖」を招いた[84]。ヒューマン・エラー（人的過誤）によって事故が拡大することになったと言えるだろう。

82　同上、p.68
83　東京電力株式会社（2015年11月25日）「平成27年度第2回技術委員会資料No.1-4『1号機非常用復水器（IC）の操作』に対する回答」アクセス2020年12月22日〈https://www.pref.niigata.lg.jp/uploaded/attachment/37139.pdf〉
84　政府事故調（2011）「中間報告（本文編）」、pp.473-474。アクセス2020年12月22日〈http://www.cas.go.jp/jp/seisaku/icanps/111226Honbun7Shou.pdf#page=9〉

しかし、そのようなことがなぜ起きたのか、その真相はいまだ明確になっていない。特に、中央制御室内でIC停止の情報が共有されなかった事実関係については、東電の事故調査報告書の資料編に関連の事実が断片的に記載されているだけで、報告書の本編には記載がなく、「姉川プラン」の総括にも記載がない。

「姉川プラン」の作成に関わった東電幹部は、1号機ICの作動状況を誤認した理由について「企業風土の問題じゃないです。緊急時の情報伝達のテクニックの問題です」と述べた上で、次のような「学び」に言及した。

「ああいう緊急事態に人と人の間で確実に情報を共有できる、そういう訓練をしていなかった。今はその対策として、スリーウェイ・コミュニケーションの原則でやれ、と言っています。重要な機器の異常について発話した人は、それを伝えたい相手が聞き取ったかどうかを確認しなければいけない。当直長は、たとえば『ICは止まっているんだな』とオウム返しする。それを聞いて、作業員は『はい、その通りです』と言う。ちゃんと伝わったということが分かるまで、言い続けろと[85]」

しかし、テクニックの問題だけで1号機冷却の誤認を説明することができないのは明らかである。

原子力損害賠償・廃炉等支援機構の理事長である山名元（はじむ）京都大学名誉教授は私たちのヒアリングで、東電の社風や企業体質が事故の進展に影響を与えたと思うかとの質問に対し、「もちろん与えたと思ってます」と答えた。

「上ばっかりみんな見てるわけです。トップの指示が行き渡ってるっていえば、行き渡ってるんだけど、何か細部では行き渡ってないようなところもある。少なくとも細部のものは上に上がんないですよね。上と下の乖離の話です[86]」

山名は、福島第一原発で事故が発生した直後の対処のヒューマン・エラーについてまだまだ調査が必要だと考えているという。「ICの話が典型ですけど、よく見えないところがある。現場のハードウェアの痕跡が見えてきたら、もう一度、ヒアリングする必要があると思ってます」

東京電力ホールディングスの社外取締役を2017年から2020年まで務めた冨山和彦（とやま）も東電の経営風土と企業体質の問題点を指摘する。冨山はかつて日本航空の再生を手がけた経験があり、日本航空と東電に共通する特徴として、「現状を維持することに対して猛烈なイナーシャ（慣性力）が働く」と言う。

「今までやってきたことを否定して新しい方向に転換するには、ものすごいエネルギーを使ってボトムアップでコンセンサスをつくらねばならない。それはすごく大変なんです。一係長から社長に至るまで全員が拒否権を持っているわけですから。福島の問題はおそらく、変えるべきことを変えられなか

---

85 東京電力幹部ヒアリング、2019年11月27日
86 山名元氏ヒアリング、2019年12月11日

ったということならば、それは、組織の本性として難しかったんだろうなという感じがします。東大卒が多数入ってしまうような組織が共通して抱える病巣だと感じています[87]」

　東電の内情をよく知る元経産省幹部の一人は私たちのヒアリングで、「それが事故につながる要因であるかは断定的には言えない」としつつ、東電の企業体質として、「『挑戦文化』欠如、上から目線」を挙げた[88]。「内向き、面従腹背、上意下達のカルチャーが混じり合っています。電力会社特有の問題です[89]」

　2011年3月11日夕方、非常用復水器（IC）を含め冷却装置がすべて停止し、原子炉の除熱がまったくなされていなかったのに、その過酷な現実を当直長も所長も本店も認識していないという、さらに恐ろしい現実があった。状況を知る社員は複数いたのだから、そのうち少なくとも一人は、上司の面前で怒鳴ってでも、胸元をつかんででも、会社上層部にそれを認識させる必要があった。それができなかった理由を「緊急時の情報伝達のテクニックの問題」のみに帰着させることはできない。だとすればそれは何なのか。その真の理由は何なのか。東電はそれを明らかにしなければならなかった。これは福島原発事故における、今も未解明の、いわば最大の謎の一つであると言って過言ではない。東電はその疑問にいまなお真剣に向き合っていない。

6　東京電力の政治権力、経済権力、ロビイング

　電力各社やそれらでつくる電気事業連合会、なかでも東京電力は従来、政治、経済、社会に広範な影響を及ぼすことのできる実質的な政治権力と経済権力を保持してきた。東電は、国政や社会において重要な意思決定に携わる人たちに自分たちの考えやその背景事情を説明し、説得し、根回しする「ロビイング」に力を入れて、そのための要員を抱え、政治権力、経済権力を行使してきた。そして、それら東電や関電の影響力は裏社会との接点にまで及んでいた。これが、前述したような東京電力の社風や企業体質を形成する要因の一つとなったと考えられる。

・電力会社の「怪物」ぶりとその力の背景

　冨山の見方によれば、地域独占、垂直統合、総括原価の三位一体の「国体みたいなもの」のおかげで、東京電力など各地の電力会社は長年、競争にさらされることなく、収入を保証され、倒産の心配がなかった。発電、送・配電、小売りをすべて1社で担う垂直統合と、各地域で唯一の電気の売り手である地位を保証される地域独占のおかげで、電力会社は、電気を買ってもら

87　冨山和彦氏ヒアリング、2020年3月18日
88　経済産業省元幹部ヒアリング、2020年2月27日
89　同上

うのに顧客に頭を下げる必要がなく、一方で、産業界のほぼ全体に対して、モノを買ってやっている優越的な地位にあった。総括原価方式の下でほぼすべての支払いを電気代に転嫁できるので、購買価格を値切る必要がなく、しかも、莫大な予算を持っている。「究極の購買者」であり、「モノを買うというヒエラルキーでは頂点」にあった。その上、関連機関とともに各界に寄付し、有力者の子弟の就職や官僚の天下りを受け入れた。そのため、電力会社は中央でも地方でも経済界に君臨する存在だった。政府は予算の使途を含め、国民から厳しく監視されるが、電力会社はそういう監視の目もなかった。かつての電力会社は「ガバナンスの働かない巨大な権力」であり、いわば「怪物」だった。それを可能としたのは電力会社自身が「それだけ政治的に力を持っていた」ということの帰結だったと冨山は言う[90]。

東電を含め電力各社は1974年以降、表向きは政治献金をしないことになっている。「公益企業にそぐわない」からだ。しかし、見えづらい形での資金提供はある。たとえば、役員や幹部社員の個人名義での献金。政治家の催すパーティー券の購入[91]。政治団体ではないものの、政治家の関わる団体への「研究委託費」などの協力である[92]。

1962年から87年まで関西電力の政治担当を務めた内藤千百里によれば、「政治献金は、東電、関電、中電の順番で、私がいた時で、関電は年間5億円ぐらい。原発建設で、よけいに加速したと思う。県議、町議にも全てにやる。原子力を入れる時は、理屈を離れた力が必要になる」という[93]。

首相経験者には盆暮れに1千万円ずつ年2千万円を直接手渡し、そのほかの有力政治家には1回200〜700万円を渡したという[94]。

そのように政治家に資金を提供する理由について内藤は「総理と非常に友好な関係を持つということは、日本は官僚国家ですから、他の行政官庁とのやりとりが非常にスムーズにいきます」と語り、電力会社にとって行政機関が握る権限の例として「電気料金（の査定）なんか最たるもの。（中略）それから発電所の建設ね」と述べた[95]。

「役所に許認可を握られている。発電所をつくるにしても、検査にしても、すべて通産の許認可事項なので敵に回せない。」

「たとえば電気料金の総括原価の査定。これは時間がかかる。東京で1週間

90 冨山和彦氏ヒアリング、2020年3月18日

91 朝日新聞特別報道部著（2014）『原発利権を追う』朝日新聞出版、pp.162-175。

92 岩野美代治著、竹内桂編（2017）『三木武夫秘書回顧録』吉田書店、pp.407-408；三木武夫元首相の公設秘書を務めた岩野美代治は竹内のインタビューに答える形で、政治資金として処理されない電力会社からの資金提供を次のように振り返っている。「東京電力は中政研の研究委託費という形で協力してくれました。（略）政治資金とは一桁違う額が出ました。（略）関西電力も中部電力も、そういう枠で献金をもらえました」

93 村山治（2020年2月21日）「関西電力元副社長・内藤千百里の証言　関西電力首脳から歴代首相への政治献金と原発建設ラッシュの関係は？」『法と経済のジャーナル Asahi Judiciary』アクセス2020年5月14日〈https://judiciary.asahi.com/jiken/2020021900001.html〉

94 朝日新聞特別報道部、2014、pp.222-223。

95 村山、2020。

近く徹夜の査定を受けた。人件費をどこまで認めるかや、春闘の問題もある。単に数字だけの問題ではない。（中略）官僚と直接やりとりをするが、困ったときは、『あの先生のお言葉です』と言った。」

電力会社における政治担当の役割について、内藤は次のように語った。
「どんな事業でも、いろんな規制や反対する人がおりますよね。それを何とか説得したり、封じ込めたりしないと事業がいきません。だから、極端なことを言えば、明けても暮れても、そういう会社の経営を理解してもらう、そういう人を政界、官界、財界の中に一人でも多くつくっていく[96]。」

東電社内で、政治を担当するのは総務部、官界との関係をさいはいするのは企画部で、福島第一原発事故以前、社内ではエリートコースとされ、1971年から2008年まで歴代の社長は全員、いずれかの出身者だった。彼らはいずれも、財界活動に熱心に参加し、経団連の会長や経済同友会の代表幹事を輩出した。

こうした経済権力、政治権力を背景に、東京電力を筆頭に電力業界は、目的を達するため各界へのロビイングを積極的に行ってきている。

冨山によれば、東電など電力会社にとって、生殺与奪の権限を握られているのは政府であり、そのため、「お客様」は政府・与党であり、電気のユーザーは霞が関や永田町の向こう側にある存在だった。元経産省幹部によれば、「やっぱりマネジメントよりもロビイングで実際の収益っていうか事業が決まる」現実があり[97]、そのため電力業界は「内向き体質・ロビイング優先」となった[98]。

東電は、政府当局者や政治家に接触して特定の政策や意思決定へと説得し、働きかけるロビイングを日本でもっとも熱心に行う存在だった。

政治学者の上川龍之進は、東電の「一民間企業としては考えられないほどの絶大な権力」が福島原発事故の背景にあったと指摘する。
「大地震や大津波、全交流電源喪失や過酷事故の可能性は何度も指摘されていたのに、そうした警告を無視することができたのはなぜか。それは東電には、監督官庁を抑え込んだり、原発反対の声を抑圧し、原発の『安全神話』を作り上げたりすることを可能にする政治権力と経済権力があったからである[99]。」

東電など電力会社の社風や企業体質はこのような対外的な「怪物」ぶりと切っても切り離せないであろう。

96 村山治（2020年3月1日）「関西電力元副社長・内藤千百里の証言　関西電力元副社長が語った中曽根、福田ら元首相への『盆暮れ』は漢方薬」『法と経済のジャーナル Asahi Judiciary』アクセス2020年5月14日〈https://judiciary.asahi.com/jiken/2020022100004.html〉

97 経済産業省元幹部ヒアリング、2020年2月27日

98 同上

99 上川龍之進（2018）『電力と政治 上：日本の原子力政策 全史』勁草書房、p.206。

・リスクに無頓着となるモラルハザードの構造

　総括原価、地域独占だけでなく、原子力損害賠償の仕組みそのものにも事故リスクへの感度を鈍くする構造がある、という点も見逃すことができない。

　すなわち、原発事故の損害賠償には、原子力損害賠償法16条により、政府による「必要な援助」があらかじめ予定されている。援助の分だけ、電力会社にとっては事故の痛みは和らぐ。これを裏返すと、事故リスクを低減するために資金を投じようとする経営者のインセンティブはそのぶんだけ減少する。

　極端に言えば、原発事故を起こしてもどうせ国がその面倒を見てくれるのだから、起こるかどうか分からない事故を防止するために巨額の資金を投下するのは不合理な経営判断になってしまう。保険によって損害がカバーされる事故についてそれを避けようとする被保険者の動機が薄れてしまういわばモラルハザードである。この結果、電力会社の経営者は、事故を回避しようという意欲を減退させ、事故リスクへの感度が鈍くなってしまう。

　現に、東京電力は、原発事故を起こしても倒産せず、事故の損害賠償は公的資金によってまかなわれている。原子力損害賠償・廃炉等支援機構が国から交付された国債を償還して得た資金を東電に交付しているが、東電は会計上、それを毎年の「特別利益」に計上している。すなわち、東電は2021年1月22日までに総額9兆6,936億円の賠償金を支払い[100]、それに充てるため、2011年11月8日から2021年1月22日にかけて累計で9兆5,276億円を支援機構から受け取ったが[101]、会計上、東電はそれを負債と認識していない。将来、東電は、支援機構に負担金を払い続けることで、9兆円あまりを実質的に返さなければならない義務があるといわれているが、もしそうなったとしても、地域独占、総括原価を実質的に維持することに成功すれば、電気代に転嫁することでそれをまかなえるだろう。

　バブル崩壊後に公的資金で破綻処理された金融機関は公的管理下で旧経営陣に私財提供を求めた。それに重ねて民事・刑事の両面で旧経営陣の責任を追及した。1995〜2003年の8年間に警察や検察は37の金融機関の現旧の役職員のうち134人を逮捕し、裁判所は15人に実刑を宣告した[102]。これは、自己責任の規律を維持し、モラルハザードを防止するため、国策として実施された。

　これに対して、東電はそのような処理を免れた。東電の旧経営陣は会社から私財提供を求められず、会社によって提訴されることも告訴されることもなかった。起訴はされたが、逮捕されなかった。東電の旧経営陣は、原発事

---

100 東京電力ホールディングス株式会社（2021）「賠償金のお支払い状況」アクセス2021年1月25日〈https://www.tepco.co.jp/fukushima_hq/compensation/results/〉

101 東京電力ホールディングス株式会社（2021年1月22日）「原子力損害賠償・廃炉等支援機構からの資金の交付について」アクセス2021年1月25日〈https://www.tepco.co.jp/press/release/2021/1571126_8711.html〉

102 奥山俊宏、村山治（2019）『バブル経済事件の深層』岩波書店。

故を起こしてもこの程度で済むという先例をつくってみせたということもできる。

　東京電力に次ぐ日本第2位の電力会社で大阪に本社を置く関西電力では2019年9月、会長、社長、前原子力事業本部長らが、高浜原発が立地する福井県高浜町の森山栄治元助役から総額で3億円を超える価値の金品を個人で受領していた問題が明るみに出た。原発の地元の顔役である森山と関電幹部の持ちつ持たれつの不正常な「共犯」関係は1980年代から続いており、福島第一原発事故が起きた後にそれはより悪化していた。ここにも日本の電力業界に巣くう宿痾を見ることができる。

　国税当局の税務調査と共同通信のスクープをきっかけに、関電は第三者委員会を設けて経緯を調べた。元検事総長らによって執筆された第三者委員会の報告書は、「不都合な真実と向き合わない内向きの企業体質」に原因があったとして、次のように指摘した[103]。

「電力の安定供給の観点からも、経営の観点からも、原子力発電所の安定的な運営・稼働を重視する考えが強く、それがコンプライアンスを凌駕する至上命題となることがあり、また、前任者らからの伝承や自らの保身が、ユーザーや株主を含めた関西電力の『外』の関係者からの期待よりも優先されてきた。」

　このように関電は原発稼働を至上のものととらえる企業体質のもとで不適切を状況をやむを得ないものとして継続していた。単なるお金の不祥事であるというだけにとどまらず、関西電力が組織としてのリスク判断を適切になしえなかったことは、関電の安全文化、そしてその原子力発電所の安全確保に疑問を抱かせられる。

　こうした疑問、そして、関電の第三者委員会の指摘は東京電力についてもそのままあてはまる。

7　東電改革はまだ「7合目」

　福島原発事故後、安全文化や安全規制、そして東京電力を含む原子力事業者が何も変わらなかったということではない。

　山名は、原子力安全のあり方を反省し、原発の現場での防護や過酷事故対策を見直し、規制を強化しただけでなく、福島第一原発事故の発生は「安全文化・技術倫理の再考」にもつながったと言う[104]。

　その中でも、東電の出直しの出発点となった姉川プランについて山名は「あれは非常によくできてる。あれを見ると、大体の膿はあそこに書かれていて、あれが全社にきちんと伝わればいいなと思う」と高く評価する。同時に、

---

[103] 関西電力（2020年3月14日）「調査報告書」p.163、p.188、アクセス2020年5月14日〈https://www.kepco.co.jp/corporate/pr/2020/pdf/0314_2j_01.pdf#page=163〉
[104] 山名元氏ヒアリング、2019年12月11日

「ただし、あれが東電の末端にまで染み渡るまで、まだまだ努力と危機感が必要」と懸念を示す。

　柏崎刈羽原発を動かす資格が東電にあるかとの質問に対して、山名は「一市民として言えば、姉川改革プランが100に行くことが、動かす上での大前提です」と答えた。

　前原子力規制委員会委員長の田中俊一は福島原発事故の記憶と教訓の風化に警告を発する。

「震災の教訓、1F事故の教訓というのは、電力会社は、分かってる人もいますけど、分かってない人とか忘れてく人が多いような気がしてます」

　その一例として、田中は、東京電力が2019年夏、柏崎刈羽原発について、6、7号機が再稼働したら5年以内に残りの1〜5号機のうち1基以上で廃炉も想定したステップに入ると表明したことを挙げた。

　田中は地元紙、新潟日報のインタビュー記事の中で次のように述べた。

「1〜5号機の廃炉と6、7号機の再稼働は別問題だ。6、7号機を動かしたいなら、廃炉とは切り離して、再稼働について住民に説明する必要がある。東電は地域の不安に対し、率直に意見を聞く姿勢が欠けている[105]」

　田中は私たちのヒアリングでも「6、7号機を動かすっていうことと廃炉をするっていうことはまったく次元の違うことで、市長から何か言われたからって、それを一緒くたにするような感覚ではやはり原子力をやる資格がない」と語った[106]。

　田中がはっきりそうと指摘したわけではないが、再稼働と廃炉を"取引"の対象として市長の納得を得ようとするのは、安全性や住民理解を真に考慮した結果とは言いがたいように思われる。1〜5号機の再稼働に安全上の問題はないという技術判断が東電の現場にあるのだとすれば、あるいは、その逆の技術判断が現場にあるのだとしても、その"取引"は行政の意向をおもんぱかって現場の技術判断をないがしろにする経営判断の一例とみざるを得ない。

まとめ

　本章に叙述した検証結果から、私たちは、以下のような問題点と教訓を見出した。

（1）現場の技術判断を正当な理由なく経営判断で却下してはならない。東京電力のような多数・多様なステークホルダーを擁する大規模な組織における重要な意思決定にあたっては、意思決定の前提あるいは基礎となる客観的

105 「原子力規制委前委員長・田中俊一氏に聞く　廃炉と再稼働別問題　東電、地域の声聞く姿勢を」『新潟日報』2019年9月15日。
106 田中俊一氏ヒアリング、2019年11月20日

事実関係の認識を経営上の都合で歪めたり、現場の技術判断を正当な根拠なくして経営判断で覆したりするようなことがあってはならないのに、東電ではそのようなあってはならない意思決定がまかり通り、その結果、福島原発事故の発生と事故対処の混乱につながった。この点について今も教訓が十分に汲み取られておらず、そのため対策も十分ではない現状にある。

（２）不慮の事故によって多くの人の生命や福利に害をもたらす恐れのある大規模なインフラ施設では、安全機器や事故対処手段をできるだけ多種・多様に準備し、また、事故の確率論的リスクを低減させるべく、費用対効果の高い工夫を貪欲に追求するべきであるのに、東電ではそれができておらず、それが福島原発事故の発生と拡大につながった。この点は、福島原発事故の大きな教訓の一つとして共有されており、この９年、そのための対策が積み上げられてきている。しかし、現実には、確率論的リスクを低減させるよりも、「基準に適合すればいい」ということで事足れりとするかのような決定論的・硬直的な対応が随所に見られる。

（３）歯に衣着せぬ自由闊達な議論を避けて、腹を探り合いながら落としどころを根回ししていくスタイルのコミュニケーションを良しとする上意下達、面従腹背の風土・体質が東京電力や日本の原子力業界に存したことが福島第一原発事故の発生・拡大やその情報伝達の混乱の背景事情として各所で指摘されている。しかし、東京電力自身はそれを教訓として十分には汲み取っていない。そのため、それを是正するための具体的な対応が十分には採られていない現状がある。

　この報告書をまとめるにあたって私たちは東京電力ホールディングスの広報室を通じて、小早川智明社長と同社の原子力・立地本部の牧野茂徳本部長に対面のインタビューを申し入れた。しかし、同社はそれを拒否した。

コラム2 なぜ、米政府は4号機燃料プールに水はないと誤認したのか

　2011年3月16日、米政府は、福島第一原発4号機の原子炉建屋最上階にあるプールにもはや水はなく、高線量の使用済み燃料が外気に露出しているとの認識に達した。しかし、それは誤りだった。

　4号機の原子炉建屋はそれに先立つ2011年3月15日午前6時12分に爆発した。屋根がひしゃげ、そこから垂れ下がるように壁がぶら下がり、その壁の下に穴があいているのがしばらくして見つかった。しかし、その爆発の原因は当初、不明だった。

　4号機は前年11月末から定期点検中で、原子炉内にあった548体の核燃料はすべて取り出され、建屋内のプールに移されていた。それを含め全部で1331体の使用済み燃料がプールにあって、それは他の号機より多く、より大きな崩壊熱を発し、プール水の気化・蒸発が進んでいた。場合によっては燃料が水面上に露出し、その一部が損傷する恐れも否定できない、と東電は15日午前の記者会見で説明した。

　そういう中で、3月16日早朝（日本時間では16日夕）、米政府の原子力規制委員会（NRC）は、4号機の使用済み燃料プールは崩壊し、水を保持する能力を失ったとの報告を東京に派遣したNRC職員から受けた[1]。NRCのグレゴリー・ヤツコ委員長は、海軍の原子力推進機関部の司令官を務める提督を交えて開いた会議で状況を確認しあい、福島第一原発の周囲80キロ圏の米国民に避難を勧告する方針を決定[2]。同じ日、米議会で4号機の使用済み燃料プールに水はないと証言した。

　NRCの電話会議の記録によれば、15日午後8時（日本時間では16日午前9時）、NRC内部で「5人が致死線量を受けたとの報告」が共有されており[3]、17日午後8時（日本時間では18日午前9時）には、「プラントに近づくにつれ、測定の時間にもよるが、施設のすぐ近くでは毎時30ラドから300ラドある」と報告された[4]。その1時間半後（日本時間では18日午前10時半ごろ）、NRCの東京派遣チームを率いるチャールズ・カストーは「2号機と3号機の建屋の間は450〜600ラドの線量がある」と述べ、これに対して、男性の会

1　U.S.NRC, March 16, 2011, Official Transcript of Proceedings, Japan's Fukushima Daiichi ET Audio File. https://www.nrc.gov/docs/ML1205/ML12052A108.pdf#page=64

2　https://www.nrc.gov/docs/ML1205/ML12052A108.pdf#page=139

3　U.S.NRC, March 15, 2011, Official Transcript of Proceedings, Japan's Fukushima Daiichi ET Audio File. https://www.nrc.gov/docs/ML1205/ML12052A106.pdf#page=138 U.S.NRC, March 2011, Chronology. https://www.nrc.gov/docs/ML1212/ML12122A950. pdf#page=12

4　U.S.NRC, March 17, 2011, Official Transcript of Proceedings, Japan's Fukushima Daiichi ET Audio File. https://www.nrc.gov/docs/ML1205/ML12052A109.pdf#page=413、https://www.nrc.gov/docs/ML1212/ML12122A950.pdf#page=22

議参加者が「私もその数字を見た」と同調し、カストーは「それは致死線量だ」と応じている[5]。

　私たちはカストーへのヒアリングでこの点を質した。カストーは「4号機の外の地上の線量は700ラドであり、それは燃料と同等の数字だった。そのため、我々は何らかのダメージがあると考えた」と答えた。さらに、電話会議の記録をカストーに示し、その中にある「450ラド」について質問すると、カストーは「だからそれが燃料だ。だから我々は地面に燃料があると考えた」と返答した[6]。700ラドは7シーベルト（7000ミリシーベルト）、450ラドは4.5シーベルト（4500ミリシーベルト）に相当する。

　一方、日本側で当時公表された線量の値は最大で毎時400ミリシーベルトである。建屋の外部で数千ミリシーベルトの単位の数字が測定された形跡はない[7]。5人が致死線量を受けたとの事実もない。また、カストーが言及した「450ラド」、すなわち、毎時4500ミリシーベルトの線量がもしあったとすれば、そのようなところで15分も作業すれば、吐き気や嘔吐など急性放射線障害となり、1時間ほど作業すればその後、死に至る可能性が高くなる。しかし結果的に、福島第一原発構内に当時いた人間が急性放射線障害となることはなかった。「使用済み燃料プールに水がなければ燃料からのスカイシャイン線で4号機周辺の放射線量率が高くなると想定されるが、実際には作業が可能な程度の線量であったことから、燃料は露出してはいないであろうと考えられていた[8]」と学会事故調は記している。

　第二次民間事故調に対する東京電力の説明によれば、当時、もし仮に4号機の使用済み燃料プールで燃料頂部まで水位が低下した場合、建屋の近傍では毎時10シーベルト（1万ミリシーベルト）の線量になると評価していた。このため東電は、「燃料が露出しているにしては周辺の線量が低いこと」などを根拠に「燃料は露出していない」と判断したという[9]。

5　https://www.nrc.gov/docs/ML1205/ML12052A109.pdf#page=448、https://www.nrc.gov/docs/ML1205/ML120520264.html、https://www.nrc.gov/reading-rm/foia/japan-foia-info/transcripts/et/、https://www.nrc.gov/reading-rm/foia/japan-foia-info.html、https://www.nrc.gov/docs/ML1212/ML12122A950.pdf#page=23

6　カストー氏は2019年8月26日に東京でヒアリングを受けた際に次のように述べた。
"The number outside Unit 4 on the ground was around 7000 rad which was fuel. So, we thought there was some damage out there."
"So that's fuel, and that's what made us think there was fuel on the ground."
のちにメールでの問い合わせに対して、カストー氏は2020年8月21日のメールで、この7000ラドを700ラドと訂正した。また、次のように述べた。
"Bottom-line the numbers we were getting were more like radiation from actual reactor fuel."
"I do not think that there was a misinterpretation of the radiation units."

7　2011年6月4日の読売新聞夕刊記事「1号機内4000ミリ・シーベルト」では1号機原子炉建屋内で5月以降に測定された毎時4千ミリシーベルトについて「3月11日の事故発生後に測定された中では、最も高い数値だった」とされている。また、東京電力の本店と福島第一原発の免震重要棟を結んで開かれていたテレビ会議の記録を精査したところ、毎時500ミリシーベルトを超える線量が3月23日以前に東電社内で報告された形跡はない。

8　一般社団法人日本原子力学会、『福島第一原子力発電所事故　その全貌と明日に向けた提言──学会事故調最終報告書』30頁、2014年3月発行。

9　東京電力ホールディングス、2020年7月2日、第二次民間事故調の追加質問への回答。

現にプールに水はあった。2013年11月から2014年12月にかけて東電は4号機プールからすべての燃料を取り出したが、それらに外気露出で溶融した痕跡はなかった。

　なぜ、米側は誤った判断をしたのか？

　NRCは当時、福島第一原発構内の原子炉建屋近傍で毎時数千ミリシーベルトの致死線量が測定されたと認識し、それもあって、使用済み燃料が外気に露出しているという誤った認識を数日間にわたって維持した。日本側はそのような高線量情報を把握しておらず、2019年以降のカストーへのヒアリングでも、その情報の出所は定かではないという。「5人が致死線量を受けた」「施設や制御室は致死線量で、何も制御できなくなるだろう」[10]「3号機原子炉建屋上空300フィートで毎時375ラド」[11]など、NRC内部で当時共有された情報のいくつかは誤った情報であり、それら誤報が認識判断に影響を与えた可能性がある。それに加えて、ミリシーベルトの値をラドの値と取り違えるなど単純なミスが介在し、一桁ずれた過大な線量情報がNRC内部で共有された可能性がある。これに対し、カストーは「線量レベルの取り違えがあったとは思わない」「私のチームはみんな保健物理の経験が豊富で、ミリシーベルトとレムの違いを分かっている」と疑問を呈するが、とはいえ、情報が伝わる過程のどこかで単位の取り違えがあった可能性をぬぐうことはできない[12]。東日本存亡の危機を裏付けるかもしれない基本的な事実関係をめぐって、客観的であるべき線量情報についてさえ、日米間に深刻な認識ギャップが生じ、そのギャップが事故発生10年目の今もなお埋まっておらず、その理由が単位の取り違えなど単純ミスや判断要素への誤報の混入だった可能性があることをここでは指摘しておきたい。

　当時、米側は事故に関する情報が日本側からタイミングよく提供されなかったことに不信感を抱いており、双方のコミュニケーションもぎこちなかった。米側の誤認にはそうした背景もあったかもしれない。

　4号機プールには水があると判断した日本側とそれを疑う米側との間の意見は対立したまま、それがまた相互の不信感を強める結果ともなった。

10　https://www.nrc.gov/docs/ML1205/ML12052A109.pdf#page=444
11　https://www.nrc.gov/docs/ML1205/ML12052A109.pdf#page=185
12　重ねてのメールでの問い合わせに対して、カストー氏は2020年12月1日にメールで以下の通り答えた。
"I do not believe it was a misinterpretation. The number was given to my team. I will attempt to find the source of the number. As I vaguely remember, it came from one of the NRC people, but I am not sure where they found it. Maybe someone below my position misinterpreted the number, but I know that I was given the number as 700 rads."
カストー氏は2020年12月8日のメールでは次のように述べた。
"My team does not believe that there was a misinterpretation of the radiation level. They are all experienced health physics people and know the difference between m/Sv/hr and REM/hr."

放射線災害の
リスク・コミュニケーション

放射線災害のリスク・コミュニケーション

はじめに

　東京電力福島第一原子力発電所事故に伴って、水素爆発、事故炉の処理、および放射性物質の飛散への対応が必要となった。具体的には、冷却・廃炉などのオンサイトの事故収束、および除染・長期避難・風評対策・賠償対応などオフサイトの事故対応である。

　事故直後のクライシス・コミュニケーション、風評被害など農林水産物の価格低下や観光業の衰退に関する問題（セシウム134、セシウム137）、県民健康調査に代表的な甲状腺がんに関する問題（ヨウ素131）、処理済の水に関する問題（主としてトリチウム）などの放射性物質汚染に関する「コミュニケーション」に関して、政府や公的機関は場当たり的な対応を繰り返してきた。

　また、その後の他の原子力発電所の再稼働に伴うオフサイトの原子力防災や広域避難計画についても政府や公的機関の見解と住民感情との相克という観点から同様の問題が生じている。放射性物質汚染とそのコミュニケーションにどう向かい合い、どう取り扱うかという課題は、東京電力福島第一原子力発電所事故すべての課題と教訓の中でも極めて難しいテーマとなっている。

　それは、「一般公衆における被曝リスクとしての健康被害の最小化」という基準値の設定をめぐる課題、「主観リスクとしての不安感情の最小化」というリスク・コミュニケーションをめぐる課題、「産業リスクとしての経済被害の最小化」という流通と市場の正常化をめぐる課題、関連するものの同時に異なる三つの課題を解決することが困難であるという三重苦、トリレンマが存在しているためである。

　この章では、まず、事故後のコミュニケーション上の混乱や風評被害の課題を整理する。その上で、うかびあがる上記の3つを議論し、現在までも残存する放射性物質汚染にかんする食品の安全性と「規制値」「基準値」の問題、トリチウム水の問題を分析する。

1　クライシス・コミュニケーションと　　リスク・コミュニケーションの連関

　政府事故調では、リスク・コミュニケーションについて次のように提言している。

　　国民と政府機関との信頼関係を構築し、社会に混乱や不信を引き起こさない適切な情報発信をしていくためには、関係者間でリスクに関する情報や意見を相互に交換して信頼関係を構築しつつ合意形成を図るというリスクコミュニケーションの視点を取り入れる必要がある。緊急時における、迅速かつ正確で、しかも分かりやすく、誤解を生まないような国民への情報提供の在り方について、しかるべき組織を設置して政府として検討を行うことが必要である。広報の仕方によっては、国民にいたずらに不安を与えかねないこともある（後略）[1]。

　民間事故調では、「危機コミュニケーション」という言葉を用い、混乱の要因を原子力災害や放射能による健康被害に関して、専門用語の多さを上げつつ、信頼感の喪失について指摘している。

　　国民のほとんどは、放射線量の数値を聞いても、理解できない。何を基準にして、どれだけ危ないのか、危なくないのか、分かりにくい。リスクを示す何らかの物差しが必要だったが、今回の事故対応では食品汚染にしても校庭の線量基準にしても、色々な数字がバラバラに示され、国民を混乱させた。（中略）危機の核心は、政府が、危機のさなかにおいて国民の政府に対する信頼を喪失させたことだっただろう。危機コミュニケーションが最終的には政府と国民の信頼の構築に帰着するように、危機に際しては、政府と国民が力を合わせなければ乗り切ることはできない[2]。

　各事故調の報告書が提出されたのは、事故から1年後であり、放射性物質汚染の正確な線量分布や程度も明らかではなく、放射線の健康影響のコミュニケーションについても混乱が続いていた時期である。これらの報告書ではリスク・コミュニケーションという言葉も用いられているが、指摘されているのは緊急対応としての事故直後のクライシス・コミュニケーションのことであった。
　ここでは改めて事故直後のクライシス・コミュニケーションの問題として、科学者コミュニティの信用失墜と基準値の問題を振り返り、またクライシス・コミュニケーションとリスク・コミュニケーション、緊急的な対応と長期的な対応の区別、以上の3つを取り上げたい。

1　政府事故調（東京電力福島原子力発電所における事故調査・検証委員会）（2012）『政府事故調最終報告書』p.426。
2　民間事故調（福島原発事故独立検証委員会）（2012）『福島原発事故独立検証委員会：調査・検証報告書』一般財団法人日本再建イニシアティブ、p.395。

（1）科学者コミュニティの信用失墜：安全の「基準値」の形成

　まず、東京電力福島第一原子力発電所事故の直後のコミュニケーション上の課題の一つに、初期に決定づけられた政治および科学コミュニティへの不信感がある。とりわけ東京電力福島第一原子力発電所事故発生後、その不信は、「原子力ムラ」と揶揄される原子力業界、原子力の専門家の枠を超え、放射線研究、気象学、また特定の大学など、科学コミュニティ全般への不信となっていった点にポイントがある。そして、これは、特に「基準値」の形成過程に特徴的である。

　放射線の安全性を強調する側を「御用」、放射線の危険性を強調する側を「反御用」とする安易なラベリングが典型的で、震災直後は「放射線リスクを過大に見積もらない発言をした研究者たちを『御用学者／エア御用学者』と分類して、彼ら彼女らを批判する」《御用wiki》というWebサイトまで存在した[3]。

　原子力を推進する立場の原子力工学者のみならず、安全性を強調する放射線医までも御用学者のレッテルを貼られていった。市民の不安に十分に寄り添っていない、すなわち国の立場に立っているとみられたのである。これは低レベル放射線に関する閾値あり仮説、閾値なし仮説（LNT仮説）の対立ともいえる[4]。前者は確定的影響（「一定量の放射線を受けると、必ず影響が現れる」）について、放射性物質汚染に伴う放射線上昇の程度では急性被曝による影響はない、確率的影響、晩発的影響も極めて低いとする立場である[5]。後者は確率的影響、晩発的影響について、国内では線量限度を1mSv／年としていることもあり、予防原則などにもとづき、危険性があると考える立場ともいえる。

　ネットにおいてはTwitterを中心に彼らを「安全厨」「危険厨」とののしり、専門家を中核として放射線の安全性を強調する側、危険性を強調する側が互いに互いを否定することが繰り返された。

　長崎大学の山下俊一教授と高村昇教授は、事故直後、福島県において放射線健康リスク管理アドバイザーとなり、「住民に安心感を持っていただく」「不要な内部被曝を避ける対策をとれば健康影響についてはまったく心配する必要はないレベルである」ことを説明していった。高村教授は、その最初に講演をおこなった日に「先生は御用学者でしょう」と生まれて初めて言われたと回顧している[6]。ただし、2011年3月25日に飯舘村で安全性を説明する

3　御用学者とは、単に体制側の学者をさすわけではなく、もともとは政府に雇われている学者という意味である。転じて、政府や権力者に迎合する学者や、企業・業界に資金的な援助を受ける学者がそう呼ばれるのである。たとえば、資金的援助の形で「御用学者」を指摘するものには次の文献がある：佐々木奎一（2011）「御用学者が受け取った原子力産業の巨額寄付金！」『別冊宝島1796号　日本を脅かす！原発の深い闇』宝島社、pp.102-104。

4　中村仁信（2013）「微量放射線の発がんリスク：1ミリシーベルト以下にする除染は必要か」『癌と人』40、pp.7-9。アクセス2020年6月24日〈http://hdl.handle.net/11094/24885〉

5　*Annals of the ICRP* 28（1978）、41（1984）、60（1991）、62（1991）参考

講演を行った後、数週間後に飯舘村は計画的避難区域に設定され全村避難となったこともあり、彼らの言説が福島県内の一定数の人々に不信感を抱かせることになったという。また東京大学の中川恵一准教授による主張も、具体的な汚染状況や被ばく状況を議論するというよりは、基本は放射線と発がんの因果関係などリスク評価に準拠して住民への「説教」に終始し、結果的に専門家への不信を増幅させたとまで指摘されてもいる[7]。

　この専門家の威信失墜のプロセスを佐倉統東京大学教授は次のように簡潔にまとめている。「安全だと繰り返し主張していた原子力発電が重大事故を起こしたことが、信頼低下の引き金になった。事故後も原子力工学の専門家たちがテレビなどで大丈夫だというメッセージを繰り返し発したことがさらに信頼関係を低下させた。放射線防護の専門家や医師たちも、大丈夫だ、騒がないようにというメッセージを発することで、責任の在処を東電や政府から住民たちに転嫁することに加担した。これらの連鎖が拡大再生産されて、行政、電力事業者、専門家への不信感が固定化した」とする[8]。

　さらに、放射線医学以外の研究者による悲観的なシナリオの提示と激しい政府攻撃が、一般市民の冷静かつ合理的な状況判断を曇らせたこと、さらにはそのインパクトに政府自身が押されたことも大きなインパクトをもった。例えば、2011年4月29日、衆議院第一議員会館における内閣府参与小佐古敏荘東京大学教授の辞任会見である。4月19日に文部科学省は、「福島県内の学校の校舎・校庭等の利用判断における暫定的考え方について」において原子力安全委員会からの助言を踏まえ、「校庭・園庭で3.8μSv／時未満の空間線量率が測定された学校については、校舎・校庭等を平常どおり利用して差し支えない」とし、校庭の線量基準を3.8μSv／時（20mSv／年）と定めた。なお、この3.8μSv／時とは、3月12日から避難指示がでていた20km圏外に加え、4月11日に飯舘村と南相馬市、浪江町、川俣町の一部を計画的避難区域として定めた際の基準である。2007年のICRP Publication103の現存被曝状況の線量基準1mSv／年〜20mSv／年の上限をとったものとされる。

　小佐古教授は、これを「場当たり的である」と攻撃した。
「上限の年間20ミリシーベルトの放射線量となると、約8万4000人の原発での放射線業務従事者でも極めて少ない。この数値を乳児、幼児、小学生に

6　高村昇（2019）『放射線リスクコミュニケーション　福島での経験』金風舎；一ノ瀬正樹、早野龍五、中川恵一編（2018）『福島はあなた自身　災害と復興を見つめて』福島民報社。立場の違い（保守派か、懐疑派かなど）によって情報の流通が異なっていることについては、複数の研究がある。Valaskivi, K., Rantasila, A., Tanaka, M., Kunelius, R. (2019), *Traces of Fukushima: Global Events, Networked Media and Circulating Emotions*, Singapore: Palgrave Pivot. Tsubokura, M., Onoue, Y., Torii, H. A., Suda, S., Mori, K., Nishikawa, Y., Ozaki, A., Uno, K., (2018), "Twitter use in scientific communication revealed by visualization of information spreading by influencers within half a year after the Fukushima Daiichi nuclear power plant accident", *PLoS One*, 13 (9), pp.1-14.

7　影浦峽（2013）『信頼の条件——原発事故をめぐることば』岩波書店。

8　佐倉統（2016）「優先順位を間違えたSTS：福島原発事故への対応をめぐって（特集　福島原発事故に対する省察）」『科学技術社会論研究』12、pp.168-178。

求めるのは、学問上の見地のみならず、私のヒューマニズムからしても受け入れがたい」

「容認すれば私の学者生命は終わり。自分の子どもをそういう目に遭わせたくない」

「小学校等の校庭の利用基準に対して、この年間20ミリシーベルトの数値の使用には強く抗議するとともに、再度の見直しを求めます」

　小佐古教授は、「通常の放射線防護基準に近いもので運用すべき」と主張した。すなわち、「1mSv／年」を目指すべきとしたのである。小佐古参与は上記の主張をした会見をもって辞任したが、唐木英明元日本学術会議副会長は、小佐古参与の辞任にともなって、「放射能恐怖症」の再確認と、「1mSv 神話」が作られたとしている[9]。

　もう一つ、2011年7月27日衆議院厚生労働委員会での児玉龍彦東京大学先端科学技術研究センター教授の参考人質疑も大きなインパクトを与えた。児玉教授は、区域外での子どもの被曝を避けること、そのための放射線測定、除染の必要性について、またこれらへの政府の対策が不十分なことを批判し、「私は、満身の怒りを表明します」「7万人が自宅を離れてさまよっているときに、国会は何をしているのですか」と、強く除染を主張した。この発言も、多くのメディアに取り上げられることとなった。

　二人の発言には、共通点がある。第一に、議員会館、衆議院厚生労働委員会という国会が関係する場で行われたという点、第二に、政府、政府の施策、施策の遅れを批判するという点、第三に極めて感情的発露を伴う発言だった点である。

　マスメディアやインターネット上での議論とは異なり、危機において、国会等公の場での科学者による感情的な表現での政権・国会への批判と世論への直訴であったために重大な影響を与えた。

　空間線量に関して、国際放射線防護委員会が示している緊急被曝状況における参考レベル（20mSv／年～100mSv／年）における厳しい値として20mSv／年を基準として、木造家屋に16時間居住し、屋外で8時間の活動を想定し、居住等を制限すべき目安として空間線量 $3.8\mu Sv$／時を定め、これに基づき2011年4月11日に計画的避難区域を定め、また4月19日に校庭の線量基準を定めた[10]。だが政府は、その後、追加被ばく線量を1mSv／年とし、これを空間線量率に換算し $0.23\mu Sv$／時という基準を算出した[11]。

　小佐古参与と児玉教授の二名の発言は、実質的に20mSv／年（$3.8\mu Sv$／時）から1mSv／年への目標値の見直しの要因の一つとなり、結果、この

9　唐木英明（2013）「放射能と食の安全」農畜産業振興機構セミナーでの講演。アクセス2020年5月26日〈https://www.alic.go.jp/content/000090827.pdf〉

10　文部科学省（2011）「福島県内の学校の校舎・校庭等の利用判断における暫定的考え方について」アクセス2020年6月3日〈https://www.mext.go.jp/a_menu/saigaijohou/syousai/1305173.htm〉

11　木造家屋に16時間居住し、屋外で8時間の活動という同様の想定で年間 $0.19\mu Sv$／時という数値を算出し、自然放射線（日本平均 $0.04\mu Sv$／時）を加え、$0.23\mu Sv$／時とした

0.23μSv／時は、現在に至るまで良くも悪くも政策的に重大な意味を持つこととなった。

第一に、除染と中間貯蔵施設の問題である。0.23μSv／時は、放射性物質汚染対処特措法の汚染状況重点調査地域を除染する際の基準となった[12]。この0.23μSv／時という除染基準は、この値が達成されなければ安全ではないとの解釈を生み、膨大な除染事業を発生させる論拠になった。また除染によって放射性物質を収集するということは、中間貯蔵施設への汚染土壌の移送、土壌の再生利用、長期にわたる土壌廃棄物の問題を生むこととなった。

田中俊一元原子力規制委員長は次のように除染自体の問題を指摘している。

> 科学的には安全なはずなのに、政治的な配慮から「除染がなされなければ安全ではない」という認識が広まっているのが問題[13]。

除染の目標値が固定化され、それが多くの問題を引き起こしていることの問題を指摘するのである。

第二に、避難の長期化と避難指示区域解除の問題である。

帰還にあたっては、追加被曝線量を1mSv／年とし、これを空間線量率に換算した0.23μSv／時という基準は、避難指示の解除の際も重要な判断要件となった。公式には、政府が避難指示解除の基準とする20mSv／年（3.8μSv／時相当）以下が避難指示解除の公的な基準とはなっているが、「避難指示区域への住民の帰還にあたっては、当該地域の空間線量率から推定される年間積算線量が20ミリシーベルトを下回ることは、必須の条件」に過ぎないとされ、基本は避難解除の基準は「住民が帰還し生活する中で個人が受ける追加被ばく線量を長期目標として年間1ミリシーベルト以下になることを目指していくこと」[14]とされている。すなわち長期的に、この1mSv／年は、避難のエンドポイントを決める根拠となっていったのである。

第三に、2012年に変更された食品の放射性物質に係る「基準値」の論拠ともなったことである。これについては、次節で後述する。

小佐古参与と児玉教授の二名の発言は、実質的に20mSv／年（3.8μSv／時）から1mSv／年（0.23μSv／時）への目標値の見直しとして、除染や避難解除の事実上の基準となったという点で、影響はきわめて大きかった。一度決めたことを変えるのを難しくする行政の無謬性も影響し、これが長期的に政策に影響をもたらしていくことになったのである。

12　環境省（2011）「災害廃棄物安全評価検討会・環境回復検討会　第1回合同検討会議事録」アクセス2020年6月24日〈http://josen.env.go.jp/material/session/pdf/joint_001/g01-gijiroku.pdf〉

13　田中俊一氏ヒアリング、2019年11月20日

14　内閣府原子力被災者生活支援チーム、復興庁、環境省、原子力規制庁（2018）「特定復興再生拠点区域における放射線防護対策について」アクセス2020年6月10日〈https://www.nsr.go.jp/data/000256047.pdf〉

（2）クライシス・コミュニケーションとリスク・コミュニケーション、緊急的な対応と長期的な対応の区別：直後対応の無謬性

　さらに、福島原発事故における直後のコミュニケーション上の課題として問題だったことの一つは、クライシス・コミュニケーションとリスク・コミュニケーションの区別（緊急時のコミュニケーションと長期間のリスクの理解をめぐるコミュニケーションの区別）ができていなかったことである。

　事故の直後から、マス・メディアは放射性物質の拡散による危険性と安全性を、バランスをとって伝えるようになった。3月11日以降は、事故そのものの推移、避難、放射性物質の拡散、計画停電を報じた。そして「放射能による農作物や水道、海洋、土壌汚染が進行した」ことや、放射線被ばくへの対策を報じつつ、「直ちに健康への影響はない」、今は「安全」であるという報道が繰り返されていた[15]。

　この遠因は、事故後、枝野幸男元官房長官が「ただちに影響はない」という表現を用いたことに由来する。2011年11月8日の衆議院予算委員会で枝野元官房長官は「ただちに人体、健康に害がないということを申し上げたのは全部で7回でございます。そのうち5回は食べ物、飲み物の話でございまして、一般論としてただちに影響がないと申し上げたのではなくて、放射性物質が検出された牛乳が1年間飲み続ければ健康に被害を与えると定められた基準値がありまして、万が一そういったものを一度か二度摂取しても、ただちに問題ないとくり返し申し上げたものです」と発言した。枝野元官房長官は政府事故調の聴取において、この発言は官僚の作ったメモに基づいたものではなく自分の表現であったとも述べている。「ただちに」という表現は法律用語、法廷用語として、よく利用される言葉でもあり、弁護士である枝野元官房長官の発言ならではの言葉でもあった。「ただちに影響はない」との発言は、放射線の影響について、あいまいに表現したものと解釈され、さまざまな批判をあびた。

　しかしながら、「急性被ばくが問題になる数値ではないが、被ばくの累積的影響はないかどうかはわからない」という点と「（その場に）長期間いたら累積被ばくで問題になるのではないか」という点を同時に伝えようとしたとも証言している。高い線量を短時間に被曝して数週間以内に現れる影響を「急性影響」と呼び、比較的低い線量被爆して数ヶ月から数年後に現れる傷害を「晩発影響」と呼ぶ。放射線量の程度から考えて高線量の「急性被曝の晩発的影響」というよりは、低線量の「累積被曝の晩発的影響」を避けるように促そうとしたのが主たる含意であるとするならば、事故直後の放射線量の程度や放射性物質の拡散の程度、さらには被曝の程度が未知である状況において、

15　影浦峡（2011）『3.11後の放射能「安全」報道を読み解く：社会情報リテラシー実践講座』現代企画室；佐幸信介（2013）「メディアの多元化と〈安全〉報道―東日本大震災とリスク社会」山腰修三・大井真二・河井孝仁『大震災・原発とメディアの役割―報道・論調の検証と展望―』新聞通信調査会、pp.156-171。

「ただちに影響はない」は決して間違った表現ではなかったし、むしろ、このときの注意すべき状況を的確に表していたといってもよい。

　だが、ある程度時間が経過しても、この言葉は「放射線量が増えれば影響がある」「浴び続ければ影響が出てくる」すなわち、直ちにではないが後で影響が出てくるかもしれないという「晩発的影響」の可能性を否定していないメッセージとも受け取られるようになっていった[16]。不安が継続する一つの要因となってしまったといえるであろう。すなわち直後のクライシス・コミュニケーションとしての意義はあったとはいえ、誤解を生まないようより丁寧に説明する必要はあったし、長期のリスク・コミュニケーションとしては別の言葉で言い換える必要があったということは指摘しておく必要があろう。

　また緊急時に、積極的に検査、測定を行うことには何も問題はない。積極的に検査、測定することによって、住民の不安を解消し、市場を安定させることはそれ自体に意味がある[17]。緊急時に検査や測定の頻度が少ないことは、それ自体が汚染の程度の把握に積極的でないと受け取られ、また情報を隠しているのではないかとの疑念、検査の見逃し、すり抜けがあるのではないかといった疑念を生みだす恐れがある。

　汚染の程度や放射性物質の農作物などへの移行の科学的メカニズムがはっきりしていない段階では基準値や検査体制について過剰気味に対応を行うこと「空振りは許容し、見逃しをさけること」は危機管理の鉄則でもある。

　問題だったのは、基準値や検査体制の見直しの時期やエンドポイントを決められなかったことである。これについて、2012年の食品中の放射性物質に係る「基準値」の策定に携わった国立保健医療科学院山口一郎上席主任研究官は、人々の関心の低下と、国会でも質問がなく、そのような意見が生産者や消費者の声として上がらなかったことが理由であるという。

　　「当時の期待としては、社会の関心も高いんだから、この議論は続くだろうと思っていたら、続かなかったんですね。」
　　「自治体からご意見があったり、生産者や消費者団体からご意見があってからやるものなのですが、ご意見がゼロなので検討できないですね。しかもルール上、何年後に見直すというルールもないので、官僚としてはアクションを起こせない」[18]

16　岡本真一郎、吉川肇子（2012）「リスク・コミュニケーションからの推論　─推意と関与権限の検討」日本心理学会第76回大会発表資料、アクセス2020年5月26日〈https://psych.or.jp/meeting/proceedings/76/contents/pdf/1AMB23.pdf〉；川本裕司（2013）「深刻に受け止められた『直ちに影響はない』」『論座』アクセス2020年5月26日〈https://webronza.asahi.com/national/articles/2013030500008.html〉

17　この切り替えができなかったことは、放射線測定、検査体制、またBSEなどの食品安全の問題にも通底する。

18　山口一郎氏ヒアリング、2020年3月30日

また行政、政治としても、一度決めたものを変えるのはそう簡単ではなかったという。

　　（現行の食品安全基準が高すぎるとして、なぜ下げられないかにつき）現地住民の側も含め風評被害の懸念もあり、一度上げると簡単には下げがたい。科学的に様々な基準設定が間違っているのは分かっているが、最初の基準設定から高すぎるものを設定してしまったが故の問題だろう[19]。

　　安全性を意識してオーバーに設定したが、やりすぎ感はあったと思う。毎日食べ続けたり、大量に摂取したりしても大丈夫なように、という判断。規制によって栄養が偏るとか、長期的視野を持っているというのは考慮すべきだったが、余裕がなかった。平時に戻ったら平時の基準に戻すべきだが、「政府が国民をだましていた」と非難されるため、難しい[20]。

　住民の不安感に沿った規制、コミュニケーションは緊急時には必要な措置である。だが、ある程度、時間が経過し、問題がないことが確率的、科学的に安全性が明らかになった段階では、どこかのタイミングで見直しや切り替えが必要である。だが、それが制度上組み込まれていないと、行政の無謬性に従い、直後の対応を長期間ひきずることになるのである。結果、一度設定した基準が、長期の検査体制を決定づけてしまい、莫大なコストを生む要因ともなる[21]。

　緊急時の「科学」への信頼性が低下、政府と科学コミュニティが信頼を失ったことは、長期にわたりコミュニケーション上の問題を残した。政府など公的な情報が信頼されないという根源的な問題を生み、科学も発信する立場によって区別され、妥当な科学的コミュニケーションも信頼されないという問題を生んだのである。この点に関して、政権の内部にいた細野豪志元首相補佐官は、次のように回顧する。

　　（発災当時のデマやフェイクニュース対応について）当時長時間にわたるオープンな記者会見を行った。政府内でも「強く反論したほうがいい」や「記者の質を制限したほうがいい」等意見があったが、不安をもたらした原因が政府にあるという認識の下で最大限の説明をした。しかし結果として国内の流言飛語は抑制されず、（処理水問題などで話題となるように）それが韓国などに拡散されてしまった。今、考えれば初期の段階

19　内閣府（原子力防災）元職員ヒアリング、2019年11月29日
20　細野豪志氏ヒアリング、2019年12月19日
21　ただし、ある意味、過剰ともいえる検査は人々の不安感低減に大きく寄与している。関谷直也（2016a）「東京電力福島第一原子力発電所事故後の放射性物質汚染に関する消費者心理の調査研究―福島における農業の再生、風評被害払拭のための要因分析―」『地域安全学会論文集』29、pp.143-153を参照。

でもう少し強く打ち消してもよかった[22]。

　すなわち、一度信頼が崩れてしまった後は、簡単に信頼されるコミュニケーションを確立するのは、難しい。当時の政権もそれを十分に理解していたからこそ、時間が経過した後でも、安全性に関する問題については強いメッセージを出せなかった。そして、そのことによって、誤った認識や言説を長期間、放置させる結果となった[23]。

　これは避難においても共通する課題である。事故そのものや直後に放射線に関する正確な情報が得られない以上は、緊急時の区域外避難や過剰な防護措置はやむを得ないものである。だが、政府と科学コミュニティが信頼感を失ったことによって、直後の避難対応、事故後の検査体制、健康調査、基準の見直し、廃棄物の問題など、それらのより適正な対応への切り替えは困難となり、緊急的な対応を長期に引きずることになってしまった。当時、緊急対応にかかわった細野元補佐官は次のように回顧する。

　　　10年の時間が経ったことを考えると、甲状腺や処理水に関しては、危機時の判断から復興・平時の判断に「モード」を変えていく必要がある。福島県にその切り替えの判断させるのは酷なところがあり、政府の責任で判断すべき問題となる[24]。

　この指摘は直後、危機から平時への出口戦略が構築できなかったがゆえに隘路に入り込んでしまったことを示している。

　とはいえ、後から基準を変更することは簡単ではない。基準を設定する場合には初期段階で「時間軸」や「条件」を埋め込んでおくことが必要なことだけは確かである。

（3）クライシスにおける科学と政治の関係性

　なお、これらの解決策として、民間事故調では、事故直後において専門的知見を持つ人材による科学技術の助言機能が非常に弱く、内閣官房参与を次々と任命していったことなどの問題点を指摘し、科学技術の助言機能の強化を提言している[25]。また、政府事故調では「広報の仕方によっては、国民にいたずらに不安を与えかねないこともあることから、非常時・緊急時において

22　細野豪志氏ヒアリング、2019年12月19日

23　なお、避難についても論点は似ている。避難は避難先の住民との軋轢をもたらし、コミュニティの崩壊など様々な社会的問題を生みだす可能性もある。従って、できればそれは最小化されるべきである。しかしながら、事故そのものや放射線に関する正確な情報が得られない以上は、緊急時の区域外避難や過剰な防護措置は正当化される。すなわち、ある程度時間が経過した後に区域外避難、過剰な防護措置は抑制されるべきであるが、政府と科学コミュニティが信頼感を失うことによって、それらは不可能であった。

24　細野豪志氏ヒアリング、2019年12月19日

25　民間事故調、2012、p.394。

広報担当の官房長官に的確な助言をすることのできるクライシスコミュニケーションの専門家を配置するなどの検討が必要である。」としている[26]。

英国では政府主席科学顧問が、米国では、科学技術政策局局長（科学技術担当大統領補佐官）が平時、緊急時などにおいて科学的助言を担うことになっており、時に国民に情報を発信する。上記の事故調の指摘はこれらを意識しているものといえるが、これは、現在でも実現化していない。

原子力事故でいえば緊急時には組織的、機能的には原子力規制委員会委員長が原子力安全委員会委員長に代わって助言の任を担う立場となっただけで、コミュニケーションを担当する新たな組織や役職はできていない。平時のものとして、消費者庁や復興庁などにおいてリスク・コミュニケーションに関するリーフレット作成やそのようなコミュニケーションの場の実施は行われてきたが、現在に至るまで、もともと存在した基準値を議論する放射線審議会の他に、公的に事故後の放射線の問題について科学的な評価を行い、コミュニケーションを担う新たな機関（機能）は成立しなかった。

福島原発事故後の放射性物質汚染の低線量被曝や食品安全については、研究者間、市中、マスコミ、ネット上で安全／危険の議論が延々と続いたが、そのリスクをめぐる論争が収束したというよりは、結果的に食品中の含有放射線量や空間線量が大幅に低下し、「無解決の解決」のような状態で現在に至っているといえよう。ゆえに、風評被害とよばれるような現象はいまだ残存している。

この緊急時の予防的措置をとるクライシスの段階から平時のリスクを共有する段階への切り替えができなかったこと、また専門家コミュニティの信頼が失墜してしまったことが、長期的に、コミュニケーション不全を引き起こす遠因となったのである。日本は緊急時のクライシス・コミュニケーションから平時のリスク・コミュニケーションへの切り替えに失敗したということである。

2 風評被害

このようなコミュニケーション状況を背景として、この10年間、福島の人々を苦しめてきたのは風評被害である。暫定規制値以下、基準値以下の農林水産物であるにもかかわらず、福島県産というだけで消費者から忌避される。いまだにそうした風評被害を受けているのである。放射性物質にいまだに汚染されているのではないかという不安感やその残滓が今もなお存在するからである。事故後、数年が経過し、後掲の図1、図2に示す通り、国内での不安感は低下してきているが、海外、特に韓国や台湾など近隣諸国では不安視されたままである。

---

26 政府事故調、2012、p.426。

（1）風評被害とは何か

　一般に風評被害とは、「ある事件・事故・環境汚染・災害が大々的に報道され、本来『安全』とされる食品・商品・土地を人々が危険視し、消費や観光をやめることによって引き起こされる経済的被害」を指す[27]。

　事故当初の段階では、公的には政府が定めた基準以下ならば安全であるとして、この基準以下で人々が商品を買わないことによって生じる経済被害を「いわゆる風評被害」といってきた（原子力損害賠償の指針では、これは「いわゆる風評被害」と称されている）。風評被害が問題になる時点で「安全」であるということは大前提であり、農業者・漁業者また流通業者も、ある程度、そのことは了解している。ただ、すべての消費者やその動向を踏まえ事業を行う流通関係者に理解してもらうことは難しいので、経済的被害は継続する。農産物、水産物などにおいて安全面で問題がなくともイメージが少しでも悪くなったものは、消費者の選択肢から外され、商品価値が下がる。それが継続すると流通のルートから外されていく。

　戦後、この風評被害という現象は、1954年の第五福龍丸被爆事件を契機としてマグロが売れなくなった「放射能パニック」、1974年原子力船むつ放射線漏出事故、1981年の敦賀原子力発電所におけるコバルト60の漏出などにおける漁業被害として問題となってきた（敦賀原子力事故では一部、直接的な民事補償がなされた）。1986年、北海道電力泊原子力発電所を建設する際に事業者と地元自治体との間で結ばれた「民事協定」において、風評被害とその補償が初めて明文化された。事故に伴う放射性物質の放出による被害の賠償とは区別する形で、風評（Reputation）によって「農林水産物の価格低下その他の経済的損失」が発生した場合には、これを「風評被害」と呼び、補償などの措置を講ずるとされたのである。

　ここで問題となるのは、原子力災害における「実害」と「風評に過ぎない被害」の区別である。原子力の事故やトラブルの場合は、放射線や放射性物質の放出があったかどうかはモニタリングポスト等で計測できるので、放射線の作用（放射線量の上昇）があった「実害」と、それがない「風評に過ぎない被害」は区別される。原子力損害賠償法は、前者の事例、放射線の作用（放射線量の上昇）があった際の「実害」は事業者と国が賠償するというものであった。後者の放射線の作用（放射線量の上昇）がない場合の「風評に過ぎない被害」については過剰反応する消費者と煽るメディアが原因とされ、事業者や国には責任がないために賠償はされてこなかった。だがそれでも、経済被害が発生している以上は何等かの形で補償をしてほしいという問題が「風評被害」が提起してきた問題であった。

　1999年JCO臨界事故の場合、損害賠償の約154億円のうちほとんどが

---

27 関谷直也（2003）「『風評被害』の社会心理―『風評被害』の実態とそのメカニズム」『災害情報』1、pp.78-89；関谷直也（2011）『風評被害　そのメカニズムを考える』光文社。

「風評被害」関連であった。その後、文部科学省に設置された「原子力損害調査研究会」などで議論され、実際の事故が要因であることや経済被害の大きさに鑑み、それまでの法解釈を変更して、風評被害は原子力損害として認められることとなり、初めて原子力損害賠償法が適用された。これを踏まえているので、福島原発事故においても、「原子力損害の判定等に関する中間指針」および「第三次追補（農林漁業・食品産業の風評被害に係る損害について）」に基づき、基準値以下のものであっても経済的被害を被っているものについて「いわゆる風評被害」とすることとし、損害賠償の対象とすることとされた。

（2）東京電力福島第一原子力発電所事故後の風評被害

　福島原発事故の直後は、実際に放射性物質が飛散しており、また放射性物質の核種、量、拡散範囲もわからず、農作物や魚介類から放射性物質が検出され、しかも、それがどこまで増加するかも定かではなかった。そのような状況においては、汚染されたものと汚染されていないもの、安全であるものと安全でないものを、明確に区別をつけることが難しい場合が多い。従って、予防的にも、感情的にもそれらを忌避するのが合理的である。これが直後の風評被害である。

　ただし、ある程度、時間が経過する中で、空間線量の測定、土壌の測定、農作物などの放射性物質のモニタリング、福島県内では米の全量全袋検査が行われ、また、品種による吸収率の差も明らかになり、様々な吸収抑制対策などの結果として安全性が担保されるようになってきた。検査体制が確立し、検査結果についての情報が提供されるようにもなった。農産物そのものへの忌避感も和らいでいった。それでも、事故後の長期間の流通の停滞もあり流通はなかなか回復しない。その結果、安全である農作物の出荷額全体が回復しない。これがある程度時間が経過した後の風評被害である。

　現段階では、流通している農産物と海産物は、ほぼ「N.D.（Not Detected）」（含有放射線量は、検査機器で測定できる限界値である「検出限界値」以下）という状況になってきている。その際、キノコ類、山菜などの野生の林産物や野生動物に関してはN.D.や基準値を超えるものは存在するという認識も一般化している。福島県内においてもそれは周知されており、風評被害だという問題意識を持つ人は少ない[28]。

　そして、これらを除く管理された圃場での農作物に関しては放射線量の低下、水田へのカリウム施肥などの結果、N.D.を超える農産物は生産されなくなってきている。それにもかかわらず、これらの産品にもなお忌避感が残っている。現在の風評被害は、このN.D.の状態で発生する経済被害のことであ

28　2015年以降、モニタリング検査において、野生の林産物、水産物以外で基準値をこえているものはない。福島県（2019）"Steps for Revitalization in Fukushima"、アクセス2020年6月23日〈https://www.pref.fukushima.lg.jp/uploaded/attachment/337728.pdf〉などを参照。

る。

　そして、この風評被害がまさに次に説明するトリレンマの中核にある課題であり、長期間、福島県において問題となっているものである。

3　放射線災害のトリレンマ：被曝リスク

　まず、放射線災害のトリレンマの一つ、「被曝リスク」について考える。事故直後、「一般公衆における被曝リスクとしての健康被害の最小化」を目指して、専門家による基準値の設定がなされた。これは、いいかえれば、政府によって環境放射能に関する「安全（物理的安全）」を定義しようという試みであった。

　東日本大震災に伴い福島原発事故が発生し、放射性物質汚染が不安視されはじめた2011年3月17日、原子力災害対策特別措置法第20条第2項の規定に基づいて、食品中の放射性物質に関する「暫定規制値」が定められ、食品の出荷制限等の規制措置が定められた。500Bq/kg（乳製品については200Bq/kg）が基準とされた。

　その後2011年10月27日には食品安全委員会が、放射性物質に関する食品健康影響評価として、過去の疫学的なデータから「汚染された食品の摂取により追加的に被ばくする放射線量について、食品を適切に安全に管理していく際に考慮していく値は、一生涯にわたり概ね100mSv」と定めた。翌10月28日に小宮山洋子厚生労働大臣（当時）が記者会見で、目安とする年間被曝線量を1mSvに引き下げた基準値とすることを発言する。それに合わせる形で、2012年4月1日には食品安全委員会は、食品衛生法第11条第1項に基づき、codex委員会（食品の国際規格策定機関）による原発事故に適用するためのガイドラインの基準等を踏まえつつも、摂取量年間1mSvをベースとして基準値（一般食品：100Bq/kg、牛乳及び乳児用食品：50Bq/kg、飲料水：10Bq/kg）を設定した。その後、あとづけで、放射線審議会の諮問をうけ、承認された。

　すなわち、3月17日に出荷制限をかけないという意味で、政府としては公的に「暫定規制値（500Bq/kg、乳製品は200Bq/kg）以下」を「安全」とした。だが批判はやまず、食品安全委員会での議論を踏まえ、内部被曝年間1mSvを目指し、2012年4月1日には「基準値100Bq/kg（乳製品は50Bq/kg）」を指すこととした。だが、それでも風評被害は払しょくされなかった。

　2012年4月20日、農林水産省は食料産業局長名で食品産業団体の長宛に、放射能の自主検査をしている事業者に「信頼できる分析」を徹底し、自主検査でも「政府基準値に基づいて判断するよう」周知させることを求める通知を送った。だが、これについては日本消費者連盟、食品安全・監視市民委員会などからの批判が相次いだ。

　これらは、「一般公衆における被曝リスクとしての健康被害の最小化」を目

指して、震災直後は原子力安全委員会の技術的助言に基づいて原子力災害対策本部の裁決として、1年後以降は食品安全委員会、原子力規制委員会など専門家の集まる委員会等による科学的合意ないし科学的助言の下、政府の責任において設定されてきた基準である。

　緊急時から平時において、そのレベルに応じて基準を切り下げていくのは妥当である。だが、先の経緯から、「1mSv／年」を原則として様々な基準が作られていったのである。

4　放射線災害のトリレンマ：主観リスク

　次に「主観的リスク」について考える。

　主観的なリスク、すなわち個々人が「安全／危険」をどう認識するか、それによって「安心／不安」といった感情を持つかどうか。これは科学的な安全性とは別個に存在し、当事者のコミュニケーションや信頼も加味して形成されるものであり、簡単にコントロールできるものではない。

　民間事故調や『吉田昌郎の遺言』などのその後の調査・研究では、原子力の安全規制に関して「小さな安心にこだわり大きな安全を疎かにした」との言い方で安全神話の罠が説明された。「大きな安全」を担保するため有事・非常用の備えをすると「住民に不必要な不安と誤解を招く」との理由で、対策をとらないという「丸腰」を見せて住民の「小さな安心」を保証する、そうした備えをしないのがよき備えという倒錯した状況をもたらしたことを指摘した。ただ、この主張は「小さな安心」をおろそかにして「大きな安全」にこだわれという意味ではない。放射線災害においては、「主観リスクとしての不安感情の最小化」をも同時に図る、すなわち「小さな安心」も勘案して「安全」確保を設計しないと「大きな安全」も実現されないという関係にある。そこがトリッキーなところである。

　福島原発事故では実際に放射性物質が飛散しているのだから、「ある程度、放射性物質が検出されている」ものについて、人々が不安を抱くのは当然である。例えば、食品中の放射性セシウムの基準値100Bq/kgに対して、ある食品から50Bq/kgが検出されたとする。「安全」を定めている行政、100Bq/kgを「安全」と捉えている人にとっては、「安全」な食品であり、もし損害が発生したら「いわゆる風評被害」となる。だが、0Bq/kgや10Bq/kgなどを「安全」ととらえる人にとっては、これは「危険」な食品であり、「風評被害ではなく実害である」ということになる。いずれの立場も「安全」を前提に風評被害の有無をといている点では変わりはない。ただし、人によって安全の基準が異なるがゆえに、「安全」をめぐるディスコミュニケーションが生じる。これは、食品中の含有量や年間被曝量の基準値なども含め、社会として、個人としてどこまでリスクを許容するかという「許容量」をめぐるとらえ方の相違ともいえる。

　ところで、事故後、放射性物質に関する食品の検査体制やモニタリングについて不安を主張する人には三つのパターンが見られた。

　第一に、モニタリング、測定方法、検査体制に対する不信感の主張である。「低いところ（汚染が出にくいところ）を選んで測定している」「検査の手抜きがある」「サンプリングでは『すり抜け』がありうる」などと主張する言説である。しかし、時間を経過するに伴って、このモニタリング、測定方法、検査体制そのものについては実績が認められていき、疑義を呈す人は少なくなっていった。

　福島県は米については全量全袋調査を実施、牛も全頭検査という国の定めたモニタリング調査以上のことを実施してきた。ただし、稠密な検査の実施は初期段階では安全性を周知する上で大きな意義があったが、検出限界値を超える放射性物質が検出されなくなってきたことと、賠償金等でまかなう費用も安全なことがわかっているにも関わらず支出し続けるわけにもいかず、2020年より米の全量検査は全県では行われなくなり、牛の全頭検査は農家ごとの全戸検査に移行することとなった。

　第二に、できるだけ放射線のリスクを低くしなければならないという主張である。彼らは「100Bq/kg以下でも幅がある（放射性物質が含まれている）」「放射性物質が少しでも存在するのだから実害だ」「N.D.以下でも0ではない」「放射性物質は少なければ少ないほどよいのだから、福島県産は避けるべき」などと主張する。だが、それ以前に流通している食品がほぼN.D.であること自体が知られていない。現在、流通している食品がほぼN.D.であることを知らない人は8割に上る[29]。

　ただ、福島県内の人々は、科学的にリスクが小さいこと、基準値、N.D.の意味を理解している人であってもできうる限り内部被曝を防ぐためにこの種の主張をする傾向があった。それに対して、県外の人の場合は基準値、N.D.の意味を理解せずにこの種の主張をする人が多かった。

　第三に、風評被害を言い立てることで、事故を起こした東電への憤りを新たにし、その憤りを農家や農業関係者にぶつけることで、彼らの東電に対する憤りをかきたてようとするものである。こうした人々は「これは風評ではない」「風評被害という言葉が嫌い」、そして「念のために買わない」「憤っているから買わない」と主張した。

　もっとも、多くの人々にとって、目に見えない放射性物質の汚染はそれだけで「怖い」ものであり、その感情が非科学的であろうと恐怖心を持つことを非難することはできない。恐怖心は原初的には、未知のリスクや脅威から

29　関谷直也（2016b）「風評被害の構造5年目の対策」小山良太・田中夏子監修『原発災害下での暮らしと仕事—生活・生業の取戻しの課題』（pp.150-164）筑波書房；関谷直也（2019a）「国際教育研究拠点とアーカイブ施設、廃炉・復興、原子力災害」福島浜通り地域の国際教育研究拠点に関する有識者会議（第4回）発表資料。アクセス2020年5月26日〈https://www.reconstruction.go.jp/topics/main-cat1/sub-cat1-4/kenkyu-kyoten/material/20191003_shiryou1-2.pdf〉など

身を守るために、人類が生得的に身につけてきた「安全弁」の一つだからである。まして福島原発事故においては、SPEEDIの単位放出量に基づく計算結果は、「避難の方向等を判断するためには有用なものであった」が、初期段階で放射性物質拡散の情報が迅速かつ適切に国民に知らされなかった。事故直後のモニタリング結果も公表に時間がかかった[30]。それだけに国民が疑心暗鬼になるのもやむをえないところもあった。

これら初期段階において科学的事実が主観的に明らかでない段階、科学的事実に主観的に疑いが残る段階においては予防的措置をとることはある意味で合理的でもある[31]。

なかでも放射線災害に特徴的なこととして、線量が低い場合（大量の放射性物質の環境中への放出の結果として、直後の状況がわからないような場合を除き）、それは物理的にはっきりと主張できることもある。ゆえに、政府や自治体などの行政、関連企業に携わる人、科学者は、食品・商品・土地について「安全である」と強く主張する。だが、安全性が理解されない、情報発信主体が信用されない、情報が少ない、など様々な理由からすぐに多くの人が安全かどうかに確信を持つことは難しい。こうしたリスク・コミュニケーションのギャップは長らく存在し続けたのである。

震災後、厚生労働省、消費者庁など政府はこの被ばくリスクの最小化を目指した基準を住民に理解させることを重視しつづけた。しかし、「一般公衆における被曝リスクとしての健康被害の最小化」をめざして実施されてきた基準値の設定と、「主観リスクとしての不安感情の最小化」を目指しておこなわれてきた「リスク・コミュニケーション」ではこのギャップは埋められないまま、10年を迎えようとしているのが現状である。「主観リスクとして不安感情の最小化」とは、安心を保証することであり、究極的には国民の政府への信頼を確立し、ひいては「大きな安全」を実現するのである。

5　放射線災害のトリレンマ：経済リスク

（1）国内での経済被害

福島原発の事故対応費用は、2016年段階の試算で総額21.5兆円（廃炉・汚染水対策8.0兆円、賠償7.9兆円、除染4.0兆円、中間貯蔵施設1.6兆円）に上る[32]。なお、2020年3月段階で賠償金額は9.5兆円である（これは合意された金額であり、住民の受けた被害金額ではない）。

30　政府事故調（東京電力福島原子力発電所における事故調査・検証委員会）（2012）『政府事故調最終報告書』p.219。
31　これに加え、実態としての「安全」の基準の低下も考慮する必要がある。東京電力福島第一原子力事故の前までの段階では、この「安全」とは「放射性物質の飛散がない」ことを指していた。だが、事故後、出荷制限をかけないという意味で、政府としては公的に「安全」は「暫定規制値（500Bq/kg、乳製品は200Bq/kg）以下」を指すこととなった。2012年4月1日以降は「基準値100Bq/kg（乳製品は50Bq/kg）」を指すことになった。

　また賠償項目別の合意金額のうち、法人・個人事業主の方に係る項目は約3兆円である。直後の廃棄や出荷制限、警戒区域設定に伴う移転費用などは初期に限られる。ゆえに、多くは、事故がなければ得べかりし営業機会の損失、販路や市場の喪失、価格下落、検査費用などである。いわゆる風評に係る費用が大きな部分を占める。

●表1　賠償項目別の合意金額の状況

	合意金額
1.個人の方に係る項目	19,920億円
検査費用等	2,757億円
精神的損害	10,868億円
自主的避難等	3,625億円
就労不能損害	2,669億円
2.法人・個人事業主の方に係る項目	30,116億円
営業損害	5,295億円
出荷制限指示等による損害及び風評被害	18,246億円
一括賠償（営業損害、風評被害）	2,525億円
間接損害等その他	4,048億円
3.共通・その他	18,789億円
財物価値の喪失又は減少等	14,116億円
住居確保損害	4,422億円
福島県民健康管理基金	250億円
4.除染等	26,013億円
合計	94,839億円

　事故当初の段階では、公的には政府が定めた基準以下ならば安全であるとして、この基準以下で人々が商品を買わないことによって生じる経済被害を「いわゆる風評被害」といってきた（原子力損害賠償の指針では、これは「いわゆる風評被害」と称されている）。

　風評被害が問題になる時点で「安全」であるということは大前提であり、農業者・漁業者また流通業者も、ある程度、そのことは了解している。ただ、すべての消費者やその動向を踏まえ事業を行う流通関係者に理解してもらうことは難しいので、経済的被害は持続してしまう。

　農産物、水産物などにおいて安全面で問題がなくともイメージが少しでも悪くなったものは、消費者の選択肢から外され、商品価値が下がる。それが継続すると流通のルートから外されていく。

　福島原発事故以降は、出荷制限の対象となった品目だけでなく、価格下落や取引拒否の対象が、同類品目、同産地の品目へ拡大する傾向があった。例

32　東京電力改革・1F問題委員会（2016）「東京電力改革・1F問題委員会（第6回）参考資料」アクセス2020年6月24日〈https://www.meti.go.jp/committee/kenkyukai/energy_environment/touden_1f/pdf/006_s01_00.pdf〉

えば稲わらの汚染が明らかとなり福島県産牛が汚染されていることがわかると、汚染が確認されておらず出荷制限の行われていない近隣県の農産物の価格も下がっていった[33]。汚染の程度が低い宮城、岩手の海産物や茨城県産の農産物についても品目によっては価格下落という風評被害の影響が拡大していった。

(2) 海外での経済被害：輸出制限という問題

特に海外においては、福島県外の東日本の地域や西日本までも汚染されたイメージを持つ人もいる。日本では6年の経過後は福島県産の農林水産物への不安感は下がっている。しかし、アジアおよび欧米では不安が高く、特に近隣諸国において不安は高い。また、それは対「福島」にとどまらず、対「東日本」、対「日本」の農産物、海産物、飲料水、訪問についても同様の傾向があった。特に対「東日本」において一定の不安感が持続していた（図1、図2）。

さらに、そうした風評が福島県産や近県産の食品、東日本産の食品の価格下落、海外では輸出制限という取引拒否をもたらす。流通上でそれらの拒否が続く場合は「流通の固定化」が起こる。簡単に店舗などでの棚を取られた場合、「流通」を取り戻すことは簡単ではない。海外の場合は輸入制限という障壁も流通の阻害という意味では同様に作用することとなる。その結果、経済被害が続いていく。

かくして「被曝リスク」と「主観リスク」と「経済リスク」のトリレンマが依然、横たわっているのである。

コメの「全量全袋検査」や牛肉の「全頭検査」は、結果的に、この全てをある程度解決する施策であったといえる。福島県内で2012年から行われてきた米の「全量全袋検査」は、毎年1000万袋近く全量の検査を行い、2015年以降基準値を上回るケースはなく、99.99％がN.D.（検出限界値より低い値）である。牛肉の「全頭検査」も2011年度以降、検査が行われているがこれも基準値を上回るケースはない。

この結果、「被曝リスク」は最小化されている。また、検査体制と検査結果の帰結としての安全性の担保は「主観リスク」の最小化にも大きく寄与している。この全量全袋検査の結果を知っている大方の福島県民に限って言えば、不安感は目立って低下している[34]。これとともに、農産物の流通も活発になっていった。検査コストは別としてそれが「経済リスク」の最小化に貢献したことも明らかである。

---

33 古屋温美、横山真吾、中泉真吾（2011）「東日本大震災による農林水産物の風評被害に関する研究」『産業連関』19（3）、pp.5-17。
34 関谷直也（2016c）「東京電力福島第一原子力発電所事故後の放射性物質汚染に関する消費者心理の調査研究—福島における農業の再生、風評被害払拭のための要因分析—」『地域安全学会論文集』29、pp.143-153。

●図1　諸外国による福島県への不安感（調査時点の2017年現在と過去）

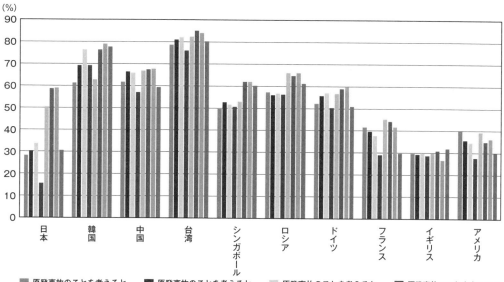

■ 原発事故のことを考えると
福島県の飲料水は不安だ

■ 原発事故のことを考えると
福島県の農作物は不安だ

■ 原発事故のことを考えると
福島県の海産物は不安だ

■ 原発事故のことを考えると
福島県には行きたくない

■ 原発事故のことを考えると
福島県の飲料水は不安だった

■ 原発事故のことを考えると
福島県の農作物は不安だった

■ 原発事故のことを考えると
福島県の海産物は不安だった

■ 原発事故のことを考えると
福島県には行きたくなかった

●図2　諸外国による東日本、日本全体への不安感（調査時点の2017年現在と直後）[35]

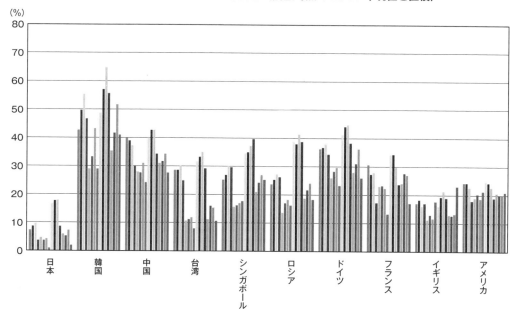

■ 原発事故のことを考えると
東日本の飲料水は不安だ

■ 原発事故のことを考えると
東日本の農作物は不安だ

■ 原発事故のことを考えると
東日本の海産物は不安だ

■ 原発事故のことを考えると
東日本には行きたくない

■ 原発事故のことを考えると
日本の飲料水は不安だ

■ 原発事故のことを考えると
日本の農作物は不安だ

■ 原発事故のことを考えると
日本の海産物は不安だ

■ 原発事故のことを考えると
日本には行きたくない

■ 原発事故のことを考えると
東日本の飲料水は不安だった

■ 原発事故のことを考えると
東日本の農作物は不安だった

■ 原発事故のことを考えると
東日本の海産物は不安だった

■ 原発事故のことを考えると
東日本には行きたくなかった

■ 原発事故のことを考えると
日本の飲料水は不安だった

■ 原発事故のことを考えると
日本の農作物は不安だった

■ 原発事故のことを考えると
日本の海産物は不安だった

■ 原発事故のことを考えると
日本には行きたくなかった

行政機関などが行ってきた「リスク・コミュニケーション」に関する説明会や放射線教育は、「被曝リスク」を説明するものだとしても、それ自体は被曝状況や汚染状況、放射線と発がんの因果関係などリスク評価を説明するものに過ぎないし、「主観リスク」の最小化に寄与するかどうかは人によって分かれる。ましてや「経済リスクの最小化」には直接的には結び付くわけではない。

「被曝リスク」、「主観リスク」、「経済リスク」という放射線災害のトリレンマが課題である以上、風評被害対策はこのトリレンマを同時に解消するものでなければならない。その課題設定を的確にしなかったことが、この混乱を生んできたといえる。

6 「汚染水」と「処理水」

　福島原発事故後のもう一つ残された大きな問題は「汚染水」「処理水」の問題である。

　津波の海水、デブリ（溶融した燃料）を冷やすための水、雨水・地下水などが、建屋や原子炉などを含む汚染されたエリアを通ることによって、様々な核種に汚染される。「4月2日、2号機の取水口付近のコンクリート部分から海水へ高濃度汚染水が流出していたことが判明したことを受け」[36]、2011年4月4〜10日にはこの「汚染水の海洋放出」を行ったが、その後に批判を受け、貯留せざるを得なくなった。

　東京電力は、そうした高濃度汚染水を浄化処理するため、2011年からキュリオン、サリーというセシウム除去装置を稼働し、また62種類の多核種を除去する装置ALPS、モバイル型ストロンチウム除去装置などを稼働させ、浄化処理をすすめてきた。

　また、東京電力は事故後、この汚染水を増やさないためのさまざまな取り組みも行なってきた。トリチウムの排出濃度の運用目標は1,500Bq/L未満とし、2014年には地下水バイパス水の放出、2015年にはサブドレン水の放出を開始した。また2016年には地下水の流入を防ぐために原子炉建屋の周囲を凍らせる凍土壁も運用がはじまった。とはいえ、徐々に増え続けていることには変わりがない。廃炉処理の一環として、事故後、徐々に増え続けたこの水をどうするかという問題が「汚染水対策」「汚染水処理」である[37]。

35　筆者実施の調査による。調査期間：2017年2月、調査方法：インターネットモニター調査、抽出方法：年層（20代〜60代）・男女割当法、各国の最大都市で実施。各300票、日本（東京）、韓国、台湾（台北・高雄）、中国（北京・上海）、シンガポール、アメリカ（ニューヨーク）、イギリス（ロンドン）、ドイツ（フランクフルト）、フランス（パリ）、ロシア（モスクワ）

36　政府事故調（東京電力福島原子力発電所における事故調査・検証委員会）（2011）『中間報告』p.251。

37　2019年11月末の時点で、そこで多核種除去設備での処理を終えた処理水やストロンチウム処理水が合計1,173,142トン、989基の貯蔵タンクに貯蔵されている。

（1）漁業問題と「汚染水」「処理水」

汚染水問題は何よりも、漁業問題として立ち表れている。放射線量は極めて低く「被曝リスク」は問題になっていない。だが、海外や一部の人の「主観リスク」という不安感情が存在するがゆえに、「経済リスク」が顕在化するという問題である。

漁業関係者や地元住民にとって風評は現実の「経済リスク」であるのに、政府、東電、専門家は、「経済リスク」をどう制御するかという説明をせず、「被曝リスク」が小さいという説明ばかりを繰り返し、すれ違い続けている。

福島県の漁業は、2012年以降、「試験操業」を余儀なくされている。福島県漁連は、国の一般食品の出荷基準値100Bq/kgの半分の50Bq/kgを自主基準とし、それを超えたものは出荷しない方針を決定した。これは、とりわけ全量検査ができない水産物においては、国の基準より安全性を厳しくすることで安全担保の姿勢を明確に示すとともに、先に操業が行われていた隣県の宮城県や茨城県が自主基準を50Bq/kgとしていたことをも考慮してのものという[38]。

そして放射性セシウム濃度が基準値である100Bq/kgを超えていないことを判別するための検査、「スクリーニング検査」を行うこととなった。国のスクリーニング法は、基準値100Bq/kgを達成するために、100Bq/kgを確実に下回ると判定するためスクリーニングレベルとして50Bq/kg、検出下限値を4分の1の25Bq/kgと定め、このスクリーニングレベル以下なら基準値を超える可能性がないとするものである。しかし、福島県では、その半分の50Bq/kgを達成するために、スクリーニングレベルを25Bq/kg、検出下限値を12.5Bq/kg以下と設定した[39]。そして、2011年以降、総計5万検体を超える検査を行ってきた結果、漁獲物の含有放射線量の低減が確認されている。

原発事故の直後、2011年3−6月期には、現在の基準値（100Bq/kg）を超える漁獲物は全体の約21%だったが、その後、基準値を超えるものは徐々に減少し、2019年1月の検査では、基準値超過は1検体だった。

この試験操業とは、出荷が許可された魚種で、小規模な操業を行い、産地市場、消費地市場など流通における評価を調査することが目的である。試験操業対象魚種は2012年は3魚種であったが、2017年3月末には97魚種まで増加した。2020年2月25日のコモンカスベ出荷制限指示解除により福島県海域における水産物の出荷制限指示は全て解除となり、「すべての魚種」が試験操業対象魚種となった。

---

[38] 根本芳春、吉田哲也、藤田恒雄、渋谷武久（2018）「福島県における試験操業の取り組み」『福島水試研報』18、pp.23−36。アクセス2020年6月10日〈https://www.pref.fukushima.lg.jp/uploaded/attachment/262315.pdf〉

[39] 同上

だが、仲買業者や周辺地域の水産加工業者や仲買業者など流通業者が減少して簡単に生産を回復できないこと、復興に時間がかかったことにより、流通ルートを他産地にとられ消費地市場の回復が十分でないことから漁獲量は震災前の2割弱程度に留まっている。福島県は震災前の2010年は8万トン、全国17位、182億円の生産額を有し、日本有数の漁業県であったが、震災後、その姿は一変し、2016年における生産額は79億円で全国29位と大きく後退した。

(2)「汚染水」「処理水」問題と海洋放出

トリチウムは通常運転されている原子力発電所においては、温排水として海洋や湖に放出されている。日本ではこのトリチウムの排出基準は、成人が通常1日に飲む量の水（2.6L）を1年間飲み続けた場合に1mSv／年となる濃度を元に計算され、告示濃度限度は60,000Bq/Lとされている。そのため、海洋放出が最もコストが少なく、安全であるという論も少なくない。

2013年12月10日、汚染水処理対策委員会において、「東京電力（株）福島第一原子力発電所における予防的・重層的な汚染水処理対策〜総合的リスクマネジメントの徹底を通じて〜」がとりまとめられ、2013年12月25日より、トリチウム水タスクフォースが設置され、汚染水処理の方法が検討された。このトリチウム水に関しては「地層注入」「地下埋設（コンクリート固化）」「海洋放出」「水蒸気放出」、「水素放出」の5つの処分方法の選択肢が検討された。このタスクフォースでは、現段階でトリチウム分離技術は実用化できる段階のものがないこと、生活圏（人体や周辺生物）への科学的な影響は生じないことを前提とするも、これらの処分をおこなう上で、風評や水産業に与える影響などの社会的、経済的な影響は回避できないことなどが議論され、その議論は「多核種除去設備等処理水の取り扱いに関する小委員会」にひきつがれた。この小委員会規約では、「トリチウム水タスクフォース報告書で取りまとめた知見を踏まえつつ、風評被害など社会的な観点等も含めて、総合的な検討を行うことを目的とする」とされており、主として風評被害など経済的影響やその対策について議論を行うために設置された。処分の社会的影響が大きいと考えられたからこそである。

5つの処分方法および現状としての貯留継続の状況を加味しつつ、処理水の処分方法だけでなく、決定時期、処理を開始する時期、開始時期、処理量について、どのような経済的影響が生じるか、またその対策はあるのかを考えるのが小委員会の本来の趣旨であった。だが結果的には課題は整理されたが、方向性は環境放出という以外に方向性は見出せていない。

また一方で、5つの選択肢にも入っていないものの、2018年小委員会事務局により実施された公聴会において、地上での貯蔵継続、長期保管についての意見も多くでたことから、これも委員会での議論に加えられてきた。

　ところで、海洋放出以外の方法も、それなりの意味を持った方法である。1979年に事故を起こしたスリーマイル原子力発電所では事故処理で生じた汚染水は、住民の意見を取り入れ、コストが低い川への放出よりも、コストが高い水蒸気放出を選択した。合意形成の結果として、周辺住民がそれを望んだからである。2500m以上の地下に注入する「地層注入」も、これについての合意形成ができない以上は、高レベル放射性廃棄物のガラス固化体の埋設処分は望むべくもない。これは、単にコストが低いか、高いかの問題ではなく、今後の廃炉を進める上で、今後の放射性廃棄物処理を進める上で、合意形成が可能かどうかの試金石でもある。

（3）「汚染水」「処理水」問題とトリレンマ

　この「汚染水」処理の問題は、漁業を中核とした「経済リスク」の最小化が主たる問題となっている。

　「被曝リスク」の最小化（基準値の設定）に関しては規制基準もあり、他の原子力発電所においてもオフサイトに放出されており、総量規制という課題はあるものの、科学的な安全性は担保されている。

　「主観リスク」の最小化という意味では、放射性ヨウ素131にかかわる甲状腺がんに関する県民健康調査や、震災直後から問題になっているセシウム134、セシウム137などの放射性物質汚染とは異なり、大きな不安を主張する人も少ない。

　ただし「経済リスク」として復興の途上にある福島県漁業に更なる追加的な悪影響をもたらすことになるのではないか、それが福島県の漁業復興を妨げとして、決定的な悪影響をもたらすのではないかという極めて深刻な問題である。

　「汚染水」の処分に関しては、国民的な合意と理解、諸外国の理解、漁業および浜通りの水産業など産業の回復など復興の度合い、処分の影響を抑える対策を考えることが必要である。現状では、国民の汚染水処理に関する関心は低く、トリチウムそのものの性質およびALPS処理後（再処理なされることも含めて）の水に含まれる他核種の濃度、処分方法に関する国民の理解は低い[40]。また、諸外国の輸出規制、WTOでの事実上の敗訴のように、福島県の現状に関する諸外国での理解不足も明らかである（前掲　図1、図2参照）。

　加えて、福島県の水産業も主要魚種について出荷制限が解除されてからの日も浅く、産業として十分な「体力」を回復するまでに復興しておらず、経済的影響に関する対策も十分に考えられるに至っていない。

　かつ、この「処理水」に関する社会的影響の軽減策として、従前の風評被害の対策以上のことはなく、風評対策の質的・量的な強化が求められている

40　関谷直也（2019b）「東京電力福島第一原子力発電所事故後の水産業と汚染水に関する現状の課題」『放射能汚染と農漁業復興』24（7）、pp.32-43。

が抜本的な打開策がないのが現状である。現状の国民的な合意と理解および諸外国の理解の現状を鑑みれば、経済的影響は避けることはできない。

　まずは、①国内外において、福島県の放射線量の測定結果、現状の福島県産食品の検査結果、検査体制を十二分に周知させること、および情報発信および周知する施策の策定、②福島県漁業など関連産業の回復、流通基盤を盤石にするための時間の確保、③処理水を放出した場合の経済的影響の対策を考えることが先決である。現状のままで処分すれば、福島県、漁業に関連する産業に更なる負担を強いることになる。

　すなわち、「被曝リスク」の最小化、「主観リスク」の最小化、「経済リスク」の最小化のトリレンマにおいて、漁業関係者や地元住民は「経済リスク」の最小化の問題を喫緊の課題と認識しているのに対して、政治家や科学者は「被曝リスク」の最小化と「主観リスク」の最小化を優先的な課題であると認識しているのである。だからこそ、漁業関係者や地元住民にとっては風評は現実の「経済リスク」であるのに、政府、東電、専門家は、「経済リスク」をどう制御するかという説明をせず、「被曝リスク」が小さいという説明ばかりを繰り返し、すれ違い続けている。

　セシウムに関する風評被害はいまだに海外、国内ともに完全に克服されていない。にもかかわらず、政府も科学者もなお科学的に説明をすることによって、このトリチウムを含む処理済の水の問題が解決できるとみなしている。ここに問題が存在する。

7　原子力防災と広域避難計画

　最後に、原子力防災について考えてみたい。

　2011年の段階では、原子力発電所の事故においては原子力安全委員会が策定した「原子力施設等の防災対策について」（いわゆる「防災指針」）に基づき、EPZ8kmの避難を行うことになっていた。だが事故後、福島県は2km、政府は上記の防災指針に依拠せずに、3km、10km、20kmと矢継ぎ早に避難指示を出していった。これについて民間事故調は「確認や支援は不十分だったし、指示の根拠となる情報や評価の提供はさらに不十分だった」としながらも「予防的な対応であり、その結果、多くの住民の放射線被曝を予防しえた点は評価できる」とする。国会事故調は、初期の段階で「20km圏外への避難を誘導するなど先を読んだ対応が可能であったならば、多段階避難による住民の負担を緩和できた可能性がある」と多段階避難には否定的である。政府事故調はIAEAが「チェルノブイリ事故の教訓等から、防災対策の前提としてシビアアクシデントを想定」し、「放射性物質放出のおそれが生じた段階から即時避難」させるPAZ（予防的防護措置準備区域）を導入していなかったことが問題だと指摘した。

　では、現在の原子力防災は、これら東京電力福島第一原子力発電所事故の教訓を踏まえてどのように改変されたのだろうか？　3つの観点から考えてみたい。

（1）原子力防災と「防護措置」

　第一のポイントは、原子力事故があった際の「防護措置」の考え方である。
　一つは避難基準である。現在の原子力防災指針に基づく緊急時対応、原子力防災計画では、IAEAの考え方を導入し、PAZは即時避難、UPZ（緊急時防護措置準備区域）を運用上の介入レベルOIL1 500μSv／時になった段階で（モニタリングポストの値を基準として）避難させることとしている。言い方を変えれば、住民は500μSv／時まで被曝することを前提としてその場に留まることを求めるのである。避難の混乱のリスクを鑑みて、「被曝リスク」を許容するわけである。しかし、住民とすれば、被曝リスクに晒されながら留まれと言われるのであるから「主観リスク」の最小化にはなりにくい。
　今一つは、退域時検査（スクリーニング検査）である。①PAZ（5km）圏内の住民は即時避難であり、放射性物質放出前の避難であるため検査はしない。②基本的にはUPZの住民がUPZ（30km）圏外に退避するときに「退域時検査」を行う。③域外への速やかな退避を優先させるために、全員を個別に検査することはせずまず車両の検査を行う。40,000cpm（β線）以下でない場合には、乗員の代表者に対して検査を行う。この代表者が運用上の介入レベルOIL4の40,000cpm以下でない場合には、乗員の全員に対して検査を行う。つまり、全員には行わないのが基本となっている。
　これは、退域時検査のスピードをアップさせる工夫の一つである。線量が上がっている場所で長時間、滞留していては被ばくする。これも、できるだけ多くの人を短い時間で遠くに避難させるのであるから「被曝リスク」の最小化を実現するものとしては妥当な措置である。しかし、検査をしないのであるから、こちらも「主観リスク」の最小化にはなりにくい。
　たとえば、JCO臨界事故の場合、放射性物質が大量に飛散したわけではなく被曝量はほぼなかったにもかかわらず、東海村はほぼ全ての住民に簡易スクリーニングを実施した。これは長期的には不安感情の低減に大きな役割を果たした。「主観リスク」の最小化に貢献したのである。
　東日本大震災では、避難した住民、県民の全員がスクリーニングを受けたわけではなかった。福島原発事故においては、警戒区域でも約2割の人がスクリーニングを受けておらず、また義務ではなかったので、警戒区域外では事故直後、ほとんどの人がスクリーニングを受けていない[41]。そのため、半減期が1週間と短く、甲状腺に影響を与える「ヨウ素」による事故直後の被

41　関谷直也（2019c）「東京電力福島第一原子力発電所事故における緊急避難と原子力防災」丹波史紀・清水晶紀編『ふくしま原子力災害からの複線型復興』ミネルヴァ書房。

曝の状況がわからないといった状況を生んだ。この直後の被曝線量がわからないということは、住民にとって長期的な不安をもたらす要因となり、県民健康調査にまでつながる問題となっている。

事故直後の混乱を収めるためには、住民の避難によって被曝を防ぐ「被曝リスク」の最小化と、またそれを確認することによって混乱を鎮める「主観リスク」の両者を同時に実現する必要があることが福島原発事故の教訓だったはずである。しかし、それはその後、活かされていない。

(2) 原子力防災と「想定」

第二のポイントは「想定」の考え方である。原子力災害における想定は「減災」という考え方になじまない。

自然災害は被害と犠牲を前提とし、防ぎえないものであり、全員が避難することは難しいという前提に立っている。規模も「既往最大」「科学的最大限」など様々な言い方があるが、想定通りの規模の災害は来ないという前提にたち、「最大」を想定する。だからこそ、その被害と犠牲をできるだけ減らそうという「減災」という考え方が成立する。

一方、原子力防災では「想定」は原子力発電所の安全性と直結し、極めて重んじられ、また原子力防災(少なくとも東日本大震災後の原子力防災)は、一人残らず対象者全員が避難することを前提としている。

2007年の新潟県中越沖地震の際に起こった東京電力柏崎刈羽原子力発電所3号機変圧器火災は自然災害と原子力発電所における事故が同時に発生した場合の複合災害への対策を立てる必要があることを示唆した事故であった。それでも複合災害の可能性を検討したのは新潟県のみで、原子力安全・保安院は複合災害を「蓋然性の極めて低い事象」[42]とし、2011年3月まで原子力災害の発生と広域避難は現実には起こらないものとしてきた。原子力規制当局も事業者も、複合災害などの大きな災害の「想定」そのものを忌避する傾向が一般的だった。

現在も、事故想定においては福島原発事故と同程度という「想定」が固定化している。原子力規制庁によれば、原子力災害対策指針の策定においては、IAEAの基準を採用し、IAEAの定めるUPZの最大の30㎞を採用したという。その上で、原子力防災に対する最大限の安全性を求める保守的な考えと、福島原発事故がおおよそ30キロの範囲で被害がおさまったという事実が基礎にあったという。

　　当時の日本的な事情は「保守的に行けよ、安全側に行けよ」っていう
　考えと、福島で実際、飯舘で30を超えましたけど、おおよそ30キロで

42　原子力安全・保安院原子力防災課(2009)「原子力災害等と同時期又は相前後して、大規模自然災害が発生する事態(複合災害)に対応した原子力防災マニュアル等の見直しの考え方の論点」。

収まったっていう2つの事実の背景から、IAEAが言っている30キロで安全側に取っているというふうにすれば合理的だろうと。

ちっちゃいよと言われないし、安全側に取ってますって言えば十分だろうと。福島もそうだし。そういう背景があったんだと思います[43]。

　この「想定」の限定の問題は、規制基準での「放出量」の想定にも表れている。防護措置の範囲としては30kmという福島原発事故規模を想定する一方、放出量としては、福島原発よりもかなり低い放出量を想定するのである。東京電力福島第一原子力事故において「セシウム137」の放出量は15ペタベクレル（＝15000テラベクレル）[44]であるが、原子力規制委員会は川内原発審査においては「格納容器破損に伴うセシウム137」の放出量は5.6テラベクレルを想定している。

　原子力規制委員会は、福島原発事故の教訓を踏まえ、「これ以上の規模の事故が起こらないことを意味しているものではない」と主張するものの、参考として重大事故が発生した際の「格納容器破損に伴うセシウム137」の放出

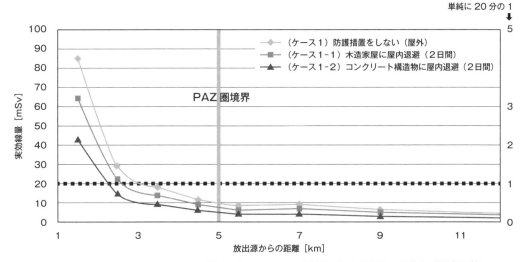

▶放出源から5km以内（PAZ圏内）では、距離による線量低減効果が大きい（よって予防的防護措置として避難が有効）。
▶一方、放出源から5km以遠では、距離による線量低減効果より、屋内退避等による線量低減効果が確実に期待できる。
▶以上より、放射性プルーム通過時の被ばくを低減する観点からは、5km以遠では、屋内退避が有効な手段。

・福島第一原子力発電所事故の教訓を踏まえ、重大事故が発生したとしても、放射性物質の総放出量は、想定する格納容器破損モードに対して、セシウム137の放出量が100テラベクレルを下回っていることを審査で確認。上図の試算は、100テラベクレル放出時を想定しており、試算の前提条件等については、平成26年度第9回原子力規制委員会（平成26年5月28日開催）の資料2を参照。
・なお、川内発電所の審査において、想定する格納容器破損モードに対して、確認したセシウム137の放出量は5.6テラベクレル（7日間）（100テラベクレルの約20分の1）。
　注 テラベクレル＝10^{12}ベクレル＝1兆ベクレル：ペタベクレルの1,000分の1
出典：田中前原子力規制委員長説明資料（平成29年2月）

43　内閣府原子力防災担当元職員ヒアリング、2019年11月29日
44　原子力災害対策本部（2011）「原子力安全に関するIAEA閣僚会議に対する日本国政府の報告書」アクセス2020年6月30日〈https://www.kantei.go.jp/jp/topics/2011/iaea_houkokusho.html〉；環境省（2019）「チェルノブイリ原子力発電所事故と東京電力福島第一原子力発電所事故の放射性核種の推定放出量の比較」『放射線による健康影響等に関する統一的な基礎資料』p.32、アクセス2020年6月30日〈https://www.env.go.jp/chemi/rhm/kisoshiryo/pdf_r1/2019tk1s02.pdf〉などの数値による。

量は100テラベクレルを想定し、それで、PAZの外延部において十分実効線量が低いので問題はないとする考え方を基本としつつ（平成26年5月28日第9回原子力規制委員会）、個別に格納容器破損の想定をするというものである[45]。

　事故の反省を踏まえて深層防護を実現することを目的とし、厳格な規制基準となった一方で、規制ゆえに大量の放射性物質放出は起きない、深層防護が実現されているという想定を生んでいる。すなわち規制の厳格さと基準の厳しさを追求すればするほど、事故「想定」を小さく見積もるというパラドックスを生んでいる。この点について、元内閣府（原子力防災）の職員は、次のように述べている。

　　　私の問題意識は、原子力規制庁はかつての（事故は起きない、というゼロリスク的）思考に戻ってしまっているのではということである。規制庁は規制委員長も含め、どんな事故が発生しても放射性物質は殆ど放出されないとの前提で対外的に説明をしており、防災計画や住民説明会もこれを前提として論理が構築されている[46]。

（3）原子力防災と「規制」

　第三のポイントは、オフサイトの原子力防災が「規制要件」「審査」の対象とはならず、「推進」と密接な関係があることである。福島原発事故の教訓を踏まえて、原子力安全・保安院が廃止され、経済産業省から独立した規制機関である原子力規制委員会が設置され、「推進」と「規制」の分離が行われた。だが、米国のように避難計画を規制要件に盛り込むということは行われてもなければ、NRCがFEMAに意見具申をするように、原子力規制委員会が内閣府（防災）や各県の避難計画について何等かの要求をするということはない。その理由としては、「①法理上、新規制基準は対事業者向けの基準であり、これを持って自治体に義務・負担を課し得ない、②新規制基準の適合審査のような作業を、現在の事業者のように自治体が対応するのはほぼ不可能である③ゼロリスクはありえず、防災対策に終わりがない以上は規制適合性を判断する『実効的な避難計画』を判断するのは不可能である」といったことがあるという[47]。

　これらについて、規制庁側のスタンスは、「原子力防災対策指針に照らして実効的な避難計画になっている」としか説明していない。検証は不十分である（現在、避難について検証を進めているのは新潟県のみである）。

　それはいくつかの点に象徴的である。

45　山本氏提供、田中俊一氏資料、規制委員会中堅ヒアリング

46　内閣府原子力防災担当元職員ヒアリング、2019年11月29日

47　同上

一つは組織形態である[48]。

現状、原子力災害と自然災害は、政府レベルでは内閣府（原子力防災）と内閣府（防災）という異なる組織が管轄している。内閣府（原子力防災）の中核は経済産業省資源エネルギー庁、規制庁などからの出向者・併任者も多く、「推進」「規制」との関係が強い。

東日本大震災後を教訓として、原子力「推進」と「規制」を区別し、ノーリターンルールを前提に原子力規制庁を設けたが、この原子力防災は内閣府の所管であり（人的にも）「規制（規制委員会）」のみならず、「推進（経済産業省）」との密接な関係を保持したままである。事実、経済産業省の地元自治体の原子力部門とのパイプとして機能している。

今一つは、自然災害対策との関係である。

内閣府（防災）との関係性は薄く、自然災害対応の知見と蓄積は原子力災害対応に生かされる仕組み、またその逆は極めて薄い。これは単なる政府の危機管理組織の縦割り構造という問題だけではなく、原子力防災と自然災害の防災の不整合と、原子力防災の特殊性を生んでいる。

政府レベルでの原子力防災として、内閣府（原子力防災）は、原子力発電所立地地域ごとの「緊急時対応」を作成している。それと整合性をとる形で、各都道府県や各市町村の防災計画が作られており、自然災害よりも政府の関与はより直接的である。また原子力防災では、要援護者を一人残さずリストアップし移送する、個々人の判断を考慮せず、都道府県や地元自治体が避難元地区と避難先地区を100％ペアリングさせた避難が想定されている。

しかしながら東京電力福島第一原子力発電所では、半数以上の人が行政の指示通りではなく、直系親族や親戚の家に、かつ全国に広域に避難した[49]。そもそも原子力事故に限らず、自然災害で100％避難が行われる事例というのは、ほぼ存在しない[50]。原子力事故のみならず自然災害を含め、過去に一度も行われたことがないような計画となっている。もちろん、一人も取りこぼさないような施策（理想）を実現するための努力は評価すべき部分もあるが、少なくとも自然災害では行われていないような不可能な計画を実現しようとしていることは事実である。

また、訓練においても、想定やシナリオが重視されており、自然災害では当然の想定やシナリオを実施者に隠して行われるブラインド型の訓練はあまり行われていない[51]。

最後に、電力会社との関係である。

各サイトの退域時検査の放射線測定の要員は多くのところを各電力会社

48　緊急時の対応については、第4章第4節を参照
49　関谷、2019c。
50　例外は火山噴火災害である。ただし、過去の噴火災害は離島など人口が少ない地域であることが多く、原子力災害のような広域に大規模な人口が移動する先行事例はあまりない。
51　2019年度においてブラインド型の原子力防災訓練を実施したのは北海道と新潟県のみである。

（事実上は電力会社を通した他電力事業者の応援）の派遣要員に頼っているし、要援護者の避難のための福祉車両などを電力会社に提供してもらっている地域も少なくない。それは避難訓練での派遣としても同様である。もちろん原子力防災に事故時に事業者が大きな責任と役割を担うのは当然のことであるが、事実上、この原子力防災は再稼働や原子力推進とセットのものとして、電力会社に強く依存する構造となってしまっている。こうして原子力防災は、再稼働や原子力推進の前提条件の整備の条件化の様相を呈しつつある。事故対応や住民の被曝リスクの最小化などの原子力防災という「目的」が再稼働の「手段」に置き換わり、原子力防災から「安全神話」が再構築されつつあるところが見受けられる。

　これは、経済被害を想定しないことにもあらわれている。福島原発事故の損害額は2016年の試算では計21.5兆円である。原子力発電所の各立地地域では、原子力事故後の緊急時対応、防災計画は策定されているが、経済被害は算定されていない。首都直下地震、南海トラフ巨大地震では経済被害の想定が計算されているのとは際立った対照を成している。すなわち原子力事故においては、「経済リスクの最小化」という以前に、事実上「経済リスク」は存在しないものとして扱われている。経済被害を「想定」しないという「安全神話」が再び原子力防災体制に組み込まれつつある。

　推進との分離、想定外への対応、複合災害への対応ないしは自然災害対応との連携、経済合理性などは3事故調をはじめ多くの人が指摘する教訓であった。だが、それは実現化していない。少なくとも、原子力事故における災害対応の「想定」、自然災害の知見も踏まえた複合災害をかんがみた住民避難などのオフサイトの対応の多面的な検討、またそれを実現しうる組織的枠組みは現状としては不十分であると言わざるを得ない。

　基本的には、原子力防災における課題は「被曝リスクとしての健康被害の最小化」と、「主観リスクとしての不安感情の最小化」の対立といってよく、それは解消されていないのである。

まとめ　安全神話の再登場

　震災から9年が経過し、次の三つの課題がうかびあがる。

　第一に、科学者コミュニティと政府の信用失墜にともない、長期的にコミュニケーション不全を引き起こし、直後の混乱期において1mSv／年という絶対的な基準が構築されてしまった。これは除染、中間貯蔵施設、土壌廃棄物、避難の長期化を生む政策的に極めて重要な意味を持つこととなった。また、日本はクライシス・コミュニケーションから、平時のリスク・コミュニケーションへの切り替えに失敗し、緊急時の予防的措置をとるクライシスの段階から平時のリスクを共有する段階への切り替えができなかった。

　第二に、トリレンマの把握である。放射線災害からの回復には、「一般公衆

における被曝リスクとしての健康被害の最小化」、「主観リスクとしての不安感情の最小化」、「産業リスクとしての経済被害の最小化」この三つを実現化することが必要である。だが、行政・科学者は「一般公衆における被曝リスクとしての健康被害の最小化」を実現すればよいと主張し、「主観リスクとしての不安感情の最小化」、「産業リスクとしての経済被害の最小化」は単なる一部住民の声と見放しつづけている。そして、それぞれの解決策を、科学に基づく「基準値の設定」、厚生労働省や消費者庁による放射線の健康影響の解説としての「リスク・コミュニケーション」、農林水産省や自治体による農林水産物の「プロモーション」を実施する。だが、放射線の健康影響の解説などリスク・コミュニケーションは「主観リスクとしての不安感情の最小化」には直接つながらなかったし、プロモーションは風評問題の根幹である流通構造にメスが入らず「産業リスクとしての経済被害の最小化」にはつながってこなかった。このトリレンマを解決することなく、10年を迎えようとしているのである。

　第三に、福島原発事故後の規制の強化、また規制と原子力防災の分離は、事故対応や住民の被曝の最小化などの原子力防災という「目的」を原子力推進と再稼働の「手段」と置き換えてしまった。「産業リスクとしての経済被害の最小化」は究極的には事故は起こらないとして無視し、規制の厳格さ、基準の厳しさは、事故想定を福島原発規模の原子力災害という鋳型にはめさせ、放出規模を小さく見積もるというパラドックスを生んでいる。原子力発電所事故時の避難という「大きな安全」を達成することよりも再稼働のための障害となる不安を解消し「小さな安心」を達成することが重視されるという構造を生んでいる。

　すなわち、新たな「安全神話」が再構築されているのである。

コラム3 "過剰避難"は過剰だったのか

　2020年3月14日、JR常磐線（富岡〜浪江間）が開通、東日本大震災以来不通だった常磐線が9年ぶりに全線再開した。開通に先立つ3月10日には、双葉、大熊、富岡各町の中心市街地などが「特定復興再生拠点区域」と定められ、避難指示の解除が実現した。

　一方で、いまなお故郷に帰還することのできていない住民が多数存在する。最大16万人であった避難者数は年々減少傾向にあるものの、2020年7月時点においても3万人を超える被災者が避難生活を送っている。

　福島原発事故では、周辺地域の住民は何度も避難させられることになった。避難の過程で命を失ったり、健康を著しく害したりした人々、なかでも災害弱者と呼ばれる人々の犠牲は甚大であった。3月11日19時3分、政府は原子力緊急事態を宣言。20時50分には福島県が福島第一原発から半径3km圏を避難指示区域とした。21時23分には政府が半径10km圏へ屋内退避を指示した。翌12日5時44分、政府は半径10km圏を避難指示区域に指定。つづく7時45分、政府は福島第二原発に対しても原子力緊急事態を宣言、半径3km圏に避難指示、半径10km圏に屋内退避を指示した。同日17時39分、政府は福島第二の半径10km圏に避難指示した。さらに18時25分、福島第一の半径20km圏へと避難指示区域を拡大、15日には半径20〜30km圏を屋内退避指示とした。ここでいったん緊急時の避難区域拡大は止まった。

　1か月ほど時間をおいた4月22日、避難区域の見直しに合わせて、半径20〜30km圏に「緊急避難準備区域」を置いた。その外側の飯舘村や川俣町の一部は、放射線量を理由として「計画的避難区域」と設定され、これらの町村の住民は新たに避難を求められた。

　避難者数が最大となったのは2012年5月、福島県内外で約16万人に達した。事故当時の原子力災害対策特別措置法はこれほど大多数の避難を想定しておらず、事故当時の防災指針が想定したEPZ（原子力防災対策を重点的に充実すべき地域の範囲：半径8〜10km）の対象となる住民は、計6.8万人程度であった。

　被災自治体の役場の機能が著しく低下し、住民に避難情報を伝達する手段にも事欠く状況に陥っていたため、避難はひどく混乱した。オフサイトセンターでの現地対策本部の立ち上げが円滑に進まないため、自治体は原発事故の進展状況を入手することもままならなかった。

　とりわけ困難を極めたのが、高齢者や障害者、乳幼児などの災害時要援護者、いわゆる災害弱者の病院や介護施設からの避難だった。移動手段は、通常のマイクロバスやバンだったため、患者や要介護者は横になることもできなかった。遠方まで避難しなければならないケースも多かった。そして、避

難できたとしても、十分な医療設備は用意されていなかった。要するに、移動を伴う避難という行動そのものが、生命の危険を招来することになった。

また、医師、看護師、介護者も、自らの家族や関係者が被災し職務を十分に果たせなかった。職場に踏みとどまっても医薬品や食事を供給するロジスティクスが追い付かなかった。双葉病院から最終避難先となったいわき市までの230kmを避難した患者たちのうち50名が、移動中に命を落とした。

2014年、吉井博明、田中淳、関谷直也らは、内閣官房・内閣府とともに、調査時点で原発避難を継続している元近隣住民約6万人を対象とする大規模調査を行い、震災直後から調査時点までの避難行動や生活の実態を明らかにした[1]。福島県の坪倉正治医師らと日本再建イニシアティブ（現 アジア・パシフィック・イニシアティブ）も、2016年、原発から20〜30km圏内の医療機関へ実地調査を行った。

現在の原子力災害対策指針では、大量の放射性物質が放出されるおそれが生じた時点で、5km圏（PAZ：予防的防護措置準備区域）は放出の有無にかかわらず即時避難、5〜30km圏（UPZ：緊急時防護措置準備区域）は屋内退避を原則とする。「避難弱者」となる人々のリスクを考える上で、UPZ内での屋内退避は、移動が可能になる様々な条件が整うまでの措置としては適切と考えられるが、実際の緊急時にはすべてこの区分に沿って一律の対策を実施するわけではない。そうした個別対策の実施方法については、各地方公共団体に委ねられているが、地方自治体における具体的な避難計画策定も容易ではない。新潟県柏崎市で行われた平成26年度のPAZ地区説明会兼意見交換会では、「即時避難区域（PAZ）に避難指示が発出されれば、それを聞いた避難準備区域（UPZ）の住民も当然のごとく避難を始めるのではないか。行政として、PAZの住民が避難している最中に、UPZの住民を屋内退避させておくことが本当にできると考えているのか」と質問があり、行政職員は「防災行政無線で分かりやすく丁寧な広報を心がけるとともに、市民の皆さまが良く聞いて、冷静な行動をすれば混乱は緩和されると考えています。」と答えるにとどまった[2]。

福島原発事故の際も、屋内退避の圏内でも、UPZの住民は自発的に移動しうる人を止めることはできなかった。詳細な知識がない場合、住民はどう行動すべきかわからず、適切な避難や防護措置は実施されず、多くの場合、遠くに逃げることが唯一の選択肢となり、これが多くの人の命を失うことにつながった。

1 吉井博明、長有紀枝、田中淳、丹波史紀、関谷直也、小室広佐子（2016）東京電力福島第一原子力発電所事故における緊急避難の課題：内閣官房東日本大震災総括対応室調査より。東京大学大学院情報学環情報学研究。調査研究編＝ Research survey reports in information studies. Interfaculty initiative in information studies, the University of Tokyo, 32, pp.25-81.

2 「原子力災害に備えた柏崎市広域避難計画（初版）」PAZ地区説明会兼意見交換会〈https://www.city.kashiwazaki.lg.jp/material/files/group/19/pazchikusetumeikaigaiyou.pdf〉

第 **4** 章

官邸の危機管理体制

第4章 官邸の危機管理体制

はじめに　内閣主導の総合調整は機能したのか

　東日本大震災発生を受け、政府は菅直人首相を本部長とする緊急災害対策本部と原子力災害対策本部を立ち上げた。官邸では伊藤哲朗内閣危機管理監の下に緊急参集チームが招集されて、内閣官房副長官補（安全保障・危機管理担当）のスタッフ集団（通称「安危」）・関係省庁リエゾンが官邸危機管理センターで情報集約・連絡調整にあたった。この間、自衛隊による災害派遣には過去最大規模となる約10万人が投入された。東日本大震災・福島原発事故は、緊急事態における政府や官邸の対処能力、ひいては国家のガバナンスのあり方の重要性や課題を改めて浮かび上がらせるものとなった。

　福島原発事故は、第二次世界大戦末期の米国による広島・長崎への核兵器使用とソ連の対日参戦以後に日本が経験した最大の国家的危機であった。国家的危機にあっては、政府は危機対応の司令塔をつくり、国家の持つ資源を最大限動員しなければならない。内閣の重要な機能は、行政の一体性・統合性の確保を図るという見地から、分立する省庁を統轄することであるが、その機能は危機においては最大限発揮されなければならない。しかし、日本は危機に臨む際の国家統治に大きな壁がある。それは、政治権力を政府の諸機関に分散させる統治の仕組みである。それは、日本の戦前からの伝統的な統治システムの特徴であるが、戦後も、基本的にはその性格は変わっていない。憲法第66条第3項は統治システムの基本原則として「分担管理原則」を採用している。つまり行政権は内閣に属するものの、具体的な行政事務は各省庁が分担して管理するものとされている。

　それでも、1990年代に入ってから内閣主導の統合調整機能の強化が図られるようになった。橋本龍太郎政権が設置した「行政改革会議」は、1997年12月に最終報告をとりまとめ、「内閣が、日本国憲法上『国務を総理する』という高度の統治・政治作用、すなわち、行政各部からの情報を考慮した上での国家の総合的・戦略的方向付けを行うべき地位にあることを重く受け止め、内閣機能の強化を図る必要がある」との基本的な考え方を示した[1]。そしてこのような文脈のなかで、官邸の危機管理体制の整備が唱えられることになる。これは国家的危機におけるガバナンスのあり方として、官邸主導で危機管理に関する内閣の統合調整機能を果たし、これにより分担管理原則のリ

1　内閣府（1997）「行政改革会議最終報告」アクセス2020年6月2日〈http://www.kantei.go.jp/jp/gyokaku/report-final/〉

スクでもあるいわゆる「行政の縦割り」の弊害を克服することを企図したものであるといえよう。

　福島原発事故の対応において、このような官邸主導の危機対応は果たしてどれほど機能したのだろうか。そこから、私たちは何を学んだのか。そして、それから10年、その教訓をどのように生かし、これからの備えに役立てようとしているのか。

　この章では、官邸の危機管理体制における福島原発事故後の「学び」について考察する。なかでも、官邸の危機管理体制をめぐる法制・組織・人事、補佐機能と助言機能、広報とコミュニケーション、国家安全保障会議（NSC）について検証し、さらにその後起こった熊本地震、西日本豪雨、新型コロナウイルス感染拡大を取り上げる。そしてこれらを踏まえ、官邸の危機管理体制について10のインプリケーションを提起したい。

　そしてこのような体制は、危機管理に関係する官邸首脳、すなわち首相、内閣官房長官、政務担当および事務担当内閣官房副長官、首相補佐官などと、これとも一部重複するが内閣危機管理監、内閣官房副長官補（事態対処・危機管理担当）およびそのスタッフ集団（通称「事態室」）、緊急参集チーム協議、情報連絡室または官邸連絡室もしくは官邸対策室のほか、NSC・内閣官房国家安全保障局（NSS）や原子力災害対策本部、緊急災害対策本部など、官邸で開かれる重大緊急事態や危機管理に関する閣僚級会議・対策本部（一部その事務局）などから構成されるものとする。

●図1　初動対処の流れ

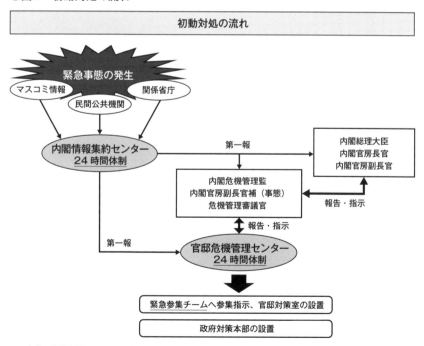

出典：内閣官房ホームページ〈https://www.cas.go.jp/jp/gaiyou/jimu/fukutyoukanho.html〉

1 官邸危機管理の問題は何だったのか

福島原発事故当時の官邸の危機管理のあり方の評価については、政府事故調、国会事故調、民間事故調がいずれも検証している。

政府事故調は、原子力災害対策マニュアルの見直しや、原子力災害対策本部のあり方として政府施設内にいながら情報に近接できる仕組みの構築などを提唱した。

国会事故調は、危機時に対応できる執行力のある体制づくりや指揮命令系統の一本化の制度的確立など、政府の危機管理体制の抜本的な見直しを求めた。

民間事故調は、原発事故対処における官邸のマイクロマネジメントのリスク、科学技術分野を含めた政治指導者への助言体制を中心に課題を提起した[2]。

・前史：阪神・淡路大震災と東海村JCO臨界事故

ここで、福島原発事故後の10年の官邸危機管理の「学び」の本題に入る前に、日本には1995年の阪神・淡路大震災と1999年の東海村JCO臨界事故の原子力災害の2つの大きな危機から得た「学び」があったことを振り返る必要がある。この10年の「災後」の歴史にはその前史があった。

そこでの「学び」が何だったのかを知ることで、その後の「学び」の性格もよりよく見えてくるに違いない。

日本人の危機管理意識を大きく変えたのは、1995年1月17日に発生した阪神・淡路大震災であった。しかし、当時自然災害を担当するとされた国土庁は当直体制を敷いておらず、ファックスに気づいた民間の警備員が発災20分後に同庁職員の自宅に連絡するという状態であった[3]。しかも緊急対策本部の設置には、発災から3日を要した。当時は災害には自治体が対応するのが原則であると認識されており、官邸に現場の状況を報告することも想定されていなかった[4]。官邸では危機管理に関する平素からの訓練などはなされておらず、緊急事態が発生した場合でも官邸対策室が立ち上がるまで最低でも2時間、勤務時間外になると3、4時間かかり、また官邸対策室といっても普段は他の目的で使っている部屋に総理府から職員に集まってもらうという有様であった[5]。

---

2 民間事故調（福島原発事故独立検証委員会）（2012）『福島原発事故独立検証委員会：調査・検証報告書』一般財団法人日本再建イニシアティブ；政府事故調（東京電力福島原子力発電所における事故調査・検証委員会）（2012a）『政府事故調中間報告書』；政府事故調（東京電力福島原子力発電所における事故調査・検証委員会）（2012b）『政府事故調最終報告書』；国会事故調（国会東京電力福島原子力発電所事故調査委員会）（2012）『東京電力福島原子力発電所事故調査委員会報告書』参照。

3 「平成30年史　第3部 大震災の時代② 『阪神』一報 気づいたのは警備員『国のかたち』は変わったのか」『産経新聞』2017年3月7日

4 野口健（2015）「日本政府における危機管理」ひょうご震災記念21世紀研究機構学術交流センター編『減災あすへの備え―次なる大災害と危機管理』ひょうご震災記念21世紀研究機構学術交流センター、pp.63-64。

　阪神・淡路大震災の学びとして、官邸の危機管理体制が整備されることになる。まず、事務担当内閣官房副長官（のちに内閣危機管理監）が主宰し、関係省庁局長級幹部で構成される情報集約のための協議体である緊急参集チーム協議が設置された。また、緊急事態に内閣として必要な措置について第一次的に判断し、初動措置について関係省庁と迅速に総合調整をおこなうことなどを任務とする内閣危機管理監が設置され、その下に内閣官房内閣安全保障・危機管理室が置かれた（のちに、内閣官房副長官補（安全保障・危機管理担当）に職責継承）。ハード面についても、政府の危機管理活動の中枢施設として官邸地下1階の官邸危機管理センターの運用が始まった。

　1・17後の「学び」は大きかった。それまで官邸の危機管理体制がほとんど整備されておらず、「のびしろ」があったともいえるが、これが90年代の行政改革の流れに乗ったこともそれを後押しした。さらに橋本首相のリーダーシップや、古川貞二郎内閣官房副長官といったキーパーソンの存在も無視できない[6]。それまでは内閣の危機管理機能としては主に事務担当内閣官房副長官の下で関係者による非公式な情報分析・意見交換がおこなわれていたが、古川はそれだけでは不十分だと考え、内閣危機管理監の設置を提唱し、橋本首相の了承をとりつけた。

　それに比べて、3・11後の「学び」はそれほど大きいようには見えない。しかし、のちに触れるが、2014年にNSSが設置された。その意義は官邸の危機管理上もきわめて大きい。

　一方、原子力災害については、1999年9月30日に発生した東海村JCO臨界事故後の同年12月17日に制定された原子力災害対策特措法により、首相が「原子力緊急事態宣言」を発出した場合に原子力災害対策本部を設置することが決められた（実際に設置されたのは東日本大震災が初めてである）。東海村事故後、内閣安危室が政府の取り組みに対する意見具申をまとめた報告書を作成し、この中でオフサイトセンターの設置、ロボット開発、原子力災害訓練の改善などを提案したが、オフサイトセンターは実現したものの、他の提案は生かされなかった[7]。また、福島原発事故後、民間事故調が提言したような官邸「シチュエーションルーム機能」の設置や、政治指導者が活用できる科学技術評価機関（機能）の創設には至っていない[8]。

2　官邸の何が変わったのか：法制・組織・人事

・法制

　民間事故調が指摘したように、福島原発事故では菅首相による細かな技術

5　同上、pp.64-65。

6　古川貞二郎（2005）「総理官邸と官房の研究―体験に基づいて」『年報行政研究』40、p.8。

7　船橋洋一（2014）『原発敗戦　危機のリーダーシップとは』文春新書、pp.11-14。

8　民間事故調、2012、p.105、394。

的判断や情報収集過程への関与が「過剰なマイクロマネジメント」であるとの批判を浴び[9]、危機管理における首相のリーダーシップのあり方が問われた。政府事故調の「最終報告」も、「〔首相〕自らが、当事者として現場介入することは現場を混乱させるとともに、重要判断の機会を失し、あるいは判断を誤る結果を生むことにもつながりかねず、弊害の方が大きいと言うべきであろう」と指摘した[10]。

政治のリーダーシップに関する法制上の変更点として、2012年6月27日に成立した改正原子力災害対策特措法第20条第3項において、原子力災害に対する首相の指示は「原子力規制委員会がその所掌に属する事務に関して専ら技術的及び専門的な知見に基づいて原子力施設の安全の確保のために行うべき判断の内容に係る事項」については対象としないとされた。これは原子力規制委員会（後述）設置過程で、自民党の塩崎恭久衆議院議員が菅首相の福島原発事故対応を「菅直人リスク」と呼んで批判したことなどが背景にある[11]。

また2012年9月19日に改正原子力災害対策特措法により原子力災害対策本部の拡充がおこなわれた際、内閣官房長官に加え、環境相、原子力防災担当相、原子力規制委員会委員長が新たに同本部の副本部長として位置づけられることになった[12]。福島原発事故当時、内閣官房長官は原子力災害対策本部では横並びの本部員にすぎず、法律上原発事故対処の指揮をとる立場になかった[13]。重要なのは、ここで全閣僚が本部員となったことである（他に内閣府副大臣・政務官、内閣危機管理監など）。この点について、福島原発事故当時の安危の危機管理審議官であり、その後内閣危機管理監を務めた髙橋清孝は、「法律上全大臣を本部員にしたというのは、3・11の反省点からの改善」であるとして、それにより「ああいう大きな事態が起きると、すべての省庁が当然のように関わって」くることになるだけでなく、「日頃から準備したり、訓練したりする上でも大事だ」と述べている[14]。

なお、「日本版FEMA」（米国連邦緊急事態管理庁）創設論の文脈で、内閣官房長官の権限として「指示権」を認めるべきとの議論もあったが、2015年3月30日に「政府の危機管理組織の在り方に係る関係副大臣会合」がとりまとめた「政府の危機管理組織の在り方について（最終報告）」では、首相の指揮監督権を閣議決定にもとづくとしている内閣法との関係から、これについては慎重な検討が必要であると結論づけられている[15]。

---

9 同上、p.109。

10 政府事故調、2012b、p.424。

11 上川龍之進（2018）『電力と政治―日本の原子力政策全史 – 下』勁草書房、pp.85-89。

12 内閣府（2019）「平成30年度 東京電力福島原子力発電所事故調査委員会の報告書を受けて講じた措置」pp.6-8。アクセス2019年8月7日〈https://www.8.cao.go.jp/genshiryoku_bousai/pdf/06_h30_fu_naiic.pdf〉

13 枝野幸男氏ヒアリング、2011年12月10日。2020年6月10日アクセス〈https://apinitiative.org/wp/wp-content/uploads/2012/07/3b328846ead37ec0bd01e9b8a83db762.pdf〉

14 髙橋清孝氏ヒアリング、2019年11月13日

　加えて 2012 年 6 月 27 日に成立した改正原子力基本法により、同年 9 月 19 日に平時から政府全体で原子力防災対策を推進する機関として内閣に「原子力防災会議」が設置され、議長に首相、副議長に内閣官房長官（および環境相、原子力規制委員会委員長）、議員に内閣危機管理監（および全閣僚）が指定されている。

・組織

　危機管理に関係する官邸首脳の役割分担については、東日本大震災では枝野幸男内閣官房長官が帰宅難民や広報（クライシス・コミュニケーション）を[16]、伊藤内閣危機管理監と福山哲郎内閣官房副長官（政務担当）、細野豪志首相補佐官が原発事故・住民避難を[17]、西川徹矢内閣官房副長官補（安全保障・危機管理担当）、寺田学首相補佐官が地震・津波を担当した[18]（もう一人の政務担当内閣官房副長官は 3 月 17 日に藤井裕久から仙谷由人に交代し、仙谷は被災地支援を担当した[19]）。その後米国とのあいだで 3 月 22 日から福島原発事故をめぐる日米協議の場として日米合同調整会合が始まると、ここでの日本側トップを事実上細野が務めた[20]（座長は福山[21]）。自然災害と原子力災害の複合危機への対応としてはうまくなされたといえるが、結果的に、当初の原発事故対処業務は、住民避難の計画策定や受け入れ先の確保、自衛隊や消防との連携などが伊藤内閣危機管理監に集中した[22]。

　現在では、緊急事態の際には内閣官房長官が中心となり、危機管理に関係する官邸首脳がコミュニケーションをとりながら一体的に対処する体制がとられているとされる[23]。

　これら官邸首脳の下で危機管理業務に従事する内閣危機管理監と安危は、従来は業務の増大に比してマンパワーに制約があり、しかも安全保障も所掌していた。

　2013 年 12 月 4 日に安全保障会議に代わって NSC が創設され、またそれにともない 2014 年 1 月 7 日に NSS が設置されると、安危は内閣官房副長官補（事態対処・危機管理担当）と事態室に改組された[24]。そこでは旧安危の一部

15 政府の危機管理組織の在り方に係る関係副大臣会合（2015）「政府の危機管理組織の在り方について（最終報告）」p.22。アクセス 2020 年 6 月 3 日〈http://www.bousai.go.jp/kaigirep/kaigou/saishu/pdf/saishu_houkoku2.pdf〉
16 船橋洋一（2016）『カウントダウン・メルトダウン　上』文春文庫；船橋、2014、p.243。
17 船橋、2013、p.182；細野豪志、鳥越俊太郎（2012）『証言 細野豪志「原発危機 500 日」の真実に鳥越俊太郎が迫る』講談社、p.33。
18 民間事故調、2012、p.33；細野・鳥越、2012、p.33；髙橋清孝氏ヒアリング、2019 年 11 月 13 日
19 「官邸、指揮立て直し躍起　指導力発揮に首相腐心」『日本経済新聞』2011 年 3 月 22 日
20 磯部晃一（2019）『トモダチ作戦の最前線　福島原発事故に見る日米同盟連携の教訓』彩流社、pp.192-193。
21 福山哲郎（2012）『原発危機 官邸からの証言』筑摩書房、p.133。
22 民間事故調、2012、p.113。
23 髙橋清孝氏ヒアリング、2019 年 11 月 13 日
24 NSC 設置に関しては、千々和泰明（2015）『変わりゆく内閣安全保障機構—日本版 NSC 成立への道』原書房参照。

●図2　内閣官房における事態対処・危機管理組織

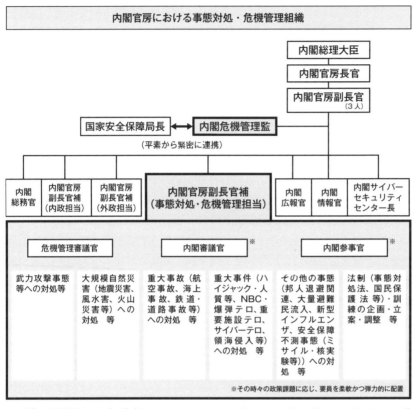

出典：内閣官房ホームページ〈https://www.cas.go.jp/jp/gaiyou/jimu/fukutyoukanho.html〉

のみNSSに合流し（他の職員は純増）、残りの旧安危は事態室として事態対処・危機管理に特化できるようになった。

　原子力災害が発生し対策本部が設置された場合、内閣危機管理監は従前通りこの本部員を務める。また福島原発事故後に原子力災害対策本部事務局に「官邸チーム」（後述）を設置する体制がとられているが、同チームの次長は事態室危機管理審議官が務める。同対策本部の下に新たに置かれることになった「関係局長等会議」（官邸危機管理センター[25]）でも、事態室危機管理審議官が構成員であるほか、議長（内閣府政策統括官（原子力防災担当）（後述））の求めに応じて、内閣危機管理監もこれに出席する[26]。2017年から2019年まで内閣府政策統括官（原子力防災担当）を務めた山本哲也によれば、関係局長等会議で「内閣府（原子力防災担当）の事務局長たる統括官の発言だけでは、［関係省庁の］局長の協力が得られ」ないため、この場への内閣危機管理監の出席と「イニシアティブ」を通じ、関係省庁間の総合調整が期待されているとされ[27]、このような場面でも内閣危機管理監のリーダーシップ

25　山本哲也氏ヒアリング、2019年11月22日
26　原子力防災会議幹事会（2019）「原子力災害対策マニュアル」p.67、69。アクセス2020年6月25日〈https://www.kantei.go.jp/jp/singi/genshiryoku_bousai/pdf/taisaku_manual.pdf〉

は重要である（これには政策統括官の年次や格付けも関連すると指摘される[28]）。さらに原子力災害対策本部以外の対策本部が設置された場合には、事態室が内閣府（防災担当）とともに事務局機能を果たす。

　内閣危機管理部門のスタッフの練度については、国会事故調の報告書が福島原発事故における緊急参集チームの対応に関して、同チームは緊急時対応に慣れており、関係省庁間の調整は迅速におこなわれたとしているように、一定の評価がなされているといえる[29]。髙橋前内閣危機管理監は、「平成の間に初動対応のレベルは確実に上がった」[30]「自然災害の対策は練度が増した」とする[31]。

　また福島原発事故では、官邸危機管理センターの使い勝手について指摘がなされた（実は1999年3月23日の能登半島沖不審船事案でも、防衛庁が中央指揮所を実際に活用した際に外部から指揮所に電話がつながらないという不具合が判明した[32]）。官邸危機管理センターでは情報保全上携帯電話が使用できないこともあって[33]、福島原発事故では危機管理の司令塔が官邸で5階（菅首相ら官邸政務首脳は危機管理センターから離れて官邸5階を司令塔にしていた）と危機管理センターに分化してしまった。一方、情報は内閣危機管理監に集約されるが[34]、内閣危機管理監は自身が束ねる緊急参集チーム協議が地震・津波対応に追われるなかで官邸5階での協議に常時参加できるわけではなく、逆に5階での協議結果を危機管理センターの緊急参集チームが十分に把握できなかったようである[35]。その結果、「政務で何ともならなくなったら、内閣危機管理監が呼ばれるという状況になっていった」という[36]。このような情報伝達不備のため、官邸5階と危機管理センターで別々に避難指示案が検討されるといったようなことも起こった[37]。また官邸政務首脳は、危機管理センターで対応可能であり、現に対応が進められていた電源復旧のための電源車の手配を自らおこなうなどしている[38]。

　この点について、現在では緊急事態の際の初動やその後の節目で、首相や内閣官房長官は官邸危機管理センターに入って対応し、それ以外の場合でも内閣危機管理監以下のスタッフが官邸5階で説明をおこなうこととなってお

27　山本哲也氏ヒアリング、2019年11月22日

28　髙見澤將林氏ヒアリング、2020年2月4日

29　国会事故調、2012、p.296。

30　「政府の危機管理、20年で迅速化・トップダウンに変更　不断の見直しは必要」『日本経済新聞』2018年9月28日

31　「危機管理の欠如、阪神教訓に抜本改革　大災害を生きる（2）」『日本経済新聞』2018年9月8日

32　防衛省防衛研究所編（2017）『オーラル・ヒストリー　冷戦期の防衛力整備と同盟政策（7）江間清二〈元防衛事務次官〉』防衛省防衛研究所、p.184。

33　民間事故調、2012、p.105。

34　船橋、2013、p.383。

35　政府事故調、2012b、p.369。

36　磯部、2019、p.184。

37　民間事故調、2012、p.190。

38　国会事故調、2012、p.327。

り[39]、民間事故調が提唱したような官邸「シチュエーションルーム機能」の設置には至っていない。ただ、福島原発事故当時に本来原子力災害で官邸を補佐するはずであった経産省原子力安全・保安院が「官邸に全然足場がなかった」のとはちがい、その後官邸危機管理センターの一室を原子力規制庁と内閣府（原子力防災担当）のスタッフ用にあらかじめ準備して、この場にこれらのスタッフが詰めることとし、またオンサイトのデータも直接官邸に送れるようになっている[40]。

　福島原発事故は、危機管理に関する国と自治体との関係の見直しにもつながった。福島原発事故では、現地のオフサイトセンターが被災したのみならず、官邸がオフサイトセンターの機能を十分に認識していなかったため現地対策本部の機能が再構築されなかったことや、自治体側にも国が災害対策をリードしてくれるとの考えが生まれてしまったことなどから、官邸と自治体のあいだで十分な連携がとれなかったと指摘される[41]。

　現在はオフサイトセンターに現地対策本部を原子力災害対策本部事務局と連携した形で設置し、本部長として内閣府副大臣（または政務官）を派遣して調整をおこなう体制がとられている[42]。そして、オフサイトセンターに大きな権限委譲はせず、住民避難に関わる大きな判断は官邸でおこなうように運用が改められた[43]。

　さらに近年は、関係省庁に加え都道府県、指定都市の危機管理責任者を集めた年1回の防災研修の実施、首都直下地震を想定した内閣官房、内閣府（防災担当）と東京都および周辺自治体との会議の開催、中央での危機管理業務経験者の市町村長へのアドバイザーとしての派遣などがおこなわれている[44]。

　加えて中央防災会議による防災基本計画2015年3月31日修正では、原子力災害対策本部と緊急災害対策本部との連携強化や一体的運用がうたわれた。事態ごとに対策本部を分けるやり方は、複合危機への対応として合理的である。両本部では本部員がほぼ同一ということもあり、両本部の合同会議を開催して意思決定を一元化する体制がとられる。実際に2017年9月3・4日には九州電力玄海原発を対象に、原子力災害対策本部と、内閣府（防災担当）に設置される非常災害対策本部（非常災害の場合。「著しく異常かつ激甚な非常災害」の場合は緊急災害対策本部）との合同会議をおこなう原子力総合防災訓練が実施された[45]。

39　髙橋清孝氏ヒアリング、2019年11月13日

40　髙橋清孝氏ヒアリング、2019年11月13日。山本哲也氏（Eメール）、2020年6月16日。

41　民間事故調、2012、pp.157-158。

42　内閣府「原子力災害時の基本的な対応行動」アクセス2020年6月25日〈https://www8.cao.go.jp/genshiryoku_bousai/pdf/03_h30sg0201.pdf〉

43　山本哲也氏ヒアリング、2019年11月22日

44　髙橋清孝氏ヒアリング、2019年11月13日

45　内閣府、2019、pp.6-8。

・人事

　政治のリーダーシップのあり方は、属人的な要素も大きいようである。その後の長期政権では、危機管理が看板の一つに掲げられただけでなく、首相が結果的に危機管理に関する豊富な経験を積むことになった。実際に、菅政権の下で内閣危機管理監は1代、内閣官房副長官補（安全保障・危機管理担当）は2代、野田佳彦政権の下でも両者1代ずつであったが、第二次安倍晋三政権では首相・内閣官房長官1代のあいだに、内閣危機管理監が4代、内閣官房副長官補（安全保障・危機管理担当）／（事態対処・危機管理担当）も5代交替している。

　官僚機構における人事政策について見ると、政府職員の多くが2年程度の期間で次のポストに移動することが通例となっているが、2015年3月の「政府の危機管理組織の在り方について（最終報告）」では、事態室や内閣府（防災担当）では「職員数が必ずしも多くない中、他省庁からの出向者が職員の多くを占めるため、その傾向が顕著」であるとしたうえで、「防災・危機管理に関する専門性が組織として蓄積されにくい状況になっている」との指摘がなされている。2013年から2016年にかけて内閣官房副長官補（事態対処・危機管理担当）を務めた髙見澤將林（福島原発事故当時は防衛省防衛政策局長）によると、その後の熊本地震を含む危機管理対応においては、職員の任期延長、一時的カムバック、現地勤務経験者の現場派遣、出向公益法人からの配置換えなどが実施されている。また、危機管理業務者の土地勘、専門分野、人脈、経験分野などや経験者が現在どこに配置されているかなどについてもデータベース化の重要性が認識された[46]。さらに内閣府（防災担当）でも、内閣府、総務省、国交省を対象に、内閣府（防災担当）に配属された出向者の登録制度（予備役）を創設して、災害発生時の人材確保を図っている。ただし、各対策本部事務局や現地に派遣する要員の確保のあり方については、交代要員も含めて検討段階である[47]。実際に原子力総合防災訓練の参集要員を、内閣府（原子力防災担当）出向経験者という「人」ではなく、「ポスト」で登録する省庁もあるようである[48]。

3　補佐機能と助言機能

　福島原発事故では原子力災害対策本部の事務局（原子力安全・保安院）が機能しなかったとされる[49]。発災当日、東京電力が官邸に原子力災害対策特措法第15条該当事象の通報をおこなってから原子力緊急事態宣言が発出されるまでに2時間強を要しているが、菅首相は同宣言の発出がすべての事故対

46　髙見澤將林氏ヒアリング、2020年2月4日

47　政府の危機管理組織の在り方に係る関係副大臣会合、2015、pp.6、14、17-18。

48　内閣府原子力防災担当元職員ヒアリング、2019年11月29日

49　民間事故調、2012、p.394；船橋、2013、p.357。

応（住民の防護対策のために緊急事態応急対策を実施すべき区域等の公示、原子力災害対策本部・同事務局・現地対策本部の設置等）の前提になることを十分理解しておらず、その場にいた原子力安全・保安院の責任者らを含む首相周辺も原子力緊急事態宣言発出に関する基本的な知識がなく、首相に対しその意味を十分に説明できなかったという[50]。また原子力災害対策本部事務局は3月12日に原子炉格納容器の圧力を下げるため外界に直接排気するベントが実施されない理由について海江田万里経産相を含む官邸5階が疑問を抱いた際にも、状況を説明しなかった[51]。3月11日以降の避難区域の設定についても、官邸5階に対して提案をおこなうことができなかった[52]。

　そこで2012年6月20日に成立した原子力規制委員会設置法により、同年9月19日に従来の原子力安全・保安院と内閣府原子力安全委員会の機能を引き継ぐ「原子力規制委員会」およびその事務局である「原子力規制庁」が環境省の外局として新たに設置され、同庁が原子力災害対策本部事務局としての役割を果たすこととなった。また2014年10月14日には内閣府本府組織令が改正され、関係省庁・関係自治体等との平時および有事における原子力防災に係る総合調整を一元的に担う「内閣府政策統括官（原子力防災担当）」およびそのスタッフ集団（「内閣府（原子力防災担当）」）が設置され、原子力規制庁とともに原子力災害対策本部の事務局機能を果たすものとされた。原子力規制庁と内閣府政策統括官（原子力防災担当）の設置は、内閣危機管理部門の側からも「平時においても、有事においても非常に大きなこと」と認識されている[53]。

　原子力災害対策本部事務局では、内閣府（原子力防災担当）が本部の設置・運営などを担当し、原子力規制庁が専門的・技術的知見を提供する[54]。もともと原子力規制庁発足当初は同庁職員が内閣府（原子力防災担当）を併任していたが、両者を分離して規制庁とは別に内閣府に専任の政策統括官組織を設置したのは、山本元内閣府政策統括官（原子力防災担当）によれば、霞が関では原子力規制庁という規制官庁が関係省庁間の総合調整機能を果たすことが「極めて違和感が大きい」と受けとめられるためであった[55]。

　福島原発事故では、原子力安全・保安院と官邸（緊急参集チーム協議）の連携が不十分であったことが指摘される。たとえば、本来プラント情報は原子力安全・保安院緊急時対応センター（ERC）の原子力災害対策本部事務局に集約されて、官邸対策室に派遣された原子力安全・保安院職員に伝達され、官邸と共有されることになっていたが、原子力安全・保安院は幹部が原子力災害対策本部事務局や官邸5階の対応にあたっていたので、幹部を緊急参集

50　国会事故調 2012、p.302、306。
51　同上、p.310。
52　同上、p.321。
53　髙橋清孝氏ヒアリング、2019年11月13日
54　内閣府「原子力災害時の基本的な対応行動」
55　山本哲也氏ヒアリング、2019年11月22日

チーム協議に常駐させることができなかった[56]。

　現在では、原子力災害対策本部事務局には原子力規制庁審議官を中心とする「原子力規制庁ERCチーム」のみならず、内閣府政策統括官（原子力防災担当）を中心とする「官邸チーム」を置く体制がとられている[57]。ただし官邸チームは20〜30名のリエゾンから成る体制で、同事務局の中核は100〜200名で構成されるERCチームである[58]。また原子力災害対策本部の下で関係省庁幹部による高度な調整が必要となる場合には、内閣府政策統括官（原子力防災担当）は事務局とは別に前述の関係局長等会議を開催し、総合調整を図ることになっている[59]。さらに必要に応じて、原子力規制委員会が原子力災害対策本部に直接状況を報告するというリダンダントな仕組みになって

●図3　原子力緊急事態時の危機管理体制

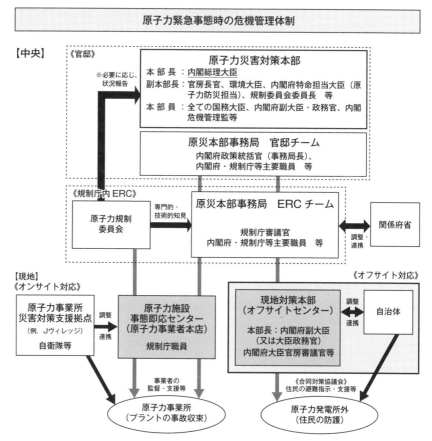

出典：内閣府ホームページ〈http://www.bousai.go.jp/kaigirep/hakusho/h30/zuhyo/zuhyo2-01_02_01.html〉

---

56 国会事故調 2012、p.296。

57 内閣府「原子力災害時の基本的な対応行動」

58 山本哲也氏ヒアリング、2019年11月22日

59 原子力防災会議幹事会、2019、pp.69-70。

いる[60]。

　両事務局間（原子力規制庁ERCと内閣府（防災担当））では、相互にリエゾンを派遣し、情報共有ネットワークを相互に導入して、情報収集を一元化するとともに、現地の実動組織への指示・調整や、救助・救難活動、被災者支援も一元化する[61]。2017年9月の九州電力玄海原発を対象とした原子力総合防災訓練でも、対策本部間の合同会議のみならず、事務局レベルでの一体的な運用についてテストがなされた[62]。加えて2012年10月19日の原子力防災会議幹事会の決定により、初動対応の官邸一元化による迅速な意思決定を福島原発事故の教訓ととらえたうえで、官邸での意思決定を支える原子力災害対策本部事務局の体制強化や、官邸での迅速な情報集約と意思決定を担保することを念頭に、「原子力災害対策マニュアル」が改訂された。福島原発事故当時の安危の危機管理審議官でもあった髙橋前内閣危機管理監が述べているように、「3・11のときにわれわれが実際にやって一番困ったことは、こういうもの〔マニュアル〕が一切なかったこと」から、この点は大きな改善点ととらえられており[63]、しかもマニュアルはその後ほぼ毎年改訂されている。

　さらに原子力災害対策本部事務局官邸チームに実動対処班（自衛隊、警察、消防などからの出向者で構成[64]）が、実動組織省庁の連絡調整を担当する[65]。

　一方、福島原発事故では官邸首脳への科学技術面での補佐・助言機能についても原子力安全委員会や内閣官房参与の役割に不明確な部分が残ったとの指摘があり[66]、民間事故調では独立した科学技術評価機関（機能）の創設を提言していた。2011年7月7日に当時政権与党であった民主党の外交安全保障調査会NSC・インテリジェンス分科会がまとめた提言案でも、NSCのなかに「科学顧問団」を設置するとの案があった[67]。

　この点については、現状では原子力災害に関しては原子力規制庁がその役割を担っている[68]。2012年から2017年まで原子力規制委員会委員長を務めた田中俊一によれば、モニタリングポストの整備などを通じ、原子力災害に関する科学技術面での補佐・助言機能は改善されたという[69]。

60　内閣府「原子力災害時の基本的な対応行動」

61　内閣官房原子力規制組織等改革推進室、内閣府（原子力防災担当）（2015）「原子力災害を含む大規模複合災害への対応の強化」アクセス2020年6月25日〈https://www.cas.go.jp/jp/genpatsujiko/sannen_kentou/sannen_kentou_2/handout_3.pdf〉

62　内閣府、2019、pp.6-8。

63　髙橋清孝氏ヒアリング、2019年11月13日

64　山本哲也氏ヒアリング、2019年11月22日

65　原子力防災会議幹事会、2019、p.176。

66　民間事故調、2012、p.310、312；船橋、2013、p.193、357；政府事故調、2012a、p.62。

67　民主党外交安全保障調査会NSC・インテリジェンス分科会（2011）「NSC・インテリジェンス分科会提言　対外インテリジェンス能力強化を通じた戦略的国家への脱皮」アクセス2020年6月25日〈http://www.oonomotohiro.jp/sp/documents/freecontents/nsc1.pdf〉

68　髙橋清孝氏ヒアリング、2019年11月13日

69　田中俊一氏ヒアリング、2019年11月20日

4　広報とコミュニケーション

　官邸首脳によるクライシス・コミュニケーションについては、福島原発事故では前述の通り枝野内閣官房長官が中心となって連日記者会見がおこなわれ、ツイッターではハッシュタグ「#edano_nero」がつけられるなどの反響を生んだ[70]。しかし枝野らが記者会見で放射線の人体への影響について説明する際に繰り返し用いた「直ちに影響を及ぼすものではない」との表現は、その多義性から受け手のあいだで議論が起こった[71]。また3月12日の1号機の原子炉建屋の水素爆発を受けて記者会見に臨んだ枝野が用いた「爆発的事象」という表現については、これを原子力の専門家ではなく、枝野自身が考え出さざるをえない状況であった[72]。

　民間事故調では、政府が原発事故に対する国民の不安に答える情報提供者としての信頼を勝ち取るため、一般の市民にとって耳慣れない専門用語が多く用いられるクライシス・コミュニケーションの難しさを認識したうえで、各部署間での広報体制が調整されることや、必要とされる情報がタイムリーかつ的確に発信されることを求めた[73]。

　現在でも、特に原子力災害対策本部設置後は、原子力災害への対応が政府一体のものとなることから、記者会見は政府のスポークスマンとして内閣官房長官がおこなうのが原則である（ただし原子力緊急事態宣言については、首相が記者会見の形で発出することが想定されており、原子力総合防災訓練でも実施された）[74]。

　この点について髙橋内閣危機管理監在任期（2016〜2019年）に、内閣官房長官の負担軽減という文脈で、広報については内閣官房長官がある程度担当するが、内閣広報官か内閣官房副長官補（事態対処・危機管理担当）がそれを補完し、個別の案件については関係省庁が実施する案が検討された。その意図について髙橋は、「意思決定に関わる官房長官がいないと、それが遅れ、あるいは広報のタイミングも逆にそれに引っ張られて遅れ」ということを避けるためであったと語る。しかし「そこは役所の広報官が出ていって収まる話と、政治家の官房長官が出なければ収まらない話とであ」り、解決できなかったという[75]。現状では、内閣官房長官による記者会見ののち、さらに技術的・専門的な内容については原子力規制庁が庁内の会見室で広報官を立てて説明をおこなうこととなっている[76]。

　さらに福島原発事故では、3月12日に原子力安全・保安院の記者会見で中

70　船橋、2013、pp.154-157。
71　民間事故調、2012、p.126。
72　福山、2012、p.79。
73　民間事故調、2012、pp.144-145。
74　山本哲也氏ヒアリング（Eメール）、2020年1月16日
75　髙橋清孝氏ヒアリング、2019年11月13日
76　山本哲也氏ヒアリング、2019年11月22日

村幸一郎審議官が「炉心溶融の可能性がある」と発言したことについて、官邸から不快感が伝えられ、担当審議官の実質的な更迭といわれるような交代や、政府の広報のあり方についての国民のあいだでの疑念の広がりにつながったとも指摘された[77]。

これについては、政府によるクライシス・コミュニケーションを「ワンボイス」でおこなうという観点から、4月25日以降は政府と東京電力の「対策統合本部」で、原子力安全・保安院、原子力安全委員会、文科省、東電の合同記者会見が実施されるようになった[78]。また東日本大震災以降、やはりクライシス・コミュニケーションのワンボイス化を図るという見地から、オフサイトセンターが重視されなくなった[79]。

5 NSC：安全とセキュリティ

東日本大震災では、NSCの前身である安全保障会議は開催されなかった。これは安全保障会議が自然災害を所掌しないとされていたためである[80]（自然災害への対応は、災害対策基本法にもとづく中央防災会議が所管）。しかし、東日本大震災における安全保障会議の非開催には野党などからの批判もあった[81]。たとえば、10万もの自衛隊が動員されるなか、自衛官の最高位者であり、陸海空自衛隊の運用に関し一元的に防衛相を補佐する統合幕僚長が、関係閣僚の前で安全保障会議設置法で規定された「関係者」として意見を述べる機会として安全保障会議を開催するべきであったとする考え方などである。ここでは安全保障会議の開催・非開催自体が、政治的論争の対象となっている。

2013年12月のNSCの設置は、中国の軍事力増強や海洋進出、北朝鮮による瀬戸際外交への対応など、主に安全保障上の要請を背景としているが、2013年1月16日にアルジェリアの天然ガス精製プラントで日本人9名も犠牲となったイスラム武装勢力による人質事件が発生したこともその設置に向けた機運を加速させた[82]。NSCが設置されると、東日本大震災級の災害はNSCの「緊急事態大臣会合」（首相、内閣官房長官、事態の種類に応じてあらかじめ首相に指定された閣僚で構成）で審議されることになった。緊急事態大臣会合では、首相、内閣官房長官のほか、たとえば防災相、原子力防災相、環境相、防衛相、国家公安委員長、総務相などが加わり、関係者として

77 民間事故調、2012、pp.123-126。
78 細野、鳥越、2012、p.136。
79 この点については、関谷直也東京大学准教授からご教示いただいた。
80 1986年4月17日、塩田章政府委員答弁；衆議院（1986）「第104回国会衆議院内閣委員会第11号」
81 2011年3月24日、荒井広幸委員質問；参議院（2011）「第177回参議院政府開発援助等に関する特別委員会3号」；2011年3月31日、宇都隆史委員質問；参議院（2011）「第177回参議院内閣委員会3号」
82 「[スキャナー] 邦人保護　抜本見直し　アルジェリア事件　テロ情報分析　強化へ」『読売新聞』2013年1月23日

●図4　国家安全保障会議の体制

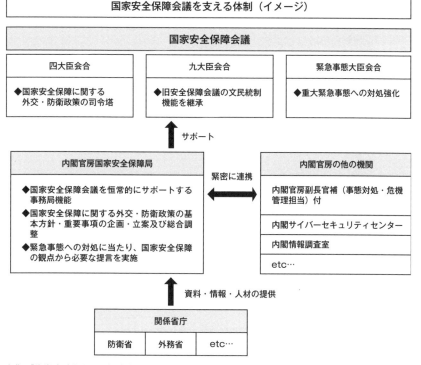

出典：『防衛白書』2019年度版〈https://www.mod.go.jp/j/publication/wp/wp2019/html/n21301000.html〉

統合幕僚長をはじめ、内閣危機管理監、原子力規制委員会委員長などが出席することが考えられる（NSSが事務局機能を果たす）。そしてこの場で「穴がないか」つまり「安全保障上、問題がないか」も含めて議論がなされる[83]。実際に、2018年9月6日に発生した北海道胆振東部地震の際、周辺国の偵察機が飛来し、航空自衛隊が対領空侵犯措置をとったとされ[84]、自然災害と国防の複合事態への対処能力の確保の重要性が改めて思い起こされた。

　なお、NSC・NSSと内閣危機管理監・事態室との関係については、NSS局長と内閣危機管理監の連携、内閣官房副長官補（事態対処・危機管理担当）によるNSS次長ポストの兼任、NSS政策第三班と事態室の連携など、運用による一体化が図られている[85]。

　NSSや内閣危機管理部門を含む内閣官房は、危機において同盟国である米国との窓口にもなる。2015年4月27日に策定された「日米防衛協力のための指針」（15ガイドライン）では、日本における大規模災害への対処におけ

83　髙橋清孝氏ヒアリング、2019年11月13日

84　「北海道地震で周辺国の偵察機が飛来、空自が対処していた…元空将が講演で明かす」『産経新聞』2018年9月24日

85　内閣官房国家安全保障会議設置準備室（2013）「『国家安全保障会議』について（説明資料）」p.2、アクセス2020年6月26日〈http://www.kantei.go.jp/jp/singi/ka_yusiki/dai6/siryou1.pdf〉

る日米協力がうたわれ、その際「同盟調整メカニズム」（ACM）を通じて活動の調整をおこなう場合も想定されているが、このうちの局長・課長・担当級の「同盟調整グループ」（ACG）には、日本側から外務省、防衛省などとともに内閣官房の代表が出席する（米側もNSC代表が参加する）[86]。実際、福島原発事故当時に日米合同調整会合が発足した背景には、首相・内閣官房長官の周辺、ジョン・ルース駐日米大使から、米側との関係が多元的になっていることに対する問題提起がなされ、これらを官邸主導でまとめることが求められたことがあった[87]。

6　その後の危機管理：大地震・大水害・感染症

　続いて福島原発事故後の官邸の危機管理体制のケース・スタディとして、熊本地震、西日本豪雨、新型コロナウイルスを取り上げる。たしかにこれらの事案は原子力災害とは性格が異なるが、一定の示唆は得られるかもしれない。

①熊本地震

　2016年4月16日1時25分（前震は14日21時26分）に発生し、50名の死者を出した熊本地震では、14日21時31分に官邸対策室が設置され、緊急参集チームが招集されて、22時10分には非常災害対策本部が設置された。また東日本大震災で安全保障会議が開催されなかったのとは対照的に、熊本地震の場合は自衛隊の対応に関して4月21日にNSC四大臣会合（首相、内閣官房長官、外相、防衛相）が開催されている[88]。その後4月23日に安倍首相の現地視察が実施された。

　熊本地震では、4月14日から関係省庁審議官級を含む「内閣府情報先遣チーム」が熊本県庁に派遣された。彼らは「K9」とも呼ばれ、「局長クラスの幹部が即座に赴き、現地の要望とかを本省に連絡する。すると本省としてもしっかり受けとめて、非常にスムーズに物事が運んでいく」といった成果があったという[89]。これに関与した経産省元幹部は、「〔3・11で〕実質現場やらないとなかなか調整なり制度なりが、できないんだというのも身に染みて帰ってきているわけ」と語る[90]。4月16日には非常災害対策本部に「物資調達・輸送班」が設置され、関係省庁が参集して一元的な調整をおこない、被災地の要望を待たずして物資を調達・搬送する、いわゆる「プッシュ型」の

86 外務省「同盟調整メカニズムの構成」アクセス2019年8月13日〈https://www.mofa.go.jp/mofaj/files/000108947.pdf〉
87 磯部、2019、pp.95-97。
88 首相官邸「国家安全保障会議 開催状況」アクセス2020年6月26日〈http://www.kantei.go.jp/jp/singi/anzenhosyoukaigi/kaisai.html〉
89 髙橋清孝氏ヒアリング、2019年11月13日
90 経済産業省元幹部ヒアリング、2020年2月27日

物資支援が実施された。プッシュ型物資支援は、東日本大震災を踏まえて
2012年6月27日に成立した改正災害対策基本法にもとづく[91]。

　また非常災害対策本部で政府全体の応急対策に関する意思統一がなされる
なか、そこで決定された対策を実施していくための実務的な司令塔として、4
月17日に内閣官房副長官をヘッドに関係省庁事務次官等から成る「被災者生
活支援チーム」が設置された。翌18日には同チームの下に、関係省庁局長・
課長級で構成され、内閣官房が設営する「連絡調整グループ」が置かれた。
同グループ会議は内閣官房副長官室でほぼ連日、約1か月にわたって開催さ
れ、途中からは防災担当相も加わった。そして関係省庁の課題と対応状況の
確認、新たな課題の摘出と追加的な対応策の検討・指示などが臨場感を持っ
てリアルタイムでおこなわれ、政府としての迅速な情報の共有と調整、判断
を支えたとされる[92]。関係省庁の動きも素早く、東日本大震災に政府を挙げ
て構築したシステムが機能したと評価する向きもある[93]。熊本地震後に内閣
危機管理監に就任した髙橋は、「〔平成の〕当初は警察、消防、自衛隊、海保
という実動の省庁が連携した救助活動に重点を置いた。熊本地震からは支援
物資の供給、被災者への情報提供など全省庁を含めた取り組みが動き出しつ
つある」と語る[94]。

　さらに熊本地震では、日米間の同盟調整メカニズムが活用され、15ガイド
ライン策定後初めてとなる在日米軍による災害支援が実施された。地震対応
のために組織された自衛隊の統合任務部隊が現地に「日米共同調整所」を開
設し、MV-22オスプレイによる生活物資の輸送や輸送機C-130による自衛
隊員の輸送などの協力がおこなわれた[95]。

　一方、熊本地震が中央省庁の春の人事異動の直後に発生したため事態室の
対応にも十分でなかった点があったとされる。そこでそれ以降、事態室への
異動者には事前にマニュアルを渡す、異動直後から徹底した訓練を実施する
といった対応をとっている[96]。

②西日本豪雨

　2018年6月28日から7月8日にかけて西日本を襲った豪雨による死者は
263名に達した。政府は7月2日以降、関係省庁災害警戒会議を断続的に開

91 内閣府防災担当（2016）「平成28年熊本地震に対する政府の対応」アクセス2020年6月26日〈https://www.n-bouka.or.jp/local/pdf/2016_08_08.pdf〉
92 平成28年熊本地震に係る初動対応検証チーム（2016）「平成28年熊本地震に係る初動対応の検証レポート」p.3、pp.20-21。アクセス2019年11月18日〈http://www.bousai.go.jp/updates/h280414jishin/h28kumamoto/pdf/h280720shodo.pdf〉
93 児嶋洋平（2018）「警察における災害対策（第20回シンポジウム 災害対策の現状と課題：東日本大震災及び熊本地震への対応を踏まえた災害応急対策における今後の課題）」『警察政策』20、pp.62-75。
94 「危機管理の欠如、阪神教訓に抜本改革　大災害を生きる（2）」『日本経済新聞』（2018年9月8日）
95 「日米、災害協力を前面に　オスプレイ初投入」『日本経済新聞』2016年4月19日；防衛省（2016）「日本の防衛 平成28年度版」2020年6月16日アクセス〈https://www.mod.go.jp/j/publication/wp/wp2016/html/n2433000.html〉
96 髙橋清孝氏ヒアリング、2019年11月13日

催し、6日13時58分には官邸連絡室が設置され、7日には関係省庁局長級会議（以後随時開催）、関係閣僚会議が開催されて、同日10時20分に官邸連絡室は官邸対策室に格上げされた。さらに7月8日8時には非常災害対策本部が設置された。その後の7月11日以降、安倍首相の現地視察がおこなわれた。

熊本地震と同様、西日本豪雨でも、内閣府情報先遣チームの現地（広島県庁、岡山県庁、愛媛県庁）への派遣（7月7日以降）、被災者生活支援チームの設置（7月9日）、プッシュ型物資支援の実施（7月10日、被災者生活支援チームの下に「緊急物資調達・輸送チーム」を設置）などがなされた[97]。

またクライシス・コミュニケーションという点では、7月2日・3日に気象庁が異例の記者会見をおこなっている。地震や台風のような災害以外で気象庁が記者会見を開くこと自体異例だが、さらにこの会見では予報官が住民に直接避難を呼びかける場面もあった[98]。

③新型コロナウイルス

2019年末に中国・武漢で発生が確認された新型コロナウイルスは、2020年に入ると日本を含む全世界に感染が拡大した。

日本政府は1月16日に官邸危機管理センターに情報連絡室を設置（26日に官邸対策室に格上げ）し、28日に武漢の在留邦人を帰国させるためのチャーター便第一便を派遣した。また30日には首相を本部長とする「新型コロナウイルス感染症対策本部」および内閣危機管理監を議長とする「新型コロナウイルス感染症対策本部幹事会」を設置して対応にあたった[99]。さらに31日には初めてNSC緊急事態大臣会合を開催した[100]。2月12日に開催された対策本部ではNSSより、対象地域・旅客船等を対策本部で報告・公表すれば、その都度閣議決定を経ずとも迅速に寄港・上陸拒否措置を講じうる機動的な入国拒否制度について提案がなされ、了承された[101]。

ただ報道によれば、集団感染が発生したクルーズ船対応でもたつき、2月25日に発表した政府の基本方針が踏み込み不足との批判を受けたことで、首

97 内閣府政策統括官（防災担当）（2019）「平成30年7月豪雨に係る政府の対応等について」pp.5-8、12。アクセス2020年6月26日〈http://www.bousai.go.jp/updates/h30typhoon7/pdf/h301011_1.pdf〉

98 「大雨警戒『最も高いレベル5』気象庁、異例の連続会見」『朝日新聞』2019年7月3日

99 首相官邸（2020）「新型コロナウイルス感染症対策本部の設置について」閣議決定 アクセス2020年3月17日〈https://www.kantei.go.jp/jp/singi/novel_coronavirus/th_siryou/konkyo.pdf〉；首相官邸（2020）「新型コロナウイルス感染症対策本部幹事会の構成員の官職の指定について」感染症対策本部長決定 アクセス2020年3月19日〈https://www.kantei.go.jp/jp/singi/novel_coronavirus/kanjikai/konkyo.pdf〉。新型コロナ対応に関しては、コロナ民間臨調（新型コロナ対応・民間臨時調査会）（2020）『新型コロナ対応・民間臨時調査会：調査・検証報告書』一般財団法人アジア・パシフィック・イニシアティブ参照。

100 首相官邸（2020）「国家安全保障会議開催状況」アクセス2020年3月19日〈https://www.kantei.go.jp/jp/singi/anzenhosyoukaigi/kaisai.html〉

101 首相官邸（2020）「新型コロナウイルス感染症対策本部（第7回）議事概要」pp.3-5。アクセス2020年6月26日〈https://www.kantei.go.jp/jp/singi/novel_coronavirus/th_siryou/gaiyou_r020212.pdf〉

相のトップダウンによる意思決定方式に変わったとされる[102]。

　2月27日、文科省も事前に方針を知らされないまま、首相は全国の小・中・高・特別支援学校に一斉休校を要請した。また3月5日に首相が中国・韓国からの入国制限強化を表明したのに続き、10日には出入国管理及び難民認定法第5条第1項第14号の適用にもとづく入国拒否のスキームを韓国、イラン、イタリア三国の一部地域ならびにサンマリノ全域も対象として拡大することがNSC決定・閣議了解された[103]。13日には、改正新型インフルエンザ等対策特措法が成立し、首相は私権の制限もともなう「緊急事態宣言」を発出することが可能になった。2月29日と3月14日には、首相自身が記者会見に臨んだ。2020年開催予定であった東京五輪については、3月24日に安倍首相とトーマス・バッハ国際オリンピック委員会会長との電話会談で延期が決まるなど、トップダウンによる対応が続けられており、26日には「政府対策本部」が設置された。

　そして4月7日に開催された新型コロナウイルス感染症対策本部会合で、首相は緊急事態宣言を発出し、事態は新たな局面に突入した。ここでの特徴は、感染拡大防止と経済活動維持の両立が課題となっていることであり、これは新型コロナ対策担当として加藤勝信厚労相と並んで西村康稔経済再生担当相が起用されたことに象徴される。また上記のジレンマをめぐって、官邸レベルでの判断と、47都道府県それぞれの事情を知事たちとのあいだで調整しなければならない。さらに諸外国との比較では、欧米のようなロックダウンや、中国がおこなったようなトラッキング・アラートアプリなどを用いた国家による個人情報の管理とは異なり、新型インフルエンザ等対策特措法のスキームではあくまで「自粛」や、プライバシーの保護を尊重しながらの取り組みとなっている。

　4月1日にはNSSに「経済班」が発足し、同局が新型コロナ対策にも能動的に関与することが求められるようになった[104]。もともとNSSは事態室と緊密な連携を図ることとなっており、外交や防衛に限らず幅広い安全保障課題に対応するものとされてきたが、もしNSSが新型コロナ対策の細部にまで関わっていくとすれば、複数の省庁の所管にまたがるような中長期的視野に立った安全保障戦略の立案などNSS本来の任務との整合や、本来危機管理のオペレーションを担う事態室とのデマケーションをどう図るかが、マンパワーの問題も含めて課題になるであろう。

102「［スキャナー］首相　危機管理に腹心　新型コロナ　決断支える2人」『読売新聞』2020年3月15日
103 首相官邸（2020）「中華人民共和国で発生した新型コロナウイルス感染症に関する政府の取組について」国家安全保障会議決定・閣議了解　アクセス2020年3月21日〈https://www.kantei.go.jp/jp/singi/novel_coronavirus/th_siryou/sidai_r020310.pdf〉
104「国家安保局に『経済班』発足　新型コロナ対応も急務」『日本経済新聞』2020年4月1日

7　官邸の危機管理体制改善：10のインプリケーション

　福島原発事故の「学び」から、官邸の危機管理体制がこれまで見たようなさまざまな「備え」を進める一方、事故後のケース・スタディからも示唆が得られるようないくつかの課題も残されている。

　第一に、首相のリーダーシップのあり方である。属人的な要素も大きいとされる危機における首相のリーダーシップのあり方については、首相自らの訓練への参加を通じ[105]、平素からリーダー自身が危機管理の素養を身につけるとともに、危機の最中にどのような行動や決断がリーダーには求められるのかの基本に関してあらかじめフォロワーとのあいだで合意がなされていることが求められるであろう。特に原子力災害対処のマニュアル化が進んだ分、マニュアルを超えた事態に至ったときに、首相を中心とする官邸首脳に政治的決断が求められることも念頭に置かれていなくてはならないであろう。

　第二に、少人数の責任者への業務の集中が課題として考えられる。特に、緊急事態においては、内閣官房長官が中心となって危機管理に関係する官邸首脳が一体的に対処する体制がとられていることから、同長官に業務が集中することが想定される。そのような多忙を極める内閣官房長官が、さらに記者会見などのクライシス・コミュニケーションに忙殺されることに疑問が残らないとはいえない。たとえば、過去の事例で内閣官房長官の記者会見が内閣官房長官以外の者によるものではできなかったのかについての検証を通じた絞り込みや役割分担の明確化などが考えられよう[106]。

　これと関連して、危機管理に関係する官邸首脳の役割分担において、政務と事務の役割をどのように線引きするかという課題がある。実際に福島原発事故当時、東京電力撤退問題をめぐって官邸首脳が集まった際、「ここは東電にがんばってもらうべき」と発言したのは政務首脳ではなく、政務首脳の沈黙を受けた伊藤内閣危機管理監であった[107]。

　福島原発事故当時の統合幕僚監部防衛計画部長であった磯部晃一（第6章執筆者）は、「内閣危機管理監に与えられている権能では対応できない政治的な判断を要する段階に至った時に、どうするかを明確にしておく必要があるのではなかろうか」と指摘する[108]。また磯部は、福島原発事故当時の日米合同調整会合で細野首相補佐官が日本側トップを事実上務めたように、ACGで官邸政務首脳の参加をあらかじめ規定しておく必要性に言及している[109]。

　第三に、官邸と原子力事業者との連携である。この点について政府事故調「最終報告」は、「当初から政府や官邸が陣頭指揮をとるような形で現場の対

105 磯部、2019、p.255。
106 髙見澤將林氏ヒアリング、2020年2月4日
107 船橋、2013、pp.316-317。
108 磯部、2019、p.192。
109 同上、pp.192-193。

応に介入することは適切ではない」としている[110]。とはいえ、3月17日におこなわれた自衛隊ヘリによる3号機燃料プールへの散水の決断などは、これが水蒸気爆発などのリスクがともなうと認識されたものであった以上、原子力事業者ではなく政府や官邸でなければなしえなかったのも事実である[111]。また3月14日朝に予定されていた東京電力による計画停電の延期も、人工呼吸器を使って自宅療養している患者らに配慮した官邸の意向が反映されたものである[112]。官邸と原子力事業者との連携については、民間事故調は3月15日に政府と東京電力が対策統合本部を設置したことで情報伝達経路が大幅に短縮化され、迅速な情報収集・共有が可能となったと評価した[113]。ただし、対策統合本部設置の根拠を原子力災害対策特措法第20条第2項の首相（原子力災害対策本部長）の指示権に見出すという法的整理については必ずしも明確なものではなかったと民間事故調は指摘している[114]。

対策統合本部については、当時の特殊な事例だと受け止める向きもある一方、当時米国の原子力規制委員会（NRC）から日本に派遣されて事故対応に協力したチャールズ・カスト—博士が指摘するように、「政府間の対話だけでは十分ではなかった」点は忘れてはならないであろう[115]。官邸と原子力事業者の情報共有のあり方については、原子力規制委員会による技術性・専門性を超えた部分で、政治的リーダーシップが必要になることも想定しておく必要があろう。

現在、官邸と原子力事業者との関係については、「危急存亡の例外的事態」においては、首相が原子力災害対策特措法にもとづく指示を発出することとなっているが[116]、山本元内閣府政策統括官（原子力防災担当）によれば、首相の指示は「最後の伝家の宝刀」であり、政府側のオンサイト対応は原則的に「あまり政治家が介入するんではなくて」、純粋に技術的な観点から原子力規制委員会がおこなううえ、原発事故対処に関する一義的な責任はあくまで原子力事業者側にあり、対策統合本部のようなものを設置することは考えられていないという[117]。原子力規制委員会の立場からも、同様の認識が示されている[118]。一方、東京電力側の認識について同社幹部は、「結局起こりがたいあのようなことが起こらないように、事前のところで勝負するしかない」「もちろん事後のところで行動するにしても、社員が命懸けのことをしないで事故対応できる範囲で収束するように道筋を付けなければいけない」と語る[119]。

110 政府事故調、2012b、p.374。
111 船橋、2013、p.409、415。
112 福山、2012、pp.96-101、185。
113 民間事故調、2012、p.106。
114 同上、p.107。
115 チャールズ・カスト—氏ヒアリング、2019年8月26日
116 内閣府「原子力災害時の基本的な対応行動」
117 山本哲也氏ヒアリング、2019年11月22日
118 田中俊一氏ヒアリング、2019年11月20日
119 東京電力幹部ヒアリング、2019年11月27日

福島原発事故当時、東京電力が全面撤退しようとしていると理解した菅首相は3月15日早朝に東電本社に乗り込み、「皆さんは当事者です。命を懸けてください」と言ったが[120]、最後に、誰が、事業者に命を懸けてやれと言うのか、その整理は10年経った今でも詰め切れていないといえる。

第四に、官邸「シチュエーションルーム機能」についてである。官邸危機管理センターが関係省庁担当者が声をかけ合う作業室であるのに対して、シチュエーションルームは政治指導者が担当責任者や専門スタッフとともに選び抜かれた情報とオプションを踏まえて静かに決断を下すために必要な機能である[121]。既に官邸危機管理センターの一部が原子力規制庁と内閣府（原子力防災担当）のスタッフ用にあらかじめ準備されたが、同センターと官邸5階との連結も含め、どのような政権、どのような事態であっても、危機管理において使い勝手のよいハード面での仕組みの構築についての不断の検討が求められる。

第五に、中央（官邸）と自治体の経験差、能力差が挙げられる。それが中央（官邸）と自治体の円滑な連携を難しくしている。自治体には中央の緊急参集チーム協議と同様の仕組みが存在するわけではない[122]。この点については、福島原発事故後に講じられるようになった研修、会議、職員の派遣などを通じた自治体の危機管理能力の向上を進めていくことが期待される。

第六に、官邸主導の初動対処体制から所管部局による恒常的な対処体制への円滑な移行である。官邸の危機管理体制がいつ起こるともしれない緊急事態に常時備えておくために、事態が落ち着くにつれて順次対応を内閣府などに移管していくことになる。山本は、緊急参集チーム協議から原子力災害対策本部の関係局長等会議への「バトン渡しがどうすればいいか」が課題であると指摘する。この点については九州電力玄海原発や2019年11月8〜10日の中国電力島根原発での原子力総合防災訓練でもテストがなされたが、「複合災害のときは、何を優先するか」など、「切羽詰まったところまで訓練はできていないので、厳しい条件下での訓練の充実が必要」という[123]。

第七に、「未経験の危機」への備えである。髙橋前内閣危機管理監は、「〔前略〕首都直撃の大災害、大規模なサイバー攻撃、新型インフルエンザのパンデミック（大流行）などが起きれば、様々な事態を想定して準備しているとはいえ、対処が難しい」と述べている[124]。「やったことのない事態のときにどう対応できるか。それは危機管理監を始めスタッフだけじゃなくて、総理も含めた、全員だと思います」と髙橋は言う[125]。危機管理においては、マニュアルの整備とともに、想像力を働かせなければならないであろう。

120 菅直人（2012）『東電福島原発事故 総理大臣として考えたこと』幻冬舎、p.115。
121 民間事故調、2012、p.394。
122 髙橋清孝氏ヒアリング、2019年11月13日
123 山本哲也氏ヒアリング、2019年11月22日
124 「危機管理の欠如、阪神教訓に抜本改革 大災害を生きる（2）」『日本経済新聞』（2018年9月8日）
125 髙橋清孝氏ヒアリング、2019年11月13日

　第八に、危機管理スタッフの人事政策についてである。熊本地震後に事態室でおこなわれている職員の任期の延長やデータベースの作成、異動者の事前準備や、2015 年 3 月の「政府の危機管理組織の在り方について（最終報告）」で提言されたような内閣府（防災担当）出向者の登録制度の拡充に加え、要員の確保や交代のシミュレーション実施、平時とは異なる人事ローテーションのあり方についての関係省庁での検討が求められるであろう。

　第九に、官邸への科学技術面の補佐・助言機能の充実化についてである。国会事故調設置を主導し、原子力規制委員会設置にも関わった塩崎恭久衆議院議員は、「科学を信じない政治が仕切る」ことの問題を指摘する[126]。危機管理に関する官邸首脳の側からすると、科学技術面での補佐・助言機能といっても専門家同士で見解が分かれまとまりがつかないなど、その使い勝手について課題が指摘されている[127]。これに対し、たとえば米国の場合、科学技術担当大統領補佐官という補佐・助言機能を持つポストが存在し、これに優れて人望のある科学者が任命され、しかも学界とネットワークを有する科学技術政策局長を兼務しているので、専門家の様々な意見を踏まえた危機の科学技術的認識と対策案を、閣僚とは独立に大統領に説明できる（パンデミック対策や福島原発事故に関するホワイトハウスの意思決定に寄与したことはよく知られている）[128]。このような危機管理に関する官邸への科学技術面での補佐・助言機能は、官邸首脳にとって効果的で使い勝手がよく、専門家ネットワークのハブとなるようなものであるとともに[129]、クライシス・コミュニケーションの観点からはその中核ポストに国民から信頼を集めるような権威のある専門家が登用されることが期待される。また危機管理に関する官邸への科学技術面での補佐・助言機能としては、今後は原子力に限られず、AI（人工知能）や、宇宙、サイバー、電磁波といったいわゆる「新領域」に関するものも含まれることが求められてくるであろうが、「国家安全保障戦略」を科学技術面から裏づけるような人材が配置されていることが望ましい[130]。これらのことを念頭に置いた科学技術分野での長期的な人材育成は今後の課題であろう。

　十番目の課題として、クライシス・コミュニケーションの改善、すなわち国家的危機における政府と国民のあいだの円滑な意思疎通が高度な専門性に裏打ちされる形でなされることである。たとえば、原子力規制委員会は原子力災害における官邸首脳への科学技術面での補佐・助言機能を担うが、原子力規制委員会委員長が原子力災害時に記者会見をおこなうということは、これまでのところ明確に決められていない。しかし、原子力災害対処はきわめ

---

[126] 塩崎恭久氏ヒアリング、2020 年 3 月 17 日
[127] 髙橋清孝氏ヒアリング、2019 年 11 月 13 日
[128] 近藤駿介氏ヒアリング、2020 年 3 月 10 日
[129] 髙見澤將林氏ヒアリング、2020 年 2 月 4 日
[130] 同上。

て専門性の高い分野であり、原子力規制委員会がクライシス・コミュニケーションの役割を担うことになることは当然であるものの、その役割を公的に明確にしておく方がよいとの見解もある[131]。西日本豪雨で気象庁がクライシス・コミュニケーション機能を発揮したように、原子力規制委員会が高度なクライシス・コミュニケーション機能を併せ持つべきなのかどうか、検討の余地があろう。またその際、これまでは内閣官房長官と原子力規制委員会委員長との合同記者会見は想定されてこなかったが[132]、原子力規制委員会の三条委員会としての独立性に留意しつつも、ワンボイス化という観点から、これが可能か（法的に禁じられているわけではない[133]）、不断の検討が求められよう。さらに、執務場所から記者会見場への物理的な移動に時間がかかる場合などには、オンラインミーティングツールの活用により時間のロスを防ぐなどの工夫も求められるであろう[134]。

国家的危機には、危機管理力だけでなく国家統治力が不可欠

　将来再び福島原発事故のような過酷事故が起こった場合、官邸の危機管理体制は次のように対応するであろう。まず、官邸危機管理センターで、内閣危機管理監の統理の下、緊急参集チーム協議と事態室が初動対処にあたる（その後、事態の推移とともに内閣府（原子力防災担当）に移管）。そして官邸危機管理センターに設置される官邸対策室等で対応が困難な過酷事故であることが判明した場合に、官邸でNSC緊急事態大臣会合が開催され、また原子力災害対策本部が設置される。事態対処に関する重要事項については首相が決断し、危機管理に関係する官邸首脳は内閣官房長官を中心に一体的に対応する。米国との協力が必要な場合には、内閣官房からACGに代表を派遣する。

　対策本部に対しては、内閣府（原子力防災担当）と原子力規制庁が事務局として、また必要に応じて関係局長等会議がこれを補佐する。福島原発事故のような複合危機で他の対策本部が設置されている場合には、本部および事務局レベル（事態室、内閣府（防災担当）が事務局機能を果たす）で対応を一元化する。そして対策本部事務局を通じて、現地の実動組織間の連携の支援や、現地対策本部などを通じた自治体との連携、原子力事業者との連携が図られることになる。

　冒頭にも述べた通り、日本では統治機構の基本原則として、憲法第66条第3項にもとづく分担管理原則が採用されている。たとえば日本版FEMA創設論については2015年3月の「政府の危機管理組織の在り方について（最終報告）」で否定的な結論が出されたが、同報告では「災害・事故等の内容に応じ、

131 田中俊一氏ヒアリング、2019年11月20日
132 山本哲也氏ヒアリング（Eメール）、2020年1月16日
133 同上。
134 髙見澤將林氏ヒアリング、2020年2月4日

各実動機関所管省庁（警察庁、消防庁、国土交通省、海上保安庁、防衛省）、原子力規制委員会、各府省庁の防災関係部局等が、それぞれの所掌に関して分担して対応」するとしている（強調点引用者）[135]。一方ここで「政府における危機管理対応については、〔中略〕〔内閣危機管理監の統理の下、〕内閣官房（事態対処・危機管理担当）及び内閣府（防災担当）が、政府全体の見地から、総合調整等を行っている状況にある」とされているように、官邸の危機管理体制とは、官邸が主体となって危機における初動対処を省庁横断的におこなう体制をとることで、危機管理において明治憲法体制以来のレガシーである分担管理原則のリスクを低減させる装置であるといえよう。これは緊急事態条項を持たない現行憲法の枠組みのなかで、最大限できることを追求しようとしているものといえる。

　とはいえ、国家的危機に際しては平時とは大きく異なるガバナンスやリーダーシップのあり方が求められる。東日本大震災において菅首相は3月18日に野党自民党の谷垣禎一総裁に連立政権の樹立を打診した。この試みは頓挫したが[136]、国家的危機においてはNSCを中心とした関係省庁間の総合調整はもちろんだが、さらにそうした次元を超えて、党派的な利害対立を一時的に棚上げしてでも、第二次世界大戦中のイギリスでチャーチルが率いたような挙国一致内閣の樹立さえも求められることになるかもしれない。特に「ねじれ国会」のような政治状況であればなおさらであろう。

　福島原発事故において菅首相や折木良一統合幕僚長のような日本の「政軍」のリーダーたちは、日本自身がこの国家的危機を収束させることができないことによって、日本国家の主権そのものが外国から脅かされるようになることを恐れた[137]。原子力災害の極限状態において、誰が事業者に命を懸けてやれと言うのかについて、10年経った今でもその答えは詰め切れていないと先に述べたが、第二次世界大戦終結時のようにその収束を「出たとこ勝負」に託すことは、国家的危機の管理のあり方というだけでなく、国家のガバナンスのあり方という観点からも繰り返してはならない。

まとめ

　官邸が主体となって危機における初動対処を省庁横断的におこなうという官邸の危機管理体制は、90年代半ば以降ようやく形が整えられてきたものであった。福島原発事故は、そのように歴史が浅く、事態対処を実際に経験するなかで成長してきた官邸の危機管理体制に多くの教訓を与えた。

　そしてそこでの「学び」から、法制・組織・人事、補佐機能と助言機能、広報とコミュニケーション、NSCに関する見直しなどを通じて、官邸の危機

135 政府の危機管理組織の在り方に係る関係副大臣会合、2015、p.1。
136 菅、2012、pp.135-137。
137 菅、2012、pp.112-113；磯部、2019、p.125-126。

管理体制というレベルでの「備え」が進められてきたと評価できる。

　一方、福島原発事故後のケース・スタディからも示唆が得られるように、首相のリーダーシップのあり方、少人数の責任者への業務の集中や官邸の政務・事務首脳の役割の線引き、官邸と原子力事業者との連携、官邸「シチュエーションルーム機能」、官邸と自治体の能力差、初動対処体制からの移行、「未経験の危機」への備え、危機管理スタッフの人事政策、危機管理に関する官邸への科学技術面での補佐・助言機能の充実化、官邸によるクライシス・コミュニケーションのあり方などに関して、「リスク」を含んだ課題が残されているといえよう。

　日本では統治機構の基本原則として、憲法第66条第3項にもとづく分担管理原則が採用されている。とはいえ、国家的危機に際しては平時とは大きく異なるガバナンスやリーダーシップのあり方が求められる。官邸の危機管理体制とは、官邸が主体となって危機における初動対処を省庁横断的におこなう体制をとることで、危機管理において分担管理原則のリスクを低減させる装置であるといえよう。国家的危機におけるガバナンスやリーダーシップのあり方として、官邸主導で危機管理に関する内閣の統合調整機能を果たし、これにより分担管理原則のリスクでもあるいわゆる「行政の縦割り」の弊害を克服できるかが引き続き課題である。

【付記】

　本稿の内容は著者個人の見解であり、著者が現在所属する、またはかつて所属した機関の見解を代表するものではない。

コラム4 福島第二・女川・東海第二原発

"Remarkably undamaged（驚くほどやられていない）"——2012年夏、女川原発を訪れたIAEA（国際原子力機関）調査団は報告書にそう記している。

　津波に襲われたのは福島第一だけではない。太平洋に面した東京電力福島第二原発（福島県双葉郡楢葉町）、東北電力女川原発（宮城県女川町）、日本原電東海第二原発（茨城県東海村）も同じように津波が襲った。だが、この3つの原発はいずれも過酷事故には至らなかった。そこからは次のような「学び」が浮かびあがってくる。危機を乗り越えるためには、有事の際、的確に対応するためのクライシス・マネジメント（危機管理）と、平素から危機を起こさせる確率を下げるためのリスク・マネジメント（リスク管理）の2つが肝要であるということだ。

　福島第一はクライシス・マネジメントもリスク・マネジメントも十分とは言えなかった。それに対して、福島第二はクライシス・マネジメントに優れ、女川と東海第二はリスク・マネジメントがしっかりしていたので有事の対応に余裕を持つことができた、と言えるだろう。

　福島第二原発には4つの原子炉があり、発災時点では4機全てが運転中であった。そこに約9メートルの津波が襲った。事前の津波想定高は5メートルであり、津波はいきなり敷地内になだれ込んだ。ここまでの状況は福島第一とほぼ変わらない。だが、福島第一と明暗を分けたのは、中央制御室の電源が落ちず、プラントの監視と操作を継続することができたことである。そして、外部電源が1系統生き残り、非常用発電機も生存（3号機2か所、4号機1か所）したという幸運にも恵まれた。

　しかし、こうした幸運を生かした第二の増田尚宏所長（当時）の優れたリーダーシップも特筆しなければならない。事故直後、運転管理部長に原子炉冷却を、保全部長に復旧をそれぞれ指揮させるよう業務分担を明確にし、所長は全体指揮に徹した。保全班は生き残った電源から仮設ケーブルを引き直し、電源復旧に努めた。冷却班は、津波によって損傷した海水ポンプを復旧させるまで、RCIC（原子炉隔離時冷却系）やMUWC（復水補給水系）を使いながら、原子炉の冷却機能維持に努めた。14日午前1時、復旧した残留熱除去系の起動に成功（1号機・2号機・4号機）、ベントを実施せずになんとか冷温停止に持ち込んだ。増田が後に告白したようにそれはまさに「紙一重」のところだった。

　一方、女川原発は震源から最も近い距離にあった（震源から125キロメートル西北西に位置）。運転中だった1号機建屋地下では最大567.5ガルの地震加速度に見舞われた。建屋や原子炉には影響はなかったものの、1号機の電

源設備火災、重油タンク倒壊、アクセス道路寸断、1回線を残しての外部電源の途絶、発電所地盤の1メートル沈降という事態になった。しかし、敷地高が14.8メートルあり、干潮時刻に近かったことも相まって、13メートルの津波に80センチメートルの差で辛くも耐えた（2号機の冷却設備が一部浸水している）。

女川の場合、仙台空港に常備していた東北電力のヘリコプターをフルに使えた。電源、冷却、サイトへのロジスティクスのいずれの機能も喪失することなく、マニュアル通りに冷温停止を実現できた。女川の「奇跡」である。

これに対して、東海第二原発の敷地高はわずか海抜8メートルだった。東日本大震災で到達した津波の高さは5.4メートルに達しており、辛くも難を逃れた形である。ただ、それは備えをしていたおかげである。そのわずか2日前の3月9日、日本原電は6.1メートルの防波壁を完工していた。地震動によって外部電源はすべて停止、現場は非常用ディーゼル発電機3台を起動させ電源を代替した。原発建屋の地震加速度は想定値以内に収まっていたが、なだれ込んできた津波は防波壁の穴の開いた部分からサイトへと浸入し、海水ポンプはすべて水没し、非常用ディーゼル発電機1台も停止した。しかし、ポンプの発電機部分が浸水しなかったため発電機能が生き残り、全交流電源喪失には至らなかった。

国会事故調報告書は、女川と東海第二の2原発が生き残ったことを「幸運」と形容した。しかし、その「幸運」を呼び込んだのは、津波直撃を逃れるための事前の備えだった。平時からの津波に対するリスク・マネジメントを適切に行ったことが、津波が襲来したときのクライシス・マネジメントに当たっての「選択の余地」を生むことにつながったのである。その反面、福島第二は、津波対策の面では十分だったとは言えないものの、電源が生き残ったという「幸運」がクライシス・マネジメントに「機会の窓」を提供した。

女川の「奇跡」は、原発の敷地高の高さを決めた平井弥之助（元東北電力副社長）の存在を抜きに語ることができない。平井は、1960年代の女川原発の建設計画段階から、貞観津波や明治三陸津波の調査を行い、当時の想定津波高3メートルの5倍、15メートルの高さに建設せよと強く主張、実現させた。元部下の稲松敏夫は平井について「生涯を通じて常に地に足のついた信頼度の高い技術を追求した技術者」だったと評している。平井はこんな言葉を残している。

「法律は尊重する。だが、技術者には法令に定める基準や指針を超えて、結果責任が問われる」

福島原発事故後も、平井の存在はあまり知られていない。ある電力会社幹部は、女川の「奇跡」とその「奇跡」をもたらした真のヒーローである平井にはあまり光を当ててくれるなという雰囲気が電力業界全体にあったと言う。

コラム5　原子力安全・保安院とは何だったのか

　原子力災害対策本部、略称「原災本部」。福島原発事故から名前を聞かない日はなかった原災本部は、福島原発事故から10年を経てもなお存続している。避難区域の完全解消まで廃止できないからである。原災本部の会合は2020年までの9年間に50回にわたり開催されてきた。

　原災本部の設置根拠は原子力災害対策特別措置法（原災法）である。原災法によれば、原災本部は官邸に設置され、その本部長に内閣総理大臣が座り、事務局機能は原子力安全・保安院（保安院）が担うこととなっていた。保安院は事務局として福島事故対応の中心的役割を担う…はずであった。

　しかし、現実はそうならなかった。発災当日（3月11日）の原災本部設置当初から、政権中枢による対応は官邸で行われ、保安院による対応は官邸とは離れた経産省ERCセンターで行われた。さらに、福島県大熊町にあるオフサイトセンターの現地対策本部が機能せず、これまた官邸主導で対応が行われた。後に、公文書管理委員会が行ったヒアリングによれば、「保安院は第15回会議（2011年5月17日開催）まで原災本部の事務局機能を担っておらず、事務局は緊急対策本部（緊対本部）が担っていたという認識を持っていた」という。3月15日からは政府と東電の統合対策本部が臨時の作戦司令塔となっていた。

　他方、保安院が原災本部事務局として実質的な仕事をした事柄もある。2011年6月の「原子力安全に関するIAEA国際閣僚会議」（ウィーン）に備え、日本政府が提出する事故検証・報告文書づくりを行なったのも保安院の仕事である。保安院が規制当局として事故の検証を行った機会はこれにとどまる。しかし、この文書は政策的には大きな意味を持った。「推進と規制の分離」という安全規制の根本的な改革方針を示したからである。「推進と規制の分離」のアイデアは事故前から唱えられていたものではあったものの、事故後、政府は政府事故調を立ち上げ、その報告書を待たないうちにそれを国際公約にした。そして、政府は同年8月15日「原子力安全規制に関する組織等の改革の基本方針」を閣議決定し、同月26日には内閣官房に「原子力安全規制組織等改革準備室」を設置、改革論議が本格化していった。

　2011年7月、菅直人首相のストレス・テスト発言に端を発した全国原発のストレス・テスト実施が浮上した。ストレス・テストとは、原発が地震や津波、電源喪失などに晒された際、機器にどれくらいの余裕があるかを調べるものである。保安院は、その仕事にも取り組まなければならず、同時に、「推進と規制の分離」方針の下、経産省からの分離の準備もしなければならなかった。

　2012年9月、原子力規制委員会と原子力規制庁が発足すると、官邸にはい

まだに「緊急時」の福島原発関連の事柄を扱う原災本部とは別に「平時」の原子力防災を担う「原子力防災会議」が新たに設置された。「原子力防災会議」の事務局機能は規制庁職員を併任させる形で内閣府原子力災害対策担当室（対策室）が一括することとなったが、彼らの力点は「平時」対策にあった。これは原発の周辺30km圏を緊急時防護措置準備区域（UPZ）と指定し、事故時に対応できるよう求めた規制委員会の決定が背景にある。これにより、原子力災害対応のノウハウがない各原発周辺の自治体も避難計画を策定しなくてはならなくなり、対策室がそのサポートをすることとなったためである。

　原子力規制委員会が「原子力災害対策指針」を策定し、各原発のUPZ（30キロ圏内）の地方自治体まで適応させる必要が生まれたからである。こうした避難計画策定を求められた自治体はおよそ130に及ぶ。自民党が政権に復帰すると、原災本部と「原子力防災会議」の同時開催が定着し、対策室は避難計画の策定支援に注力するようになった。2013年12月には「原子力関係閣僚会議」も設置された。「原子力関係閣僚会議」の眼目は安全規制よりもむしろ広範なエネルギー政策全般にある。原発の再稼働を側面から支援しようという思惑があったのではないかと受け取られた。原子力安全規制と避難計画策定、そしてエネルギー政策作成がにじり交じり、「規制と推進の分離」が濁り始めた。

　避難計画にかかわる自治体の突き上げは、原子力防災対策をめぐる政権の司令塔不在を露呈させた。2015年7月、柏崎刈羽原発を抱える泉田裕彦新潟県知事が中心となり、全国知事会が支援拡充と予算手当を求める提言を出すと、2016年3月、原子力関係閣僚会議において政府は知事会の要求を受け入れた。規制委員会法附則第5条の"3年後見直し"ルールに基づいて、内閣府内部の機能強化に着手した。同3月18日の閣議決定でいったん一部業務が整理移管されたものの、規制委員会にJNES（原子力安全基盤機構）が統合されると、同年10月、規制庁放射線防護部の大半を内閣府へ移管し、新たに政策統括官（原子力防災担当）を置いた。これによって、原子力防災に対する政権のグリップはさらに強まった。そして、原災本部・原子力防災会議の事務局は政策統括官が担うこととされた。

　原災本部の事務局機能は、保安院、規制委併任の内閣府原子力災害対策担当室、そして専任の原子力内閣府政策統括官へと移り変わった。

原子力緊急事態に対応する
ロジスティクス体制

第5章 原子力緊急事態に対応するロジスティクス体制

福島原発事故は、ロジスティクス敗戦だった

　2011年3月11日に発生した福島第一原発事故は、「事故対応の一義的責任を負う」[1]とされる電力事業者のハード、ソフト両面の備えの欠陥が露呈した。津波による浸水で全交流電源喪失に見舞われ、三つの原子炉で炉心溶融に至ったのみならず、誰が責任をもって事故対応を指揮し、情報共有を図るのか、といった日ごろの訓練の成果が問われる部分でも機能不全に陥った。さらに事故が発生した原発（オンサイト）と現場から離れた対応拠点（オフサイト）の連携がうまく図られなかったため、事故対応に必要な資機材の供給が滞り、現場に届いても原発所員に操作する能力がなく、事故の拡大を止めることができなかった。つまり兵たん（ロジスティクス）が実効的に機能しなかったのが、福島第一原発事故の対応だった。この章では、ロジスティクスが機能不全に陥った要因を分析し、日本および海外の原発事業実施国が事故後、この問題をどのようにとらえ、改善策を実施したかを検証・考察する。

　兵たんは軍事用語で、軍事装備の調達、補給、整備、修理および人員の輸送、展開、管理運用についての総合業務を指す。補給、輸送、管理の三要素から成り、兵たん能力は、自給自足型、現地調達型、補給基地型に分類される[2]。しかし機械化とともに自給自足型と現地調達型はもはや有効な兵たん手段ではなくなりつつある。福島第一原発事故では、装備、人員展開の両面で、自給自足も現地調達もできなかったばかりか、電力事業者の本社や政府のバックアップ体制も未熟だった。

　福島第一原発事故の反省という視点だけでなく、歴史的に見ても、兵たんの重要性を理解できなかったために、日本の命運を左右した例は数多い。兵たんを軽視し、敗走を重ねた太平洋戦争での旧日本軍はその典型例の一つである[3]。緊急時に備えた兵たんの在り方について語ることは、日本の国家としての危機管理にとって最重要の課題と言っても過言ではない。

　事故後、各事故調での事故原因と事故対応の検証を経て、日本では2012年9月に原子力利用・推進部門から分離・独立して原子力規制委員会が発足した[4]。原子力エネルギーを活用してきた海外の国々も規制基準を見直し、安全

1　政府事故調（東京電力福島原子力発電所における事故調査・検証委員会）（2012）「第8回 東京電力福島原子力発電所における事故調査・検証委員会　議事概要」p.5、アクセス2020年6月27日〈https://www.cas.go.jp/jp/seisaku/icanps/120322GijiGaiyou.pdf〉
2　兵站『ブリタニカ国際大百科事典 小項目事典』
3　船橋洋一（2014）『原発敗戦 危機のリーダーシップとは』文藝春秋。

強化を図っている。国内外の新規制基準を読めば、「原発の暴走を食い止めるために、まず事業者が備えを強化しなければならない」という事故の「学び」の観点では大きな差は認められない[5]。ただし「学び」を「教訓」として実際の安全強化にどのように結びつけるか、という観点からみれば国内外で興味深い違いを観察できる。

　海外事例として主にフランスの電力事業者が設立した原子力事故即応部隊（Force d'Action Rapide Nucléaire：FARN）、国内の事例として原子力緊急事態支援センター（福井県美浜町）を取り上げながら、緊急事態対応のため事故時の情報共有の問題点を検証し、続いて日本と世界の電力事業者のロジスティクス能力向上に向けた取り組みについて、具体例を中心に検討する。最後に日本と海外の違い、とりわけ「最悪の事態」に対する事業者および政府の備えの違いに光を当てることで、日本がどのように緊急時の兵たん能力、対処能力を向上させていくべきかを考察する。

1　現場を活かすのか殺すのか：カギはロジスティクス

　オフサイトからオンサイトへの資機材供給網を整備しても、オンサイト側に原子炉の状況や事故の進展予測に関しての情報を収集し、適切に伝達する能力がなければ、オフサイト側との情報共有が図られず、本当に必要な資材を必要な時間に供給することはできない。原子力のような高度に細分化された科学技術施設では、業務は過度に細分化、マニュアル化され、想定外に対応できない事態を招くことが多い。事故当時の福島第一原発緊急時対策本部の情報収集やロジスティクスの問題から、事業者は何を学び、緊急時体制をどのように見直したのだろうか。

緊急時の情報共有の難しさ

　発災現場で資機材や人員を調達できない場合、補給体制が整備されていることも兵たん能力の構成要素の一つであり、オンサイトとオフサイトで適切なコミュニケーションが行われ、情報が共有されることが大切になる。しかし、福島第一原発事故の対応では、情報共有がうまくいかず、対応の遅れにつながったとして厳しく指摘された。

　第2章で詳述したように、福島第一原発事故当時、1号機の冷却システム（Isolation Condenser：IC）が稼働しているかどうかについて、中央制御室の総責任者である当直長と、原子炉の運転を担当する主機操作員との間で、十分な意思の疎通が図られていなかった[6]。その結果、中央制御室内で、運転

4　原子力規制委員会（2016）「実用発電用原子炉に係る新規制基準の考え方について」アクセス2020年6月27日〈https://www.nsr.go.jp/data/000155788.pdf〉

5　フランス原子力安全庁（Autorité de Sûreté Nucléaire：ASN）（2017）フォローアップセミナー、パリ、11月。

員たちは「ICは稼働していない」との判断に傾きつつあったものの、制御室内の総意として、その認識が事故対策を統括する緊急時対策本部（免震重要棟）に伝達されることはなかった。福島第一原発事故は、オンサイトとオフサイトの間のコミュニケーションの難しさだけではなく、発電所内での情報共有の難しさを浮き彫りにした。免震重要棟の円卓を囲んでいた所長、副所長、緊急時対策班長ら27人の間で、さらには原子炉をコントロールする中央制御室内の運転員の間ですら、情報共有がうまくいかなかったのが実態である。

　津波による全交流電源の喪失と非常用ディーゼル発電機の機能停止から約1時間半が経過した2011年3月11日17時15分、12ある緊急時対策班の一つ、技術班（原子炉内の燃料の状況や事故の進展を解析する班）の担当者が、円卓内のマイクから重要な情報発信を行った。
「技術班より1号機の事故進展予測。ダウンスケール時の−150センチの状況。注水が途絶えているとすれば1時間後にTAF（Top of Active Fuel：核燃料の頭頂部）到達」[7]。

　発言通り、この直前に1号機の水位が「TAF＋250センチ」との情報が中央制御室から免震重要棟にもたらされていた。通常水位のTAF＋400センチから1時間で150センチ近く下げていることになる。それは、ICが機能していないことを示唆した極めて重要な分析と予測だった。

　しかし、政府事故調が実施した吉田昌郎所長（当時）のヒアリング記録によると、この重要情報が円卓内で全く共有されていなかった。事故調の担当者がこの情報について質したところ、吉田所長は「聞いていない」と答え、担当者が東京電力から入手したクロノロジーで技術班の発言を示すと「発話しているんでしょうね」と戸惑い、最後に「こんなことは班長がもっと強く言うべきですね」と重要情報が共有されなかったことに後悔をにじませた[8]。

　この場面に居合わせた緊急時対策班の班長たちは、免震重要棟の円卓が二つの理由で、情報収集と指揮の拠点としての機能を失っていたと振り返る。

　一つは各班が縦割りでバラバラに動き、連携ができなかったこと。復旧班の班長として電源の回復やベント弁の開操作に尽力した幹部は「各班が自らの最優先課題への対応に必死で全体の状況を把握できていなかった」と話す[9]。吉田所長は3月11日17時頃、所員の安全確認と規制官庁や自治体への通報を最優先し、円卓に背を向けながら広報班などと打ち合わせをしていた。こ

6　新潟県原子力発電所の安全管理に関する技術委員会（2015）「新潟県原子力発電所の安全管理に関する技術委員会（平成27年度第2回）議事録」アクセス2020年6月27日〈https://www.pref.niigata.lg.jp/uploaded/attachment/37707.pdf〉

7　政府事故調（東京電力福島原子力発電所における事故調査・検証委員会）事務局（2011）「聴取結果書 平成23年11月25日（吉田調書）」p.4、アクセス2020年6月27日〈https://www8.cao.go.jp/genshiryoku_bousai/fu_koukai/pdf_2/350.pdf〉

8　同上、pp.3-7。

9　復旧班長インタビュー、2016年11月、2017年9月、2018年4月

の復旧班長は「円卓を離れ、隣の小会議室で電源復旧策を練っていた」という。福島第一原発に 30 年以上勤務したもう一人のベテラン復旧班長が「円卓で情報を聞きましょう」と小会議室に呼びに行ったが、この班長も「技術班の発言は覚えていない」と明かす[10]。

　なぜ円卓に戻っても重要情報をつかみ損ねたのか。ここにもう一つの理由として、想定外の事態が起こった場合でも、各班の班長がマニュアル通りに報告を行い、情報の優先順位をつけられなかったことが挙げられる。発災直後から各班の班長は愚直にマニュアルを守り、事故対応に関係のない情報までマイクの前で流し続けた。先の復旧班長は「各班がマイクを奪い合い、マイクの空きを待っている状況が続いていた」と説明する。技術班の発言の前後に、「バスを手配中」などといった緊急を要さない情報がひっきりなしに流され、水位変化の予測というその時点で最も重要と思われた情報が埋もれてしまった。

　所長とすべての対策班長が一堂に会する円卓方式は、業務が過度に細分化され、各班が固有の技術や作業手順を持ち、他の班のことはよくわからないという前提の下、情報共有に欠かせないシステムと考えられていた。実際に福島第一原発事故でも計 27 人の所長や副所長、各班の班長が円卓を囲んでいたが、情報の洪水のような状況が続く中で、誰も重要情報を識別できなかった。言い換えれば、雑音とシグナルとの区別がつかなかったのである。

　予期しない事象が次々と起こる緊急事態では、同じ班の人間同士でも、報告や認識の確認を行い、情報の共有を図ることは容易ではない。

ロジスティクスにおけるマニュアルの弊害

　システムが細かくマニュアル化される原子力発電所の特性の一つは、訓練の繰り返しにより、マニュアルを完全に実施できるようになり、作業効率が上がる一方で、想定外に対応できる弾力性が組織から失われやすい点にある。こうした特性が想定外への対応を遅らせた例は、情報共有だけでなく、ロジスティクスにも見られた。これについては吉田所長が政府事故調のヒアリングで詳細に証言している。少し長いがそのまま引用する。

「資材班の人が、仕様がわかるかというと、わからないんです。資材班はものを集めてくるということで、細かい技術的な仕様がわからないですから、復旧班が仕様を出さないといけない。例えば、何ボルトのバッテリーで、こんなものですよとか、電源車も、何 kW のものだという仕様を出さないといけないんで、ここがなかなか難しいところです。資材班に電源車が欲しい、バッテリーが欲しいと言って、資材班が了解ということで、そこから復旧班、仕様を渡せということで、復旧班からうちの資材班に仕様を渡して、あとは事務的に、こんなものを送れという対応を本店の資材班とうちの資材班でや

10　復旧班長インタビュー、2017 年 9 月、2018 年 4 月

る」[11]。

　所長の言葉通り、このようなやり取りを緊急時にやっていては、必要な資機材が必要なタイミングで届くことは望めない。後述するフランスの原子力事故即応部隊（FARN）が、機材や訓練を普段から平準化しておき、どこで事故が起きても必要機材を搬入できるシステムを作ることが大切だと強調する理由も理解できる。

　免震重要棟の対策本部がマニュアル通りの資材発注をしている間、事故対応の最前線である中央制御室は全電源喪失で真っ暗闇となり、何時間も前に発注したバッテリーなど基本資材が届かないことに、免震重要棟への不満と不信を募らせていく。事故当時の2号機の主機運転員はこの時間帯の中央制御室の雰囲気、特に若い運転員の動揺について、「免震重要棟の対策本部は俺たちを見捨てようとしているんじゃないか、とささやきあっていた」と証言する[12]。

すべて溶けた氷投下作戦

　一方、福島第一原発事故の危機対応では、実現性を十分に考慮しない資材手配を行った結果、資材自体と搬送作業が無駄になったと考えられる事例も観察される。

　2011年3月13日、未明に3号機の冷却機能が停止し、注水と原子炉の冷却が喫緊の課題となっていた。水源や消防車による注水の方策、線量が上がってきた際に屋外作業をどうするのか、など福島第一、オフサイトセンター、東京本店間の多くの当事者がテレビ会議システムで発言したのち、午前8時28分ごろ、氷を投入するアイデアがオフサイトセンターの現地対策本部にいた福島第一原発の幹部から提案される。その後、本店の幹部や吉田所長、小森明生常務（当時）の間で、以下のようなやり取りが展開された。

　本店　官庁連絡班：「とにかく氷入れちゃうとかさあ、パラで考えないと」
　吉田所長：「OK。じゃあね、あの、あれだ、氷、手配だ。氷、手配」
　小森常務：「資材班になるのかな。大量。本店の方でも」
　吉田所長：「資材班、ちょっとごめん。どのくらいの量をさ、1ユニット、
　　　　　　多ければ多いほどいいんだけど、入れに行くのも大変だから、
　　　　　　量的なものを試算して資材班と調整してもらえるとありがたい
　　　　　　んですけど」
　小森常務：「本店資材班。すぐに発電所に運ぶかどうかっていうのは別にし
　　　　　　て、氷を調達する必要があるかもしれない…」[13]。

11　政府事故調（東京電力福島原子力発電所における事故調査・検証委員会）事務局（2011）「聴取結果書 平成23年8月16日（吉田調書）」pp.26-27、アクセス2020年6月27日〈https://www8.cao.go.jp/genshiryoku_bousai/fu_koukai/pdf_2/020.pdf〉
12　主機運転員インタビュー、2016年3月
13　NHK、「2011年3月13日」p.75〈https://www3.nhk.or.jp/news/special/shinsai6genpatsu/index.html〉2020年3月3日閲覧。

　同日、埼玉県の業者に計2tの氷が発注され、東京電力の関連会社であるヘリコプター会社により、福島第二原発まで運ばれた。テレビ会議録を見る限り、使用済み燃料プールの冷却を軸に氷の活用を議論した形跡はうかがえるものの、詳細は詰め切れていない。具体的な活用策を固めないうちに、氷の発注を先行させた結果、実践投入する前に、すべて溶けてしまった。原子炉冷却という目的を全社員が共有しながら、実現性を十分に検討することなく資材発注をしたこの事例は、原子炉が想定外の状況に陥った際の対応策について備えが不足していたことをほとんど悲喜劇的に物語っている。

　緊急時の情報共有やロジスティクスに見られた数々の問題を克服し、想定外に対処するために、電力事業者や政府が福島第一原発事故後に実際に、どのような取り組みを行ったのだろうか。

訓練ごっこからの脱却

　想定外に対する備えの欠如は、福島第一原発事故前の防災訓練やアクシデントマネジメント訓練の形がい化を見れば明らかだった。先の二人の復旧班長はこう話している。「極端に言うと所員は台本を与えられた役者のような感じでした。その意味では、事故前の準備の点で、反省すべきことは山ほどあります」。「たまに所長がアドリブで『実はこういう事象が起こっているのではないか』とシナリオに書いていないことを挟むことがあった。訓練が定型化しすぎていると思ったのかもしれません」[14]

　東京電力は一定の想定に基づいて被害を予測し、それに対する事前準備を充実させる従来のやり方では、想定外に対応できない限界があるため、米国で標準化された緊急時対応組織体制であるIncident Command System（ICS）の導入を図った。ICSでは、現場指揮官を頂点に、直属の部下は3〜7名の範囲で収める。一人の人間が緊急時に直接指揮命令を下せる範囲は7名までであることが米国の運用で分かっており、計27人の班長と原発所長、副所長が一堂に会する円卓方式を撤廃した。

　新しい緊急時組織では、発電所長が事故対応における総責任者であることに変わりはないものの、発電所長が実際に指示命令を発するのは、原子炉復旧統括（号機に合わせて2名）、計画・情報統括、資材担当、総務担当の5人に絞る。また各担当のミッションを明確にし、そこにつく者の技量や要件を明示して、それを満たすための教育／訓練を課している[15]。

　福島第一原発事故後、東京電力は事故調査委員会を社内に設け、最終報告書を2012年夏に公表した。しかし、第2章で記したように、公表後「事故対応の言い訳に終始している」として最終報告書に納得しない技術者たちが、

14　復旧班長インタビュー、2017年9月、2018年4月

15　東京電力（2013）「福島原子力事故の総括および原子力安全改革プラン」p.84。

新たに原子力改革タスクフォースを発足させた。2013年3月、いわゆる「姉川プラン」をまとめ、1号機のICをめぐるコミュニケーションの失敗を分析するなどして、ICSの導入を提言した。「米国では1979年のスリーマイル島事故後、原発所長になるのに必要な要件として、原子炉の運転を担う当直長の経験を加える人事システムの改変を実施した。日本でも導入を検討するべきだ」との考え方に基づく。

　ただし、日本で導入する際には米国を超える大幅な人事システムの改革が必要になる。当直長はノンキャリア（高卒）の主要な管理職ポストである一方、所長は大学工学部で原子力工学を学んだキャリアが就くポストとみなされている。米国やフランスの場合、人事改変に伴ってポストの空席が生じる場合は海軍の原子力潜水艦の運転員らを迎え入れることができるが、日本では不可能である。

　職務を全うできるものが適所につき、緊急事態では情報の共有と迅速な対応を図る組織作りを末端まで浸透させるには「シナリオがないブラインド訓練を繰り返し、各人が対応の仕方に習熟するしかない」（復旧班長）[16]のが現状だ。弾力性を持った組織作りとは言うものの、マニュアルで対応細則を定めることが全否定されるわけではない。訓練の繰り返しでマニュアルを完全に実施できるようにすることは危機管理の第一歩である。加えて想定外に対応できる弾力性を組織にどのように植え付けていけばいいのか。システム安全学やレジリエンス工学で、事故から10年を経た今も変わらない課題であり続けている。

　政府事故調で委員長を務めた畑村洋太郎は「考えつかないようなことも起こるという意識が日本ではまだ足りない。所員の訓練も大事だが、所長クラスにも想定外事象への対応訓練を通して想定外への意識づけが必要だ」と話している[17]。また海外の専門家は事業者だけでなく、事業者を監督する規制官庁の想定外への意識がまだ低すぎると警鐘を鳴らす。福島第一原発事故の際、米国原子力規制委員会（Nuclear Regulatory Commission：NRC）から日本に派遣された米国チームのヘッドを務めたチャールズ・カストーは「日本の規制当局が平時しか想定していないことの深刻な意味を書いていただきたいと思います。有事のとき、規制当局は何をするのか、それが十分に考え抜かれていないところに問題の本質があると思います。彼らは最後まで検査官メンタリティーを脱することができないのです。訓練についてもそこで規制当局がどういう役割を果たすべきかという訓練はないのではないでしょうか」と指摘している[18]。

16　復旧班長インタビュー、2018年4月
17　畑村洋太郎氏ヒアリング、2019年9月18日
18　チャールズ・カストー氏ヒアリング、2019年8月26日

2　女川原発と福島第二：情報共有とロジスティクスの勝利

福島第二：原子炉運転経験者の機転

　福島第一原発は想定外の事故に対して、情報共有とロジスティクスが機能しなかった。それに比べて、事故現場で機転を利かせ、想定外の事態に対応したのが福島第二と女川の両原発である。その対応から情報共有やロジスティクスを迅速に行う教訓を学ぶことはできないだろうか。

　福島第二原発はメルトダウンこそ免れたものの、1、2、4号機で圧力抑制プールの水温が上昇し、総理が原子力緊急事態宣言を出す原子力災害対策特別措置法の第15条通報に追い込まれた。特に1号機はあと2時間でベントが必要という事態に陥るところで、「世界の原子炉で初めて」（増田尚宏所長：当時）[19]という格納容器冷却（ドライウェルスプレー）まで実施している。福島第一原発より状況はましだったものの、仮に2011年3月11日の出来事が福島第二原発の単独事故であったとしても、世界を震撼させるレベルの極めて深刻な事態だった。

　福島第二原発も福島第一原発同様、想定外の緊急事態に直面したのである。しかし、危機管理の上で二つの原発の間では大きな違いが生まれた。第二では、免震重要棟にある緊急時対策室と原子炉をコントロールする中央制御室との間のコミュニケーションが円滑に行われた。

　対策室から制御室へ原子炉運転経験のある所員を派遣し、連絡係としたのである。運転経験者であれば、制御室内でどういうオペレーションが行われているかを正確に把握できるため、制御室の当直長や運転員の危機対応を邪魔することなく、対策室に原子炉の状況や対応の様子を伝達できる。増田所長によれば、このアイデアは、緊急時対策室の発電班長（発電班は中央制御室との連絡を主に担当する）の発案で、彼は制御室の運転員経験者だった。増田所長は「発電班長は原子炉の運転をするプロですから、私も承認しました。彼に言わせれば、目の前のことに集中している人たちに、こちら（免震重要棟）から、どうなんだ、とか、これやったか、とか問い合わせれば作業に集中できなくなる。それだったら運転がよくわかっている人を中央制御室に張り付けて、時を見計らって、こちらが問い合わせたことを報告してもらえれば一番いいと思った」と回顧している[20]。

　増田所長は「私たちにも危機対応の中でうまくいかないことはありましたが、中央制御室とのやり取りは原子炉の運転を知る作業員を派遣することでうまくいった。今後すべての原子力発電所で取り入れてもらえればと思っています」と話している[21]。

　ロジスティクスでも、発電所と東京本店の緊急時対策班がやり取りするマ

19　増田尚宏氏インタビュー、2016年12月
20　同上
21　同上

ニュアルにとらわれず、福島第二原発は独自の方策をとっていた。例えば、原子炉冷却用に4000tの水を本店に要望したところ、4000Lの飲料水が運ばれてきたミスがあった。その飲料水も原発敷地から遠く離れた福島県三春町までしか搬送されなかった。福島第二原発の緊急時対策班はその際、かつて原発の隣を流れる木戸川から水を引いていたことを思い出し、そこのパイプラインを復旧させようと動き出す。電源車によるラインの復旧では、福島第一原発の建屋爆発による影響で、屋外での電源車への給油活動ができなくなる可能性があり、水の供給が滞るおそれがあった。そのため、東北電力が電線を通して供給している電気を借用する禁じ手に出た。増田所長は「東京本店が一生懸命やってくれていたのはわかっていますが、第一の状況がどんどん悪くなり、第二の状況が正しく伝わっていなかった。それなら自分たちでやるしかない。東北電力の電気を使うのはほとんど盗みのようなアイデアですが、配電担当者がみずから調整にあたってくれ、たった二日で話をつけてくれた。こういう状況で電気を使わせてくれた東北電力にも感謝しかありません」と振り返る[22]。

女川原発：脱テレビ会議

　女川原発もまた重大事故と紙一重の状況だった。明治三陸地震（1896年）やチリ地震（1960年）による津波で甚大な被害を受けてきた宮城県に立地し、もとより津波に対する意識は福島の両原発より高かった。海面からの距離が遠くなるように原子炉建屋の標高は14.8mと高めに設定しており、（福島第一原発は約10m）、かろうじて建屋内への大量の海水浸入を食い止めた。しかしながら、原発周辺の津波被害は深刻で、震災当日に中央制御室の作業を引き継ぐ予定だった班が出勤できず、12日午前1時に1号機が冷温停止の状態となるまで、20時間、交代なく運転員が危機対応にあたった。この間1号機タービン建屋で火災が発生したが、地元の消防団が出動できないため、所内の自衛消防隊が消火にあたった。なお、津波襲来後、行き場をなくした近隣住民が避難してきたため、同原発は危機対応の最中、体育館を避難所として開放する決断をし、住民を受け入れている。

　また、東北電力は仙台空港に駐機していた関連会社所有のヘリコプターを津波襲来直前に飛び立たせ、ヘリが浸水するのを防止している。このヘリコプターは女川原発から妊婦を搬送するなど、人や資材の運搬に活躍した。緊急時に「ファーストリスポンダー」と称される自衛隊のヘリが同空港で浸水し、使い物にならなくなっただけに、津波に対する備え、対応力の高さを印象付けた。

　女川原発の対応で注目すべきは、情報の共有に有効とされてきたテレビ会議システムの在り方について、一石を投じたことだ。

22　同上

　原発内の緊急時対策班の判断で、テレビ会議システムをオンにしなかった。事故対応のコミュニケーションでは日ごろのカウンターパートとのやり取りが一番大事との考えから、保安回線による電話でのコミュニケーションを優先した。またテレビ会議システムの弊害の一つとして、役職が上の人たちが危機対応のコミュニケーションに加わることで会話や議論が混乱し、対応の優先順位を誤ってしまう恐れを認識していたため、テレビ会議で本店とつなぐことを控えたという[23]。

　政府事故調のヒアリング記録では、状況を正確に把握していない東京本部から、テレビ会議システムを通してひっきりなしに問いかけや指示が投げかけられたことに、吉田所長がしばしば不満を漏らしている。事態が現場の能力を超えるまで、保安回線によるやりとりに徹した女川原発の危機対応は混乱回避に役立った。

3　ロジスティクス体制の見直し

　ロジスティクスの敗戦だった福島第一原発事故は、オンサイトだけでなく、オフサイトの対応支援体制の見直しも迫った。事故後、原子力安全・保安院や原子力安全委員会が解体され、環境省の外局として独立性の高い原子力規制委員会が設置されるなど、省庁再編が行われ、原子力災害における政府の危機管理体制も変更された。

　事故後の新しい危機対応の体制では、原子力規制委員会は、事務局の原子力規制庁とともに、事故が発生した発電所における対応支援（オンサイト対応）に専念する。一方、内閣府には、政府全体で関係省庁の調整を行い、原発立地自治体の住民避難など原発敷地外での災害対応（オフサイト対応）にあたるため、原子力防災担当大臣と専任の政策統括官、および約50名の専任職員で組織する事務局が新たに設置された。

　原子力防災の対象区域は、福島第一原発事故までは、防災対策を重点的に行う地域（Emergency Planning Zone：EPZ）として、原発から半径8〜10kmを対象とする考え方が重視されていた。事故後、緊急防護措置を準備する区域（Urgent Protective action Planning Zone：UPZ）を原発から半径30kmに変更し、避難計画を策定しなければならない自治体や、避難対象人口の大幅増加に対応する必要が生じた。そのため、原子力防災を担当する内閣府の政策統括官が、各地域の原子力発電所の特性（原子炉の立地数、地理の特徴、人口分布、稼働年数など）を踏まえながら、自治体ごとに話し合いを行い、防災計画策定の支援を行っている[24]。

　また実際に事故が起こった際に設置される原子力災害対策本部の事務局長

23　女川原子力発電所訪問（筆者）、2015年11月
24　福島第一原発後の原子力防災体制に関しては、第1章「安全規制」（久郷明秀委員担当）に詳しい。

は当初、原子力安全・保安院時代を模範に、原子力規制庁長官が務めることになっていたが、内閣府の政策統括官に変更された。この経緯について、福島第一原発事故時に保安院審査官として事故対応にあたり、内閣府政策統括官（原子力防災担当）を務めた山本哲也は「原子力規制委員会と事務局の原子力規制庁が防災対策の実務を一手に担うことは難しい。オンサイトだけでなく、オフサイトでも実施すべき業務は多岐にわたる。霞が関の力関係を考慮しても、一規制官庁に過ぎない原子力規制委員会と規制庁が各省の総合調整を行うことは困難」と指摘する[25]。オンサイトの対応は各発電所の原子炉の特性や原子力工学の知識が欠かせない専門分野であるのに対し、住民避難などオフサイトの対応は多くの省庁との調整を必要とする。内閣府に政策統括官を設置し、原災本部の事務局長の任務を新たに担わせることにしたのは、省庁間の調整を迅速にし、即実行できるよう政府の危機対応体制を強化する狙いがある。

政策統括官が行っている地域防災計画策定の支援も、福島第一原発事故後、一定の進歩がみられる。山本は「事故前はほとんどの自治体の防災計画が、政府が参考資料として配布したひな形のコピーであり、福島県についても（福島第一原発が立地する）大熊町や双葉町の防災計画は形がい化していた」と話す。現在は、福島第一原発事故の教訓を踏まえて、避難計画の範囲を30km圏まで拡大し、各原発のある地域ごとに、30km圏内の住民を対象とした避難先の確保や避難手段の準備を含む関係地方自治体の避難計画が策定されている。具体的には、30km圏内に居住する住民の人数、特に要配慮者の人数を把握し、要配慮者の容態に応じた福祉車両などの移動手段の確保や、一般の住民には、自家用車避難を基本としつつも、自家用車のない住民に対してバスなどの避難車両をあらかじめ所要台数分準備している。また、避難先についても、30km圏外に要配慮者に適した施設や一般住民を対象とした避難先施設を準備している[26]。住民の避難や物資の供給については、「地元のバス協会やトラック協会などと原発周辺自治体が個別に協定を結び、緊急時に協力を得られる体制を整えつつある」と説明する[27]。今後は協定の実効性を上げるため、「国が実施する原子力総合防災訓練にこうした各業界団体にも参加してもらい、緊急時対応への理解を深め、課題を抽出して協定の中身を常に見直していく必要がある」と力説する[28]。

緊急時の情報共有やロジスティクスの仕組みを改善する動きが、事業者内でも政府内でも活発になっているのは間違いない。ただ福島第一原発事故後の海外の取り組みや動向を観察すれば、日本がやるべき事項について、新たな示唆が得られる。

---

25 山本哲也氏ヒアリング、2019年11月22日
26 同上
27 同上
28 同上

4　「最悪のシナリオ」：安全とセキュリティ

　事業者の自主的な緊急対応部隊と関連省庁、治安当局および軍（自衛隊）との役割分担が日本では、まだはっきりと定義されていないことも検討すべき課題になる。原子力事故は事業者の手に負えないレベルにまで事態が進展することが十分にあり得る。そういう事態になった時に、最終的に誰が事故の進展を食い止めるのかを事前に定めておくことが欠かせない。実際に福島第一原発事故をめぐり、政府内でひそかに「最悪のシナリオ」が作成されていた。民間事故調がこの極秘資料を入手し、報告書にその全文を掲載したことで、それは広く世に知られることになった。

　最悪のシナリオは事故当時の菅直人内閣が事故対応の最中、近藤駿介原子力委員会委員長（当時）に作成を依頼した。近藤委員長は「原子力事故は、最悪を想定すればまた別の最悪を想定できるので、この表現は好ましくない。不測事態シナリオがふさわしい」と言い[29]、タイトルを「福島第一原子力発電所の不測事態シナリオの素描」とした。パワーポイント 15 枚の資料で、内閣への提出日は事故発生 2 週間後の「平成 23 年 3 月 25 日」となっている。

　シナリオは「想定する新たな事象」「緊急時対策の範囲」など 6 章で構成され、炉心損傷に伴う水蒸気爆発の可能性や使用済み燃料プールの床コンクリートが抜けてしまう事態を想定している。ある号機でいったん重大事象が発生すれば、事故は連鎖すると警告し、使用済み燃料プールの床コンクリートが抜け、大量の放射線が放出された場合は作業員総退避となり、避難範囲について「強制移転を求めるべき地域が（福島第一原発から）半径 170km 以遠に生じ、年間線量が自然放射線レベルを大幅に超えることをもって移転希望を認めるべき地域が半径 250km にも発生する可能性」と指摘している。つまり東日本には人がほとんど居住できない状況まで想定していた。

　こうした重大事故にどう対応すればいいのか。現在のところ、日本には事業者の対応能力を超えた場合の備えはないのに対し、他国は不測事態を想定した二段階の備えを持っている。

　フランスは原発事故の進展の速さや収束の難しさを考慮し、原発作業員で構成される FARN は発災から 72 時間以内の対応を担当し、それまでに事故収束の見通しが立っていなければ、無人機器操作の専門会社「グループアントラ」やフランス国防軍に対応を引き継ぐことが明確に決められている。

　グループアントラは 1986 年のチェルノブイリ原発事故を受け、フランス電力、ウラン採掘を主業務とするコジェマ（Cogema）、軍需、民需を問わず原子力の開発を手掛けるフランス原子力庁（Commissariat à l'énergie atomique：CEA：当時。現在はフランス原子力・代替エネルギー庁）により設立された特別組織である。主に遠隔操作できる重機類（ショベルカー、ブ

29　近藤駿介氏インタビュー、2016 年 11 月

ルドーザーなど）、災害支援ロボット、ドローンで構成される部隊で、設立から30年以上、操作する職員の訓練と機材の性能向上、および新規開発に努めてきた。もともとこの部隊も24時間以内に現場に展開することを想定して組織されており、2015年以降はFARNとの役割分担ができたとはいえ、事故の規模が発災時点で甚大と判断されれば、すぐに展開できる能力を備えている。福井県美浜町にある原子力緊急事態支援センターの白石浩一所長は「新しく発足したわれわれにとって学ぶべき点は非常に多く、グループアントラには何度も研修で訪れている」と災害対応の習熟度の高さを認めている[30]。

　事故対応にあたる作業員の線量限度についても、日本と諸外国で、備えに大きな差がある。事故時の緊急作業にあたる作業員の被曝については、国際放射線防護委員会（International Commission on Radiological Protection：ICRP）が2007年に、500mSv（ミリシーベルト）または1000mSvを「参考レベル」として各国に提示した。これらの数値を線量の制限値とすることが推奨され、救命活動の場合には「線量制限なし」と勧告されている。福島第一原発事故の際はこのICRPの2007年勧告に基づき、班目春樹原子力安全委員会委員長（当時）が「作業員の被曝限度の100mSvから500mSvへの引き上げ」を内閣に助言した[31]。だが、500mSvへの一気の引き上げは作業員の士気を下げる恐れがあるとの意見が政務から出され、結局半分の250mSvとなった。国際機関の勧告を直視せず、根拠もあいまいなこの数字は福島第一原発事故後も作業員の線量限度として引き継がれている。線量の引き上げや、本人の志願による場合は線量の制限を撤廃するといった議論も、日本ではほとんどされていない。

　事故当時に総理補佐官として対応にあたった細野豪志は、「米国は志願者については線量制限をなくすことが定められている」と前置きし、「志願の場合に、線量制限なしの決まりをあらかじめ備えとして制度化しておかなければ、また重大事故が発生した場合に困ったことになる」と話す[32]。他国と比べ、原発を使うことへの覚悟が政府や事業者、国民の間に欠けているのではないか、という指摘だ。あるいは、「線量制限撤廃が必要となるような原発事故はもう起きない」という新たな安全神話に、日本は染まりつつあるのかもしれない。

　実際に、事故対応のために特例的に引き上げられた250mSvの線量限度は、2011年12月に政府が「原子炉は安定的な冷温停止状態を達成した」と判断すると、あっけなく廃止された。原子力緊急事態の発生に備え、250mSvを上限とするよう電離放射線障害防止規則の一部が改正され、施行されたのは事故から5年が経過した2016年4月になってからである。同規則の改正を説明する環境省の「放射線による健康影響等に関する統一的な基礎資料（平成27年度版）」には、ICRP勧告と日本の上限値の違いが表で示されているもの

30　白石浩一氏ヒアリング、2019年11月
31　班目春樹氏インタビュー、2016年3月
32　細野豪志氏ヒアリング、2019年12月19日

の、日本がICRP勧告をそのまま導入しない理由は明記されていない。

「最悪のシナリオ」をひそかに作成していたのは、政府だけではない。自衛隊も作成していた。東京電力内では、先の近藤委員長作成の「不測事態シナリオ」に想定されていたように、使用済み燃料プールが壊れて水が抜け、燃料がむき出しとなり、大量の放射線がまき散らされる事態もあり得る、として、福島第一原発の所員が、スラリー（液体中に粘土などの固体粒子が混ざっている流動体）で使用済み燃料を埋め、遮蔽する作業を行うことが検討されていたという。これらのシナリオや作成の経緯が共有されていないことも、日本で、最悪を想定した自衛隊の関与の在り方や電力事業者との役割分担の議論が喚起されない一因となっている。

　日本の現状は、福島事故から8年を経て、ようやく自衛隊と電力事業者の共同訓練が実施されたばかりである。空路や海路を使って支援物資を原発に搬送するには、自衛隊との協調が欠かせないことから、原子力緊急事態支援センターから内閣府に「自衛隊との連携を含む原子力防災訓練の実施」を提案した。2019年11月に実施された国主催の原子力総合防災訓練で、自衛隊所有の輸送ヘリ「チヌークCH-47」や輸送艦「しもきた」による原発への機材や重機の運送を初めて実施した。日本の原発は海水を原子炉の冷却に使用するため、すべて海沿いにあるが、中でも断崖部に立地する女川原発（宮城県）など数か所は「海上輸送による資機材の搬送を真剣に検討すべき」（白石所長）とされている。

　自衛隊との共同訓練を行うことで、細かい部分も教訓として学ぶことができる。例えば、支援センターの大型トラックで大型重機をしもきたに搬入する際、重機の重みで、バンパーが下がって、しもきたへと運ぶ坂道でバンパーが引っ掛かり、時間を浪費した[33]。このような細かい教訓を積み重ねることで、福島第一原発事故時に電源車の規格が合わずに電源回復に手間取ったような事態を避けることができる。

　こうした事情から、事故対応に関する自衛隊あるいは消防、警察との役割分担の明確化については、政府より、事業者や支援センター側が積極的で、白石所長は「緊急事態支援センターから内閣府に、自衛隊の連携を含んだ防災訓練を毎年メニューとして組み込むよう要請している」と話す[34]。

　ただ、訓練は年1回であり、それだけで危機対応力を上げることは難しい。山本は「自衛隊が日常的に行っている図上演習を原子力防災に取り入れるのも一つの方法」と話す。訓練や図上演習を通じて各機関の連携を深め、最悪への備えを事故対応にあたる事業者と関連省庁、治安当局、自衛隊、さらには在日駐留米軍も交えて率直に議論していけば、日本が苦手としているセーフティ（施設の安全運転）とセキュリティ（外部からの攻撃などに対する施

33　白石浩一氏ヒアリング、2019年11月
34　同上

設の安全保障）を連動させ、施設の安全をより強靭にできる。カストーはサイバー攻撃など新たな脅威に備えるため、安全への意識は常に更新が必要だと訴える。「電源の喪失、非常用ディーゼル発電機の喪失、それが前回、福島での戦いだった。次の戦いは何だ？想像力が想定外の対応に欠かせない。ハッキングなどヴァーチャルとの戦いもある。想像力の欠如こそ、日本人が福島第一原発事故から学んだ教訓のはずだ」[35]。

5　緊急対応力とロジスティクス力：
　　FARNと原子力緊急支援センター

FARN：フランスの取り組み

　発災現場での事故対処能力向上と現場への資機材の確実な補給を実現するには、まず電力事業者が福島第一原発事故の総括を行い、教訓を学びながら自助努力を続けることが欠かせない。電源構成に占める原子力の比率が70％を超える原発大国フランスが福島第一原発事故を教訓に始めた取り組みと事故当時国の日本の事故後の取り組みをこの節で紹介する。これまで部分的に取り上げてきたFARNと原子力緊急事態支援センターである。

　フランスは、電力事業者の初動対応強化の一環としてFARNを創設し、2015年12月から活動している。もともと部隊の創設は事業者の自助努力の一環として、2011年にフランス電力（Électricité de France：EDF）が提案した。その後、原子力の規制機関であるフランス原子力安全庁（Autorité de Sûreté Nucléaire：ASN）と、原子力の専門家で構成する公設機関・フランス放射線防護・原子力安全研究所（Institut de Radioprotection et de Sûreté Nucléaire：IRSN）を交えて三者で議論を重ね、福島事故を受けて改訂された新安全基準において規制要件とすることに決定した。ASNは新規制基準を三段階で作り上げる方針で、下記のようにスケジュールを掲げ、原子力関連施設の安全を強化している。

―フェーズ1（原子力関連施設内の安全基準強化、2011-2015）：各施設の特性（操業年数、地理的要因、周辺の人口分布など）に応じた施設の補強、電源車、消防車の配置、貯水池の整備など
―フェーズ2（バックアップ体制の強化、2015-2020）：原子力関連施設で緊急事態が発生した際に、24時間以内に必要な資機材を供給し、迅速に事故を収束できる体制の整備
―フェーズ3（前フェーズで解消されなかった**残余リスク対策、2020以降**）：サイバー攻撃やテロなど、原子力関連施設に対する新たな脅威への対応
FARNはフェーズ2スタートの目玉の一つとして、2015年12月、パリ本部

35　チャールズ・カストー氏ヒアリング、2019年8月26日

と4つの地方支部270人体制で発足した[36]。

　FARNは、ヘリコプターや大型重機の免許を取得している隊員や軍隊から応募した数人の支部長を除き、大半がEDFで長らく勤務していた技術者で構成され、通常時には原子力発電所に勤務しながら、訓練に参加している。ASNのドミニク・マルチノーは「フランス国土の地理と原子力関連施設の分布状況を考慮し、パリ本部と4地域本部体制とした。事故から12時間以内にどこの発電所にも資機材を投入でき、24時間以内に作業を開始できる。事業者が統括する組織であり、たとえば、通常の災害時に起こりがちな警察と消防の間の指揮権問題など組織間のあつれきが生じるようなことはない」と強調する[37]。ただし後述するようにフランス国防軍とは原子力緊急事態で共同作業を行う仕組みになっている。

●写真1：FARNの大型車両（フランス電力：EDF）

　FARNの拠点はどのような規模でどういった施設を備えているのだろうか。パリュエルFARN地域本部（フランス北部）を例に、概要を見てみよう。

　同本部は敷地面積62354㎡、建屋部分は997㎡。建屋だけでも400万ユーロ（約4億8000万円）以上をかけて整備した。主な装備は発電機、ブルドーザー・リフターのアタッチメント、冷却水用ポンプ、ヘリコプター着陸用マットなどで、発電機は100kW級10台に非常用ディーゼル発電機も保管する。

36　フランス原子力安全庁（Autorité de Sûreté Nucléaire：ASN）（2017）フォローアップセミナー
37　同上

移動手段として大型車両やヘリだけでなく、水害用に船も配備している[38]。隊員はフランス北部に設置されている五カ所の原子力発電所の所員を中心に14人×5チームの計70人が在籍し、災害時にがれきを撤去する訓練などを行い、重機や大型車両の操作能力を高める取り組みを行っている。

実際の出動時、隊員は1時間以内にこのFARN地域本部に集合し、タイベックスーツなど防護用装備を付ける。2時間以内に必要な資機材を持って現場に向けて出動し、12時間以内にあらゆる機材を発電所に持ち込めるようにする。事故現場の発電所への先導役は憲兵隊が務める。上記に定められた制限時間内で活動を行うため、ヘリコプターの出動が必要な場合は、EDFの子会社のヘリまたは軍隊のヘリを使用するが、操縦はフランス国防軍が担当する。

グレゴリ・ブゾガニは2018年まで3年間バリュエル地域本部の本部長を務めた。15年間、フランス海軍の原子力潜水艦の艦長を務めたのち、FARN創設構想を知り、採用公募に手を挙げ、組織作りから関わった。「危機管理で重要なことは、シナリオがない状況で、複数の回答を準備しながら判断し、ケースバイケースの対応の指揮を行うこと。とりわけ原子力災害の進展は多くのシナリオがあり得る。日ごろからそういう複数シナリオに基づいた訓練をしているフランス国防軍出身者のFARNへの参画が不可欠と考えた」と話す。また迅速な事故対応にはパリ本部と四つの地域本部の装備や訓練の規格化、平準化が不可欠である。そのため計五つの拠点の本部長は毎週水曜日にパリ本部に集合し、EDFが持つ2種類のプラント（900MW級と1300MW）に応じて、各FARN拠点で有する機材の標準化を進めている[39]。こうした装備や訓練の平準化は、福島第一原発事故の際、現場に到着した電源車の規格が合わず、電源回復に手間取った経験を踏まえている。

兵たんはバックアップ体制と解釈される傾向があるが、序文で定義を紹介したように、自給自足、現地調達も兵たん能力向上の重要な要素である。原発所員を訓練し、事故対応に必要な資機材の操縦能力を高めておくことの大切さをEDFばかりでなく、規制機関の関係者も認識している。フランスの原子力関係者は福島第一原発事故の際、消防車や重機の操作が下請け会社の担当だったため、契約にない高線量下の作業を東京電力が依頼できなかった事実を重く受け止めている[40]。

原子力緊急事態支援センター（福井県美浜町）の取り組み

日本にも電力事業者の自助努力の一環として設立された組織がある。原子力緊急事態支援センターで、関西電力の原発が立地する福井県美浜町に拠点を置く。原子力発電を所有しない沖縄電力を除く日本の9電力事業者が出資

---

38 日本原子力産業協会（2014）「バリュエルFARN地域本部視察報告書」
39 同上
40 フィリップ・ジャメ氏インタビュー、2019年5月

する原発専業会社の日本原子力発電から出向した職員を中心に21人の要員で構成される。装備としては小型、中型ロボット計8台、ショベルカーが大型、小型合わせて計3台、線量測定と現場撮影用のドローン2機のほか、防護服、防護マスク、線量計やバッテリー、非常用食料など発災時に必要な備品を計2t常備している。重機搬送用の大型トラックをはじめ、トラック計10台も常備し、大型運転免許を取得していない電力事業者の職員は希望しても緊急事態支援センターの職員に出向できない。

●写真2：原子力緊急事態支援センターの無人重機訓練（筆者撮影、2019年11月）

　福島第一原発事故の際、必要な資機材が発電所近くの敷地まで届けられても、そこから発電所までの運搬は、高線量であることやがれきで物理的に移動が不可能といった理由で、運転手に搬送を拒否される事例が相次いだ。この反省を踏まえ、電力事業者の職員自ら、大型運転免許を取得し、緊急事態に備えている。さらに、同センターは資機材の発災現場への搬送を確実にするため、「緊急事態に適用される250mSvの線量限度まで職務を全うすることを誓約し、契約書に明記した希望者のみを採用している」（白石所長）[41]という。また現場への輸送ルートをシミュレーションし、各原発につき三つ以上の搬送ルートを確保すべく、実際にセンターが所有する大型トラックで複数の原発に出向いて緊急時のアクセス確保に努めている。福島第一原発事故前に比べ、何が何でも原発に資機材を届けるという意識や体制は強化されたように見えるが、海外の事例と比較すれば、後述するように細部に詰めるべき課題は残されている。

　訓練は少数のセンター職員のみで行っても意味はなく、各原子力発電所で

41　原子力緊急事態支援センター視察、2019年11月

ロボットや重機の操作に習熟した職員を増やしておかなければ、事故が起こった時に役に立たない。そのため、年間100人ほど各事業者の原子力発電所から職員が研修に訪れる。二日間の初期訓練で重機やロボットなど資機材の基本操作を学び、さらに二日間の定着訓練で、全電源喪失を想定した真っ暗闇での作業等、難易度の高い操作を行う。それでも十分とは言えないため、さらにがれきで埋まった敷地での操作など応用訓練をセンターで用意している。しかし、白石所長は「電力会社間で応用訓練への参加は温度差がある」と打ち明ける。東海地震や南海トラフ地震が予測される地域に立地する中部電力の浜岡原子力発電所は熱心で、応用訓練について自らメニューを提案し、定期的に緊急事態支援センターに職員を派遣している[42]。

海外の取り組みから学ぶべき点

事故が起きた際の緊急対応力やロジスティクスの実務能力強化の事例として紹介したフランスのFARNと日本の原子力緊急事態支援センターを比較した場合、規制機関の考え方、電力事業者と規制機関の関係の違いがわかり、危機管理を考えるうえで重要な示唆を与えてくれる。

一見してわかるように、フランスのFARNが5拠点本部制をとっているのに対し、日本の原子力緊急事態支援センターは福井県美浜町の一カ所しかない。福井県から最も遠い場所にある北海道泊原発には最短でも物資の補給に31時間かかる。福島第一原発事故では、津波の到来から約24時間後に1号機建屋の水素爆発が発生している。ひとたび原子炉の制御が効かなくなれば、事故は想像を超えるスピードで進展する。白石所長も「設立時に国内三カ所という構想があったが、まずは美浜町の支援センターの実効性を上げ、拠点を増やす構想を進めている」と弱点を認める。FARNは「12時間以内に現地到着」を鉄則とし、五つの拠点ごとに管轄する原子力施設を割り振っている。

この違いは両国の規制機関の考え方に由来している。日本は福島第一原発事故の反省として、「非常用電源や重機をはじめ、事故時に7日間耐えられる備品の整備」を各原子力発電所に義務付け、それを規制要件の一つとしている。原子力規制委員会は公式文書で「事故の一義的責任は事業者が負うべき」と明記しており、この考えを徹底したと言える。フランスや米国はテロへの懸念や日本とは異なる自然災害（主に竜巻）への警戒心が強く、重機や備品を原発に集中配備した場合、テロリストに悪用されたり、竜巻で一掃されたりする恐れがあるとして、配備拠点を原発の外にも分散する傾向がある。

主に警戒をしなければならない自然災害の種類やテロ発生の可能性は各国で異なるため、どの国の規制機関の考え方が正しいのかは、一概に断定できない。ただし、原子力発電所に防災装備を集中する日本方式のリスクは考慮しておかなければならない。この点を踏まえ、白石所長は「例えば泊原発で

---

42 白石浩一氏ヒアリング、2019年11月

緊急事態が発生した場合は、原発自らが備えている機材のほか、地理的に近接する東北電力との事業者間協定で対応する」方法などを考えるべきだと提案している。

　事業者間協定は、他の電力会社間でも防災体制強化の一環として、多く締結されている。例えば関西電力など4電力会社は海上自衛隊舞鶴総監部も交え、災害時の相互協力協定を2018年8月に締結した。関西電力が配布したプレスリリース文書によると、主に危機対応時の人員、物資の輸送と輸送手段の融通を想定し、訓練を通して実効性を上げることを掲げている[43]。事業者間の協定は原子力緊急事態支援センターと同様、「緊急事態に適用される250mSvの線量限度まで職務を全うする」ことを誓約し、防災要員となった原発所員が対応にあたることを想定している。しかしながら、別の事業者の施設への支援にも本当にこの基準を適用できるのか、防災要員が「他の事業者の原発事故対応に命を懸けたくない」として物資搬送や現場での業務を拒否した場合はどう対応するか、といった問題は残されている。所属する原発以外にも作業員を派遣できるかどうか、業務命令を拒否された場合はどうするか、といった課題は海外でも議論がされており、克服は容易でない。例えばFARNの各拠点が出身原発ごとの14人×5チーム体制を基本としているのも、原子力災害時に人員を融通することの難しさを十分に承知しているからであり、日本においてもこの課題に向き合わなければ、物資供給のバックアップ体制を確立することは難しい。

自助努力と規制要件化

　二つ目の違いとして、FARNが規制要件の一つとなっているのに対し、緊急事態支援センターは規制要件となっていない。つまり原子力規制庁の職員が監視し、訓練やセンターの実効性をチェックすることは義務付けられていない。フランスではFARNの訓練も規制要件で、ASNが訓練をチェックし、12時間以内に原発に到達できる実力はないと判断されれば、EDFに改善を指示する。改善策が不十分とみなされれば、その地方拠点が管轄する原発は停止されるおそれがある。

　フランスは2006年、原子力の安全規制に関する独立性と透明性の確保に関する法律に基づき、規制機関を原子力推進官庁（経済省）から分離した。現在の規制は検査業務を担当するASNが、専門家集団で組織するIRSNを助言役にしながら、「EDFを含めて三つの機関が公開の場で対話しながら、より良い規制の在り方を議論する」（ASN）ことに重きを置いている。実際にFARN自体、当初は事業者の自助努力の一環だったが、三者の議論によって規制要件の一つとなった。

43　関西電力プレスリリース資料、2018年8月（https://www.kepco.co.jp/corporate/pr/2018/pdf/0829_1j_01.pdf）2020年3月5日閲覧

原子力事業者の訓練に関しては、規制機関の中にも「しっかりチェックして事業者と議論すること」の大切さが認識されつつある。山本は「事業者が実施する防災訓練にもすべての事業者から訓練結果の報告を受け、各電力事業者と改善点を議論している」と強調する[44]。震災から10年目を迎える今、原子力安全の一層の強化のため、事業者と規制機関が公開の場で議論する重要性はますます高まっている。

6 「日本版FEMA」の課題

不測事態への対処、オンサイトとオフサイトの連携強化に不可欠な各機関の役割分担の明確化について、福島第一原発事故後、米国のFEMA（米国連邦緊急事態管理庁、Federal Emergency Management Agency）の取り組みを日本にも導入するべきではないか、との意見がしばしば提案されてきた。民間事故調報告書は、「過酷な原子力事故が起こった場合の国の責任と、その際に対応する実行部隊の役割を法体系の中により明確に位置づけなければならない。将来的には、米国の連邦緊急事態管理庁（FEMA）に匹敵するような過酷な災害・事故に対する本格的実行部隊の創設を目指すべきであろう」[45]と提言している。

福島原発事故は自然災害と原子力事故の複合災害であり、事業者や当該自治体の対応能力を大きく超えていた。また、国の対応も多くの省庁にまたがったため、調整に手間取り、迅速な措置がとれなかった。こうした反省から、「米国のFEMAを模範とし、災害対応に特化した省庁を設立するべき」という意見は災害の専門家からばかりでなく、国会でも提起された[46]。

元東京消防庁警防部長佐藤康雄は、「全国に展開できる即応機動部隊を設立し、大規模災害を想定して訓練させ、有事には被災情報の集約、並びにファーストリスポンダーを統括して指揮しうるようなFEMAのような組織を総理大臣のもとに作るべきではないかと思う。現在、被災情報は各自治体が収集することになっているが、被災地ほどダメージを受けている。総理大臣の手足を自衛隊以外に用意する必要がある。現状中央官庁には防災対策をプロパー職員で支えうる防災省の受け皿がなく、総合的に災害対策を立案し、また実働部隊を統制できる官庁がない」[47]と主張し、自衛隊の他に、総理大臣が直接指揮できる災害即応部隊の創設を政府レベルで保持する必要性を強調している。

しかし、「日本版FEMAの構築」論は、FEMAの組織構造、米国や日本の

44 山本哲也氏ヒアリング、2019年11月22日

45 民間事故調（福島原発事故独立検証委員会）（2012）『福島原発事故独立検証委員会：調査・検証報告書』一般財団法人日本再建イニシアティブ、p.389。

46 第186回通常国会議事録、2014年2月（http://www.shugiin.go.jp/internet/itdb_kaigirokua.nsf/html/kaigirokua/001818620140224013.htm）2020年6月20日閲覧。

47 佐藤康雄氏ヒアリング、2019年10月8日

行政の在り方について、不正確な認識に基づいたものも少なくない。FEMAが災害対応に関連する全省庁を統括しているという認識は誤りであるうえ、災害対応の指揮は、米国では法律で当該自治体に権限が与えられており、FEMAは調整・助言を主な任務とする機関である。反対にFEMAに対する懐疑論として、「縦割りの日本の行政組織になじまない」という意見がしばしば出されるが、この反論も説得力に乏しい。縦割り行政の弊害は日本固有の問題ではなく、米国や欧州でも共通した課題である。とりわけ国防や治安や緊急事態対応といった生存と生命の保全を任務とする組織はどこも「一家」的組織文化を持つだけに縦割り行政になりやすい。どの国もそれを克服し、迅速な対応を実現するために議論や組織改編がなされてきた。

　したがって、日本の統治の仕組みを十分に考慮せずにFEMAのような組織を設立しても、災害対応が劇的に改善される可能性は低い。むしろFEMAが災害対応業務の所管をどのように明確化し、連邦政府、州、自治体間の連携強化を図ってきたのかを正確に知ることが、日本への教訓を引き出す第一歩になる。

FEMAの概要

　FEMAは1979年に創設された災害対応組織で、2001年9月の同時テロ事件を受け、翌年11月に設立された国土安全保障省の管轄下に入った。時代に応じて変化する脅威に対処するため、自然災害を重視したり、テロ攻撃への対応能力を高めようとしたり、権限や人事に変遷がみられる。

　FEMAの特徴としてまず、すべての緊急事態対応はFEMA長官が大統領代行として職務に当たることが法律で明記されていることが挙げられる。また、複数の省庁にまたがる災害対応について、緊急支援業務（Emergency Support Function：ESF）を15に分類し、その実行について、主要担当省庁（P）、サポート省庁（S）、調整機関（C）を定義している（図1参照）[48]。

　一見して明らかなように、緊急時対応の主要分野だけでも多岐にわたり、一つの機関にすべての業務を集約することは現実的ではない。

　FEMAはこの主要15業務のうち、初動で特に重要な通信、情報・計画、被災者対応、ロジスティクス、捜索・救助、対外広報の6業務に特化している。残り9業務は各省庁との調整を経て実施される。この9業務について、省庁間の調整が難航した場合は、FEMA長官が指示し、最終調整を図る。

　ただし、すべての災害をFEMA長官が指揮するといっても、原子力・放射能事故、サイバー事故、テロやパンデミックなど専門性が高い事案への対応は専門知識を有する省庁が対応を主導し、FEMAは住民の避難やロジスティクスを担当する[49]。

48　指田朝久、池上雄一郎、コナーこずえ、坂本憲幸、町晃（2014）「日本版FEMA構築の可能性と留意点：政府と地方自治体の災害対応の在り方の提案」『地域安全学会梗概集』35（11）、pp.9-12。

●図1：米国ESFの主要分野と省庁役割分担（「日本版FEMA構築の可能性と留意点：政府と地方自治体の災害対応の在り方の提案」を参照に筆者が作成）

	運輸	通信	土木	消防	情報・計画	被災者対応	物流	衛生・医療	捜索・救助	石油・毒物	農業・自然	エネルギー	公共安全	NDRFへの移管	対外
農務省	S	S	S			S	S	S	S	S	CP	S			
農務省林野局				CP											
国防総省	S	S	S	S		S	S	S	PS	S	S	S	S		
国防総省軍工兵隊			CP			S									
エネルギー省	S		S			S	S			S	S	CP			
保健・福祉省			S			S	S	CP	S		S				
国土安全保障省	S	S				S		S	S	S	S	S	S		C
国土安全保障省保護計画局サイバーセキュリティ通信室		CP													
FEMA		P			CP	CP	CP		CP						P
国土安全保障省米国沿岸警備隊				S					P	P					
国土安全保障省連邦緊急事態管理庁消防局				CS											
内務省	S	S	S	S		S	S	S	S	S	P	S	S		
内務省国立公園局									P						
司法省アルコール・たばこ・火器および爆発物取締局													CP		
運輸省	CP		S			S	S	S	S	S	S				
環境保護庁			S	S				S		CP	S	S			
一般調達局	S	S	S			S	CP		S		S				
米国赤十字						PS	S	S			S				

　米国の危機管理とFEMAの機能を学ぶ際に注意を要する点が二つある。一つは被災した基礎自治体のトップ（市長）が災害対応を一元管理する点である。州政府職員や連邦政府のFEMAの応援部隊は市長の指揮下に入るため、東日本大震災のように基礎自治体の庁舎や災害対応拠点が被災した場合は初動対応に大きな影響がある。米国でもこの点は意識されており、実際、2005年のハリケーン・カトリーナ災害では、ニューオリンズ市の市庁舎と代替拠点の両方が高潮で壊滅し、初動対応が全くできなかったことについて、危機管理の専門家の間で激しい議論が巻き起こった[50]。

　もう一つはFEMAが先の専門6業務に関して実働部隊を有する実力組織であることだ。通信や建築土木、救急対応に必要な資格や免許を有する要員を抱え、常勤職員7600人超の巨大官庁である。災害時に動員される非常勤職員も1万人を超えている。全米の10か所に地方拠点を置いており、被災自治体にすぐに応援に入る体制を整えている。米国では一般的であるが、法律や規定であらかじめ、災害時の職務権限の委譲が決められており、初動に必要な機材の搬入や動員する人員規模など、地方拠点の責任者が連邦政府の許可

49　アメリカ合衆国連邦緊急事態管理庁（FEMA）『FEMA（組織ホームページ）』アクセス2020年6月27日〈http://www.fema.gov/〉

50　Comfort, L., Oh, N., Ertan, G., Scheinert, S. (2010). Designing Adaptive Systems for Disaster Mitigation and Response: The Role of Structure. In De Bruijne, M., Boin, A., & Van Eeten, M. (eds.) (2010). *Resilience: Exploring the concept and its meanings. Designing resilience: Preparing for extreme events.* University of Pittsburgh Press. pp.33-61.

を得ずに、その場で即決できる。平時には州政府や基礎自治体に地方拠点から職員を派遣して教育や訓練を行っている。米国の雇用形態は職種別採用であり、基礎自治体の災害対応部局にも専門知識を有する専門家が配置されているため、訓練の効果は高まりやすい。地元の企業やNPOとも連携し、訓練や災害協定の締結を行っている[51]。

「日本版FEMA」の可能性

FEMAの現状や米国の災害対応における所管の明確化を理解したうえで、日本は何を学ぶべきだろうか。

日本においても、2011年の東日本大震災後、危機管理の実効性を高めるための施策は実施されている。原子力事故に関して言えば、オンサイトの対応は原子力規制委員会が管轄し、住民避難などオフサイトの対応は内閣府が担当するよう整理した。内閣に直属し、特定の分野や業界を担当する他省庁から独立している内閣府は省庁間の協力が必要な場合に、調整機関として力を発揮できる特徴がある。また内閣府を中心として所管業務の割り振りを協議し、原子力災害時に各省庁が管轄する業務の分担を米国と同様に定めている[52]。

しかしながら、内閣府が災害対応でも特に重要な初動にかかわる事項に特化しているわけではなく、また実働部隊を持っているわけでもない。日本は各省庁、都道府県がそれぞれ実働部隊を所管し、総理や所管大臣、知事の指示や要請により、出動する仕組みになっている。防衛省は自衛隊を、各自治体や都道府県は消防や警察を所管している。より専門分野に特化した実働部隊として、国道の修復にあたる国土交通省のTEC-FORCE（緊急災害対策派遣隊）や救急・医療対応を行う厚生労働省のDMAT（Disaster Medical Assistance Team）がある。

TEC-FORCEは2008年4月に創設された。国交省及び同省の地方拠点である地方整備局の技術系職員を中心に全国12,654名の隊員で組織する。災害時の被害調査や国道の復旧だけでなく、全国に10ある地方整備局から隊員を被災自治体の緊急対策本部に派遣し、助言活動を行う。創設以来、2011年の東日本大震災や2018年の7月豪雨をはじめとした106の災害に対し、のべ約10万人を超える隊員を派遣している[53]。

DMATは「災害時に活動できる機動性を持つトレーニングを受けた医療チーム」と定義され、全国に9000名の医師、看護師、業務調整員（医師・看護師以外の医療職及び事務職員）で構成される。「機動性を持つ」とは、大規模災害や多傷病者が発生した事故などの現場で、おおむね48時間以内に活動

---

51 務台俊介、小池貞利、熊丸由布治、レオ・ボスナー（2013）『3・11以後の日本の危機管理を問う』晃洋書房。

52 内閣府（2014）「災害対策標準化検討会議（第4回）議事概要について」アクセス2020年6月30日〈http://www.bousai.go.jp/kaigirep/kentokai/kentokaigi/04/pdf/gaiyou.pdf〉

53 国土交通省「TEC-FORCE（緊急災害対策派遣隊）」『国土交通省ホームページ』アクセス2020年6月27日〈http://www.mlit.go.jp/river/bousai/pch-tec/index.html〉

できる能力を備えていることを意味する。1995年の阪神・淡路大震災時に、初動で救急医療が提供されていれば、救命できたと考えられる事例が500名存在した可能性があったと指摘されたことから、2005年4月に発足した[54]。

　阪神・淡路大震災後に、災害が広範囲に及ぶ場合の対応強化を目的に、組織の改編を実施した例は多い。自衛隊とともに災害対応で「ファーストリスポンダー」と称される消防は「緊急消防援助隊」を、警察は「広域緊急援助隊」を新設した[55]。

　原子力防災に限って言えば、今のところ、年に一回国が主催して行う総合防災訓練で、警察・消防や自衛隊を含めた実働部隊すべてが参加することは少ない。先に指摘したように、自衛隊が公式に原子力防災訓練に参加するようになったのも2019年からにすぎない。治安組織や自衛隊を除くTEC-FORCEやDMATのような実働部隊をFEMAのように統合するかどうかは別として、訓練を重ねて連携を高めなければならないのは明らかである。

　またFEMAが災害対応を分析し、時代とともに重要事項を改定してきた取り組みも成否両面から検証する必要がある。

　この章で取り上げている「事故を起こした原子力発電所への物資の供給」はオンサイト対応なのか、オフサイト対応なのか判別が難しいテーマである。実際、事業者間の協力協定で十分でない場合は、自衛隊や警察・消防が物資の供給を担わなければならない。福島第一原発事故でも、電源車や消防車は事業者間のやり取りだけでは対応できず、自衛隊や消防が運搬した。そればかりでなく、自衛隊員や警察、消防署員がオンサイトでの放水にも参加している。事故後、原子力規制委員会がオンサイト、内閣府がオフサイトを担当する二元体制になり、役割分担の明確化が進んだが、オンサイトとオフサイトのはざまに位置する原子力施設への物資供給のような業務に、誰がどのように責任をもってあたるのか。災害での経験や訓練ごとに課題を洗い出し、FEMAを中心に各省の役割分担の明確化を図ってきた米国の事例から学ぶ点と言える。

　一方で、災害の教訓を過度に単純化したため、事後の緊急対応に影響が出たとみられる事例があることには注意を要する。2005年、ニューオリンズに甚大な被害を及ぼしたハリケーン・カトリーナの初動対応の失敗は、2001年の同時多発テロ後、FEMAを所管する国土安全保障省の幹部人事がテロの専門家の配置に傾き、自然災害対応に不慣れだった点が指摘されている[56]。災害から何を教訓として学び取るかは日本に限らず、常に難しい課題である。2020年、新型コロナが世界中にまん延し、感染症対策の不備が明らかになった。ここから何を教訓として学ぶかもまた、難しい問題である。

54　厚生労働省DMAT事務局『DMAT（組織ホームページ）』アクセス2020年6月27日〈http://www.dmat.jp/〉

55　警察や消防の組織改編については、第6章「ファーストリスポンダー」（磯部晃一委員担当）に詳しい。

56　指田、池上、コナー、坂本、町、2014。

　日本の現状を海外と比べたとき、中央省庁の所管事務の分散以上に深刻と考えられるのは、一部の自治体を除き、レジリエンスや危機管理を大学院で学び、専門知識を持った職員が少なく、災害への備えや発災時の対応力が不十分な点である。この点を見過ごしたまま、中央政府の所管事務の明確化を図っても、災害対応の実効性がどれほど高まるのかは疑わしい。米国は災害の指揮権は基礎自治体が持ち、FEMAの応援部隊は市長の指揮下に入る。米国と同様に連邦制のドイツも戦争を除く緊急時対応の指揮権は基礎自治体に移管されている[57]。民主主義国の中では中央集権の色彩が強いといわれるフランスも初動の指揮は基礎自治体が行い、災害のレベルに応じて県、地方政府（フランスは全土を13地方に分割している）、国へと指揮権が上がっていく仕組みを採用している[58]。

　日本の危機管理法制では、災害対策基本法をはじめ、対応の指揮権限を国、地方に分散的に付与しているものの、国に「指示権」や「総合調整権」があり、国が全般指揮を行うのが通例である。新型コロナの感染対応でも、地方の実情に合わせた対応を取ろうとする知事・市長と、国が法律（新型インフルエンザ等特別措置法）の解釈をめぐり対立する場面が見られた。防災計画書の作成についても国が都道府県や自治体に指導しており、防災の実質的な指揮権を持つが地方の実情は知らない国が、地方のことはよくわかっているが防災の専門知識は少ない自治体にたたき台を送付し、原子力防災計画は策定されてきた。福島第一原発事故後もこの構図は大きく変わっていない、という指摘がある。事故後に新たに策定された地域防災計画（原子力災害対策編）について、千葉大名誉教授の新藤宗幸は「構成は、いずれの自治体の計画を取り上げても、まったくといってよいほど同一である」と皮肉っている[59]。

　欧米とのこうした違いは、欧米が専門職採用を基本とするのに対し、日本が一般職採用であり、2、3年で部署を異動させ、一定程度の知識を有しながら幅広い分野を担当させる傾向が強いことに由来している[60]。人事制度は働き方のみならず、社会の在り方にも深くかかわるため、一朝一夕に変更することは難しい。

　こうした背景もあり、FEMAのような組織を発足させることについては、政府としては検討の結果、見直しの必要性はないとの結論を出している。現在の政府の態勢では、災害発生直後においては、内閣危機管理監の下に関係省庁の緊急参集チームの構成員が速やかに集まり、初動の対応を行い、政府対策本部の発足に伴い、内閣府防災（原子力災害については内閣府原子力防

57　国土交通省国土政策局総合計画課（2012）「諸外国における中枢機能のバックアップの取組」アクセス2020年6月27日〈https://www.mlit.go.jp/common/000205685.pdf〉

58　内閣府（2014）「参考資料3　各国の危機管理組織の概要」政府の危機管理組織の在り方に係る関係副大臣会合（第1回）配布資料、p.4。アクセス2020年6月27日〈http://www.bousai.go.jp/kaigirep/kaigou/1/pdf/sankou_siryou3.pdf〉

59　新藤宗幸（2017）『原子力規制委員会─独立・中立という幻想』岩波新書、p.153。

60　指田、池上、コナー、坂本、町、2014

災）が主体的に対応することになる。現行の仕組みの中で、訓練などを積み重ね地道に改善していくことが現実的、との見解である。

　事業者の自主組織であれ、省庁組織であれ、海外事例を理想化することは避けなければならない。

　最悪への備えに関しては、欧州と日本で、原子力を取り巻く環境の違い、特に1986年のチェルノブイリ事故の影響の差を考慮する必要がある。放射性物質の飛来など直接事故の影響を受けた大陸欧州の各国は、フランスのグループアントラ創設に見られるように、この事故後に緊急対応の体制整備がかなり進んだ。日本がグループアントラから学ぶのは、災害支援ロボットの操作能力向上や国産化を図ることよりも、原子炉が制御不能へ向かった場合に誰がどのように事故の拡大を防ぐのか、自衛隊を含めた役割分担を明確にすることだと考えられる。福島第一原発事故では、あと一歩不運が重なれば、首都圏に人が住めなくなるような大惨事に陥っていたことを忘れるべきではない。

　また福島第一原発事故は地震・津波と原子炉異常が重なった複合災害であり、専門知識を要する原子力災害対応と機動力が問われる自然災害の対応にあたり、各省庁の役割分担が混乱した。その教訓として、民間事故調は「FEMAに匹敵するような過酷な災害・事故に対する本格的実行部隊の創設を目指すべきであろう」と提言したが、地方自治体の防災対応力を向上させたり、中央省庁と事業者、地方自治体の役割分担を再定義したりしなければ、災害対応力の向上は望めそうにない。

まとめ

　この章では、原子力事故に対応するため、発災現場に必要な資機材をいかに迅速に供給するか、というロジスティクスの観点から、福島第一原発事故後の日本および海外の取り組みを比較した。各国は原子力の安全規制を見直し、電力事業者も自主的な緊急事態対応部隊を設立した。フランスのFARNや日本の原子力緊急事態支援センターはその一環であり、福島事故時に比べ、緊急事態への備え、特にロジスティクス能力は強化されている。

　しかし、こうした自主的な対応部隊がその実効性を高めるには、原子力業界が抱える業務の過度の細分化・マニュアル化を脱する必要がある。福島第一原発事故では、こうした過度のマニュアル化が「想定を超えた事態」への対応の障害となり、情報共有の失敗から、効率的な資機材の搬送ができなかった。電力事業者は組織改編と訓練の仕方を見直し、緊急事態への対応力を高めたと自負するが、海外の取り組みと比較すると日本が学ぶべき点はまだ多い。

　まず、規制機関と電力事業者が透明性のある場で安全規制の強化に向けて議論することが求められる。FARNは当初、電力事業者の自助努力の一環だ

ったが、規制機関と専門家を交えて公開の場で議論した結果、規制要件の一つとなった。

　さらに、緊急事態への対処能力向上のためには「不測事態シナリオ」を想定し、事業者や、関連省庁の役割分担を明確にしておくことも求められる。福島第一原発事故を経て、オンサイトの対応を原子力規制庁が、オフサイトの対応を内閣府が所管する二元体制になったが、それだけで十分な対応ができるわけではない。複合事故の際には、対応が多くの省庁にまたがるため、訓練や図上演習を経て、常に役割分担の議論をしておかなければならない。

　最後に、「日本版FEMAの構築」論を検証する中で明らかになったのは、日本では、一部の自治体を除き、防災の専門知識を大学院で学んだ職員が少ないことであり、国が災害対応を指揮するとしても、発災現場の自治体の専門知識の有無は対応を大きく左右する。

　福島第一原発事故から10年を迎えたが、緊急時対応やロジスティクスの充実のために、検討すべき事項はまだ残されている。

コラム6　日本版「FEMA」の是非

　福島原発事故後、日本にも米国のFEMA（Federal Emergency Management Agency、連邦緊急事態管理庁）のような国の組織をつくるべきだとの声が幾度となく上がった。日本版FEMA構想である。

　米国も日本と同様に、災害対応の第一義的責任は郡や市などの地方自治体が負うことになっているが、災害の規模が大きく地方自治体だけでは対応が困難と判断された場合にはFEMAが災害対応、連邦対応計画（FRP：Federal Response Plan）に基づいて、連邦の資源・財源を投入する。FEMAの運用思想は「オール・ハザード・アプローチ」と呼ばれる。自然災害も人為災害も災害の種類を問わず、あらゆる災害に対して単一の組織行動原則を確立して対応する、一元的対応によって、ヒト・モノ・カネといった資源を事態対処に向けて効率的に投入し、事態対処の指揮命令を標準化することで行政手続の透明性を高める、という考え方に基づいている。

　日本では、原子力災害、自然災害、武力攻撃事態、新型インフルエンザ…それぞれについてそれぞれの所管官庁が異なる法律を根拠に、それぞれの災害や緊急事態に対応している。また、災害対応の基本単位は地方自治体（市町村）であり、政府は自治体の意思を尊重しながら災害対応を行なうことを建前としている。ヨコもタテも割拠状態が生まれやすい構造である。

　日本の行政機構にも、内閣府防災担当の閣僚ポストと政策統括官組織があり、内閣官房には内閣危機管理監、内閣官房副長官補（事態対処・危機管理担当）を置いており、官邸に事態対処の中核はある。しかし、それは「オール・ハザード・アプローチ」に基づいた一元的対応の制度ではない。

　東日本大震災後に災害法制の改正が行われた際、危機管理体制の見直しを求める附帯決議が何度も付けられた（原子力規制委員会設置法、大規模災害復興法、国土強靱化基本法）。そこでも日本版FEMAを求める声が強かった。

　しかし、内閣府（防災担当）が主宰した副大臣会合は2015年3月「政府の危機管理組織の在り方について」という最終報告を出した。そこではオール・ハザード・アプローチの一元的組織に対しては「ほぼ全ての府省庁の統合が必要になるため、非常に大きな組織となり、トップのマネジメントが困難となる…（略）…補完するために担当ごとに責任あるポストを設けざるを得ず、『縦割り』が解消しない」との結論を出している。要するに、FEMAのような組織は日本には行政機構上、馴染まないということである。

　しかし、地方からはこれとは違う声が上がり始めている。2018年7月26日、全国知事会は「国難レベルの巨大災害に負けない国づくりをめざす緊急提言」を公表した。そこでは「国難レベルの巨大災害に備えるために、国の指揮命令系統を明確化し、対応調整権限や予算措置権も含めて、災害への備

えから復旧・復興までを担う『防災省（仮称)』の創設を提唱している。「防災省（仮)」とは「日本版FEMA」の一つの形である。災害救助法以来、災害対策は自治体が担うものとされてきたが、人口減少、少子高齢化、地域社会の疲弊、経済の衰退は、自治体の行政サービス機能を摩耗させてきた。南海トラフ地震のように将来起こりうる災害や緊急事態に備えるにあたって、いまの中央政府のそれぞれバラバラの「資源持ち寄り型」の防災体制では間に合わないという危機感を地方は抱いている。

　かくして、日本版「FEMA」構想は、中央では嫌われるが、地方では望まれるという"ねじれ"が生まれつつあるかに見える。

　そもそも日本政府は世界的に見て決して「大きな政府」ではない。それにもかかわらず資源が各省庁間に広く浅く分散しており、大災害や国家的危機にその都度、人もモノも情報を各省からかき集めて事態対処に向かう。近年、西日本を頻繁に襲う水害や洪水では国土交通省、農林水産省、経済産業省などの職員が現地に派遣され、現地対策本部を作り、そこを司令塔とすることが恒常化している。新型コロナウイルス感染に際しては、厚生労働省や国立感染症研究所の初期対応の鈍さや危機管理ガバナンスの不全を理由に日本版CDC（疾病予防管理センター）の創設を求める声が聞かれた。

　日本と異なる統治機構・行政システムをもつ米国のFEMAをそのまま導入しても日本ではうまく機能しないかもしれない。しかし、「オール・ハザード・アプローチ」に基づく一元的対応の在り方はFEMAが唯一の形ではない。副大臣会合で主に話し合われたのは組織論であり、内実に踏み込んで討議が行われた形跡はない。内実とは、地方が置かれた状況と政府と自治体の協同のあり方、人的資源、ノウハウ、プロの養成の必要性、ファーストリスポンダー、本来任務は国家防衛である自衛隊の防災対応での役割、異常気象や感染症などの国家的危機の頻発といったことである。国会の場で改めてそういうことを含め「日本版FEMA」の是非を真剣に議論すべき時である。

コラム7 求められるエネルギー政策の国民的議論

　福島原発事故はその後の日本の原子力エネルギーを含むエネルギー政策にどのような影響を及ぼしたのか。そもそもそれはどのような議論をもたらしたのか。

　結論から先に言うと、日本はこの間、エネルギー政策について正面からの国民的議論をしてこなかった。2011年以来これまで6度の国政選挙が実施されたが、エネルギー政策が主要な争点となったことは一度もなかった。事故後最初の衆議院選挙となった2012年12月の選挙直前の世論調査でも、「最も関心を持つ政策」に「原発などエネルギー問題」と答えた人は全体の17%に留まった。35%の「経済対策」や30%の「社会保障」の半分ほどにすぎない[1]。2012年に結成された緑の党は未だに国政の場に独自候補を擁立できない。国政を占うと言われている東京都知事選挙でも、2016年、「原発ゼロ」を掲げて小泉純一郎元首相と共闘した鳥越俊太郎氏の得票は伸び悩んだ。

　この間、エネルギー政策の中での原子力の位置づけはどうなったのか。原発事故の前の年の2010年、菅直人民主党政権が制定した「第3次エネルギー基本計画」は、エネルギー安全保障の強化と地球温暖化対策を重視した。その中で原子力は供給安定性・環境適合性・経済効率性を同時に満たす「基幹エネルギー」と位置づけられ、積極的な利用拡大を図るとされた[2]。原発事故直後は、菅内閣が一転して脱原発の方向性を打ち出したが、2012年夏、将来の原発依存度を議論するために設置された民主党のエネルギー環境調査会は、脱原発派と原発推進派の党内路線対立に加え[3]、電事連（電気事業連合会）、電力総連（全国電力関連産業労働組合総連合）、資源エネルギー庁などの「中央の原子力ムラ」や、長年核燃料サイクル事業の一翼を担ってきた青森県や六ヶ所村などの「地方の原子力ムラ」が介入し、大きく混乱した。政権末期の民主党に党内対立や利害関係者との調停を行う政治的資源も指導力もなく、玉虫色のエネルギー政策しか打ち出すことはできなかった。

　2012年12月に登場した安倍晋三自民党政権は「原子力への回帰」を志向した。2014年に制定した「第4次エネルギー基本計画」では、原発依存度の低減を打ち出したものの、原子力は発電コストが低廉で安定的に発電することのできる「低炭素の準国産エネルギー源」として「ベースロード電源」の

1　「世論調査―質問と回答〈12月17、18日実施〉」『朝日新聞』2012年12月18日〈http://digital.asahi.com/senkyo/sousenkyo46/news/TKY201212180562.html〉
2　日本政府（2010）「エネルギー基本計画」11頁。〈https://www.enecho.meti.go.jp/category/others/basic_plan/pdf/100618honbun.pdf〉
3　上川龍之進（2018）『電力と政治　下』勁草書房、55-58頁。

一つに位置づけられた[4]。また、2018年に制定した「第5次エネルギー基本計画」でも同様の位置づけがなされている[5]。

にもかかわらず、安倍政権下でも原発の再稼働は思惑通りには進んでいない。2020年現在、稼働している原発は事故前の54基に比べて9基にすぎない。原子力発電が電源構成に占める割合は3％にとどまっており、「第4次エネルギー基本計画」のもと「長期エネルギー需給見通し」（エネルギーミックス）で資源エネルギー庁が2015年に掲げた20〜22％という目標[6]を大幅に下回っている。

なぜ、再稼働は進まないのか。事故後、新たに設立された原子力規制委員会による厳格な規制運用基準に事業者が十分に応えられないことがある。それとともに、再稼働を望まない立地自治体の民意もある。東京電力が再稼働を目指している柏崎刈羽原発は、新潟県による抵抗に遭い、規制基準に合格した今も再稼働できていない。もう一つ、司法の壁が立ちはだかっている。関西電力大飯原発と高浜原発は、規制基準に合格した後に福井地裁の同じ裁判官によって再稼働が差し止められている。日本の原子力政策は国民的議論を欠いたまま、再稼働を急ぐ利害関係者と、原発の立地自治体という一地方の民意、さらには司法の間の綱引きによって形成されている——というより形成できない——形である。

脱原発を目指す原子力市民委員会は2018年に発表した提言書『原発ゼロ社会への道』の中で「原子力発電は国民全体の生活や健康に多大な影響を及ぼす事業であり、国民的議論を行うべき課題である[7]」と呼び掛けている。一方、原発維持の立場の中西宏明経団連会長も2019年の記者会見で「エネルギーの全体像を踏まえた国民的議論をせず、現状のまま看過していれば日本の将来は危ういものになる[8]」と警告を発している。

国民的議論の不在は、日本のエネルギー・気候変動政策を漂流させている。

原発事故前の2010年には20％あった日本のエネルギー自給率は現在10％を下回っている。OECD諸国内では最下位のルクセンブルクに次ぐ低い水準である。

原発再稼働が進まない中、「ベースロード電源」を確保するために、電源構成に占める石炭火力の割合が上昇している。2015年のパリ協定採択後の脱炭素社会への本格移行に逆行する動きである。こうしたことから産業界を中心

---

4 日本政府（2014）「エネルギー基本計画」p.21〈https://www.enecho.meti.go.jp/category/others/basic_plan/pdf/140411.pdf〉

5 日本政府（2018）「エネルギー基本計画」pp.19-20〈https://www.enecho.meti.go.jp/category/others/basic_plan/pdf/180703.pdf〉

6 経済産業省（2015）「長期エネルギー需給見通し」p.7〈https://www.enecho.meti.go.jp/committee/council/basic_policy_subcommittee/mitoshi/pdf/report_01.pdf〉

7 原子力市民委員会（2018）『原発ゼロ社会への道2017—脱原子力政策の実現のために—』p.242。〈http://www.ccnejapan.com/20171225_CCNE.pdf〉

8 日本経済団体連合会（2019）「定例記者会見における中西会長発言要旨」2019年2月25日。〈https://www.keidanren.or.jp/speech/kaiken/2019/0225.html〉

に、安定供給が可能な「低炭素の準国産エネルギー源」としての原子力の再評価の声が上がっている。

しかし、その一方で、原子力のコストが低廉であるという前提は、原発事故のリスクやより厳しい規制基準に適合するための対策工事費用を加味しておらず、「原発の社会的コストを考えれば原子力が経済的なエネルギー源という考えは誤り」という指摘もある。また、国の原子力政策の前提となってきた核燃料サイクル事業は延期を繰り返し、原発輸出も頓挫している。

事故後10年、原発事故前のエネルギー政策がゾンビのように実態と乖離しながら生きながらえている。エネルギー政策論争は「原発推進対脱原発」のデッドロック状態に陥ったままである。気候変動問題、エネルギーの安定供給、原子力の実質コストなどに関する費用対効果を冷静に比較考量し、原子力利用とエネルギー政策についての党派性を超えた国民的議論が求められる。

ファーストリスポンダーと
米軍の支援リスポンダー

ファーストリスポンダーと米軍の支援リスポンダー

なぜ、ファーストリスポンダーなのか

　福島原発事故は最悪の場合、そこから飛散する放射性物質が首都圏を汚染し、東日本の一部地域が死地と化したかもしれない戦後最大の国家危機であった。

　日本政府は、その危機を乗り切るべく消防、警察、海上保安庁、自衛隊のいわゆるファーストリスポンダー[1]を動員した。そして、日米同盟を国家資源として活用した。それらの作戦はどこまで機能したのか。機能しなかったのか。そこから引き出すべき教訓は何だったのか。それはその後、どのような「学び」として学習されたのか。

　福島原発事故に際して、消防、警察及び自衛隊のファーストリスポンダーは、オフサイトにおいて予め計画されていた役割に加えて、防災業務計画などには含まれていなかった、高放射線下でオンサイトでの放水等を実施した。ファーストリスポンダーは、その役割や組織、活動の要領が類似しているように国民には思われがちであるが、その成立の背景や法的基盤、組織はファーストリスポンダーごとに異なるので、その特性を理解した上で論ずることが適切である。

　各リスポンダーの任務規定などについて簡単に触れておく。

　消防の任務：「その施設及び人員を活用して、国民の生命、身体及び財産を火災から保護するとともに、水火災又は地震等の災害を防除し、及びこれらの災害による被害を軽減するほか、災害等による傷病者の搬送を適切に行うこと[2]」

　警察の責務：「個人の生命、身体及び財産の保護に任じ、犯罪の予防、鎮圧及び捜査、被疑者の逮捕、交通の取締その他公共の安全と秩序の維持に当ること[3]」

　海上保安庁の任務：「法令の海上における励行、海難救助、海洋汚染等の防止、海上における船舶の航行の秩序の維持、海上における犯罪の予防及び鎮

1　ここで使用するファーストリスポンダーとは、市町村単位で組織される消防、都道府県単位で組織される警察、そして国単位で組織される海上保安庁及び自衛隊を指す。彼らは、平素各々の根拠法に基づき、所掌事務を遂行している。災害発生時には、いち早く現場に駆け付け、捜索救難、人命救助、被害の局限、応急復旧などに従事し、被災地において相互に連携協力して災害救援に当たる。
2　消防組織法（昭和22年法律第226号）第1条。
3　警察法（昭和29年法律第162号）第2条。

圧、海上における犯人の捜査及び逮捕、海上における船舶交通に関する規制、水路、航路標識に関する事務その他海上の安全の確保に関する事務並びにこれらに附帯する事項に関する事務を行うことにより、海上の安全及び治安の確保を図ること[4]」

　自衛隊の任務：「我が国の平和と独立を守り、国の安全を保つため、我が国を防衛することを主たる任務とし、必要に応じ、公共の秩序の維持に当たる[5]」

　このように、消防、警察及び海上保安庁は、その任務の規定からして、まさにいち早く被災現場に赴き被災住民を助ける任務を平素から帯びている。自衛隊は、国を守る防衛を主たる任務として、必要に応じて、災害派遣などに当たるとされている。したがって、他の3機関とは異なり、災害救援に赴くには基本的に都道府県知事等の要請により部隊を派遣することができる仕組みになっている。

　検証作業を通じて、ファーストリスポンダーに関して、明らかになってきたことは、次の五点に要約できる。

　第一に、ファーストリスポンダーは、災害現場において相互に協力連携しながら対応している。しかしながら、組織の成り立ちや法的な根拠が異なるため、対応の仕方は異なっており、ファーストリスポンダー相互の横の連携や連絡体制が必ずしも十分であるとは言い難い。リスポンダー間の相互の連携は、福島原発事故の教訓を踏まえて防災訓練等を通じて深まっているものの、まだ課題が残されている。

　第二は、福島原発事故後のファーストリスポンダーの原子力災害に対する取り組みは、どこかファーストリスポンダーらしからぬ、やや消極的な対応になっていはしないかと思われる点である。

　第三は、同盟国として支援の手を差し伸べてくれた米軍という支援リスポンダーの存在である。日米同盟連携の過程で見えてきたのは、政策レベルと部隊運用レベルでの課題である。

　第四に、「究極の問いかけ」、すなわち、原子力施設の重大な事故に際して、原子力事業者だけでは十分な措置を講ずることができない場合に、国、そしてファーストリスポンダーたちがいかなる対応をするのか、という問いに対して、未だ十分応えていないのではないかと思われる点である。

　最後に、政治と自衛隊の関係である。自衛隊はファーストリスポンダーでもあるが、国家としての究極の役割が期待されるラストリスポンダー、最後の砦でもある。この10年間で政治と自衛隊の距離は縮まってきた感があるが、国民、政治家そして自衛隊がより一層信頼関係を構築するべきではないかという点である。

4　海上保安庁法（昭和23年法律第28号）第2条。
5　自衛隊法（昭和29年法律第165号）第3条。

1 空中放水と地上放水：ファーストリスポンダーの現場

　事故発生から、3月20日頃まで、福島第一原子力発電所において活動したファーストリスポンダーたちの行動の軌跡は、下のクロノロジーにあるとおり明らかである。その行動に至る過程については、我々に多くの課題を突き付けている。

3月12日15時36分　1号機建屋で水素爆発
3月14日11時1分　3号機建屋で水素爆発、現場で対応していた自衛隊員、
　　　　　　　　　東電職員が負傷
3月15日未明　政府・東電統合本部設置
3月16日6時10分　4号機建屋で水素爆発
14時過ぎ　陸自大型ヘリからの放水を企図するも高い放射線により断念
3月17日9時48分　陸自大型ヘリからの3号機への放水開始
　　　　19時5分　警視庁機動隊の高圧放水車による3号機への放水開始
　　　　19時35分　自衛隊消防車による放水開始
3月18日　細野首相補佐官による「3月18日の放水活動方針について」発出
3月19日未明　東京消防庁のハイパーレスキュー隊による放水開始
3月20日　原災本部長（菅首相）による「指示」発出

ヘリからの放水作戦

　事故発生3日後の14日頃から、政府、東電にとって、使用済み核燃料プールにいかに注水するかが焦眉の急になってきた。その検討の中で、ヘリコプターからの放水の案が一つのオプションとして浮上した。地上放水の具体化が関係省庁間での調整に手間取り、結果的にヘリコプターからの放水が最も早く準備が整った[6]。こうした状況の中で、菅首相から空中放水のゴーサインが出て実施されたのが17日の空中放水である。

　この頃、米政府の苛立ちも頂点に達しつつあった。ジョン・ルース在京米国大使は、13日昼、14日夜に枝野幸男官房長官に官邸の危機管理センターに米専門家を常駐させて欲しいと依頼するが、同長官に断られ、15日夜の三度目の電話でやっと実現した。米政府からは、在米日本大使館、在京米大使館、米軍などあらゆるチャンネルから、日本政府は速やかに目に見える形で行動せよ、といったニュアンスが伝わってきていた。

　クロノロジーにもあるとおり、16日午後、ヘリによる空中放水を行う手はずになっていたが、原子炉建屋上空の放射線量が高かったため、断念することになった。この時の政府首脳の落胆は大きかった。その日の深夜、統幕長

6　放水までのプロセスについては次を参照されたい。磯部晃一（2019）『トモダチ作戦の最前線　福島原発事故に見る日米同盟連携の教訓』彩流社、pp.47〜49。

室に自衛隊の最高幹部が集まり、翌日は不退転の覚悟で空中放水に臨む決意
を固めた。

　翌朝、陸上自衛隊が保有する最大のヘリコプターCH–47チヌーク×2機で、
2回、計30トンの海水が投下された。その日の夜から地上放水の準備が整っ
たので、空中放水の任務は終了した。

　ヘリからの空中放水の評価は分かれている。当時の伊藤哲朗内閣危機管理
監は、ヘリからの散水では水量が少なく効果はほとんどないと判断していた。
また、藤崎一郎駐米日本大使は、あの散水で米側の態度が変わったとは思え
ないとの印象を抱いた。他方で、北澤俊美防衛大臣は、米政府高官と接した
感触からすればそうではないと記している[7]。その中で明確に言えることは、
ヘリからの空中放水がNHK、CNN等によって世界中に放映されたことによ
り、日本政府が自衛隊を投入し本腰を入れて危機に立ち向かう姿を鮮明にし
たと内外に訴える効果があったことであろう。

ファーストリスポンダーたちによる地上放水

　地上放水は、警察、自衛隊、消防さらに東電が加わり、空中放水よりも、
一層複雑な調整過程をたどることになった[8]。

　空中放水に続き、地上放水の先陣を切ったのは、警視庁機動隊の高圧放水
車の部隊であった。これは、当時の中野寛成国家公安委員長や伊藤内閣危機
管理監の強い主張により実現したものであったとされている[9]。機動隊の高圧
放水車、陸上自衛隊の化学防護車（放射線量をモニタリング）、東電の車両が
現地に向かい、機動隊は17日夜、1回約44トンの水を放水した。

　次に、機動隊による放水の30分後に自衛隊の消防車が地上放水を開始した。
自衛隊による地上放水は3月21日まで継続し、計338トンを放水した。

　18日夜には、高圧放水車を用いた東京電力職員による放水も開始された。
消火放水のプロである消防による放水は、19日未明になって実現した。

　当時の東京消防庁は、消防組織法の政令「緊急消防援助隊に関する政令」
第1条「特殊災害の原因」にある「放射性物質若しくは放射線の異常な水準
の放出又はこれらの発散若しくは放出のおそれがある事故」を適用して、福
島原発事故に対応した[10]。原子力災害対策本部長たる内閣総理大臣からの福
島第一原発への出動要請に対して、当時の東京都知事が東日本大震災は国難
だから行ってくれ、との指示で東京消防庁のハイパーレスキュー隊が出動し
た。大阪市と川崎市の消防も加わって同隊は、3月25日まで計5回放水し、
合計23時間39分、総計4227トンを3号機に放水した[11]。

7　同上、p.92。
8　船橋洋一（2016）『カウントダウン・メルトダウン　上』文春文庫p.433-441。
9　同上、pp.427-432。
10　佐藤康雄氏ヒアリング、2019年10月8日
11　佐藤康雄（2012）『なぜ、その「決断」はできたのか。』中央経済社、p.258。

細野首相補佐官そして内閣総理大臣名の『指示』

　3月17日頃、福島県庁の別館に移転していた政府現地対策本部では、マニュアルにも載っていない状況に遭遇して、本部員たちは途方に暮れていた。自衛隊の代表として同本部に詰めていた中央即応集団副司令官の田浦正人陸将補（当時）は、何かできることはないかと松下忠洋本部長に聞かれ、「現場では、警察、消防、自衛隊、東電さんが調整しながら（放水）活動していますが、なかなかうまくいきません。みなさん、ベストポジションでベストの時間帯で活動したいので無理もないです[12]」と話した。その後、松下本部長は、更紙に何やら書き出し、FAXをしていた。その結果が、細野豪志首相補佐官名で発出された『3月18日の放水活動方針について』という指示書であった。指示書の最後に、「三、以上の一及び二の活動を含め、今後の放水、除染等の活動については、自衛隊が全体の指揮をとる。」との驚愕の一文が挿入されていた。

　これまでの災害現場においては、ファーストリスポンダーたちは、相互の調整をへて、それぞれの指揮系統に基づいて行動することを基本としていた。これをいきなり、消防も東電も自衛隊の指揮の下で活動するというのは前代未聞であった。自衛隊にとって、指揮に入るということは命を預けます、ということに等しい。自衛隊が警察官、消防士の命を預かることはどう考えても無理な話であった。

　この指示書に代わって3月20日、原子力災害対策本部長（内閣総理大臣）名で発出されたのが『指示』であった。問題の箇所は、具体的な実施要領は自衛隊が中心となり、調整の上、決定すること、現地派遣の自衛隊が現地調整所において「一元的に管理する」こととされた。

　総理大臣名による『指示』はファーストリスポンダーたちにとっては、初めてのケースであった。指示書が発出された時には、消防と東電が自衛隊とともに放水活動を継続していた。

　現地で消防の指揮を執った東京消防庁の佐藤康雄警防部長は、「総理指示が出る前から、現場では自衛隊との連携が進んでいたため、総理指示によって大きな違和感を抱くことはなかった。自衛隊側の田浦陸将補（当時）に、『私どもの部隊はそちらの指揮下に入ります』と指揮宣言した[13]」と当時の状況を語った。

　空中放水も地上放水も、紆余曲折を経ながらも、使用済み核燃料プールへの放水という行為は実現した。それでは、これらを如何に評価し、何を後世に伝えるべきなのであろうか。これは、3「『自衛隊を中心に』（「指示」）の真実：全国知事会提言」で解き明かす。

12　磯部、2019、pp.54-57。

13　佐藤康雄氏ヒアリング、2019年10月8日

2　何が問われたのか。何が変わったのか

　震災以降、国会、政府、民間及び日本原子力学会により、四つの事故調査報告書が発表されている。それら事故調を繙いてみると、ファーストリスポンダーに関する記述は、存外少ない。国会及び政府事故調においては、ほとんど記載は見られない。

　民間事故調は、組織に縛られることなく独立した立場、複眼的な視点で事故を捉え、原因を究明し、ファーストリスポンダーに関する教訓や提言も行っている。

　その一つは、ファーストリスポンダーが迅速に対応を行う体制を整えるには、大規模震災時の組織と指揮体制についての検討が必要[14]と提言していることである。

　次に、オンサイトでの対応について次のとおり提言している。「仮にこれ（オンサイトでの各機関の対応）を含めるのであれば、原子力事業者や各機関の役割分担及び組織運用体制を明確にするとともに、原子力発電所の緊急事態対処における安全対策のあり方や訓練等の事前準備、そして事態発生時の対応方法を詳細に検討することが必要[15]」としている。

　第三に、最後の砦としての原子力災害対応部隊や米国連邦緊急事態管理庁（FEMA）類似組織の必要性を説いている。具体的には、「今回、最後の砦は、自衛隊だった。（略）過酷な原子力事故が起こった場合の国の責任と、その際に対応する実行部隊の役割を法体系の中により明確に位置づけなければならない。将来的には、米国の連邦緊急事態管理庁（FEMA）に匹敵するような過酷な災害・事故に対する本格的実行部隊の創設を目指すべきであろう[16]」としている。

　福島原発事故から3年を経過した2014年3月にまとめられた日本原子力学会事故調におけるファーストリスポンダーに関する提言としては、「原子力災害の防護措置実施の運営を担う地方公共団体、住民防護の最前線に立つ警察、消防および自衛隊、国の活動は、他の一般防災における防災対策とほぼ同等であることを踏まえ、海外の事例も参考として共通の基盤で統合するべきである[17]」と提言している。

　福島第一原発の吉田昌郎所長の遺言となった調書に基づく書籍をまとめた船橋洋一は、ファーストリスポンダーに関する解説の最後に、「政府事故調、国会事故調ともにファーストリスポンダーの危機対応の評価は行っていない。

14　民間事故調（福島原発事故独立検証委員会）（2012）『福島原発事故独立検証委員会：調査・検証報告書』一般財団法人日本再建イニシアティブ、p.169。

15　同上、p.168。

16　同上、p.388。

17　学会事故調（日本原子力学会東京電力福島第一原子力発電所事故に関する調査委員会）（2014）『福島第一原子力発電所事故 その全貌と明日に向けた提言 学会事故調最終報告書』日本原子力学会、p.363。

警察、自衛隊、消防のいずれも福島原発危機対応の『検証の空白地帯』であり続けている[18]。」と結んでいる。

それぞれのファーストリスポンダーは、その後、どのような取り組みをしてきたのか

消防については、総務省消防庁において、福島原発事故後、原子力施設消防活動マニュアルの見直し、用語の整理、原子力災害における傷病者の対応に関する見解の統一などを処置した[19]。同庁において、震災後の2013年3月に『東日本大震災記録集』をとりまとめ、その中で、原子力災害に関しては、「消防・救助技術の高度化検討会（N災害等に関する消防活動分科会）」を開催し、政府全体の原子力防災体系の見直しへの対応、福島原発事故等における消防活動事例や近年の技術的進展の反映等の観点から取組を進めている[20]としている。また、具体的な資機材の導入としては、平成23年度補正予算を活用して個人警報線量率計などの放射性物質事故対応資機材を緊急消防援助隊登録本部に配備している[21]。

警察は、警察庁が東日本大震災における警察活動に係る検証を行い、2011年11月に公表した[22]。その中で、原子力災害等への対応として、避難誘導、原子炉建屋への放水活動、福島第一原子力発電所周辺における捜索活動・警戒区域等の設定・各種警察活動、原子力関連施設の安全確保及び原発に関連したサイバー攻撃への対策の7項目を検証している。今後の検討事項として、事故時に連絡が途絶したことなどに鑑み関係機関との連携強化を謳うとともに、原子力災害を具体的に想定した実践的な訓練の実施や警察官に対する放射線の特性等についての教養（教育）の徹底や放射性粉じん防護服、個人線量計等原子力災害の処置に必要な装備資機材の整備・充実等を提言している。

翌12年3月には、警察庁から「災害に係る今後の危機管理体制について」が公表され、それには、警察の部隊運用の拡充と首都直下地震を見据えた体制の強化を目指した[23]。

海上保安庁については、『海上保安レポート　2012』において、海上保安庁の装備・施設の被害状況、被災した航路標識の復旧、被災港湾等の水路測量及び海図刊行及び東日本大震災の教訓を踏まえた防災体制の強化について

18　日本再建イニシアティブ民間事故調報告書検証チーム（2015）『吉田昌郎の遺言　吉田調書に見る福島原発危機』日本再建イニシアティブ、p.51。
19　三浦宏氏ヒアリング、2019年12月9日
20　総務省消防庁（2013）『東日本大震災記録集』、p.636。
21　同上。
22　警察庁緊急災害警備本部（2011）『東日本大震災における警察活動に係る検証』
23　警察庁警備企画課（2012）「災害に係る今後の危機管理体制について─広域的な部隊運用の拡充と首都直下地震を見据えた業務継続性の確保」アクセス2020年6月29日〈https://www.npa.go.jp/keibi/biki3/20120308_1_shiryou.pdf〉

記載されている。同庁環境防災課への聞き取りでは、福島原発事故以降、職員を対象にした原子力災害に対する教育講習の実施をしたり、原子力災害用防護資機材についても原子力発電施設が所在する管区海上保安本部所属の巡視艇等に逐次配備数を増加させるなどしているとのことである[24]。

　現在の海上保安庁は、1万4千人の勢力で広大な海域の様々な役割を担っており、「尖閣諸島への対応なども考慮すると、原子力災害に特化して対策を講じていくだけの余裕があまりない[25]」との指摘もある。

　自衛隊については、福島原発事故以前から、放射線汚染下での有事をも想定しているので、放射線防護の装備を保有している陸上自衛隊の化学科部隊が全国に配置されている。また、中央には、中央特殊武器防護隊という生物・化学・核物質の脅威に備えた最大の化学科部隊がさいたま市に駐屯している。同部隊は、福島原発事故に際して、現場に急行した部隊でもあった。

　防衛省・自衛隊では、2012年11月に「東日本大震災への対応に関する教訓事項」を取りまとめ公表した。原発事故対応に係る教訓事項として、①自衛隊における各種対処計画の見直し及び連携要領の確認、原子力防災訓練への積極的な参加、原子力に関する教育訓練体制の見直し、②災害発生直後の情報共有及び調整の要領について官邸や関係省庁間で改めて検討が必要[26]、とまとめている。

　震災翌年の2012年度予算では、「自然災害への対応に加え、原子力災害等への対応を強化するため、各種訓練や演習を実施。また、原子力災害等に関する能力を強化するため、放射線関連講習の受講を実施[27]」するなどの措置がとられた。

　総じて、ファーストリスポンダーは、事故後、原子力災害に対して、個人被ばく線量計などの放射性物質事故対応のための資機材や教育を充実させたが、ファーストリスポンダー間の連携・連絡体制の整備については、一部でその必要性を謳っているものの、具体化は進んでいない。

3　「自衛隊を中心に」（『指示』）の真実：全国知事会提言

放水の検証：同じ轍を踏むのか

　まず、空中放水から検証しよう。空中放水に関しては、評価が分かれると指摘した。一体、それらの発言はどのような根拠から来ているのだろうか。

24　海上保安庁環境防災課ヒアリング、2020年3月5日
25　鈴木久泰氏（事故当時の海上保安庁長官）ヒアリング、2020年1月30日
26　防衛省（2012）「東日本大震災への対応に関する教訓事項（最終取りまとめ）」p.13、アクセス2020年6月29日〈https://www.mod.go.jp/j/approach/defense/saigai/pdf/kyoukun.pdf〉
27　防衛省（2012）「我が国の防衛と予算　平成24年度予算の概要」p.9、アクセス2020年6月29日〈https://www.mod.go.jp/j/yosan/yosan_gaiyo/2012/yosan.pdf〉

何かの科学的根拠に基づいての発言なのであろうか。このような言いっ放しが日本において、将来につながる教訓の案出を妨げているのではないか。

　ある人は、ヘリからの放水を「蟬の小便」だったと言う。そうであるなら、身の危険を冒してまで、陸自の隊員は空中から放水を行う必要はなかった。

　問題を突き詰めていくと、ヘリコプターからの放水効果の検証がなされていないところに帰着する。30トンの海水を空中から投下して、そのうち何トンの水が燃料プールに注水されたと見積もられるのか、そして、それによって何℃、プールが冷却されたと言えるのか、その検証が国会・政府事故調でも取り上げられず、防衛省・自衛隊でも行わず、曖昧なままで終わらせてしまっている。このような態度に大いなる課題があるように思う。そして、決死の覚悟で福島第一原発3号機上空に向かって、身の危険を感じつつ行った行動は美談として済まされてしまっているか、あるいは、あれは蟬の小便だったよと冷めた言い方で皮肉って終わらせている。

　科学的な検証を行い、使用済み核燃料プールにいかほどの水が満たされ、冷却に役に立ったのかという検証をしない限り、彼らの行為が無駄になってしまう。仮に、検証によって空中放水による効果がほとんどなかったという結論を得たならば、それはそれで、仮に同様の原子力災害が生起した際には、空中放水を選択肢から外すという教訓につながるのである。

　次に、地上放水のプロセスも、まさに行き当たりばったりであった。本来であれば、放水に最も長じているはずの消防が真っ先に駆けつけて、実施すべきであったと思われるが、実際には、ファーストリスポンダーの中で最後に登場することになった。一方で、警察は、先陣を務めたものの、暴徒鎮圧のための高圧放水車は高所に向けた放水には不向きであった。

　極めつきは、福島第一原子力発電所所長の吉田昌郎の独白である。「機動隊さんのものは最初にきてもらったんだけれども、余り役に立たなかったんです。それも1回で終わってしまって、引き上げられたんです。（中略）消防庁のものだから特にそうですが、最初はこういくんですけれども、だんだんホースの先が落ちていくんです。落ちてきていると言っても直しに行かない[28]」これは、本来公開されるはずのない吉田所長の赤裸々な独白が公表されたため、大きな反響を呼んだ。

　先ほどの空中放水の検証と同じく、地上放水も科学的根拠に基づいて、警察、自衛隊、消防、東電の放水車が合計で何トンの水を放水してそのうちの何%がプールに注水できたのかを検証しない限り、冷却に資したのか否かは、分かり得ないのではないか。

　そして、現場では、放水よりも、はやく電源を回復する方が早道ではないかという意見もあった。それでは、3号機使用済み核燃料プールの注水の問

28　日本再建イニシアティブ民間事故調報告書検証チーム、2015、pp.47-48。

題の本質は何であったのか。ここを究めない限り、将来につながる糧は得られないであろう。

　最終的には3月22日から4号機、3号機そして1号機にコンクリートポンプ車による継続的かつ本格的に大量の水が注入され始めた。それまでの間の空中及び地上放水が使用済み核燃料プールの水位を保つのに如何ほど効果があったのか、専門家による様々な角度からの検証が必要なのではないか。同じ轍を踏んではならないであろう。

総理『指示』のその後

　次に、ファーストリスポンダーの一元的管理を自衛隊に委ねた原災本部長による3月20日の『指示』については、今後に活かされたのであろうか。ここでは、「原子力災害対策マニュアル」に規定されているファーストリスポンダーの対応と2015年7月の全国知事会提言への対応を振り返り、いかに『指示』が反映されているか見てみよう。

「原子力災害対策マニュアル」にある指示

　内閣府の原子力防災会議幹事会は、福島原発事故から1年7か月後の2012年10月19日、「原子力災害対策マニュアル」を制定し、逐次改訂している。マニュアルでは、基本的にファーストリスポンダーはオフサイトでの活動を行うことを前提としているが、オンサイト対策について、次のように実動組織（ファーストリスポンダー）の活動を規定している。

　最初のパラグラフでは、オンサイト対策は事業者の責任であるとの基本認識を示し、事業者の対応が十分でない場合には、官邸チーム実動対処班がファーストリスポンダーを含む関係省庁との調整を行い、安全措置を行った上で、ファーストリスポンダーが対応可能であると認めた範囲内において、関係省庁がオンサイト対策に係る対応を調整するという内容になっている。

　第2パラグラフでは、原災本部長（内閣総理大臣）等がファーストリスポンダーの長に対して出動の了解を得ることが規定されている。

　そして、第3パラグラフにおいては、福島原発事故当時の原災本部長の『指示』が発出された教訓に基づき、複数の異なるファーストリスポンダーがオンサイトにおいて活動する際には、官邸チーム実動対処班が活動の調整を行うとされ、かつ、原災本部長がファーストリスポンダーの関係省庁に対して指示等をすると規定された[29]。

　このように、福島原発事故の教訓を踏まえて、オンサイト対策については、あくまで事業者が責任者であるものの、ファーストリスポンダーにもオンサ

29　詳しくは、原子力防災会議幹事会（2012）「原子力災害対策マニュアル」p.102、アクセス2020年6月29日〈https://www.kantei.go.jp/jp/singi/genshiryoku_bousai/pdf/taisaku_manual.pdf〉

イト対策を指示できる仕組みが規定された。

全国知事会からの提言：ファーストリスポンダー間の協力

　震災以降、ファーストリスポンダー間の協力を促したのは、2015年の全国知事会であった。同年7月、事故から4年余りが経過する中で、原子力施設の安全確保が何よりも重要な課題となっており、原子力防災施策について国が前面に立って継続的に充実強化を図ることが必要との認識の下、全国知事会において、「原子力発電所の安全対策及び防災対策に対する提言」が採択された。

　その提言の中で、ファーストリスポンダーに関するものとして、「重大事故が起こった場合に備え、自衛隊などの実動組織の支援、指揮命令系統や必要な資材の整備等について、国の体制を明確にすること[30]」が提言された。

　これを受けて、政府は、この提言に対する国の対応方針として、「原子力災害対策充実に向けた考え方」[31]を原子力関係閣僚会議において決定した。実動組織の協力の対応方針を概略次の通りとした。

1）国は責任をもって対処。
2）実動組織は原子力事業者が実施する事故収束活動の支援活動及び被災者支援活動を連携して実施。
3）平時から事業者と国・自治体、民間事業者の間で、サイト状況や事故収束活動、各主体の避難計画や地域の状況についての情報を共有。
4）緊急時、現地で災害対応の実務を担う各実動組織の部隊の長のうち、あらかじめ定められた者が、事態の状況や各部隊の装備等を踏まえ、臨機応変に調整し、必要な対応を取ることとする。

　さらに、国は上記の対応方針を踏まえて、2017年7月、原子力災害対策関係府省会議第1分科会において、「原子力災害時における実動組織の協力について」を採択した。

　前述の「原子力災害対策充実に向けた考え方」には、総理『指示』につながる重要な政府の方針が明記されている。それが第4項の「各実動組織の部隊の長のうち、あらかじめ定められた者が、事態の状況や各部隊の装備等を踏まえ、臨機応変に調整し、必要な対応を取る」と規定している箇所である。これは、福島第一原発において総理『指示』に基づき自衛隊が担った役割をファーストリスポンダーの長の中からあらかじめ決めておくということである。福島原発事故の教訓を踏まえて、政府の考え方が示されている。しかしながら、現在の計画において、果たしてファーストリスポンダーのうち、誰

30　全国知事会（2015）「原子力発電所の安全対策及び防災対策に対する提言」アクセス2020年6月29日
　　〈http://www.nga.gr.jp/ikkrwebBrowse/material/files/group/3/150820genteigen.pdf〉
31　原子力関係閣僚会議（2016）「原子力災害対策充実に向けた考え方」原子力関係閣僚会議決定、アクセス
　　2020年6月29日〈http://202.214.194.148/jp/seisaku/genshiryoku_kakuryo_kaigi/pdf/h28
　　0311_siryou.pdf〉

がその任を果たすのかは、未だ明確にされていない。

今後の課題：提言

　ファーストリスポンダーが相互に連携を深めて、原子力災害現場や他の一般自然災害現場においてより迅速に、より効果的に対応できるよう、今後取り組むことが望まれる課題について次のとおり提言する。

・ファーストリスポンダー相互間の意思疎通の迅速化
（通信連絡体制の整備）

　災害現場におけるファーストリスポンダー相互間の意思疎通は、現地対策本部等に集合し、対面で調整しているのが現状である。

　また、ファーストリスポンダーと事業者間の意思疎通も重要である。現場に派遣された東京消防庁の部隊は、「大変残念だったが、元来免震重要棟の情報など、事業者が有する原子力災害対策基本法の規定設備に関する情報がほとんど我々（消防）の側に共有されなかった。供給・退避地点・交代部隊との交代地点等は必然的に40km離れた指揮所や約20km先のJヴィレッジ等となり、オペレーション時の不確実性はとても高かった[32]」と語った。

　2014年の危機管理組織の在り方に関する副大臣会合において、ファーストリスポンダー間の無線周波数の共通化といった課題が指摘されているものの、現在においても、対面でない限り、意思疎通ができないという状況は変わっていない。速やかにこの問題は是正されなければならない。原子力災害のみならず、首都直下地震や南海トラフ巨大地震が生起した時の状況を想定すると、一刻も早いファーストリスポンダー間の連携深化が望まれる。

　共通の通信機材やタブレット端末をあらかじめオフサイトセンターや現地対策本部などの施設に保管しておき、通信連絡やメールがリアルタイムでできるように準備しておくことが望まれる。資機材の整備とともに、それらを活用した協働訓練により通話状況を検証したり連携要領を演練したりすることが肝要である。

・実際的・実践的な協働訓練の促進

　原子力災害に対する防災訓練には、国が実施する原子力総合防災訓練、道府県が行う原子力防災訓練、そして、原子力事業者が実施する防災訓練などがある。

　元規制庁職員は原子力防災訓練について、「シナリオベースの訓練しかやっていないのが現状である。（政府計画の原子力総合防災訓練には）総理が参加する。（道府）県の防災訓練は知事がやはり前面に立つので失敗は絶対できない。防災訓練では全員に（失敗できないという）プレッシャーが相当かかっ

32　佐藤康雄氏ヒアリング、2019年10月8日

ている[33]」と語り、どうしても失敗の許されない訓練になってしまうので、ブラインド形式の訓練をそのまま導入することには抵抗感がある。

しかしながら、訓練のシナリオを参加者全員が前もって共有している訓練では、参加者の判断力や複雑な組織間の情報共有や指示の伝達要領などを演練することは期待できない。原子力災害のように放射線という特殊な災害現場に対応するためには、より実践的なシナリオを用いて、組織の長も参加して行う図上訓練をさらに推進することが望まれる。自衛隊が行っているようなブラインド訓練も一層積極的に採り入れていくことが管理者やオペレーターの判断能力を向上させる上では不可欠である。

政府レベルの原子力総合防災訓練においてブラインド訓練を行うためには人員、権限を集中しなければならないであろう。そのためには、内閣府原子力防災あるいは規制庁などの適切な部署に強力な権限を与えて、専門家を集めて訓練を計画し統制する機能を創設することも検討すべきではないか。さらに、訓練参加機関の練度や対応を継続的かつ横断的に評価する機能が必要である。このような評価する機関は、参加機関において熟練した者が長期間評価部署に所属して熟練した眼をもって定点で評価することが重要である。

さらに、現場のみならず中央政府レベルでも、原子力災害のみならず危機管理に関する演習を行うべきであろう。政治指導者や行政を担う官僚も、昨今の日本を取り巻く安全保障環境を考慮した場合、また、突発的に発生する自然災害や重大事故に対処するためにも、このような演習の機会を設けることが重要になりつつある[34]。髙見澤將林元内閣官房副長官補は「超党派的に、若手政治家や若手研究者、官僚などを交え、シナリオを組み立てる訓練を行うことで、意思決定のトレーニングにつなげ、危機管理に強い体制を作ることができるかもしれない。『危機管理塾』のようなものが有効ではないか[35]」と指摘している。

大掛かりな準備をすることなく最も現実的に演練するやり方としては、自衛隊が実施する統合防災訓練などに多くの関係機関が研修ないし参加して意見交換を行い、日頃から連携要領を確認しておく[36]といった方策もあり得る。

・都道府県をまたがる広域被災地域への対応

これまで、ファーストリスポンダーの任務・組織、福島原発事故時の対応、その後の対応について見てきたが、その中で、被害が都道府県をまたぐような広域の災害が生起した際に、消防、警察については、活動エリアが市町村、都道府県単位にならざるを得ないことが明らかとなった。他方、海上保安庁及び自衛隊は、全国規模で運用される組織であるので、原子力災害が複数の

---

33 内閣府原子力防災担当元職員ヒアリング、2019年11月29日

34 磯部、2019、p.255。

35 髙見澤將林氏ヒアリング、2020年2月4日

36 磯部、2019、p.260。

道府県に影響を及ぼす場合においても、活動エリアや組織の運用単位を被災地域の拡がりに応じて、適宜設定することは可能である。

　福島原発事故の際には、その影響する地域が概ね一県に限定されたが、福井県の嶺南地方にある複数の原子力発電所などは、京都府、滋賀県などの近隣の府県に近接している。このような地域においては、府県をまたぐ広域の消防・警察の連携体制はできないものであろうか。

　消防には、緊急消防援助隊という仕組みが存在し、東日本大震災においては、最長88日間にも及ぶ長期の活動を行った[37]。元来、消防の役割は消火であり、短期で決着をつけるものである。長期間にわたり管轄区を離れるのは本来の姿ではない。久保信保元消防庁長官が指摘しているように、緊急消防援助隊で派遣される際には、後方支援面のサポートはもちろんのこと、身分保障などもきめ細かな取り決めが必要となる。緊急消防援助隊として他の地域に派遣される消防職員には、国家公務員に併任して派遣する[38]ような処置が必要になるであろう。

　警察についていえば、都道府県警察のほかに、全国に6つの管区警察局が配置されている。管区警察局の役割は、警察法に基づき、管内府県警察の監察・業務指導、表彰、広域捜査の調整、大規模災害への対応、警察通信事務などを行っているが、複数県の警察を一元的に指揮する権限は有していない。

　今後、原子力災害に限らず、自然災害の規模、頻度、そして烈度が高まることが予想される中、かつ、全国的に人口減少が一層進行する中で、市町村単位で活動する消防や都道府県単位で活動する警察の災害対応力については、市町村、都道府県の垣根を超えて柔軟機敏に対応することも課題となりつつある。

4　日米同盟という支援リスポンダー

　日米同盟の文脈で福島原発事故を捉えた事故調は、民間事故調を除いて他にはない。

　同レポートの第12章「原発事故対応をめぐる日米関係」において、日米調整が如何に行われていったかを克明に検証している。そして、最後に果たして「日米同盟は機能したのか」という問いかけに対して、「危機的な状況において、全省庁横断的なアプローチが確立されるまでの間、日米間の調整を担ったのは、自衛隊と米軍との同盟機能であった[39]」として、最後に、「防衛当局、軍、それに外交当局といった、従来から同盟の管理に携わってきた組織

37　久保信保（2015）『我、かく闘えり　東日本大震災と日本の消防（消防庁長官としての体験を中心に）』近代消防社、p.31。

38　久保信保氏ヒアリング、2019年12月3日

39　民間事故調、2012、p.380。

以外の政府組織や民間組織の関与がきわめて重要だった今回のような事故において、多層的な情報共有・協調体制を二国間だけでなく、政府内外のあらゆる機能を包含する形で、いかにシステマティックに構築できるかがカギになる。まさに、『whole of state』もしくは『whole of alliance』アプローチの構築が求められている[40]」と結んでいる。

民間事故調の検証作業とほぼ同時、もしくはやや後に、政府事故調においても関係者の聞き取りが進行していた。その中でも注目されるのは、日本政府関係者に事故当時の日米間の調整状況について聞き取りを実施している点である。その対象は、政治家、内閣官房、防衛省、外務省、原子力安全・保安院、原子力委員会などに幅広く及んでいる。これらの聞き取りには、日米同盟の調整や連携に係る多くの貴重な意見が開陳されている。しかしながら、何故か政府事故調の報告書には、日米間の調整状況に関する検証結果を挙げていない。

日米間の調整、中でも「トモダチ作戦」をいかに評価すべきなのか、そこから得た教訓は何だったのか。

「ホソノ・プロセス」から学び取る教訓

日米両政府間の連携は、福島原発事故発生当初においては、ミスコミュニケーションの連続だった。ジョン・ルース在京米大使は、枝野幸男官房長官に米国の専門家を官邸危機管理センターに配置させるよう、3月13日昼、そして14日夜に電話で要請した。15日昼の3度目の電話にしてやっと受け入れられた。このような日米両政府間のコミュニケーションギャップが深まりつつある中で、始まったのがホソノ・プロセスであった。

ホソノ・プロセスとは、日米両国政府間で、福島原発事故に関する情報及び認識の共有を図り、事故の早期収拾に向けて日米両国が協力するために協議する会議体のことである。この名称は、米側参加者が日本側代表の細野豪志首相補佐官の名前から名付けたものであった。日本側の参加者は細野首相補佐官、内閣官房、経済産業省、外務省、文部科学省、防衛省・自衛隊、原子力安全・保安院、東京電力などであった。米側は、在京米大使館のズムワルト首席公使、米原子力規制委員会（NRC）のチャールズ・カストーをはじめ米側のカウンターパートであった。事故発生当初、日米間のコミュニケーションは極めて細いパイプでかろうじてつながっていた。日米両国政府間の情報共有が滞っている状況の中で、発災5日後の3月16日に初めて防衛省において、防衛省、外務省、経産省、保安院、東京電力の関係者、そして、米側から在京米大使館と在日米軍が参加して協議が開始され、この会合が22日のホソノ・プロセス発足に発展していった。

同プロセスの特色は、一つ、政治家である細野首相補佐官が日本側の代表

40　同上。

を務めたこと、二つ、自衛隊、米軍、東京電力も含めて関係するすべての機関が参加したこと、三つ、局長クラスの参加を得てある程度その場で判断し方向性を決めていったこと、などが挙げられる。

　細野補佐官は、同プロセスを「日本の省庁の縦割りは比較的スムーズに解消した。原発の危機を前にオールジャパンでやろうという意識がそれぞれに強かったからである[41]。」と語っている。ズムワルト首席公使は、この会合について、「ミリタリーの間では、このような会合を持つのは慣れているであろうが、シビリアン（文官）は慣れていなかった。だから、この会合は関係の全省庁が参加して、非常に有意義なものであった[42]」と回想している。

「日米防衛協力のための指針」への反映

　この成果は、震災から4年を経過した2015年4月に策定された新たな「日米防衛協力のための指針」にも反映され、「同盟調整メカニズム」が新たに構築され、そのメカニズムの中に「同盟調整グループ」という防衛省・自衛隊、外務省をはじめ関係省庁が参加する協議体が組織された[43]。

　しかしながら、同盟調整グループの詳細を見ると、全省庁横断的な対応、政府一体となった対応に至るには、まだ道半ばであると言わざるを得ない。同グループの参加は、「内閣官房（国家安全保障局を含む）、外務省、防衛省・自衛隊、関係省庁（注：必要に応じて参加）の代表」と記載されている。つまり、内閣官房・外務・防衛以外は、恒常的に参加するのではなく、必要に応じてという留保がついている。これは、「日米防衛協力のための指針」が日米安全保障協議委員会（いわゆる「2＋2」外務大臣・防衛大臣、米国務・国防長官の4者による委員会）によってオーソライズされたものであり、外務・防衛以外の省庁は拘束されない、という他の省庁の意見が反映されているものであろう。しかしながら、福島原発事故に際しては多くの関係省庁や機関が対応した。それよりも烈度の高い武力攻撃等に際して日米共同で対処する事態に立ち至った場合には、全ての省庁が参加するのは必定ではないだろうか。したがって、同盟調整グループには、関係省庁も恒常的に参加するとともに、できれば細野補佐官が主導したような形で、官邸の政治家がこのスキームに入ることが適切であろう。

「トモダチ作戦」の本質と教訓

　「トモダチ作戦」[44]とは、東日本大震災に際して、米軍が行った災害救援・人道支援作戦の名称である。自衛隊と米軍は、平素から共同訓練や協議を頻繁に行って意思疎通を図っている。東日本大震災に際しても地震発生直後から、

41　磯部、2019、p.99。
42　同上、p.103。
43　「新ガイドラインへの震災教訓の反映」同上、pp.172-173。
44　「『トモダチ作戦』名称の由来」同上、pp.110-111。

防衛省の指揮中枢である統合幕僚監部と在日米軍の間を中心に連携が開始された。

　同作戦の特性は、第一に、米軍が日本において史上初めて統合任務部隊を編成してトモダチ作戦に臨んだこと、第二に、同部隊の名称を「ジョイント・サポート・フォース（JSF：Joint Support Force）」としたこと、最後に、米軍の任務が災害救援・人道支援のみならず多岐にわたったことである。

　地震発生直後から、自衛隊と在日米軍は、相互に連絡将校を派遣して緊密に連携して災害救援・人道支援に当たっていた。ところが、18日の夜の統合幕僚長と在日米軍司令官との電話会談において、ハワイに所在する米太平洋艦隊司令官の海軍大将が20日に横田基地に来て統合任務部隊の指揮を執ることになるとの情報が入った[45]。この情報は自衛隊にとっては寝耳に水であった。日米両部隊は、平素から指揮所訓練や実動訓練を積み重ねてきているが、実際に日本の地において、米軍が統合部隊を編成して海軍大将が指揮するというのは、史上初めてのことであった。このことは、米軍のみならず米政府が、福島原発事故を極めて深刻に捉えていることの証でもあった。福島原発が適切にコントロールされなくなれば、関東地区にある米軍の横田基地、横須賀基地、相模原補給廠などが運用できなくなると憂慮したためであると考えられる。

　次に、ジョイント・サポート・フォースという名称についてである。通常、米軍が作戦を行う際には、作戦目的に適合する陸・海・空・海兵隊の部隊を組み合わせて、統合任務部隊（JTF：Joint Task Force）を構成する。そして、この部隊の呼称をJTF○○とするのが通常である。ところが、東日本大震災では、統合任務部隊ではありながら、JSF（統合支援部隊）と呼称された。当時のアジア太平洋正面の米軍の総責任者である太平洋軍司令官ウィラード海軍大将は、「JTFという呼び方ではなく、JSFという名称にしたのは、自衛隊が支援される（supported）側で、米国が支援する（supporting）側であることを明確にするためそうした。事態が悪化するにつれ、支援の範囲が拡大し、指揮組織を増強する必要性を認識したので、結局、太平洋艦隊司令官にその役をやってもらった[46]」と語った。ここで、重要なことはあくまで、この作戦の主役は自衛隊であり、米軍は支援に徹するということであった。日米共同訓練における日米両部隊の指揮関係は、並列でありそれぞれの指揮系統に従うと整理されている。トモダチ作戦においても、それぞれの指揮系統にしたがって実施されたが、米軍は一歩引いた形をとった。

　最後に、JSFの任務であるが、これは先ほどから触れているように、未曾有の複合災害に見舞われている日本に対する災害救援・人道支援がメインであるとともに、東日本に居住する米国市民をいざという時に、国外退避させ

45　同上、p.122。
46　同上、p.129；ロバート・ウィラード氏ヒアリング、2017年9月25日

る任務もあわせ持っていた[47]。沖縄にある米海兵隊司令官は、国外退避の任に就いていた。彼から、説明を聞いた統幕の部長たちは、「同盟国の米国市民が日本から退避するかもしれないという厳しい局面に立たされていることに、得も言われぬ焦燥感が心の中で渦まくと同時に、ここで何としても福島第一原発事故を抑え込まなければならないと思った[48]」と当時の緊迫した状況を思い起こした。

　同盟関係を冷厳に見つめると、双方の利害が交錯するのは常態である。その中で、双方にとって最大公約数になる共通の利益を見出すのが同盟の作業である。ドゴール仏大統領は、同盟国は助けに来てくれるが、運命はともにしてくれないと言ったと言われている。福島原発事故におけるトモダチ作戦は、まさにその瀬戸際にあった。あの時、事態がさらに悪化した際には、米軍は当然ながら関東に居住する米国市民を避難させたであろう。彼らにとって、最優先の任務は、米国市民の保護であるからである。

　米軍は本気で日本を支援しようとした。これは、ホワイトハウスはじめ国務省や国防総省の政治指導者と文民高官が日米同盟の重要性を信じていたからであるが、同時に、平素からの共同訓練で培った日米の軍人の間の強固な信頼関係と友情の賜物でもあった。震災当時、米軍の制服トップを務めていたマイケル・マレン統合参謀本部議長は、「プロフェッショナリズムについて言えば、自衛隊は常にトップ・ティアー（最上位）である。自衛隊に関して言えば、プロフェッショナリズムについて全く心配したことはない[49]。」、「軍と軍の関係は、協議を持つのに、至極容易であった。なぜなら、危機の以前から、我々はいつも共同で訓練をしているからだ。オリキさんとコミュニケーションするには、電話を取りさえすれば済むことだった。米軍と自衛隊の関係は、そこまで深いということだ[50]。」と語った。日米両国間でコミュニケーションの問題や利害の食い違いはあったが、自衛隊と米軍の固い絆がトモダチ作戦に結実し、日米同盟をさらに強固にした。

5　事業者とファーストリスポンダー（船員法モデル）

　再び、「原子力災害対策マニュアル」に戻ろう。全面緊急事態に立ち至った際に、実動組織であるファーストリスポンダーと調整を始める、といった表現で同マニュアルは留まっている。

　こうした究極の事態に直面した場合、どうすればよいのであろうか。政府も事業者も、具体的に何を調整するのか、その回答は未だ持ち合わせていない。

47　同上、pp.132-134。
48　同上、p.134；廣中雅之氏ヒアリング、2018年8月1日
49　同上、p.203；マイケル・マレン氏ヒアリング、2017年8月1日
50　同上、p.225；マイケル・マレン氏ヒアリング、2017年8月1日

ファーストリスポンダーは、それでは、原子力災害に際して事業者に任せてセカンダリーリスポンダーに甘んじているのであろうか。内閣原子力防災で勤務していた職員は、なぜファーストリスポンダーが事業者防災訓練に入ってこないかといえば、「事業者が最後の最後まで停めることになっているからです。事業者に最後まで停めるという指導をしているんです。僕らや規制庁職員が、最後に究極のバルブをやるかも真面目に議論したことがあります。防衛省がやらないと言って、事業者がやれないと。そしたら、規制庁職員とか携わっている人間になるのかなと[51]。」と当時の議論を赤裸々に語った。しかしながら、ファーストリスポンダーからみれば、基本的には事業者の責任であり、サイトへの物資・機材の移送など事業者が果たしきれない役割が存在する場合に、ファーストリスポンダーに期待するとの役割分担であるので、具体的なニーズが判明しなければ答えようがないのも事実である。

　東京電力のある幹部は、サイトへの支援について、ファーストリスポンダーに対して具体的な要望事項はあるのかとの質問に、「現状においては、自分達のできる範囲のことをやったため、これをお願いしますという明示的な要求事項がある訳ではない。想定外が発生したときに、準備していないとまずいのは、発電所の仕組みやリスクについての基本的なリスクマップを日頃から共有しておいて、双方（事業者とファーストリスポンダー）にとって初見の事態とならないようにしないといけないと考えている[52]。」と答えた。

　最悪の事態に至らないように万全を尽くすのは事業者であるが、万策尽きた時に究極の助けの手を差し伸べるのは、ファーストリスポンダーにおいて他にない。

法的な整備は考えられないか

　ファーストリスポンダーが事業者とともに究極には対応するものと考えるものの、原子力事業者のモラルハザードを惹起することがないように、また、あわせて原子力発電所で勤務するオペレーターの身分や処遇を保障するうえで、法的な規定が望まれるのではないか。

　この際、参考になるのが「船員法」であるかもしれない。船員法には船長の在船義務として、「第十一条　船長は、やむを得ない場合を除いて、自己に代わつて船舶を指揮すべき者にその職務を委任した後でなければ、荷物の船積及び旅客の乗込の時から荷物の陸揚及び旅客の上陸の時まで、自己の指揮する船舶を去つてはならない[53]。」との規定が盛り込まれている。

　原子力事業者に船員法第11条のように最後まで施設に残る義務を課すような、法案を整備する動きは見られない。東電の幹部も「首相にも東電社員に命を張れと命令する権能は福島事故当時も現在もない。当時、東電の現場は

51　内閣府原子力防災担当元職員ヒアリング、2019年11月29日
52　東京電力幹部ヒアリング、2019年11月27日

あくまでも自主的に事故対処したわけである。自衛隊における『服務の宣誓』のような契約を社員と結ぶわけにもいかない以上、重大事故を防ぐような予防策を講じるしかないだろう[54]。」と述べた。オペレーターはあくまでも自主的判断で炉に残ることになる。

国会事故調に関わった野村修也は、船員法のような法的整備の必要性について、次のとおり語った。「そのような法律を作ることには反対しないが、そのままにしておけば逃げるだろうから法律で縛るというのは、立法事実としては誤りである。福島原発の現場では（原子炉のオペレーターは）逃亡せずに事故対応した。逃げるだろうという前提は彼らに失礼だし、事実にも反する。一方、公的補償をするために強制という言葉を使用するのは容認されるであろう。例えば、コロナウイルスのような指定感染症対策における強制入院は、公費による手当の根拠として強制という言葉を用いている。放置しておいたら入院しないだろう、というロジックとは別である[55]。」

「不合理な命令であっても使命感があったなら人は動く。武漢に現在残っている日本人大学教員も同じだが、いざとなれば覚悟に人は動かされる。だから職に就く際にする宣誓において、危機対処の義務を明記する代わりに、その補償として最大限の手当てを約束すれば、合意に基づく強制とその対価としての補償が担保されるのではないか[56]。」究極の問いかけに対して、単純で明快な回答を見出すことは不可能である。しかしながら、突き詰めていくと我々は次のようなことを考えておかなければいけない、とは言えるであろう。

6　「究極の問いかけ」

万万が一、生命の危険を賭してでもベントを開けなければいけない状況に原子炉が陥った際に、いかに対処するのだろうか。

もちろん、そういう事態にならないように、その前の段階で原子炉を制御できるようにあらゆる措置を考えて準備し、訓練しておくことが鉄則である。それでも、なお、誰も想定していなかったような事態が生起し、身の危険を賭してでもベントをしなければいけない状況になった時に、それは一体、誰が誰に対して、やれ、と言うのか。

53　国土交通省北陸信越運輸局ホームページによれば、「労働者の保護の観点から（中略）船員法では船員のみを対象としています。これは、次のような海上労働の特殊性から個別の法律としているものです。・長時間陸上から孤立すること。・船外支援（修繕・医療等）を受けられない。・動揺する船内で危険な作業をともなうこと。（海中転落の危険）・「労働」と「生活」が一致した24時間体制の就労があること」；国土交通省北陸信越運輸局「船員法のご案内」アクセス2020年6月29日〈https://wwwtb.mlit.go.jp/hokushin/hrt54/vessel/seninhou/seninhouannai.html〉
54　東京電力幹部ヒアリング、2019年11月27日
55　野村修也氏ヒアリング、2020年2月4日
56　同上。

チェルノブイリ原発事故

　1986年4月26日、旧ソ連ウクライナのチェルノブイリ原子力発電所で起きた原子炉爆発事故は、福島原発事故をしのぐ放射性物質を大気中に放出した事故であった。この際、原子炉の爆発直後に現場に急行したのは、発電所内や地元の消防隊であった。彼らは、防護衣の準備も十分ではない状態で極めて高い濃度の放射性物質が飛び散る現場で消火に当たった。多くの隊員が猛烈な放射線を浴びて後に帰らぬ人となった[57]。

　続いて投人されたのは軍のヘリコプター部隊であった。事故発生から40時間後に、爆発した原子炉に上空から砂やホウ素などを投下し始め、10日余りで5000トンを投下した[58]。パイロットの多くは、アフガンで戦った歴戦の勇士で、操縦練度は高かった。

　最後に、放射性物質が付着したがれきの除去や石棺化という最も過酷な任務を負わされたのが応召兵や予備役、工兵部隊、民間防衛隊であった。若い応召兵はロシア語も十分話せない中央アジア出身者が多く、放射線防護の知識もなかった。彼らは、バイオロボットと呼ばれた。こうした熾烈な作業に60万人近くが動員された[59]。

　当時のソ連は、共産党一党独裁体制であり、基本的人権や放射線防護への配慮はほとんどなく、人的犠牲もいとわず原子炉の石棺化にまい進できた背景があるので、これを参考にすることは到底できない。曝露した原子炉を封印する作業が人類にとって如何に過酷なものであるかをチェルノブイリ事故は物語っている。

「原子力災害対策マニュアル」が示すファーストリスポンダーの役割

　前述の「原子力災害対策マニュアル」によれば、オンサイト対策の基本原則は事業者の責任である。元内閣府政策統括官（原子力防災担当）山本哲也は、「オンサイトの対応はまず第一義的に事業者がやるべしという制度設計になっている。しかし、シビアアクシデント対応の技術的知見を規制庁職員も持っており、保安院時代と比べ大きな進歩はなされている。基本的には事業者の責任だが、サイトへの物資・機材の移送など事業者が果たしきれない役割が存在する場合に、自衛隊などに期待する点がある[60]。」として、マニュアルの原則を確認した。

　福島原発事故当時、米NRCから日本に派遣されたチャールズ・カストーは、この究極の質問に対して、「民間人に要請することはできないでしょう。彼ら

57　Plokhy, S. (2018), "Fire", *Chernobyl: The History of A Nuclear Catastrophe*, New York: Basic Books, pp.87-100.
58　Potter, W., Kerner, L. (1991). 'The Soviet Military's Performance at Chernobyl,' *Soviet Studies*, 43 (6), pp.1027-1047.
59　Plokhy, 2018, p.218.
60　山本哲也氏ヒアリング、2019年11月22日

は、そんな契約を結んでいませんから。一般の人は命を懸けるとは誓約していないでしょう。それは、自衛隊か、警察か、消防などになるのではないでしょうか。だから、私は、（事故当時に）福島のサイトに残ったオペレーターを称賛するのです[61]。」と返した。他方、マサチューセッツ工科大学名誉教授で核リスク研究所所長のジョージ・アポストラキスは、「炉の管理は、現場のオペレーターである。彼らは、炉に関する限り、完全なるマスターでなければならない[62]」と発言している。二人の米国の専門家の見解は分かれている。

ファーストリスポンダーの「服務の宣誓」

　公に尽くす公務員は、任用される際に任命権者に服務の宣誓書というものに署名して職に就いている。ファーストリスポンダーの職員も同様である。
　自衛隊員の宣誓は際立っている。「私は、我が国の平和と独立を守る自衛隊の使命を自覚し、日本国憲法及び法令を遵守し、一致団結、厳正な規律を保持し、常に徳操を養い、人格を尊重し、心身を鍛え、技能を磨き、政治的活動に関与せず、強い責任感をもって専心職務の遂行に当たり、事に臨んでは危険を顧みず、身をもって責務の完遂に務め、もって国民の負託にこたえることを誓います[63]。」となる。

　公務員の中で自衛隊員のみが「事に臨んでは危険を顧みず、身をもって責務の完遂に務め、もって国民の負託にこたえることを誓います」と宣誓している点である。それでは、仮に、自衛隊員がいきなりベントを開けて来い、と命令されたとしても、一度も見たこともなく、触れたこともないベントを開けることはおそらく不可能である。自衛隊は、武力侵攻などを想定して、普段から厳しい訓練を積み重ね、その練度を磨き、いざという時に備えている国の組織である。しかしながら、原子炉の知識についてはほぼゼロに等しいし、原子炉の構造も未知の世界である。いきなり、原子炉のオペレーターになってベントせよと言われても、それは土台無理な話である。
　震災当時の統合幕僚長折木良一は、自衛隊員の宣誓について次のように語っている。
「宣誓というものは、国家の有事に備えるために『事に臨んでは、身の危険を顧みず』と宣誓しているわけであり、世の中の危険な事象の全てに自衛隊員が命を懸けてやるのかというとそうではないでしょう。基本的に自衛隊員が命を懸けるのは、武装組織あるいはその一員に対して任務を遂行する際でしょう。ベントを開けるために、専門知識のない隊員がただ突っ込んでいくことは犠牲者が増え、さらには事態が悪化する要因にもなりかねません。被害を最小限にして必ず成功することができるのは専門家しかいません[64]。」

61　チャールズ・カストー氏ヒアリング、2019年8月26日
62　ジョージ・アポストラキス氏ヒアリング、2020年1月29日
63　自衛隊法施行規則（昭和29年総理府令第40号）

福島原発事故へのファーストリスポンダーの対応を振り返ってみると、「事に臨んでは危険を顧みず身をもって責務の完遂に務め」と宣誓している自衛隊員のみが身の危険を賭して、福島原発事故に対処したわけではない。確かに高い放射能汚染の下で、空中から海水を原子炉建屋に投下した陸自ヘリコプターの搭乗員は、身をもって責務の完遂に務めたが、その後、警察、自衛隊、消防、東電の地上放水隊が続いた。

　こうしてみると、ファーストリスポンダーは、宣誓の内容如何にかかわらず、国難が目前に迫ってきた際に、自らの身体を賭して任務に当たる覚悟を持っていたといえる。

　それだけに、彼らの覚悟のみに期待・依存するのではなく、政府が様々な事態を考慮して予め、打てる手を打っておいて、努めて身の危険を晒さずに任務が遂行できるようにしておくことが何よりも重要である。

7　「政軍関係」：福島事故から10年、政治と自衛隊の関係

　このようにファーストリスポンダーと事業者との関係を詳らかにしてくると、原子炉を管理運営する事業者にも、そして、事業者を支えるファーストリスポンダーにも、透徹した使命感や覚悟をもって臨むことが必要になってくることを思い知らされる。そして、最終的に究極の措置を求めるのは、政治家であり、国家のリーダーである。福島原発事故において、ファーストリスポンダー、とくに自衛隊と政治との関係はどうだったのか、いかなる政軍関係だったのか。そこでの教訓は何だったのか。この10年で何が変わったのか。

事故当時の政治と自衛隊の関係

　北澤俊美防衛相は、福島第一原発原子炉建屋への水投下の前日、記者会見でヘリコプターからの放水をするのかと聞かれ、「最後に国民の命を守っていかなければならないのは自衛隊の任務であり、ギリギリのところで任務を遂行するという決意は、防衛省・自衛隊としては固めている[65]」と答え、隊員の生命に危険が及ぶことも覚悟していることを表明した[66]。公の場で身の危険をも覚悟して自衛隊が空中放水にあたる決意を大臣自らが表明したのは、自衛隊発足以来初めてのことであった。この時点で、政治家と空中放水に臨む自衛隊に意識の齟齬はなかった。

　他方で、北澤防衛相の放水後の記者会見では、「総理と私の重い決断を統合

64　折木良一氏ヒアリング、2020年1月21日

65　防衛省（2011）「大臣臨時会見概要　平成23年3月16日（11時24分〜11時46分）」アクセス2020年6月29日〈https://warp.da.ndl.go.jp/info:ndljp/pid/11347003/www.mod.go.jp/j/press/kisha/2011/03/16.html〉

66　磯部、2019、p.50。

幕僚長が判断していただいて、統幕長自らの決心の中で隊員に[67]」命じたと発言している。この発言は、若干の波紋を招いた。防衛大臣が責任を逃れ、統幕長に決断させたといった指摘が一部でなされた。これに関して、当時の統幕運用部長廣中雅之は、その第三者的な発言に戸惑った自衛官がいたと述懐している。最終判断は統幕長ではなく国家のリーダーである政治家がその責を負うべきではないか、との違和感を覚えたということである。廣中は、後に「自衛隊の最高指揮官である菅直人内閣総理大臣を始めとする我が国の政治指導者は、国防組織である自衛隊をどのように使うべきかという原則的なことが全く理解できていなかった。（中略）自衛隊の指揮官も、政治指導者との関係を掴みかねており、政治指導者に対して軍事的な視点に軸足を置いた選択肢を明確に提示することが困難であった[68]」として政治家と自衛隊の間で「共通の言語」[69]で話されていないことを指摘している。

この10年でその関係は変わったのか？

　それでは、政治と自衛隊の関係は震災から10年を経てどのように変化してきたのであろうか。

　震災翌年12月には、民主党政権から第2次安倍政権に移行した。安倍内閣は、2013年12月に国家安全保障会議を発足させ、同会議に統合幕僚長が恒常的に出席するようになった。国家安全保障会議の前身である安全保障会議や国防会議においても統合幕僚長（以前は統合幕僚会議議長）は出席していたが、開催頻度と議事内容は様変わりしている。年平均の開催頻度を見れば、旧国防会議2.4回、旧安全保障会議8.1回[70]に比較して、国家安全保障会議32.7回（2014年から19年の平均値）と格段に増えている。また、内容も北朝鮮やインド太平洋地域に関する情勢なども議論されており、統幕長が説明し発言する機会も増えている。

　日本を取り巻く安全保障環境の一層の厳しさもあいまって、政治家や国民の安全保障・防衛に関する関心と理解は深まりつつあるように見える。実際、安倍政権で4年5か月間、統合幕僚長を務めた河野克俊元海将（2019年4月1日退官）は「安倍総理とは共通の言語、価値観を共有していました。自衛隊の動きに関心を持ち、常に頭の中に入っている戦後初の総理だと思います[71]」と語っている。戦後の首相でも防衛問題に造詣が深く防衛庁長官も経

67 防衛省（2011）「大臣臨時会見概要　平成23年3月17日（11時27分〜11時37分）」アクセス2020年6月29日〈https://warp.da.ndl.go.jp/info:ndljp/pid/11347003/www.mod.go.jp/j/press/kisha/2011/03/17.html〉

68 廣中雅之（2017）『軍人が政治家になってはいけない本当の理由　政軍関係を考える』文春新書、pp.28-29。

69 「共通の言語」とは、立場が異なるアクターの相互信頼関係やコミュニケーションの土台となる共通の理解及び認識を意味している。

70 千々和泰明（2016）「国家安全保障会議（NSC）と国家安全保障局（NSS）日本の内閣安全保障機構の過去と現在」2016年度日本国際政治学会分科会発表資料、p.8。

71 河野克俊氏ヒアリング、2020年5月21日

験した中曽根康弘首相のような例外は存在したが、安倍政権が安倍首相個人のレベルに止まらず政権全体として政治と軍事の間の「共通の言語」を共有しようとしてきた点は特筆すべきである。

　他方で、近年の大規模な風水害に伴う災害派遣に際しては、自衛隊の部隊の運用に関して、自衛隊で判断することが適切な内容についても、現地対策本部において官邸の意向だとの理由で決められることもあると聞く。例えば、派遣部隊の規模である。自衛隊にどのような任務を付与するかを政治的判断で決めれば、その任務を遂行するのに最適な部隊、必要な規模は自衛隊に任せることが適切である。

　災害派遣のみならず様々な事態対処においても、政治が判断して決めるべきことと自衛隊に任せる部分については、常に政治家と自衛隊のリーダーが双方向に議論することが重要である。

自衛隊：「最後の砦」と「全ての砦」の相克

　自衛隊は、1950年に勃発した朝鮮戦争により、進駐軍の大半が朝鮮半島に転用されたことにより、その力の空白を埋めるために発足した警察予備隊がルーツである。憲法を改正することなく、そして、敗戦まもなく軍隊に対するアレルギーが強かった時代の1954年に自衛隊は発足した。発足後、自衛隊にとって逆風の環境の中において、愛される自衛隊を目指し、そして国民に認知されようと、隊員の募集や広報にも力を入れてきた。約半世紀の歳月をかけて、国民から認知されたいという願いが成就したのが、東日本大震災であった。

　しかしながら、認知されたのは、国家防衛のための自衛隊というよりも、災害救援や人道支援で活躍する自衛隊であった。2018年に実施された自衛隊・防衛問題に関する世論調査では、自衛隊に期待する役割として、災害派遣を挙げた人が全体の79.2％、次いで、国の安全の確保が60.9％である[72]。

　自衛隊は東日本大震災後も頻発する災害に対して、より一層広範に出動するようになった。2016年の熊本地震にのべ85万人、2017年の九州北部豪雨にのべ10万人、2018年の7月豪雨及び北海道胆振東部地震にのべ119万人を動員した。特異な派遣としては、2018年度の豚コレラへの派遣、2020年の新型コロナウイルス対応などもあり、その派遣態様は多岐にわたる。今や、自衛隊は、「最後の砦」ではなく、「全ての砦」になりつつある。国家のアセットとして、様々な事案に出動するようになってきた。自衛隊は便利屋になってしまっている、これでは本来の訓練に支障を来し、本当にいざという時に本領を発揮できないのではないかという疑問も生じる　自衛隊はファーストリスポンダーでもあるが、ファイナルリスポンダーでもある。国家の究極

72　内閣府政府広報室（2018）「『自衛隊・防衛問題に関する世論調査』の概要」p.6、アクセス2020年6月29日〈https://survey.gov-online.go.jp/h29/h29-bouei/gairyaku.pdf〉

の手段が軍隊である。自衛隊が後ろを振り向いても、そこには誰もいない。災害救援というファーストリスポンダーの任務ももちろん重要であり被災者のためになし得る限りの活動をすべきことはもちろんである。しかし、一方で自衛隊は国防というファイナルリスポンダーでもある。

「政軍関係」

　政治家と自衛隊の「共通の言語」の必要性は、社会と自衛隊の「共通の言語」の必要性というより幅広い文脈に位置付けるべきかもしれない。その表れの一つが、自衛隊の使命と役割をめぐる社会と自衛隊の間の温度差である。国民の間では、自衛隊に期待する役割としては、防衛よりも災害派遣が大きい。自衛隊の本来任務である防衛が広く国民に認知されているとは言い難い状況に変わりはない。前述したとおり、自衛隊は「最後の砦」でありながら、昨今の災害派遣を見れば「全ての砦」になりつつある。

「全ての砦」と「最後の砦」は、軍隊の社会的価値と専門的かつ機能的役割の間の関係をめぐる調整というテーマでもある。

　近代国家における政治と軍事の関係を理論化し、シビル・ミリタリー・リレーションズ（政軍関係）という新たな学問領域を切り拓いたサミュエル・ハンチントンは、著書『軍人と国家』で軍隊と社会の関係について次のように述べている。

「いかなる社会の軍事制度も、二つの力によって形成される。ひとつは、その社会の安全保障に対する脅威に基づく機能上の要件であり、他のひとつは、その社会の内部において支配的な社会勢力、イデオロギーおよび制度から生まれる社会的要件である。社会的価値だけを反映している軍事制度は、その軍事的機能を効果的に遂行することはできないであろう。一方、純粋に機能的要求から形成された軍事制度を、社会内部にはめ込むことは不可能であろう。これら二つの力の相互作用が、シビル・ミリタリー・リレーションズの問題なのである[73]。」

　軍隊は社会抜きに存在できないし、社会もまた軍隊抜きに存在できない。戦前の日本は、ハンチントンの言葉を借りれば、「純粋に機能的要求から形成された軍事制度」を社会の許容度を超えて追求し過ぎた結果、破綻したと言える。そして、敗戦後に生まれた自衛隊は、「社会的価値だけを反映している（がゆえに）、その軍事的機能を効果的に遂行することはできなく[74]」なっている。

　戦前の日本も、そして戦後の日本も、この「社会的価値」と「軍事的機能」の二つの要請の調和と均衡の解を見出せずに来てしまったのではないか。そして、現在においても、国民、政治指導者、そして自衛隊いずれもが、その

73　サミュエル・ハンチントン（1978）『軍人と国家　上』市川良一 訳。原書房、p.5。
74　同上。

解を求めるために真摯にこの問題に向き合っているとは思えない。ハンチントンは、「自らの軍事的安全保障を効果的に提供できないような社会は、たえざる脅威にさらされている時代においては生き残る価値を持たない[75]」とまで言い切っている。「脅威に基づく機能上の要件」と「社会的要件」の均衡点を国民、政治家、そして自衛隊が見出すべき時を迎えている。

　細谷雄一慶應義塾大学教授は、「戦後の日本においては『実力組織』としての自衛隊を統制することばかりに議論が集中して、望ましい調和的な関係を構想する機会が限られていた[76]」として、「究極的には生命を失う覚悟を含めた自己犠牲を強いることになる軍人に対して、国民や政府がその困難を理解して、共感し、尊敬の念を抱き、さらには補償措置も用意して初めて、軍人もまたそのような統制に服することになる。それは相互的な関係であり、三角関係の三つの辺のすべてにおいて信頼関係が必要になる[77]」と述べて、国民と政治家と自衛隊の相互作用が健全な信頼関係の礎であることを強調している。

自衛隊内部の課題：統合司令官の創設

　次に、福島原発事故は、政治に対する補佐と部隊の運用についても教訓を残した。政治の補佐とは、コントロールを受ける側の自衛隊において、自衛隊を代表して政治的な判断を補佐する役割である。部隊の運用とは、3自衛隊を束ねて一つの方針の下に作戦を立て、それを遂行する役割を指す。通常、民主主義国においては政治の補佐者と部隊運用者を分けている。

　自衛隊においては、2006年3月に統合幕僚会議と同事務局を廃止して統合幕僚監部が発足した。これにともない、統合幕僚長が自衛隊の運用に関して一元的に防衛大臣を補佐する体制が整った。しかし、3自衛隊の運用を一人の指揮官の下に束ねる統合司令部は置かず現在に至っている。便宜的に統合幕僚監部がその役割を担う形になっている。統合幕僚監部は、指揮権を有さないにもかかわらず、司令部的な役割を東日本大震災の際にも担った。

　当時、政治に対する補佐と自衛隊の部隊運用を束ねる両方の立場にあった制服トップの折木統合幕僚長は、「日米調整や大臣の補佐、さらには官邸対応に全体の4割くらいの時間を使ってしまい、部隊運用には6割しか割けなかった[78]。」さらに、「平時には人員に余裕のない分、"一人二役"を期待して指導せざるを得ないのですが、ひとたび災害や戦いが起これば、"二人一役"になる[79]」と振り返っている。有事や危機対応時には、政治に対する補佐と部隊運用を束ねる二つの役割を一人で果たすには無理がある、そして平時の際

75　同上。
76　細谷雄一（2019）『軍事と政治　日本の選択　歴史と世界の視座から』文春新書、p.24。
77　同上、p.23。
78　船橋洋一（2014）『原発敗戦　危機のリーダーシップとは』文春新書、p.225。
79　同上、p.219。

には、一人二役は何とかできるかもしれないが、有事の場合、それは不可能であり、できればその4倍にあたる一役二人が必要である、と言うのである。

震災後、自衛隊内部や政治からも3自衛隊を一元的に指揮する統合司令官を新設して、統合幕僚長は政治の補佐に専念し、統合司令官は自衛隊の部隊運用や管理に専念する分業体制にすべきであるという機運が高まった。18年3月、自民党安全保障調査会と国防部会の合同会議が統合司令官の常設化を提案[80]したが、同年12月に閣議決定された新たな「防衛計画の大綱」では統合司令部創設は見送られた。

統幕長が政治補佐に重きを置けば、部隊運用がどうしても疎かになってしまう。その逆も然りである。軍人出身のコリン・パウエル元米国務長官は、「まだ中級レベルの将校だった時代には、統合参謀本部の従順さにぞっとしたこともある。同本部は、政治家に明確な目標を示してくれるよう求めないまま、ヴェトナム戦争を遂行していたのだ[81]」と自叙伝で語っている。統幕長は政治の補佐に徹し、統合司令官は部隊運用を一元的に管理運営し、自衛隊としてできること、できないことを明確にする任務を負うようにすべきである。統幕長と統合司令官の間に意見の齟齬が生じるのは必定である。各々の立場が異なるからである。しかし、その緊張関係の中で、防衛大臣の指揮監督の下に均衡点を見出すのが彼らの役割である。政治的ニーズからのみ軍隊を規制することはできないし、反対に社会の実情を度外視して軍事的合理性のみを追求して作戦を遂行することはできない。

現在の政治と自衛隊の関係は、あるべき方向に向かっているとは言え、双方向の意思疎通は、未だ十分とは言えないであろう。これは、ハンチントンの表現を借りれば、日本においては、戦前の軍隊は「安全保障に対する脅威に基づく機能上の要件」を追求し過ぎたあまり国を破滅に導いたが、戦後の自衛隊はこの要件を主張することに未だためらいがあるということにほかならない。こうした調整と均衡をもたらすためにも、速やかに3自衛隊を束ねる統合司令官を創設するべきである。

まとめ

福島原発事故におけるファーストリスポンダーたちの対応とその後の学びについて分析し、さらに米軍という支援リスポンダーの本質について掘り下げ、最後に自衛隊に焦点を当てて政治と軍事の関係について考察した。

まず、ファーストリスポンダーについて。福島原発事故のような原子力災害に際しては、ファーストリスポンダー間の一層の密接な連携協力は言うまでもないが、それ以上に、事業者とファーストリスポンダーがいかなる役割

80　「統合司令部を常設　自民が提言骨子」『毎日新聞』2018年3月21日
81　コリン・パウエル（1995）『マイ・アメリカン・ジャーニー』角川書店、p.548。

分担で原子力災害に臨むのか、もっと踏み込んだ議論が必要である。あわせて、原子力災害のみならず他の甚大な災害が発生した際にも、政府一体となった対応が迅速に行えるように不断の努力や改革が必要である。

　日本にとって唯一の同盟軍である米軍という支援リスポンダーについて。米国において強まりつつある内政志向を考慮すると、政治・外交・軍事・人的交流などあらゆる分野で重層的な絆を深め、それを日本自らがリードしていくことが必要である。いざという時に支援の手を差し伸べてくれる米軍とは、防衛省・自衛隊は平素から戦略的な対話や共同訓練・作戦を一層充実させていかなければならない。この際、日本側は自衛隊のみならず関係機関の参加を得て、より政府一体となった連携要領を演練することが望まれる。

　最後に、政治と自衛隊について。東日本大震災以降も日本は、多くの甚大な災害に見舞われてきた。その都度、自衛隊はあらゆるリスポンダーとして行動してきている。米国のようにFEMAという実動組織を中央政府で保持していない日本においては、自衛隊がその役割を期待されている。自衛隊が果たさなければならないのは、災害救援とともに、究極の任務、我が国を外敵から守ることである。これだけ、長期かつ大規模に災害派遣活動に従事すると国防に対する備え、練度を維持することにも支障を来しつつある。自衛隊は、自衛隊の任務、役割、できること・支障があることを明確に発信し、国民・政治家と自衛隊の確固たる信頼関係を構築することが求められる。

コラム8 2つの「最悪のシナリオ」

　福島原発危機が深まる中、菅直人首相は近藤駿介原子力委員長に「最悪の
シナリオ」を描くようにひそかに依頼した。近藤委員長はそれを3日で作成
し、3月25日、菅首相ら政府首脳に「福島原子力第一発電所の不測事態シナ
リオの素描」と題した全文15枚のパワーポイント版を手渡した。民間事故調
は、その極秘扱いだったパワーポイント版全文を入手し、その内容を調査・
検証報告書に掲載した。

　「近藤シナリオ」を示された細野豪志首相補佐官は、「近藤シナリオ」を受け、
「不測の事態が起こったらどうするか」の検討を、ひそかに原子力委員会の尾
本彰委員に委ねていた。その主眼は、「近藤シナリオ」が想定した石棺化、す
なわちスラリー作戦だった。何らかの原因で再臨界や再爆発が起きれば全原
子炉に連鎖する恐れがあることから、炉心が露出した場合に、砂と水を混ぜ
たドロドロの流動体であるスラリーを原発の近くで製造しつつ、それを超高
圧コンクリートポンプ車で原子炉に流し込み、炉ごとコンクリートで固め放
射性物質を封じ込める。細野とともに「最悪のシナリオ」に備えて政府を統
括した馬淵澄夫首相補佐官は、この計画をもし実行に移さなければならない
ときは、「原則として、現場作業員の調達は東電の仕事だった。」[1] と記してい
る。その際、誰が彼らを現場に輸送するのか。「防衛省は、民間人を危険地帯
に輸送するという任務に当初難色を示したが、最後は命がけで行動する覚悟
はできていると言ってくれた」と回想している[2]。

　その自衛隊は、やはり危機のさ中に独自に「最悪のシナリオ」を作ってい
た。原子炉の臨界・再臨界を防ぐため空中から原子炉に向かってホウ酸を直
接に投下する。具体的には、原子炉建屋の20メートル上空にヘリコプターを
ホバリングさせ、そこから数トンのホウ酸を抱えたバケットをゆっくり下ろ
す——技量を要するだけでなく高線量被曝も想定される決死の作戦構想だっ
た。チェルノブイリの「石棺化作戦」の際も、ホウ素が上空から投下された。
福島第一原発でも、もし石棺化作戦が実行されるならば、あわせてホウ酸を
投下する必要があった。

　実行部隊は中央即応集団麾下の第一ヘリコプター団（千葉県木更津市）。第
一ヘリコプター団は極秘に訓練を繰り返していた。これが陸上自衛隊による
「鶴市作戦」である。作戦名の由来は、火箱芳文陸幕長（当時）の故郷に近い
神社の故事にちなむ。鶴女と市太郎という母子が自ら進んで人柱となり、村
の水害が収まったというもので、火箱は「このままだと日本は福島で分断さ

1　馬淵澄夫（2013）『原発と政治のリアリズム』新潮社。
2　同上

れ、国は滅びる。(隊員に)犠牲は出るかもしれないが、やるしかない」と腹をくくった。

　ただ、当時中央即応集団司令部を率いた自衛隊高官は、「最悪のシナリオ」対応にあたっての自衛隊の作戦の力点は、オンサイトよりもオフサイトにおける住民の避難誘導と除染の支援だったと証言する。オンサイトの石棺化作戦そのものは政府が担うと言われていたという。そして、「最悪のシナリオ」となった場合、住民避難には、陸海空すべての自衛隊を動員し、福島第一原発より半径80〜150キロ圏からの、100万〜300万人規模の輸送を想定していた。地上輸送は仙台、会津、水戸や宇都宮へ、海上輸送は小名浜港から茨城方面、相馬港から仙台方面へ、航空輸送は福島空港から埼玉県入間などへ、複数経路の具体的な輸送ルートを策定した。住民が自家用車で避難し始めることも想定しながら、自力では避難できない住民の輸送や、パーキングエリアや道の駅などへの除染所の設置や化学防護隊の配置まで準備作業を行った。

　その一方で、もし、オンサイトの石棺化作戦を実行する事態となったときに、本当に政府がそれを行うのか、実際のところ、それを誰に担わせるつもりなのかが、不明なままだった。その不安が当時最も大きかったと同高官は述懐した。「あの当時の状況を見ていると、ほんとに政府が担当しますというけど、じゃあ具体的に誰がやるんだろうという、その不安は尽きなかったね。最悪の場合は、うちとしては自衛隊に来るかなと。そのときはどの部隊を使うかなというのは悩んでた」[3]

　もし、この作戦が現実化していたら、隊員の高線量被曝が発生していたことは十分に予期できる。だからこそ、オフサイトの住民避難や除染に関しては部隊の配置レベルまで具体的な計画が策定されたのに対し、オンサイトの石棺化計画は統合幕僚監部のみで極秘管理され、関係省庁にも官邸にも全く知らせなかった。「要するに死ねと、死を覚悟してやってくれということだから、それはもう口が裂けても文書にもどこにも出せないと思いますよ。」[4]

「近藤シナリオ」と自衛隊の「最悪のシナリオ」は、その策定の過程で交差しなかった。シナリオの起草者たちは双方とも相手の存在は知らないままパソコンに向かっていた。しかし双方ともその策定の過程で何よりも参考にしたのは、チェルノブイリ原発事故の際のスラリー作戦だった。

3　元自衛隊高官ヒアリング、2020年3月19日
4　同上

コラム9 「Fukushima50」─逆輸入された英雄たち

　2020年3月、一本の映画が封切りされた。『Fukushima50』─原発事故が
まさに危機的状態にあった時、オンサイトに踏みとどまった「Fukushima50」
と呼ばれる現場の人々の奮闘を描いたノンフィクション映画である。

　3月15日午前6時10分ごろ、2号機付近で爆発音がし、サプレッションチ
ェンバーと呼ばれる圧力抑制室の圧力計がゼロを示した。のちの調査でこの
爆発音は4号機のものであり、サプレッションチェンバーの圧力計がゼロを
示していたのも圧力計の故障であったことが判明するが[1]、この時点では2号
機の格納容器が破損し、大気中に大量の放射性物質が放出されたと考えられ
た。

　その時点でオンサイトには720名もの東電職員や関連企業の作業員などが
詰めていた。吉田昌郎所長は、原発の運転と監視に必要な人員以外の作業員、
事務員たちに福島第二原発に退避するよう指示した。しかし、彼らが退避し
た後も、吉田を含む69人が免震重要棟に立てこもるように残った。

　吉田のほか1・2号機中央制御室の伊沢郁夫当直長や5・6号機を担当する
吉田一弘当直副長もその中にいた。「Fukushima50」のモデルたちである。

　しかし、この「Fukushima50」は日本ではなく海外で最初に使われた言葉
だった。そう名付けたのは、海外のインターネットユーザーだった。

　一時退避の指示から6時間ほど経った日本時間15日の12時40分、アメリ
カのタブロイド紙、ニューヨーク・ポストが公式ツイッター上に、"Nuclear
Update. Fukushima. 50 Brave Japanese Remain Fighting The
Overheating Cores #prayforjapan"（福島原発事故最新状況、50人の勇敢
な日本人がオーバーヒートする炉と戦うために残っている #prayforjapan）
と投稿[2]し、注目を浴びた。

　ニューヨーク・ポストの投稿から約1時間後、アメリカのギター奏者ブラ
イアン・レイが自身のツイッターで "the #Fukushima50 Absolutely... New
Heroes of Japan, for reals."（＃フクシマ50　本当に日本のニュー・ヒーロ
ーだ）と投稿[3]。「Fukushima50」という言葉が産声を上げた瞬間である。

　レイの投稿から約半日後、英国のクオリティー紙、ガーディアン紙が
「Fukushima50」に言及した。そこから一気に世界に広がっていく。ニュー
ヨーク・タイムズやBBCなどの欧米メディアだけでなく、新華社を含む世界

1　『東電事故調』pp.257-258。

2　ニューヨーク・ポスト公式ツイッター（2011年3月15日）https://twitter.com/nypost/status/
　　　47487311046381568?s=20

3　ブライアン・レイ　ツイッター（2011年3月15日）https://twitter.com/brianrayguitar/status/
　　　47503861228904448?s=20

中のメディアが大きく取り上げた。それを朝日新聞や読売新聞が紹介し、日本でも知られるようになった。

ところで、「Fukushima50」の69名はどうやって選ばれ、どのような任務を与えられたのか。

映画の原作となった、門田隆将の著書『死の淵を見た男』の中で、吉田は次のように語っている。

「最期はどういう形で折り合いっちゅうか、そういうものをつけるか、ということです。水を入れ続ける人間は何人くらいにするか、誰と誰に頼むかとか、いろいろなことがありました。極論すれば、私自身はもう、どんな状態になっても、ここを離れられないと思ってますからね。その私と一緒に死んでくれる人間の顔を思い浮かべたわけです」[4]

吉田はまた、政府事故調のヒアリング（いわゆる『吉田調書』）ではこんな風に証言している。

「（14日から15日にかけての夜には）炉がかなり損傷していて、メルトに近い状態になっていると私は思っていました。（中略）そのときに、総務の人間を呼んで、これも密かに部屋へ呼んで、うちの人間は何人いるか確認しろ。特に運転・補修に関係ない人間の人数を調べておけと。本部籍の人間はしようがないですけれどもね。使えるバスは何台あるか。たしか2台か3台あると思って、運転手は大丈夫か、燃料入ってるか、表に待機させろと。何かあったらすぐに発進して退避できるように準備を整えろというのは指示しています」[5]

一方、事故当時1〜4号機を統括するユニット所長として吉田を補佐した福良昌敏元東京電力原子力・立地本部副本部長は、「誰を残して誰を退避させるのかは、十いくつある班の班長に一任していた。私自身は決断をする場面に追い込まれなかった。班長は苦労されたと思う」と朝日新聞の取材に答えている。

福良は、69人だけとなった免震重要棟の様子については、「それまでがひどすぎたので、悲惨な状態というよりも、静かになって落ち着いた感じ」だったと振り返っている[6]。

4　門田隆将「第15章　一緒に『死ぬ』人間とは」『死の淵を見た男』（2012）PHP研究所
5　政府事故調「聴取結果書（平成23年8月8日・9日）1-4」52頁。
6　朝日新聞「危機は1号機から始まった　冷却装置停止、情報共有できず　福島第一原発事故5年」2016年3月2日朝刊

原災復興フロンティア

第7章 原災復興フロンティア

はじめに 「21世紀半ばにおける日本のあるべき姿」を目指す

　東日本大震災とそれに伴う東京電力福島第一原発事故から3か月後の2011年6月24日に公布・施行された東日本大震災復興基本法は、総則（第1章）においてその基本理念（第2条）を次のように宣言している。

　3.11からの復興は「単なる復旧にとどまらない（中略）21世紀半ばにおける日本のあるべき姿を目指し」、「少子高齢化、人口の減少、国境を越えた社会経済活動の進展への対応、食料問題、電力その他のエネルギーの利用の制約、環境への負荷及び地球温暖化問題等の人類共通の課題の解決に資するための先導的な施策に取り組む」こととともに、「将来にわたって安心して暮らすことのできる安全な地域づくり」と「持続可能で活力ある社会経済の再生を図る」ことを目指す──

　つまり、一方には被災地のいまそこにある切実な課題があり、他方には、被災以前からすでに存在してきた少子高齢化のような日本の経済・社会の構造的課題がある。それらの克服という両面作戦を通して復興を日本の普遍的課題に接続し解決する、苦難を経験したゆえの逆転を果たそうというのである。地震・津波・原発事故という3重の複合災害に直面した福島の復興は、その個別的な課題はもちろん、それを超えた普遍的課題への取り組みであるべきであるという確固たる "普遍化と逆転への意思" がここには感じられる。そんな文脈が生まれた背景には「失われた二十年」の日本の、その底だまりで起こったこの国家的危機をいわば再生と創造の契機としようとする思いがあったに違いない。「21世紀半ばにおける日本のあるべき姿」という言葉はその意思表明に他ならない。

　この復興への意思は、2020年春のコロナ・ウイルス危機に際して、惨状を呈したニューヨーク州のアンドリュー・クオモ知事が述べた「単に再開するということはしたくない。想像力をもう一度、働かせ、賢く、そして成長するためにこの危機を使わなければならない」との言葉とも通底するのではないか。復旧であるreopenに止まらず、復興であるreimagine（改めて想像する）に向けての未来プロジェクトの宣言という意味において。

　こうした意思は、復興の理念を模索する与野党間の国会論戦の中で生まれたものだった。2011年5月13日、当時の民主党政権は「東日本大震災復興の基本方針及び組織に関する法律案（第177回通常国会閣法第70号）」を提出。それに対し、野党・自民党は対案となる「東日本大震災復興の基本方針及び組織に関する法律案（第177回通常国会閣法第70号）」を提出した。両

者が出揃った 19 日の衆議院本会議において、民主党政権案は批判にさらされ
ることになった。

「既に大震災発生から二カ月超が経過する中で提出する法案としては、極め
て不十分な内容と言わざるを得ません。多くの本部が乱立し、多数の内閣参
与が任命され、指揮系統に混乱が生じている状況が続いておりますが、よう
やく出てきた法案は、ほとんど阪神・淡路大震災のときの体制をそのまま踏
襲した、いわば焼き直し版でしかありません。」

そう述べた自民党・石破茂政調会長（当時）は「単なる復旧にとどまるべ
きではなく、今後の我が国のあるべき姿を先取りする形で、地域の再生、ひ
いては日本の再生を図っていくことが不可欠」であり、「東日本大震災からの
復興再生は、単なる原形復旧ではなく、二十一世紀半ばのあるべき姿を目指
すことを旨として行われなければならない」と主張した。

菅直人首相は野党の自民党案を取り入れる形で、5 月 31 日に修正案を提示。
翌日、民主、自民、公明の 3 党の合意のもと法案が成立することとなった。

その後の福島の復興事業は、どのように進んだのか。

2011 年から 2015 年までの集中復興期間、2016 年から 2020 年までの復
興・創生期間の復興予算は岩手・宮城等他の被災地の復興も含めて総額 32 兆
円規模にのぼった。それとは別に、原子力災害（以下、原災）の後始末のた
めの廃炉、賠償、除染・中間貯蔵に投下される費用（想定）は、21.5 兆円規
模に達している。空前絶後の巨大な費用がこの地域にかけられ、それを動か
すための人が動き、膨大な知見が集積されてきた。

しかし、それは"普遍化と逆転への意思"を実現することとどのように接
続してきたのだろうか。

たしかに、一次産業における食の安全確保とブランド価値の向上に向けた
様々な取り組み、被災自治体でのコンパクトタウンを志向した新たなまちづ
くり、国策として発案された福島・国際研究産業都市（イノベーション・コ
ースト）構想などに"普遍化と逆転への意思"は、少なくとも形式上は、あ
る程度反映されつつあると言ってよいだろう。しかし、その一方で、原災由
来の放射性物質や長期化してしまった避難とその避難指示解除の困難、根深
く根強い風評被害といった負のレガシーともいうべき制約要因によってそれ
らの多くは十分に進んでいない。

実際のところ「復興の現状がこうである」と一様に語ることは簡単ではな
い。あの時に生じた広範な被害がいまどうなっているか、という点で言えば、
地域や立場・属性によってそのバラつきは大きく、また、個人レベルの心理
的な復興と集団・組織レベルの社会的なそれとのズレも生じる。

えてして外からは「復興が遅れている」と急き立てるような定型句が繰り
返されがちである。しかし、より長期的な視野をもって復興を進めていくべ
きこと、すなわち「復興を急ぎすぎることによってその弊害がでていること」
を見つめなおすことも大切である。

このように「復興」という概念自体が、とりわけ「福島の復興」という概念はこの10年間、明確にされてこなかったといえる。ましてや、そこに皆が"普遍化と逆転への意思"を見出す感覚を共有している状態とは程遠い。

あらためて、復興の意味をとらえなおさなければならない。そのためにも、福島の復興がこの間、どういう軌跡をたどったのかを振り返ってみたい。

1　被災の固定化と孤立化

3.11後、福島において、ピーク時には16万人を超える人々が避難を余儀なくされた。それから10年、いまも県外に避難を続ける人々は3万人ほどになり、一方で、多くの住民は元の生活拠点に戻り、元の家でなくとも福島県内で転居、移住し、そこに定住している。原災直後は、それまでの生活拠点から遠方に避難する流れもあれば避難先から県内の生活拠点へと戻る流れもあった。しかし、いまやその往来は無くなって久しい。すなわち、いまも福島を離れ遠方に住み続ける人々——現在では福島県民全体の2％を切っている——は、「今後も長期的に福島へは戻らない避難者」として少数化し、固定化しつつある。これは、避難の問題の終わりを示すのではない。むしろ、全国に散り散りになった避難者への、かつて盛んだった公助・共助を問わぬ支援は減る一方だ。原発事故由来の放射線を忌避するために仕事や人間関係を失った広域避難当事者の中には、自分が住んでいた福島に、かつての友人・知人のほとんどが住み続け、土地のものを食べ、子育てをし、健やかに日常を送る姿を横目に見るたびに、自分の10年間が何だったのかと困惑と孤立感を募らせる人もいる。

その点では、震災関連死の問題も深刻である。避難状態が長引く中で心身に不調をきたし、死亡するケースを指す震災関連死（2020年4月現在2,306名）は、福島においては特異な状況を示している。それが、地震・津波で直接亡くなる直接死（同1,605名）を大きく上回り[1]、いまも増え続けている。背景には、原災直後、政府が強制的かつ大規模な避難を指示した中で、入院中であったり持病をもっていたりする患者への必要な医療ケアの手が回らない状態が生まれたこと。また、それが長期化したことで、当初想定されなかった精神的・身体的・社会的に大きな負荷が避難をした住民にかかり続けたことがある。

その底にはさらに少子高齢化という背景が横たわっている。この原災が少子高齢化の進んでいた2011年の日本の、さらに相対的に見て少子高齢化が進んでいた地域でおこったことが震災関連死をはじめとする問題を拡大させた。そして、原災が少子高齢化を急速に進めることにもなった。

---

[1]　福島県災害対策本部（2020）「平成23年東北地方太平洋沖地震による被害状況即報（第1764報）令和2年4月6日8時00分現在」

　仮に少子高齢化がそれほどでもなければ、人間のレジリエンス（復元力）はより有効に復興を後押ししたに違いない。突然、いままでの生活や仕事を失っても、再度、住まいや人間関係を作り直し、必要なことを学び直し、新たな仕事を見つけ、そこに飛び込んでいく。例えば、そういった能力は、若者のほうが高齢者よりも高い傾向にある。健康を一時的に害しても回復する力についても同様だ。様々な災厄に対して、それを個人の力で乗り越えようとするイニシアティブは高齢社会では発揮されにくい。一度、生活基盤を失った高齢者は、元の状態に戻ることがなかなかできない。ここにも、被災状態に置かれた人がそれを覆す機会を失って固定化・孤立化し、そこに負担が集約していく構造がある。例えば、復興庁と福島県、各市町村が2012年より継続的に行ってきた「原子力被災自治体における住民意向調査」では震災発生時と現在を比較した時に2人以下の世帯の増加と5人以上の世帯の減少が一貫して見られる。高齢者にとっての仕事や生活の基盤の一つである家族の解体が進みつつあるのだ。阪神淡路大震災のあった1995年と東日本大震災の年の2011年の最も大きな差はこの間の日本の高齢化の進行である。それが、震災関連死の異様な増大の背景にはある。

　そして原災は、この地域に少子高齢化の問題を凝縮した形で突きつけた。福島県は高齢化国日本の中でも高齢化課題先進県である。最も象徴的なのは介護保険制度における保険料の動向だ。65歳以上の住民の介護保険料は、市区町村や広域連合ごとに介護サービスへの需要が多いか少ないかといった点を踏まえて3年に1度見直されている。2018～20年度基準で全国の自治体の中で最も65歳以上の住民の介護保険料が高額だったのが、葛尾村だった。同村は、福島原発事故の際、住民の避難指示を出された自治体の中で最も過疎化と高齢化が激しかった自治体である。さらに、65歳以上の住民の介護保険料が多かった全国10位の中に双葉町、大熊町、浪江町、飯舘村、川内村と、事故後、避難指示を受けた自治体が入っている。これらの自治体では避難の過程や雇用の受け皿の喪失の中で、家族・地域のつながりが急速に崩れ、住民の中から都市部に仕事と生活の拠点を移す動きが進んだ。この動きは、それまで地域に存在した相互扶助のセーフティネットの崩壊を招き、高齢者をはじめ社会的に弱い立場にいる人たちを公的な医療・福祉と介護サービスに依存する状態に追いやった。その結果が類を見ない介護保険料の高騰をもたらしたのである。

　少子高齢化・人口減少・地域を支えてきた産業の衰退といった問題の三点セットは、福島のみならず日本全体に見られるものだが、原災を経験した福島においては、それがより短期間に、より深刻に、より直接的に、地域を襲い、いまもそれが続いている。

　要するに、被災の固定化と孤立化が進んでいるのである。それは、広域避難や震災関連死のような住民個々人のレベルのみならず、地域レベルで進捗している。避難指示は、当初は福島第一原発周辺の12市町村の住民に出され

た。しかし、それは徐々に解除され、一番最後まで自治体全域が避難指示の対象となっていた双葉町も2020年3月にその解除が始まった。

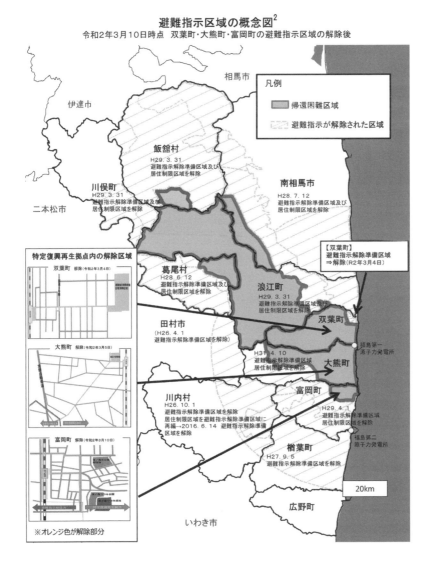

避難指示区域の概念図[2]
令和2年3月10日時点　双葉町・大熊町・富岡町の避難指示区域の解除後

　双葉町内の避難指示解除をうけた地域には企業誘致の受け皿となる産業拠点や産業交流センター、さらには学校の修学旅行や研修でこの地域を訪れる者の受け皿となる東日本大震災・原子力災害伝承館がある。福島第一原発からほど近い双葉町沿岸部において、事故後10年目を迎えるタイミングで自由に人が出入りする前提が整ったことは大きな復興の成果と言えるだろう。
　しかし、その一方で、10年目を迎えても、いまだ避難指示解除の見通しが

2　福島県庁「避難指示区域の状況」『ふくしま復興ステーション』2020年5月26日アクセス〈https://www.pref.fukushima.lg.jp/site/portal/list271-840.html〉

たっていない地域が残っている。とりわけ、避難指示を受けた区域の中で最も線量が高い「帰還困難区域」は、制度的にも復興から取り残されてきた。帰還困難区域は他の避難指示を受けた区域（「避難指示解除準備区域」「居住制限区域」）と違って、将来にわたって居住を制限することが前提とされ除染の対象とはならず、住民による立ち入りも厳しく制限されてきた。

　それでも、2017年から、帰還困難区域の中でも一部、線量が低く、交通インフラなどの利便性が高いエリアは「特定復興再生拠点区域」に指定され、集中的に除染や家屋解体等の土地整備が始められている。ただ、それ以外の大部分の帰還困難区域（これを地元自治体等では、地図上で何らかの指定を受けて色分けされることがないことから「白地地区」と呼ぶこともある）は今後の見通しが立たないままにされている。ここにも被災の固定化と孤立化が存在する。住民レベルと地域レベルの双方において、一部に被災の困難が集約され、それが固定化と孤立化を深めているのである。

今も続く経済的損失

　3.11による経済的損失はいまも発生し続けている。

　経済的損失の中には、地震・津波によって農地や工場・店舗等を物理的に使用できなくなり事業継続が困難になって発生した損失もあれば、その事業の担い手が避難を余儀なくされるなどして生活環境が変化して、将来の見通しが立たないため事業主が事業再開意欲を失ったり、後継者が離職したりといった人材面での問題として発生する損失もある。また、事業再開に至ることができても、様々な環境の変化の中で、その継続に必要な費用をまかないきれず事業の縮小や撤退に至るといった形で生まれた損失もある。

　様々に続く経済的損失の中でもとりわけ住民を苦しめているのが風評被害である。風評被害は主に一次産業全般と観光業に集中してあらわれている。それにより生まれ続ける経済的損失は、改善傾向にあるものの、いまなお深刻な問題を地元経済に及ぼしている。風評被害の詳細は第3章を参考にされたい。

　少子高齢化、産業基盤の衰退、そして容易に消えない風評被害——それらの相互作用の中で経済的損失はいまも続いているのである。その損失の要因や及ぶ場所は多岐に及ぶが、例えば、東京電力による原災によって損害を受けた法人・個人事業主などへの賠償額を見ると、2020年4月までに約5兆8,029億円・約438,000件に及ぶ支払いがなされていることからも、その規模は甚大であることがわかる。

　東日本大震災の福島以外の被災地でももちろん、経済的損失は甚大なものであったが、風評被害、あるいは避難指示がかかった地域をまだ抱える福島は、もっとも復興に取り残されている地域の一つとなった。

　原災後、福島県産の農作物等にはきわめて厳密な検査が実施されてきた。それは現在もなお継続されているが、例えば、後述する福島県の農業産出額

の3分の1を占めるコメにおいては2015年から法定基準値を超える異常値は検出されていない。

　また、生活上の被曝のリスクについても、避難指示解除が進んだ地域を含む福島県内各地の環境中の空間線量は、一貫して計測・公開されており、その値も低減している。

　例えば、東京電力福島第一原子力発電所から80km圏内の地表面から1mの高さの空間線量率平均は、2011年11月比で約77％減少し、県内主要都市の空間線量率は図の通り、海外主要都市とほぼ同水準になっている[3]。

しかし、こうした実態は、一次産品や観光業における風評被害が持続していることにあらわれる[4]とおり、いまだ国内外において十分に知られている状

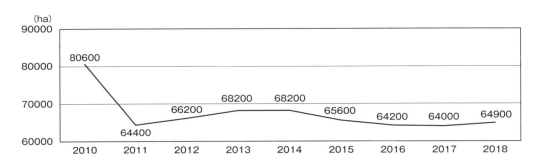

---

3 復興庁（2019）「風評被害の払拭に向けて～原子力災害からの復興と福島の安全・再生の歩み～」2020年5月26日アクセス〈https://www.reconstruction.go.jp/topics/main-cat1/sub-cat1-4/fuhyou/pamphlet/latest/huhyou-higai-husshoku_J.pdf〉

4 例えば、コメの作付面積や観光客入れ込み数は上図の通り、一定の回復を見せつつも、2010年の水準を回復できずにいる。

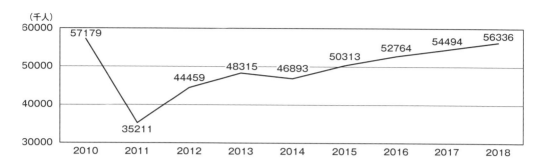

況にはない。現に福島がいかなる状態にあるのか、という認識のアップデートが、福島の中に比して福島県外で滞ってきた傾向はあるだろう。中にはいまだに2011年の3月のイメージのままに福島を捉える人もいる。現状認識のアップデートの根拠となるデータの中でももっとも重要なのは放射線モニタリングである。

2　放射線モニタリング

　福島原発事故の後、公表された4事故調による検証は、事故そのものやそこに至る経緯を検証の中心的なテーマと据えたこともあり、「福島の復興」に関連した提言はそれほど多くない。当時は地域の復旧・復興のあり方やその後の廃炉の工程もまだ手探り、試行錯誤の中にあり、先行きが見えない状態にあった。ただ、そんな中でも、放射線モニタリングと除染についてはいくつもの提言をしている。

　民間事故調[5]は、中長期的に住民の被曝の影響を管理していくべきだとし、「県民健康管理調査」以外にも国によるより正確で早い、長期にわたる専門的な調査の必要性を提言した。

　国会事故調[6]も、政府の責任において、健康被害・健康不安に対応するために外部・内部被曝の検査等を進め情報開示すること、森林・河川等のモニタリングの必要性を訴えた。

　さらに、原子力学会事故調[7]は、緊急時に初期段階から一元的にデータを収集・保存するための体制整備、長期・継続的な住民の線量評価のための個人線量モニタリングの新しい手法の開発を提案した。

　これら放射線モニタリングについての提言はその後、概ね達成されたと評価してよいだろう。

　放射線モニタリングの対象は、大きく環境・食物・人体の3つに分けられ

5　民間事故調（福島原発事故独立検証委員会）（2012）『福島原発事故独立検証委員会：調査・検証報告書』一般財団法人日本再建イニシアティブ、p.67。

6　国会事故調（国会東京電力福島原子力発電所事故調査委員会）（2012）『東京電力福島原子力発電所事故調査委員会報告書　ダイジェスト版』p.2。

7　学会事故調（日本原子力学会東京電力福島第一原子力発電所事故に関する調査委員会）（2014）『福島第一原子力発電所事故 その全貌と明日に向けた提言 学会事故調最終報告書』日本原子力学会、p.370。

る。

　環境への放射線モニタリングに対しては、原子力規制委員会が、福島県内の線量を詳細に測定し、常時公開する仕組み[8]を整えている。この放射線モニタリング情報は、福島県内の新聞・テレビ・ラジオが天気予報などとあわせて定期的に発信し続けてきた。

　一方、食物の放射線モニタリングは、生産者団体、流通事業者、小売事業者、消費者団体及び福島県などで構成される「ふくしまの恵み安全対策協議会」が中心となって進めてきた。福島で生産されるコメの全量全袋検査をはじめとする一次産品に含まれる放射性物質の量についての検査を広範に行ない、その結果を常に、最新情報をWEBから確認できる形で[9]公開している。

　さらに、各個人の人体の内部にある放射性物質の状況については福島県が「ホールボディ・カウンタによる内部被ばく検査」を福島県内で任意で受けられる体制を整えてきた。その対象者個人に本人の検査結果を知らせると同時に、検査全体の結果[10]も公開している。政府・行政は、これらの大規模、網羅的、継続的な調査のみならず、福島県内各地の土壌、砂浜や海の水、あるいは福島第一原発構内や周辺地域の放射性物質の状況など個別的な線量を可視化する取り組みも行ってきた。

　これとともに政府・行政以外のNGOなどによる調査も行われてきている。例えば、2011年から日本生活協同組合連合会が行ってきた「家庭の食事からの放射性物質摂取量調査」[11]は、陰膳調査と呼ばれる手法をもちいて一般家庭で実際に提供される食事の中に含まれる放射性物質の量を、全国的に測定し、そのデータを蓄積・公開する取り組みである。あるいは、福島高校の部活である「スーパーサイエンス部」が、福島県内の高校生の生活空間における外部被曝が福島県外・海外の高校生のそれと比べても特異な値を示す状況にないことなどを示してきた取り組みもある。この成果の一端は論文にまとめられ査読付き専門誌 "Journal of Radiological Protection" に掲載[12]され、多くのメディアでも取り上げられた。

　これらの市民社会による主体的な活動は、単に放射線の実状をより詳細に調査したという意義に留まらず、「第三者が測っても、手法を変えて測っても、結論は変わらない」という、セカンドオピニオンの役割を果たしたことにも

8　原子力規制委員会『放射線モニタリング情報』アクセス2020年6月29日〈https://radioactivity.nsr.go.jp/ja/〉

9　ふくしまの恵み安全対策協議会「これまでの放射性物質検査情報」『ふくしまの恵み』アクセス2020年5月26日〈https://fukumegu.org/ok/contentsV2/index.html〉

10　福島県庁（2020）「ホールボディ・カウンタによる内部被ばく検査 検査の結果について（令和2年4月分掲載）」アクセス2020年5月26日〈https://www.pref.fukushima.lg.jp/site/portal/ps-wbc-kensa-kekka.html〉

11　日本生活協同組合連合会「家庭の食事からの放射性物質摂取量調査について」『COOP』アクセス2020年5月26日〈https://jccu.coop/products/safety/radiation/method.html〉

12　N. Adachi et al. (2015). "Measurement and comparison of individual external doses of high-school students living in Japan, France, Poland and Belarus -the 'D-shuttle' project-" アクセス2020年6月29日〈https://iopscience.iop.org/article/10.1088/0952-4746/36/1/49/pdf〉

大きな意味があった。結果的に、政府・行政、専門家、メディアへの不信感を補完する取り組みとなった。その点では、各事故調による放射線モニタリングについての提言を超えた対応が現場ではなされてきたと評価できる。

ただ、放射線モニタリングは、いま転換点を迎えている。安全性が確保されたのにも関わらずこのモニタリングはいつまで続けるのか、という疑問にどう答えるか、その解答を見つけ出せないままなのだ。

なぜやめることができないのか。それは、既に安全性が確保されたという認知が、特に福島県外や海外において不十分なためである。

例えば、2010年の都道府県別生産高で全国4位となった福島の主要作物であるコメについていえば、2012年から現在まで、年間50億円規模の予算をかけて毎年1000万袋に及ぶ全量全袋検査を実施してきた。2015年以降の検査で法定基準値を超える袋は一切出ていない。しかし、福島県産のコメの「安全性が確保された」という事実は国内外でいまだに十分に共有されていないのではないか、という前提のもとで検査は継続されている。福島のコメそのものに問題があるわけではなく、福島の外の認識に問題が残っているわけであるが、外の認識を変換させるのは簡単ではない。生産と検査の現場では「検査しても確実に安全が証明される続けることを知りながら、カネと手間をかけて証明し続ける」安全証明の儀式が続けられている。

もっとも、過剰なほどに放射線モニタリングを環境・食物・人体の3つの分野でそれぞれ綿密に進めてきたことは、地域の復興ビジョンを策定する上で重要な判断材料を提供してきた。

相対的に見て線量が高いエリアである「帰還困難区域」の中でも線量が低い地域に限って指定する「特定復興再生拠点区域」は、こうした愚直なまでの放射線モニタリングの積み重ねへの住民の信頼感があってこそ実現した。「帰還困難区域」は、他のどの地域よりも復興の将来像を描くのが難しい。そもそもこの「帰還困難区域」という名称には政治的意図が込められていた。2017年の国会審議において、細野豪志衆議院議員は次のように発言している。「当時、閣僚の間では、帰還困難区域という厳しい名称を使うことについて大議論がありました。ふるさとを追われた方々にはまことに申しわけないことではありましたが、あえて厳しい表現を使うことで、そうした方々に新たな生活を選択していただきたいと考えました。帰還が困難であることを明確にすることによって、東京電力は、この地域に住んでいた二万人以上の避難住民に対し、戻れないことを前提に損害賠償を支払うことになりました[13]。」

かつて核実験や原発事故を経験した海外地域の一部がそうであったように、線量が高いエリアについては半永久的に人が住まない場所と位置づけてしまうという方針もありえただろう。だが、丁寧に放射線量を測定し続ける中で、

---

13 衆議院（2017）「第193回国会本会議第16号」〈http://www.shugiin.go.jp/internet/itdb_kaigiroku. nsf/html/kaigiroku/000119320170404016.htm〉

実際には除染をせずとも線量が想定以上に下がってきた場所があることが明らかになっていったことで、「特定復興再生拠点区域」というエリアをもうけ、帰還困難区域にも再生の展望を持たせることへとつながった。

　福島第一原発が立地する大熊町と双葉町ではたまたま町の利便性が高い再開発に適した場所に線量の低い地域があったため、まずはそこを「特定復興再生拠点区域」として除染し、役所等の機能を移すことに決めた。帰還困難区域を抱える周辺自治体でも「特定復興再生拠点区域」の再開発がはじまっている。果たして住民や産業の再建ができるのか、今後5年から10年ほどかけて様々な試行錯誤が進められていくだろう。

3　「1mSv／年という金科玉条」：除染と中間貯蔵施設

　放射線モニタリングと並び、福島第一原発の敷地外で大規模に繰り広げられた事業が“除染”である。

　原災後、国は一律に追加被曝線量が1mSv／年以上となる地域を除染対象とした。

　放射性物質による人体や環境への悪影響を低減すべく行われる除染は、原災後ただちにその必要性は認識されていた。しかし、生活圏において広範に行われる放射性物質の除染は世界的に類を見ない事業であり、技術的知見が少なく、行政手続き的にも既存の法律からは担当省庁を定めることすらできないでいた。まさにゼロからのスタートだったと言える。

　そんな中で、手をあげたのが環境省だった。当時の南川秀樹環境事務次官は、「今回の事故による福島県内を中心とした混乱と途方にくれる現地の状況を見ながら、ここは苦しくても手をあげよう」と決意した。「環境省内では圧倒的多数が反対」だったが押し切った[14]。

　2011年8月には放射性物質汚染対処特別措置法（平成二十三年三月十一日に発生した東北地方太平洋沖地震に伴う原子力発電所の事故により放出された放射性物質による環境の汚染への対処に関する特別措置法）が定められ具体的な作業がはじまった。

　除染に関しては、原子力学会事故調[15]が「除染目標・区域の設定」「除染と実施体制」「除染廃棄物の保管・貯蔵」の3点について次のように具体的に提案した。

1)「除染目標・区域の設定」：「1mSv／年を長期目標として位置付けつつICRPの最適化の原則を踏まえ、除染の効果と要する時間や費用、個人年間実効残存線量などを考慮して、現実的な除染目標や除染区域を設定するべ

14　環境省（2018）『東京電力福島第一原子力発電所事故により放出された放射性物質汚染の除染事業誌』p.15、アクセス2020年6月29日〈http://josen.env.go.jp/archive/decontamination_project_report/pdf/01.pdf〉

15　学会事故調、2014、pp.370-371。

きである。除染にあたっては被ばく管理に『平均的個人』を用いるのではなく、各個人の被ばく線量測定結果に基づいて見直すべきである」

これについては 10 年たっても「達成されなかった」と結論せざるをえない。

当初、地域ごとで生活する人の被曝量は空間線量などからの推測に頼らざるをえない部分があり、それが除染の前提となった。除染の効果（ベネフィット）も想定しきれない部分があり、それと費用（コスト）やリスクのバランスは手探りの状態にあった。実際に除染がはじまると、推測と「実際の各個人の被曝量」は必ずしも一致しないことがわかった。保守的に計算された推測値よりも、実際の被曝量は小さく、また、例えば一日中帰還困難区域の屋外で作業する人と、そうではない区域の屋内でデスクワークをする人とでは全く線量が違うというように個人差もあることがわかってきた。

この提言はそうした現実を踏まえて行われたわけだが、ここにあるような改善はなされぬままに除染事業はほぼ完結し現在に至っている。1mSv ／年という基準がすぐにでも、コスト度外視で達成されるべきものと住民らに捉えられ、自治体など地元もその前提に依拠しながら意思決定を重ね、除染は進められた。

2) 「除染と実施体制」：「市町村が行う除染では地域の状況にあわせて柔軟に除染ができるよう現場に近いところで意思決定が速やかにできるようにすべきである。除染の実施にあたっては、地域住民の協力、参加が得られるように関係者は最大限の努力を払うべきである。除染技術の選定にあたっては、場所や対象物の特徴に応じて個別に判断することが必要である」

この提言については、この文脈の中で必ずしも特別な重きを置かれているようには見えない「地域住民の協力、参加が得られるように関係者は最大限の努力を払うべき」という部分についての重要性が、実務を進める中で浮かび上がり、その点については一定の達成ができたと評価できる。

当初、除染の実施についての課題の中心は、除染技術の選定のような技術的・工学的問題の克服にあったが、実際に除染を実施していく中では、いかに綿密な自治体・住民とのコミュニケーションをとり、合意形成を進めていくのかという視点が必要であることが大きな課題として認識されていった。

例えば、環境省は、除染の具体化の前に災害廃棄物の広域処理の問題に関して受け入れ地との間で葛藤を抱えていた。廃棄物の受け入れの際に、それを乗せたトラックの行く手を阻もうとトラックの前に寝転ぶ者が出て、それがネットメディアを通して拡散され、別な場所でも同様のことが起こった。マスメディアと環境省の腰を据えた正確な情報共有の場もほとんどなかった。

そういった中で誰もが「リスクコミュニケーション」の重要性を口にするようになった。しかし、例えば専門家とされる学者の知見を借りてそれを具体化していくと、それが住民との双方向性を確保する手立てとしては実効性に乏しい机上の空論であることが露呈していった。不祥事対応のプロとされる実業家がこれまで蓄積してきた様々な手法を試してもたいして役に立たな

い。

　それでも試行錯誤を重ねるごとに政府と住民の意思疎通と協同作業が進んでいった。

　例えば、初年度につくられた福島に駐在する31名の環境省の除染推進チームは、各自治体をこまめにまわり首長をはじめとする役所・役場担当者、地元住民との対話を深めていった[16]。その中で、徐々に自治体と住民の合意のもと、仮置場ができ、そこにフレコンバッグに入れられた除染土壌等が運び込まれていくようになった。

　2013年1月、除染土壌等を除染作業現場近くの川などに投棄する不適正除染疑惑が朝日新聞によって報道[17]された際には、当時の井上信治環境副大臣をはじめとする政治家や環境省幹部が地元を頻繁に回り信頼回復を進めた。

　除染作業の方法や進捗状況は、福島市に設けられた「環境再生プラザ」（2017年までは「除染情報プラザ」）のような常に住民に開かれた情報拠点やそのホームページ[18]で常時、公開された。一般住民からの疑問に回答できる体制をつくり、ニーズに応じて住民団体や学校に対して専門家を派遣する出前講座や住民を巻き込んだワークショップ形式・ツアー形式のイベントも開かれるようになった。

「除染と実施体制」についての学会事故調による提言は、おそらくその詳細までイメージされていたわけではないかもしれないが、一定程度実現されたといえる。

　無論、全てが順風満帆だったというわけではなかった。先に触れた不適正除染のような問題があったり、合意形成に時間がかかって計画が遅れたり、結果的に見ればスムーズに進んだようにも見えるが、常に自治体や住民との葛藤の中で進められてきた。ただ、その根本にあったのは「除染目標・区域の設定」の際の難しさと同種の問題であった。すなわち、除染の効果（ベネフィット）と費用（コスト）とリスクのバランスを最適化する住民とのコミュニケーションと合意がいつまでも実現できないという点である。当初の1mSv／年の基準を金科玉条とし、実際の被曝量や個人差の存在を踏まえずに、コストを度外視してでも達成されるべきものとする前提、それこそがいわば新たな「絶対安全神話」として共有されてしまっている現実、それ自体を相対化することを棚上げしながらことを進めることで、様々な面で無理が生じていたということに問題の本質はあった。

3)「除染廃棄物の保管・貯蔵」:「仮置き場の設置が除染の進展に直ちに影響することから、関係者は住民との対話、また場所の選定にあたっては住民の参加を、積極的に行うことが必要である。汚染廃棄物は仮置き場から中間貯蔵施設で、更には最終処分場にて管理することとなる。この流れにお

16　環境省（2018）pp.57-58。
17　青木美希、鬼原民幸「『手抜き除染』横行　回収した土、川に投棄」『朝日新聞』2013年1月4日
18　環境省『環境再生プラザ』2020年5月26日アクセス〈http://josen.env.go.jp/plaza/〉

いて移動する物量の最小化は、速やかな移動に大きく貢献する。このため、廃棄汚染物の減容、再利用は不可欠となる。速やかにそれらの措置がとれるよう関係者は必要な措置を講じるべきである。」

ここで指摘されている通り、仮置き場の設置が決まらないと除染は進められない。当然、除染をして汚染物を取り除くこと自体は皆が望むことだが、仮置き場の設置を認めることは身近なところに汚染物が、一時的にではあれ、集積され、固定化されることを示す。除染の促進と仮置場の設置との間にはジレンマが存在する。それ故、住民との対話、住民の参加の必要性は仮置場の設置においては除染以上に重視された。しかし、そういった合意形成を進めようとすれば、住民の中にある「1mSv／年」という基準を金科玉条とし、コストを度外視してでもそれを達成されるべきものとする気持ちを重んじることになる。除染が進み、仮置場がさらに設置される必要が出たり、そこから中間貯蔵施設への搬出が視野に入ってきたりすると、なおさらそうした気持ちに敏感にならざるを得ない。

その点で、この3点目の提言の前半部分はある程度実現したと評価できる。一方、実現が停滞しているのは、後半部「廃棄汚染物の減容、再利用」だ。2020年において、中間貯蔵施設に運び込まれた廃棄物の減容化、つまり分級と呼ばれる土砂の粒子の大きさ等で分別する技術や焼却、熱処理技術を用いることなどを通して放射性物質を多く含む除染土壌等の容積を減らす作業は、技術的にも設備的にも一定程度可能になっているものの、放射性物質汚染対処特別措置法に定められた8000Bq／kg以下の除染土壌等の再生利用の見通しはたっていない。中間貯蔵施設に運び込む前の段階での再生利用については飯舘村長泥地区の農地で実践がはじまっているが、他に計画があった南相馬市や二本松市では合意形成に向けたやりとりの途中で住民との信頼関係が破綻し、この計画は頓挫している。今後も、住民との合意形成の難しさは、除染事業の行方に大きな影響を与えるだろう。

福島原発事故の間、原災対応に当たった細野豪志首相補佐官（当時）は、2011年9月、野田佳彦内閣の環境相に任命された。その際、悩んだのがどこまで除染をやるのかという問題だった。除染基準を「1mSv／年」に厳しく設定すると、除染を済ませることが避難民帰還の前提とされた当時の議論の雰囲気の中では、誰も帰還できなくなってしまう。当時のことを細野元補佐官はこう振り返る。

「福島県の側としては、元に戻してくれという要望が非常に強くて、その目標をきちっと、1ミリと言わない限り、除染のプロジェクトそのものが始められないということになってしまったと。

そこは2カ月ぐらいですかね、水面下でいろいろ話をする中で、こういうことにしようということにしたんです。」

「1mSv／年」は安全の基準でも帰還の基準でもないこと、しかし、東京電力の責任に鑑みて、除染をするときはその基準を目標にすること、と決めた。

「しかし、実際にはやっぱりそれが安全の基準と取られたところがあって、ずっと後まで引きずることになった」と細野元補佐官は見る。

　除染に関する「1mSv／年」の金科玉条は、姿を変えた「安全神話」となり、いまも残存している。政治家も行政官もそれに正面から挑むことに躊躇し、住民もまた改めてこの問題を直視することを避け、棚上げ状態にある。議論はいつまでも、ベネフィットとコストとリスクの間のバランスのある「全体最適解」を追求する段階へ進んでいかない。

　とは言え、除染・中間貯蔵については、一定の成果が達成され、今後の見通しもたってきた。現在、問題の主軸は「廃棄汚染物の減容、再利用」に移ってきている。

　福島第一原発から放出された放射性物質は福島県内の土地と土壌を広範に汚染した。その除染土壌の量は東京ドーム11杯分＝1400万立米に及ぶ。それをどこに集約していくのか。国は2011年10月に中間貯蔵施設の基本的な考え方（ロードマップ）を策定・公表し、県内市町村長に説明した。ここに、中間貯蔵開始後30年以内に、福島県外で最終処分を完了する旨を示した。それまでの間は、福島第一原発の所在地で、もっとも汚染された地域である双葉町と大熊町に建設する中間貯蔵施設でそれを保管する。

　この最終処分方針は、10年経ったいまも福島県民にとって政治的かつ心理的にもっとも負荷のかかるテーマであり続けている。

　この議論には地元住民の深い関与が不可欠である。ただ、その地元住民がこの議論をする場があるのか、いかなる意志をもっているのか、そもそも関心をもっているのかを検討していくと、いずれも曖昧なままに今に至っている現実がある。

　その背景には、「地元住民」が一枚岩ではないという状況、あるいはそうならざるをえなかったという状況がある。

　ここで言う地元住民とは、双葉町と大熊町の住民、そしてこれからそこで暮らす住民、除染土壌等を再生利用した道路や堤防、農地を造成することなどを決めた地域に住む住民、最終処分を受け入れる地域の住民、それらを決めるプロセスに関わる住民を指す。それら個々の地元住民への細やかな説明、議論はまだほとんど始まっていない。そもそも、中間貯蔵施設内から30年以内に県外に搬出する方針を決めたものの、受け入れ先も決まりそうにない。10年前の約束は、結局は実現できないのではないか。一般的にはそう思われているのが現状だ。

　しかし、環境省によれば、この除染土壌のうち8割ほどは8000Bq/kgという放射性物質汚染対処特別措置法に定められた基準値を下回っている。8000Bq/kgとは、その横で1年間作業をしても年間追加被曝線量が「1mSv」以内に収まる値である。さらに、時間の経過による自然減衰を待ち、減容化を進めることで、放射性物質を多く含む除染土壌等の容積を減らし、最終的には除染土壌全体の99.2％程度を8000Bq/kg以下にできると有識者会議は指

摘する[19]。

目標達成に向けた具体的な取組について

1. 減容・再生利用技術の開発

除去土壌等の放射能濃度区分や物量の見直し

- 土壌A〜Dを以下のとおり再定義
  土壌A：放射能濃度評価時点で8,000Bq/kg以下であり、再生利用可能な土壌
  土壌B：中間貯蔵施設への搬入開始30年後（2045年）までに8,000Bq/kg以下までに物理減衰し、再生利用可能な土壌
  土壌C：中間貯蔵施設への搬入開始30年後（2045年）までの物理減衰に加え、現時点の高度分級技術（分級＋摩砕等）等により
  再生利用可能な8,000Bq/kg以下の砂質土を得ることが可能な土壌
  土壌D：土壌Cよりも高濃度である土壌
- 中間貯蔵施設事業の進捗に伴い、第2回検討会（平成27年12月21日開催）資料3「減容処理技術の開発課題及び目標について」に示した除去土壌等の放射能濃度区分や物量の見直しを実施。ただし、今後の中間貯蔵施設事業の進捗等によっては、除去土壌等の放射能濃度区分や物量を再度見直しする可能性があることに留意。
- 下表中の放射能濃度区分ごとの物量の推計値については、2018年10月末時点での推計であり、実際にはそれ以前に測定されたデータも含むが、物理減衰を考慮し保守的に推計。

対象物			放射能濃度(Bq/kg)区分			平成30年10月末時点での物量の推計			
			放射能濃度評価時						
種類	分類	定義	2015(H27)3月	2018(H30)10月	2024(H36)3月	砂質土（万m³）	粘性土（万m³）	物量（万m³）	物量の割合
土 壌	土壌A	放射能濃度評価時点で8,000Bq/kg以下	≦8,000	≦8,000	≦8,000	655.0	416.1	1,071.1	80.2%
	土壌B	中間貯蔵施設への搬入開始30年後（2045年）に8,000Bq/kg以下	8,000<〜≦20,000	8,000〜≦15,000	8,000〜≦12,000	35.2	50.0	85.3	6.4%
	土壌C	高度分級技術により得られた生成物が中間貯蔵施設への搬入開始30年後（2045年）に8,000Bq/kg以下	20,000<〜≦80,000	15,000<〜≦62,000	12,000<〜≦51,000	20.8	112.9	133.7	10.0%
	土壌D	土壌Cより高濃度	>80,000	>62,000	>51,000	0.7	9.8	10.6	0.8%
焼却灰	—	—	—	—	—	—	—	34.4	2.6%
計						711.7	588.9	1,335.0	100.0%

　8000Bq/kg以下の除染土壌等を再生利用することは、福島県外に作られる最終処分場に運び込む量を大幅に減らすことにつながる。それ故、減容化と再生利用を進めていくことは、30年以内県外最終処分の実現可能性を高め、また、仮にそれが遅延するとしても、中間貯蔵施設内に保管される被曝リスクの高い除染土壌等の量を減らし、双葉町・大熊町で今後生活する住民の物理的、精神的負担感を減らしていくことにつながる。

　双葉町・大熊町では中間貯蔵施設に隣接するような土地でも避難指示解除がはじまった人の往来の激しい場所もある。今後は、中間貯蔵施設敷地内の土地の活用方法等に関する議論も進めていく必要があるだろう。このように、中間貯蔵施設に最終処分場へのプロセスは、多くの人にイメージされているような「最終処分場受け入れを決めることさえできれば、中間貯蔵施設から運び出せる。でもそれは到底不可能なのだからもはや手詰まりで、あそこは事実上の最終処分場になる運命だ」といった短絡的なものではない。

　2015年に始まった中間貯蔵施設への除染土壌等の搬入は2021年度までに終わる計画になっている。

19　環境省（2018）「減容・再生利用技術開発戦略　進捗状況について」中間貯蔵除去土壌等の減容・再生利用技術開発戦略検討会（第9回）、資料4、p.7、アクセス2020年6月15日〈http://josen.env.go.jp/chukanchozou/facility/effort/investigative_commission/pdf/proceedings_181217_04.pdf〉

この10年間を振り返れば、除染・中間貯蔵事業は、途中段階で計画通りに進まなかった部分はあったものの、原子力学会事故調の提言で示されたような、住民・自治体との関係性の構築や、用地確保の実務における国土交通省との連携などにおいて環境省は柔軟に姿勢を変化させながら、順調に実務を進められてきたと言えるだろう。

　ただし、この除染・中間貯蔵施設の最大の問題は、30年以内県外最終処分だ。今後もそうであり続けるだろう。民主党政権時に定められた、中間貯蔵施設への搬入開始をした2015年から30年以内の除染土壌等の県外搬出・最終処分という方針をいかに実現するか。NIMBY問題の結晶のようなこの難題についての具体的解決策、見通しは現時点では一切示されていない。すでに最終期限＝2045年へのカウントダウンが始まっている中、棚上げし続けることにはいずれ限界も見えてくるだろう。除染・中間貯蔵施設の議論から最終処分の実現に向けた議論に軸足を移し、日本全体で具体的解決策の検討を進めていく必要がある。

4　過剰診断

　2020年2月19日の参議院資源エネルギーに関する調査会で音喜多駿参議院議員（日本維新の会）が福島県で進められてきた甲状腺がん検査について政府を質した。

　おおよそ、次のような内容である。

(1) 福島県の甲状腺がんは、原発事故由来の多発生が認められるのか、それともそうではなく本来はほとんどが一生気付かない甲状腺がんまでが発見され、治療の対象にされている過剰診断が起こっているのか

(2) 学校で半ば強制的に行われている検査の中で、微小な段階で発見された甲状腺がんが死に至ることは極めて稀であるのにそのがんを何が何でも見つけることのリスクをどう考えるのか

音喜多議員はこれに加えて次のように畳みかけた。

「例えば、十代でがん患者ということになりますと、その後の進学、就職、結婚、出産などライフステージのあらゆるタイミングで、言わば差別的な扱いというのを受けてしまう可能性が高まります。一例を挙げますと、主要な生命保険に入れず、場合によってはローンを組めず家も買えないということが発生する可能性があると。日常でも、一生、経過観察、通院が必要となるケースがありますし、また、手術をした場合、体調不良が続き、服薬をしなくてはならない、そういったケースも発生します」

　答弁に立った環境省の田原克志環境保健部長は答えた。

「今御指摘のありました過剰診断、すなわち、受診者が元々持っていたけれども、生命に関わったり症状をもたらしたりしないようながんまでをも診断してしまっていることの可能性が高いということがこれまでの科学的知見か

ら指摘をされております」

「こうした過剰診断に対する対応につきましては、日本乳腺甲状腺超音波医学会のガイドラインに従いまして、治療の必要性が低い病変ができるだけ診断されないような対策を講じております。また、福島県では、検査対象者に、検査のメリットやデメリットにつきまして、より丁寧に説明する甲状腺検査の案内文を今年の四月から送付するということで、希望者が受診できるような取組を行うというふうに承知をしております。」

　県民の不安解消というベネフィットを求めて始めた検査だったが、それが進むうちに過剰診断のリスクや被検者が抱えていくだろう不必要なコストが露になっている。しかし、いまのところ、この議論は検査の主体である福島県やその実施を担う福島県立医科大学、また県民健康調査の検討委員会・部会の有識者という「行政＋α（有識者等）」の内輪の中で行われ、その問題が広く国民に知られることはなく、住民との対話を踏まえた議論にも発展していない。検査のリスク・コストについては文書で被検者には通知するようになるというが、それが住民にどのように伝わるか、そして政治家がこの問題にどのように関わるかはなお不透明である。

　原災直後の状況はどうだったのか。甲状腺検査を含む県民健康調査の立ち上げに首相補佐官として取り組んだ細野議員は当時の事情を次のように説明する。

「当時、政府が福島県の住民健康調査をやろうとしたのですが、福島県が自分たちでやりたいというので県民健康調査にしたんです。その中でもメインの一つが甲状腺検査でした。0歳から18歳までの子どもを追跡して見ていくということでスタートした」

「私は全員検査するのではなく希望者だけにしたほうがいいのではないかと思い、受けたくないっていう人については受けなくてもいい仕組みを導入すべきだということを伝えたんですけど…事故直後の対応は過剰になりがちだが、その後、それをどうフェードアウトしていくか、甲状腺検査がその典型例ですね。あのときはヨウ素剤を飲むか飲まない、飲んだ飲まないと問題になって甲状腺検査が一番求められた時期だった。だから安全だということを証明するためにも検査をするしかなかった」

　3.11当初とは状況が変わったにも関わらず、そこでの対応策をその後も続け、その間知見を得た問題や弊害は棚上げされ続けている。「行政＋α」のみならず、そこに住民と政治を含め、ベネフィット、コスト、リスクを精査点検し、全体最適解を追求するための議論を始める必要がある。

5　風評という曖昧な概念：風評被害対策：

　原発災害後の福島の復興を考えるとき、住民にとってもっとも残酷な差別でありもっとも過酷な試練はいわゆる風評被害であるだろう。先に触れた通

り、安全性が科学的に証明できても、福島産品・福島の観光地だというだけで疑問符がつけられ、忌避される傾向は残り続ける。

　行政は風評払拭に向けて様々な取り組みを行ってきた。福島県は県庁内部の一次産業、観光業、オリパラ、教育などを担当する各部局がそれぞれの分野で風評を払拭する取り組みを行っている。また、中央省庁では復興庁、経済産業省、農水省等が、パンフレットや動画を製作・配布したり、福島の農家等を招き福島産作物や商品を紹介するようなイベントを福島県外で開催したりしてきた。2017年には政府が「風評払拭・リスクコミュニケーション強化戦略」方針を発表し、省庁横断的な情報発信をする事業も進めてきた。このほか民間レベルでの風評払拭に向けた取り組みも数多くあり、例えば都内の大手企業が社員向けに福島産品を買い支えしようと直接販売の機会を作ったり、都市部の大学生が大学の食堂や学園祭で福島のコメや野菜を扱うようにボランティアで動いたり、といった草の根的な取り組みも行われてきた。

　このように風評被害対策は一定の広がりをもって、多様な主体により進められてきたが、逆に言えば、中心的にこの問題を担当し、その結果に責任を取ることをだれもしない受け身の構造に終始してきたともいえる。

　10年を俯瞰した際、これまでの「風評被害対策」にかけているのは、それがどこまで成果を上げたのか、そしてどれほど持続性があるのか、を客観的に分析する視点だ。

　問題の根っこに、「風評」という概念の曖昧さがある。

　だいたいどんなものが「風評被害対策」なのか。人々はその言葉を聞いて何を思い浮かべるだろうか。

　アイドルグループ、TOKIOによる福島の農作物・観光地のPRは、テレビでのCM放映はじめ、様々な形で継続されている。福島産品を扱った物産展も各地で開かれている。

　ただ、それらが果たしてどれほど風評被害対策として有効なのか。例えば、原災の被害を受けていない地域も農作物や観光地のPRを行い、TVCMを放映し、遠方に出張して物産展を開いている。福島のそれと他所のそれを明確に区別できないのであれば、それは販売促進ではあっても、風評被害対策ではない。そこで風評被害対策として行われていることが風評被害の払拭にどこまで有効なのかは別に評価する必要があるだろう。

　このことは、これまでの風評被害対策としてされてきた諸々が無意味であるということを意味しない。風評によって落ち込んだ消費をまず回復するために、遮二無二やれることを試してみるのが重要なことであることは間違いない。

　しかし、従来の風評被害対策では、それを進める際、風評という曖昧な概念を場当たり的に捉え対策を打ち出してきたきらいがある。そこにはリスクコミュニケーションという概念の多義性とも相通じる課題があるのではないか。

　10年間通して福島復興に関わってきた環境省関係者は、原災直後と、その後時間が経過していった後とで、いわゆる"リスコミ（リスクコミュニケーション）"の概念が変質してきたと指摘する[20]。

　その概念は当初は、政策当局や東電が透明性や情報開示によって住民との距離を「詰め合う」意識でやっていた。リスコミの専門家が語る理想もそれであった。しかし、それがいつごろからか販売促進や説得を目的とするようになった。3.11前から理論的に構想されてきた理想のリスコミ、あるいはそれを流布してきた専門家が、3.11の圧倒的現実の前に全く実効性がなく無力であることが露呈した故だ。行政の予算範囲内で求められる"リスコミ"では、それを受託する広告代理店は「結果」を出すことを求められる。いきおい販売促進や説得のためのナラティブ（物語）志向の"リスコミ"へと傾斜する。しかし、それでは知識伝達に一定の効果はあっても、一定以上には広がらない。結局、予算消化を前提にイベントを開き、パンフレットやWEB・動画などを作ること自体が目的化する。その本来の目的であるリスクコミュニケーションがいかに良い形で達成されたのかという核心が問われない構造になっているのだ。

　これまでの"風評被害対策"の有効性に限界があったことを伺わせる調査データがある。

　三菱総合研究所は、「復興五輪」を掲げる東京オリパラ2020を念頭に、2017年と2019年の2回、福島県の復興状況や放射線の健康影響に対する東京都民の意識や関心・理解に関する世論調査を実施した[21]。

　2回の調査を通して明らかになったのは、

・　東京都民の半数ほどが、科学的知見に反して、「福島の人は後々、がんなどの健康障害が出てくる」と考え、4割ほどが「これから生まれる子や孫に健康影響が出る」と懸念している。

・　家族・子ども、友人・知人に福島県産の食品を食べることと福島に旅行することを勧めるかとの質問に、3割ほどの人が放射線が気になりためらうと回答した。

　こうした反応はこの10年を経て、多少の数値の改善傾向にあるものの、これから大きく改善していくようには見えない。福島への差別や偏見が広範囲に根付いてしまっている。

　このような現状に対して、行政当局は一貫して「正確な情報を伝え続ける」との立場で臨んでいる。冷静かつ根気強く対応しようというまっとうな態度のように見えるが、実際には、風評と正面から向き合うこと、差別や偏見を

20　環境省関係者ヒアリング、2020年2月26日
21　三菱総合研究所（2019）「東京五輪を迎えるにあたり、福島県の復興状況や放射線の健康影響に対する認識をさらに確かにすることが必要　第2回調査結果の報告（2019年実施）」アクセス2020年6月15日〈https://www.mri.co.jp/knowledge/column/20191128.html〉

持ちその解消を阻害しようとする過激な者たちに立ち向かうことを恐れるリスク回避といってよい。そうすることが過激な見解を持つ人々からの政治と行政への批判を呼び起こすのを回避したいとする"事なかれ主義"に他ならない。

　風評被害対策は、単に販促イベントをすることでも、"リスコミ"の専門家に委ねて済ませられることでもない。福島の復興の本質にかかわる大きな戦略テーマであり、それは廃炉、除染、健康調査、避難民の帰還、経済活性化、町づくり、そして原子力被災地の再生といった多領域にまたがる問題であり、福島のアイデンティティとブランドの確立という「普遍化と逆転への意思」そのものにかかわるテーマなのである。

　にもかかわらず、これまでの風評被害対策はそれぞれの司司の個別的・分散的な方策の束にすぎない。その成果を十分に検証することもなく、問題を根本的に解決する戦略もなかった。結果、国内はもちろん、海外においても風評は止まないまま今に至っている。10年経っても福島産品の輸入規制を続ける国が多数存在[22]し、例えば、台湾では2018年11月に行われた国民投票で福島など日本の5県産食品の輸入解禁に反対する案が成立した。また、韓国とは、日本が世界貿易機関（WTO）に韓国が福島など8県産の水産物の輸入禁止を続けていることの不当性を提訴していたが、2019年4月には韓国の措置を妥当とする最終判決が下った。国内外の情勢・民意に目配りし、一貫

福島県産食品の輸入規制の状況

1 福島県産食品の輸入規制をしている国・地域(20)

福島県産食品の広い品目で輸入停止している国・地域(4)
中国、香港、台湾、マカオ

福島県産食品の一部を輸入停止している国・地域(2)
韓国、アメリカ

検査証明書の添付等により、食品の輸入を認めている国・地域(14)
インドネシア、仏領ポリネシア、エジプト、モロッコ、EU及び英国(※)、アイスランド、ノルウェー、スイス、リヒテンシュタイン、アラブ首長国連邦、レバノン、ロシア、イスラエル、シンガポール
※EU及び英国は農林水産省資料と同様に1地域として記載

2 輸入規制を解除した国・地域(34)

カナダ、ミャンマー、セルビア、チリ、メキシコ、ペルー、ギニア、ニュージーランド、コロンビア、マレーシア、エクアドル、ベトナム、イラク、豪州、タイ、ボリビア、インド、クウェート、ネパール、イラン、モーリシャス、カタール、ウクライナ、パキスタン、サウジアラビア、アルゼンチン、トルコ、ニューカレドニア、ブラジル、オマーン、バーレーン、コンゴ民主共和国、ブルネイ、フィリピン

令和2年2月1日現在　　　農林水産省資料「諸外国・地域の規制措置」より抜粋し、福島県農産物流通課が作成

---

22 福島県庁（2020）「福島県産食品の輸入規制の状況」『ふくしま復興ステーション』アクセス2020年6月15日〈https://www.pref.fukushima.lg.jp/site/portal/ps-overseasrestriction.html〉

した戦略を練るイニシアティブを誰かがとることを棚上げしてきたつけが回っている。風評被害に対して全体を俯瞰して統合的に対応する主体と司令塔を確立しなければならない。

6　浜通りとイノベーション・コースト

　原災とそこからの復興の体験を世界の経験とする。そうした理念と志を持って進められたプロジェクトが福島県で試みられている。その一つが福島・国際研究産業都市（イノベーション・コースト）構想である。

　この構想はその名の通り、福島県の太平洋沿岸の浜通り（コースト）をロボット、エネルギー、廃炉、農業、宇宙産業などの分野でのイノベーションを生む苗床にするために、国際的な視野を持った研究と産業の集積地域とすることを目指すものだ。

　もともと2014年6月に当時の赤羽一嘉経済産業副大臣の肝いりでまとめられた構想だが、2017年5月、改正福島復興再生特別措置法の施行により、国家プロジェクトに格上げされた。

　すでにJAEA（国立研究開発法人日本原子力研究開発機構）による廃炉関連の研究施設が楢葉町・富岡町・大熊町に設けられた。また構想推進の中核となる法人として、2017年7月、福島県によって福島イノベーション・コースト構想推進機構が「福島ロボットテストフィールド」を南相馬市に開設した。双葉町には情報発信拠点となる「東日本大震災・原子力災害伝承館」が整備されている。

　しかし、構想開始から現在までを振り返ると、成果は上がっていない。イノベーション・コースト構想はなお認知度が低く、ハコモノができたという以上の成果は見えていない。

　例えば、「令和元年度　県政世論調査　結果報告書」[23]によれば、「福島イノベーション・コースト構想」の認知状況について、「名前も内容も知らない」（46.3％）、「名前を聞いたことがあるが、内容はあまりよく知らない」（37.1％）で『知らない』計が83.3％となっている。一方、「名前を聞いたことがあり、内容もなんとなく知っている」（13.1％）、「名前を聞いたことがあり、内容もよく知っている」（2.6％）で『知っている』計が15.7％である。

　何が問題なのか。細野元補佐官は「イノベーション・コースト構想とかそういうのに地元住民がどこまで関与できてるかっていうと、そこはものすごくやっぱりギャップがある[24]」と語る。この構想は外部からの企業進出を主に視野に入れているが、地域との人材、技術、経営、資本の面での溝を埋めないと機能しないとの指摘である。

23　福島県庁（2019）「令和元年度　県政世論調査　結果報告書〈概要版〉」『福島県（県ホームページ）』アクセス2020年6月15日〈https://www.pref.fukushima.lg.jp/sec/01010e/r01yoron.html〉
24　細野豪志氏ヒアリング、2019年12月19日

もちろん中には存在感のある取り組みも行われた。例えば、福島の被災事業者への官民支援プラットフォームである福島相双復興推進機構（通称、「官民合同チーム」）[25]である。この組織は2015年8月に発足。経産省や福島県、農水省といった「官」と東電や地元銀行、コンサルティング会社といった「民」の人材を集めて産業面における福島復興支援を行っている。具体的には、県内の事業者への戸別訪問を実施し、ニーズがあれば専門家によるコンサルティングを提供。事業再開や売上増、人材面での支援を行ってきた。

　2020年3月までに、被災12市町村に拠点をおく5400の事業者への個別訪問を実施してきた。2017年4月からは農業者への個別訪問を行い、こちらも約1,800の農家等を訪ねて、営農再開や収益性・競争力の向上につながるよう支援を行っている。

　5400事業者への戸別訪問と聞いてもあまり実感がわかない人も多いかもしれない。これが東京都内の成果であれば、事業者の母数も膨大なので大したことはないかも知れない。しかし、福島の被災事業者は9000を超え、県内外に散り散りになっている。経営者の中には高齢者などで所在が掴めない人も多く混ざる。個別訪問に至るまでには、郵便や電話を通して現状を把握する作業がある。はじめは不信の目を向ける事業者も多くいた。しかし、地道な作業が奏功し、この結果を生んでいる。第三代福島復興再生総局事務局長の岡本全勝は「今、地元市町村に聞くと、復興に取り組んでいる組織の中で一番信頼されているのが官民合同チームです。中小企業の帳簿まで全部見て、帳簿をつけられない人に記帳の世話までしてとか、中には、親子げんかの仲裁に入っているというのまであって…[26]」と言って、笑った。

　事業者にとっての事業活動を再開し継続・拡大するための基盤も、3.11以前より整備が進み地域のポテンシャルを高めたように見える部分もある。

　例えば、原災後、東京から仙台までを双葉郡を貫く形でつなぐ高速道路＝常磐道が全線開通した。中間貯蔵施設への除染土壌の搬入のためもあって常磐道と地域の幹線道路をつなぐ道も整備された。JR常磐線も2020年3月に再開通し、東京と仙台が直につながった。地域内には企業の生産拠点の受け皿となることのできる産業団地がいくつも用意されている。

　この10年、12市町村で避難指示の解除が進められていく過程では、当初は「あんな放射線が高いところ、人なんか戻らない、商売なんか成り立たない」と悲観的に見られていた。しかし、線量は想定以上に低減し、居住や事業が再開されて人の行き来が増えると、コンビニやホテルに客が集まった。そこで働く従業員を引き寄せるため、最低賃金が700円台の福島において時給1500円が支払われるというような特異な賃金上昇が起こった時期もあった。いまはそのような一時の「復興バブル」はある程度落ち着いてきている

25　福島相双復興推進機構（福島相双復興官民合同チーム）『福島相双復興推進機構（機構ホームページ）』アクセス2020年6月29日〈https://www.fsrt.jp/〉
26　岡本全勝氏ヒアリング、2020年1月17日

が、それでも賠償、除染、廃炉にかかわる資金の流れもあり、経済活動は活発にも見える。

ただ、原災の際、避難し、他所に生産や営業の基盤を作り直した事業者の帰還は住民の帰還に比べてはるかに難しい。高齢化や後継者不足で廃業した事業者も多い。

細野元補佐官はこんな風に言った。

「福島の復興ですが、思った以上に9年でここまでよく来たなという印象です。象徴的なのが大熊町です。2012年だったか、当時大熊の渡辺利綱町長が、大熊に復興拠点を作りたいって言ったときに、正直言ってちょっと頭を抱えたんです。ただ、町長は強い意志を持っていた。いま、大熊の大川原地区がそういう拠点になったということ自体、画期的だと思います」

福島の産業復興は、まだこれはという成果は見えてきていない。それでも国・県・浜通りの基礎自治体は、イノベーション・コースト構想や官民合同チームの動きが、これからの地域の復興に関する様々な取り組みの基盤になることを期待している。先に述べた特定復興再生拠点にもこうした動きと連携しながら産業や生活の復興の拠点となることが切望されている。

しかし、その先には、ここまではそれぞれ別のレールの上で走ってきた地域の復興の問題と廃炉や除染・中間貯蔵の問題が重なり合っていく部分が出てくる可能性がある。ただ、その具体像は10年目の現在に置いては、未だ不鮮明でもある。

それでも、社会の課題が何層にも凝縮し、堆積する地域において、その課題と可能性を把握し直し、数十年はかかるだろう廃炉を地場産業化し、イノベーション・コースト構想に謳われるような新産業を地域に根付かせ、それに合わせて元から住んでいた住民、新たに移住してきた住民双方にとって魅力的かつ持続可能な生活基盤を築いていく。それを日本の未来を見据えた地域モデルとして提示できるものにまで高めていく。一度は死んだように見えた、そうした危機から立ち上がり、境遇を逆転し、そこで経験した知見と教訓を普遍化し、未来を切り開いていく――そうした福島の復興ビジョンの火を消してはならないだろう。

7　ゾンビ化とエンドステート

復興関連事業が進められる中、行政の復興予算は肥大化してきた。例えば、福島県の予算規模で言えば、この10年で3.11前の2010年に比べると1.7倍から2倍程度の規模で推移してきた。

10年目の現在、復興関連事業の多くが完了する中で、2015、6年頃をピークとして縮小しようとする傾向も見てとれる。集中復興期間、復興・創生期間を終え、今後、様々な側面で「ポスト復興バブル期」として、復興事業やその波及効果に支えられてきた経済構造にほころびが見えてくることが想定

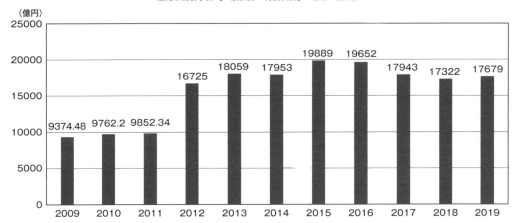

福島県当初予算［一般会計＋特別会計］の推移（億円）

される。新型コロナウイルス危機もあって既に少しずつ悪化しつつある景況感が急激に悪化する可能性が強い。

　その悪影響は産業面のみならず、生活面にも及ぶだろう。例えば、福島県の合計特殊出生率は3.11直後こそ下落したものの、その後V字回復し、一時は東日本で最も高い水準に至るほどになった。好況がこういった現象を支える一因になった可能性もある。それが今後、どうなるのか、そうした点も復興の重要なテーマであるだろう。

避難地域の復興本格化

　福島全体としては「ポスト復興バブル期」に入る一方、避難指示を経験した地域の復興は忘れられてきた。この地域は「人の姿がまったくない、あの時のまま時間がとまったような風景が広がるゴーストタウン」といったステレオタイプ化したイメージで語られてきた。しかし、それは実態と異なる。当初からそこには、時に数万人規模にも及ぶ廃炉・除染事業の関係者が出入りし続けてきた。

　福島第一原発のオンサイトでは、ピーク時には7000人以上、いまも毎日、3000人を超える人が働く。オフサイトでも、当初計画した除染作業が終わると、今度は中間貯蔵施設や家屋解体に関する作業がはじまり、人の出入りは続いた。そして、避難指示解除が進む中で、ゆっくりとではあるが、少しずつ帰還する住民も増えてきた。その背景には、当初想定した以上に速やかに線量が低減したという嬉しい誤算もあった。

　ただ、地域づくりにおいては、避難指示解除の時期によって地域内で格差が生じている。その格差が顕著に現れるのが自治体内に実際に住む住民の数だ。原発事故から6年経った2017年春、ようやく避難指示解除がはじまった浪江町では人口が17,114人（2020年2月末時点）なのに対して、実際に町内に居住している町内居住者の数は1,332人（同年3月末時点）。同じく、2017年春に避難指示解除がはじまった富岡町では12673人の人口に対して町内居住者は1205人（いずれも2020年2月頭時点）。つまり、実際に町内に

住むのは人口全体の 1 割ほどにとどまっている。一方、2015 年 9 月に避難指示解除をした楢葉町は 6784 人の人口に対して 3937 人の町内居住者、つまり、人口の 6 割にあたる住民が生活を始めている。さらに、2012 年 3 月末に避難指示を解除した広野町では 4755 人の人口に対して、現在町内に居住する 7268 人と、人口よりも実際の町内居住者が多くなっている。広野町の場合、早期の段階から居住できたことで、除染・廃炉従事者の生活拠点となり、また、新たに小中一貫教育を行うふたば未来学園が設立され生徒の寮ができたことなどで新たな住民が多く住むようになったことによる。現在も、廃炉作業やその他復興関係の仕事などで新たにこの地に来てホテルや社員寮などで生活をする住民は住民登録をしていないため、実際の居住者数が住民登録の数を超えている。このように、早期に復興や廃炉の拠点として地域の再生に向けた取り組みを始めたところとそうでないところでの差は大きい。

　競争があれば優劣が明らかになる。そこから格差も生まれる。そのこと自体は市場経済の中での経済活動の結果であり副産物として受け止める以外ない。問題は、こうした経済の持続可能性（サステイナビリティー）である。これまで見てきた「福島の復興」の諸現象は、人工呼吸器であり人工心臓であり栄養補給であり輸血ではなかったのか。それにはいつまでも頼れないし、自立する準備をすべきではないか。持続可能性はどうなのか、という疑問である。

　長期的には福島の復興に注がれる予算は縮小する。避難指示を経験した地域も例外ではなく、需要も雇用も徐々に減少していく。復興事業が終わり、その中で建設されてきた施設が付加価値を生まずに、維持コストがかさむだけの「無駄なハコモノ」に化ける。そうしたとき、これまでの復興のありようが改めて問われることになるだろう。被災者だから、被害者だからというので許容されてきたこれまでの復興のコストパフォーマンスが問われるようになる。

　あえて言えば、福島の復興事業は、"根拠なき安心感"の上にあぐらをかいているようにも見える。それは、民間事故調でも検証した、原発立地地域が「安全神話」とともにあった構造にも通じる。かつて、福島の原発立地地域は、経済的かつ社会的に原発と共存関係を結ぶ中で、原子力のリスクや経済的持続性に向き合うことを忌避するガバナンスの中に組み込まれていた。それが原子力に対する「安全神話」を下支えしていた。いま、「福島の復興」において生じているように見える"根拠なき安心感"は、かつての「安全神話」に代わる「新しい安全神話」となるのではないか。

　一例を挙げれば、今後も続く賠償も廃炉も除染・中間貯蔵関連事業もその経済的持続可能性は東京電力の経営パフォーマンス次第である。東電が事故への責任を果たしつつ、電力自由化などの厳しい競争の中に置かれる状況の中にあることを住民も自治体も福島県外の国民も政府もどれだけ自覚しているだろうか。

東電改革の陣頭指揮を執ってきた経済産業省元幹部はこう語る。

「責任と競争の両立というのは、2014年の新総特（新・総合特別事業計画）で掲げて、これは先ほど申し上げた現場の人のモチベーション、これをうまく鼓舞しながらけん引していたわけですが、これがいつまで続けられるのかと…このままずっとそれを引きずっただけでは、責任と競争を両方でゾンビ化にならないかということを個人的には懸念をしております[27]。」

　東電の現場のモチベーションを引き続き引き出さないことには、原災加害企業としての福島への責任と私企業としての市場での競争を両立させ続けることはできないのではないかということを危惧しているのである。

　もう一人、この間、政府にあって東北地方の地震・津波・原災後の復興を一貫して担当してきた岡本は次のように証言する。

「津波はある程度終わりましたと言えると思うんですけども、福島はいつになったら終わるのかと…おそらくデブリを取り出して、廃炉が終わるまで終わらないと思います[28]。」

　廃炉も中間貯蔵施設も、その他の福島における復興の諸々も終わりが見えない。だから終わりを見通す議論をこれまでは棚上げしてきた。その間、多くの人々は「新しい安全神話」に囚われてしまったかに見える。「新しい安全神話」とは、当初決めた方針に問題点が出ていても、当初の方針を金科玉条としてそこに安住し、ハコモノづくりや予算消化など、本来は復興の手段にすぎないものが目的化し、その効果検証がされない。問題が明確になっても政治が全面に出て合意形成・意思決定を進めることはなく、「行政＋α（有識者等）」が議論を漫然と続けることでお茶を濁す。住民に課題意識は低く、根拠なき安心感のみがある。そのような状態のことを指す。そこからは真の復興は生まれないだろう。

　廃炉、除染・中間貯蔵、そして、12市町村における産業や生活の再生にいま必要なのは、エンドステートを描く議論を広く行うことに他ならない。

　エンドステートとは、元来は廃炉についての工学的な議論の中で用いられてきた概念で、「最終的な状態」をさす。

　福島第一原発のエンドステートはいかにあるべきか。例えば、完全に廃棄物・汚染も取り除いたグリーンフィールドにするとしても、そこで出る廃棄物の処理に長大な時間と膨大な費用がかかることをいかに受け入れるのか。その時間・費用は、他のことに費やすべきで、グリーンフィールドまで持ち込むのではなく、周辺地域の住民の生活に影響を与えない状態にまでリスクを下げた段階で建屋の解体等を止めて、安全に管理できる状態にまで持っていけばそれでよしとするのか。あるいは、そこにすでにある送電設備を活かす

27　経済産業省元幹部ヒアリング、2020年2月27日
28　岡本全勝氏ヒアリング、2020年1月17日

べく敷地内の空いた場所に火力や再生可能エネルギーの発電設備をつくり地域の新たな産業とするのか。富岡町・楢葉町が抱える福島第二原発もまた40年の廃炉プロセスに入るが、両者を統合的に扱っていくことで付加価値を生み出せないか。

福島第一原発廃炉について、そのようにさまざまにありえるエンドステートについての議論は、10年を経てもまだ始まっていない。

エンドステートを定めずに走り続けることの限界はいずれ露呈するだろう。それは、100メートル走なのか、マラソンなのか。それも知らずにとにかく走れというに等しい。それでは途中で息絶えてしまう。

中間貯蔵施設のエンドステート論についてもほとんど表立った議論はされていない。中間貯蔵施設では、あと5年ほどで、除染土壌等の搬入や分別・貯蔵の作業は終わる。その後、実際に土壌等の貯蔵をするのに使われるエリアは中間貯蔵施設用地全体の半分未満の面積になる予定だ。ただ、考えるべきなのは中間貯蔵施設の用地の広さは、羽田空港（1522ha）とほぼ同程度、約1600haに及ぶ。そして、中間貯蔵施設に土地を提供した地主の7割が（地上権設定ではなく）国による土地の買取に応じている。つまり、今後、広大な国有地がそこに遊ぶことになるが、これをどうしていくのかというような議論は、本来、県外での最終処分場の確保とそこへの搬出の問題と並行して検討されるべきことである。だが、そのような議論もほとんど始まっていない。

放射線モニタリングや甲状腺がん検査、補償・賠償といった問題のエンドステートはどうなっていればよいのか。12市町村が最終的にいかなる姿になり、その中で帰還困難区域がいかなる扱いをされれば、元の住民にとっても、新たな住民にとっても喜ばしいのか。

福島の復興エンドステートを定義する難しさは、「何を終わりとして定義するか」、そして「誰がこれを議論しうるのか」という二重の困難の中にある。

当初は何を克服し、どこを目指すのか明確だった「復興」が、時間の経過と一定の状況の改善が進む中で、逆説的にも、曖昧になってきている。

いまも残る、この10年で手つかずのままにされてきた種々の復興の難題は、単に予算があればどうにかなるわけでも、技術が完成すればよいわけでも、住民を巻き込んだ議論を進めれば丸く収まるわけでもなく、そういった複合的な課題を踏まえつつ時間をかけて努力をしなければ解決しないものばかりだ。「一定の状況の改善」の中で誰が何を目指して、いかなるリソースを用いて難題を解決していくのか、復興をするのか、改めて明確にすることなしには、「新しい安全神話」の中の悪しき棚上げは続いていくだろう。

きめ細やかな放射線モニタリングの実施による安全・安心の確保、風評との対峙、除染や中間貯蔵施設の立ち上げ、避難指示の解除と地域の生活・産業の再構築、10年の時間を経ても解決しないままの難題が横たわっている。

原災復興——それは、これまで人類が経験してきた数多の戦争や災害からの復興からの「学び」の応用問題として考えてみようにも容易に答えが見いだせない問いを多分に含んでいる。

まとめ

日本の復興の歴史の中で、その再出発の先にある終着点がこれほど見定めにくい復興はかつてあっただろうか。

1923年の関東大震災の後に立案された帝都復興計画が方向づけた東京の姿、国家の主要機能、第二次世界大戦とその後の復興が形作った産業や教育、民主主義のあり方、あるいは阪神淡路大震災以降の種々の災害復興が変えてきた市民社会や警察・消防・自衛隊の存在感。そういった、復興の中で生み出されたものは、確かにいま私たちの足元に存在する。これに類するものが今回の原災復興の先に生まれることはあるのだろうか。

それがあるとすれば、少子高齢化や既成産業の衰退、巨大科学技術と政治権益と民主的合意形成の関係といった世界とも共通する課題への取り組みを、つまりその普遍的課題を、この復興を通して克服していく先にこそ見いだされるに違いない。

原発事故後10年。いま、原災復興は転換点にある。3.11の記憶の風化は進み、国内外での風評は一層固定化し、福島県民を苦しめている。政治も行政もそれに対してこの間、一つとして効果的な手は打てなかった。そして、ポスト復興バブルと新型コロナウイルスによる苦境が襲い掛かっている。「行政＋α」に意思決定を任せる構造の下、被災の固定化と孤立化が進み、科学的で正確な情報に依拠する政治のイニシアティブは弱く、「新たな安全神話」が無意識に構築され、問題の棚上げが続いている。このままでは、福島の問題は福島の特殊な問題としてそこに止め置かれることになるだろう。

今一度、復旧に止まらない復興に向けての"普遍的な逆転の意思"を心にとどめたあの地平に立ち戻り、復興のエンドステートの姿を思い描くべきではないか。そして、そこに「21世紀半ばの日本のあるべき姿」を見据えるべきではないか。

コラム10 　行き場のない"汚染水"

　137万㎥──これは福島第一原発のタンク保管量の上限であり、東京ドームの容積を超える。

　2020年2月現在、そこに保管される"汚染水"はおよそ120万トン[1]に及ぶ。原発サイトから出てくる"汚染水"をこのまま保管タンクに溜めていけば、2022年には満杯となり、"汚染水"の行き場はなくなる。"汚染水"の取り扱いについては事故直後から議論されてきたが、事故後10年が経ってもまだ最終的な道筋が立っているとは言えない。

　"汚染水"とは、福島原発事故に起因してサイト内で様々な理由から放射性物質に汚染された水の総称である。しかし、処理された水の「海洋放出」案に関しては事故後から有力選択肢とされながら実現しなかった。その背景には、"汚染水"に含まれる核種のうちトリチウムが除去しきれないことがある。トリチウムは世界の原発・再処理施設から環境に放出されている。国際的規制基準も存在し、先行研究を通じて環境影響が十分に小さいことも確認されている。

　しかし、福島では、漁業者以外の事業者団体には処理水の放出を容認する声もあるが、県漁連は放出に反対している。59市町村長を対象とした福島民友新聞のアンケート（2020年3月22日付）によれば、「海洋放出が望ましい」と考える市町村長は5町村に留まり、大多数は言及を避けた。

　東京電力は、2011年4月4日、廃棄物処理施設内の約1万トンの低濃度汚染水を海洋放出した。この決断は政府・東電統合本部によるもので、地元への根回しなく実行されたため、漁業者の抗議を招いた。細野豪志首相補佐官がその数日前に「汚染水の放出は絶対あり得ない」との方針を示したばかりだっただけに、この緊急放出は地元漁業者の政府や東電に対する不信感を深める結果となった。

　同年7月、原子力委員会の福島第一廃炉中長期対応検討部会が、スリーマイル島事故の例を引き合いに出し、トリチウムを規制値以下に薄めて海洋放出するとの案をまとめた。スリーマイル島事故では、トリチウムは分離できず、最終的には地元の了解を得て、大気中に蒸発させて処分させたが、日本の場合「湿度が高く放射性物質が拡散しにくいことや、風評被害を広げる恐れがあり、蒸発処分は困難」と判断したのだった。ただ、近藤駿介原子力委員長＝当時＝は、海洋放出には地元関係者の理解を得るための対話ルートをつくらなければならないとの条件を付した。

1　「原発事故9年『海か大気に放出を』ほかに選択肢は？福島の苦悩」2020年2月13日　NHK
　　https://www3.nhk.or.jp/news/html/20200213/k10012282201000.html

　同年12月、東京電力、資源エネルギー庁、保安院等が取りまとめた「東京電力（株）福島第一原子力発電所1～4号機の廃止措置等に向けた中長期ロードマップ」[2]では、①汚染水の安易な海洋放出はしない、②海洋放出は関係省庁の了解を要する、という方針を明記した。

　2012年6月、福島県相双地方（相馬・双葉地方）で試験操業が始まった。試験とはいえ、地元の漁民にとっては1年3か月ぶりの出漁だった。漁師たちは「久しぶりの操業で緊張した。やっとここまでできたという思いだ。放射能が出ないことを祈っている」「流通にのせたとき風評被害が起きないか不安」と語ったと当時の新聞記事は伝えている。

　その年冬、政権に復帰した自民党政権は、廃炉・汚染水対策関係閣僚等会議を設置、そこでALPS（Advanced Liquid Processing System：多核種除去設備）の処理水対策を検討することにした。ALPSは、高濃度汚染水から62種類の放射性物質を取り除くことができる。そのころ、福島第一では汚染水貯蔵タンクが不足、2012年4月、バイパス計画の具体化とともに地下貯水槽の建設に着手した。東電は漁業者との補償の場では、地下貯水槽に十分な防水性があると説明していたが、2013年4月、この地下貯水槽からの汚染水漏出が発覚、漁業者の東電不信を改めて招いた。県漁連は組合員からの突き上げを食らい、バイパス計画どころかALPS処理水の放出も認めない立場を取らざるを得なくなった。結局、地下貯水槽は使用停止となった。

　2015年2月、福島第一原発2号機建屋排水路から降雨のたびに高濃度汚染水が海に流出していたことが分かった。東電はこの問題を把握していながら10か月間も公表しなかった。それが発覚したのである。県漁連はいくつかの条件を付けて8月には放出容認に転じたものの、漁業者の東電不信は決定的なものとなり、漁協の組合長からは「東京電力と漁業者との信頼関係が崩れた」などの批判が相次いだ[3]。

　2020年2月、経産省に置かれた「ALPS小委員会」は、汚染水のうちALPSで処理した水、いわゆる処理水について「海洋放出」と「水蒸気放出」の2処分案を現実的な選択肢として提示した。ただ、どのようにして漁民の了解を得ることができるのか。近藤駿介の求めた地元関係者との確かな「対話ルート」はその後10年間、構築されなかった。

2　「東京電力（株）福島第一原子力発電所1～4号機の廃止措置等に向けた中長期ロードマップ」
　　https://www.tepco.co.jp/decommission/information/committee/roadmap/2011-j.html
3　「原発事故の汚染水流出 漁協組合長が批判」2015年2月25日 NHK
　　https://www3.nhk.or.jp/news/genpatsu-fukushima/20150225/1228_osensui.html

コラム11　免震重要棟

　福島原発事故では、免震重要棟の二階に緊急対策本部が置かれ、所長の吉田昌郎以下、最大500〜600人が事故対応のため昼夜を問わずにそこに詰めた。それは運命の日となった3月15日の朝、Fukushima50が立てこもった要塞でもあった。清水正孝元東電社長は国会事故調の聴取で「もしあれ（免震棟）がなかったら（と思うと）ぞっとする」と証言した[1]。そのように感じたのは清水だけではない。事故の8か月前に完成した免震重要棟は、失敗の連続だった福島原発事故対応の中で数少ない成功例として語られてきた。

　免震重要棟とは、大規模な地震が発生した場合に緊急時対応の拠点となる免震構造の建物である。2007年の中越沖地震の際、緊急時対策室の扉がゆがみ、人が入れないなどの混乱が起きた経験から、柏崎刈羽（2009年運用開始）や福島第一・第二原発（2010年運用開始）などで整備が進んだ[2]。

　事故後、島根（中国電力）、美浜（関西電力）、高浜（関西電力）、大飯（関西電力）、志賀（北陸電力）、泊原発（北海道電力）、玄海・川内原発（九州電力）などで免震重要棟の整備計画が続々と発表された。中国電力が2014年に設置した島根原発の免震重要棟は、内部には専用電源設備や燃料タンク、放射性物質の持ち込みを防止する放射線管理設備、外部からの支援がなくとも約300人が1週間対応できる食料や医務室などを備えた[3]。

●図1　免震重要棟の外観[4]

1　「耐震性足りない」免震棟　柏崎刈羽原発、事故時の拠点使用を断念　2017/3/9 朝日新聞
　　https://digital.asahi.com/articles/DA3S12832230.html
2　【フクシマの教訓】（4）先送りされた免震棟建設　備え途上の「政治判断」　2012/7/4 西日本新聞
　　https://www.nishinippon.co.jp/item/o/16390/
3　島根原子力発電所　免震重要棟の建設工事終了について　2014/10/31 中国電力
　　https://www.energia.co.jp/atom_info/press/2014/4014.html

268

　しかしその後、免震重要棟の見直しや撤回の事例が相次いだ。柏崎刈羽原発では、免震棟が新規制基準の最大地震動に耐えられず、耐久性が不十分であることが2014年に社内調査で判明したにもかかわらず、それを規制委員会に報告していなかったことが2017年に発覚した。技術基準を満たしていない免震棟は放棄され、結局、その後新設する目途は立っていない。田中俊一規制委員会委員長＝当時＝は、柏崎刈羽原発の免震棟に関して「（免震棟が想定する地震動に耐えられないということなど有り得ないとする）免震棟神話みたいなものがあった」と述べている[5]。

　九州電力の玄海原発は、2013年に「2015年までに免震重要棟を建設する」計画を発表したが、2016年にはその計画を撤回、代わりに耐震構造の緊急時対策棟の整備計画を発表した（2023年9月完成予定)[6]。同じく九州電力の川内原発は、再稼働後の2015年、免震棟ではなくより小さい代替緊急時対策所を使い続け、その隣に耐震支援棟をつくると発表した（2021年完成予定)。

　ところで、「免震重要棟」という名称は通称であり、原子力規制委員会は、正式には緊急時対策所と呼んでいる。新規制基準は緊急時対策所について「想定される最大の地震に対して、免震等により機能を喪失しないようにする」[7]ことを求めている[8]。

　免震は耐震とどう違うのか？耐震構造が建物の強度そのものを高めるのに対し、免震構造は建物と土地の間にゴムなどの緩衝装置を設置し揺れを吸収する。水平方向の揺れを低減し、余震の際にも作業員が業務を行えるようにする[9]。ただ、耐震構造と比べると比較的新しい技術であるため、研究データが少なく、原発のような大規模な建造物での安全性を立証することは難しいという。

　もう一つ、新規制基準下で、再稼働審査における原発の基準地震動が引き上げられていることが、免震構造で十分な耐久性を立証することを困難にしているという側面もあるようだ。島根原発は、緊急時対策本部を免震重要棟に集約する予定だったが、再稼働の前提となる国の審査で原発の耐震設計の目安となる基準地震動を600ガルから800ガルに引き上げるなど評価し直したところ、同棟の床にひび割れが生じる可能性が判明した。このため免震重要棟とは別に緊急時対策所を新たに建設すると発表した[10]。

4　免震重要棟の外観 2014/10/31 中国電力
　　https://www.energia.co.jp/atom_info/assets/press/2014/p141031-1a.pdf
5　原子力規制委員会記者会見録
　　https://www.nsr.go.jp/data/000179087.pdf
6　玄海原子力発電所　緊急時対策棟の設置に向けた取組み状況について
　　http://www.kyuden.co.jp/var/rev0/0227/5756/831nbr0s.pdf
7　原発　半数「免震」断念　再稼働審査　緊急時の対策所　2016/1/19 毎日新聞
　　https://mainichi.jp/articles/20160119/ddm/002/040/124000c?pid=14509
8　佐賀）免震棟「見直し」、規制委どう判断 https://digital.asahi.com/articles/ASJ1Q4437J1QTTHB006.html
9　女川原子力発電所2号炉　緊急時対策所の建屋構造変更について　平成30年1月24日東北電力　https://www.nsr.go.jp/data/000219919.pdf

東北電力の女川原発も緊急時対策所を免震構造から耐震構造へ切り替えたが、その理由として「基準地震動の上ぶれや重量増による影響を試算すると、既製品として最大径の免震装置を採用しても許容値を超過」する一方、「耐震構造の場合は耐震壁の厚さや鉄筋量の変更により成立性を確保可能」と判断したためであると説明している[11]。

---

10 緊急時対策所を島根原発に新設　免震重要棟から分離　2016/3/31 中国新聞
http://www.hiroshimapeacemedia.jp/?p=57745
11 女川原子力発電所2号炉　緊急時対策所の建屋構造変更について　2018/1/24 東北電力　https://www.nsr.go.jp/data/000219919.pdf

終 章

「この国の形」をつくる

終章

「この国の形」をつくる

　この報告書は、民間事故調が行った調査を継続し、事故の現状を検証する
ものではない。むしろ、民間事故調をはじめ、多くの事故調査によって引き
出された教訓や提言がどのように理解され、学ばれ、政府や社会を変えてい
ったのかを検証するものである。なかでも、安全規制は「安全神話」を克服
できたのか、東京電力はその経営風土を変えることが出来たのか、官邸の危
機対応は十分な態勢が出来ているのか、最悪の事態に立ち至ったとき、誰が
どのような権限と責任で対処するのか、するようになったのか、といった点
を中心に分析した。また事故後、1〜2年の間に出された各報告書では触れ
ることのなかった復興の問題も取り扱い、原発事故に対しての「備え」と
「学び」は復興までを視野に入れなければならないことを明らかにした。

　それぞれの章でテーマごとに「学び」の分析と提言がなされているので、
ここでは一つ一つの具体的提案は繰り返さない。

　この章が扱うのは、これらの分析を踏まえて、福島第一原発事故とは何だ
ったのかを改めて考え直し、そこでの企業と政府のガバナンスのあり方を再
び振り返り、平時ではない国家的危機に当たっての日本の法制や体制のあり
ようを見つめなおす、いわば「この国のかたち」への意味合いを論じて本報
告書のまとめとしたい。

新たな「安全神話」の誕生

　民間事故調は、福島第一原発事故の要因の一つとして「絶対安全神話の罠」
を指摘し、それが原子力発電所の事故への備えを不十分なものにした、と結
論づけた。絶対安全神話とは「原子力災害リスクをタブー視する社会心理を
上部構造とし、原子力発電を推進する原子力ムラの利害関心を下部構造とす
る信念体系[1]」であり、人々の「小さな安心」を追い求めた結果、国家と国民
の「大きな安全」を見失う結果をもたらした。

　この「安全神話」は、しばしば原子力発電を推進する側の信念として提示
され、国民に「小さな安心」を提供することで原子力発電を可能にするため
の安全規制の錬金術のようなイメージで語られ、福島第一原発事故によって
「安全神話は崩壊した」と論じられている[2]。こうした言説が一般化され、一

1　福島原発事故独立検証委員会『福島原発事故独立検証委員会：調査・検証報告書』一般財団法人日本再建
　　イニシアティブ、2012年、pp.385-386。

部、安全神話は崩壊したのだから同じ過ちを犯すはずはない、新たな原子力安全規制はこれまでのような安全神話に騙されることなく厳しいものであり、原子力推進派を締め上げるものである、といった理解に繋がっている。果たしてそうなのだろうか。

「宿題型」規制の弊害

　国会事故調の事務局で調査委員を務めた椎名毅は、原子力規制委員会が定める規制基準を「宿題型」規制と名付け、米国の原子力規制委員会（NRC）の安全規制の規則10CFRを「効果型」と呼んで、両者の発想の違いを説明した[3]。「宿題型」規制とは、規制当局が「宿題」を設定し、事業者がその「宿題」をこなして基準に達することで合格をもらい、そのことをもって「安全である」ということが保証されるという考え方である。「効果型」とは、「事故が発生した際に、住民に被害がないよう」な目標を設定し、その目標を達成する方法は事業者に委ねられているという規制のやり方を指す。なお、原子力規制委員会はパフォーマンス指標を導入しつつあり、「宿題型」から脱却する方向性を模索していると思われるが、理念型としての「宿題型」規制がまだ色濃く残っていることは否定できない。

　この「宿題型」と「効果型」の規制思想の違いは、「安全神話」を考える上で決定的に重要である。「宿題型」規制は、いかに「世界一厳しい」規制であったとしても、その基本的な考え方は、「想定しうる限り」の事象を想定し、その事象に対して対応出来るだけの規制要求を設定するというところにある。事業者は規制要求を満たすことが目的となり、その目的を達成することで「安全」が達成されたと認識し、人々に「安心」を提供する。

　しかし、この「宿題型」規制にはいくつもの問題が内包されている。第一に、「宿題型」規制で想定しうる限りの事象を想定し、それらに対処することで「絶対安全」を目指すとなると、極めて非現実的な規制要求を設定することになり、事業者に大きな負担を強いるだけでなく、事業者の経営に大きな制約を設けることになる。福島第一原発事故当時、2010年から2014年まで米国原子力規制委員会（NRC）の委員であったジョージ・アポストラキスは「規制委員会は事業者を本当に追い詰めている。これらの規制要求に応えるのは極めてコストがかかる[4]」と述べ、厳しい規制が原子力発電を現実的に運転不可能な状態にしていることを指摘する。仮に規制委員会の任務が、究極的には原子力発電を止め、いわゆる脱原発を達成することであれば、こうした

2　例えば、2012年に行われた国会事故調の委員も参加したシンポジウムも「福島原発で何が起きたか──安全神話の崩壊」とのタイトルがつけられ、その議事録も出版されている。黒田光太郎・井野博満・山口幸夫編『福島原発で何が起きたか──安全神話の崩壊』岩波書店、2012年

3　椎名毅氏ヒアリング、2019年10月9日

4　ジョージ・アポストラキス氏ヒアリング、2020年1月29日

規制も合理的と言えようが、あくまでも原子力規制委員会は「国民の生命、健康及び財産の保護、環境の保全並びに我が国の安全保障に資するため、原子力利用における安全の確保を図ること」が任務である[5]。原子力利用が前提となっている限り、いかに事業者が事業を継続し、持続可能な原子力利用を可能にするかを考えるべきであろう。

第二に、「宿題型」規制は規制当局と事業者の対話を制約し、規制当局から事業者に対して一方的な規制要求を突きつける形態となっている。同じくアポストラキスは「日本の規制委員会は真に独立した存在であることを示そうとして、彼らを孤立させている。それが厳しい規制の理由である[6]」と述べ、規制委員会が事業者との対話を拒否しているとの見解を示している。この点に関し、初代原子力規制委員長の田中俊一は、事業者との対話は非公開の場で行うと国民の疑念を招く恐れがあるため、全て対話は公開の場で「フル・オープン」で行うと述べている。オープンな場で議論することで国民の視線を意識し、事業者は「おかしなことは言えない[7]」状態が生まれ、形式的なセレモニーのような対話になったとしても「それも国民が見ているから、信用をなくすだけ[8]」だとして、公開の場での対話に自信を見せている。

しかし、フル・オープンの場で事業者が自らの経営上の理由から規制の見直しや効率的な規制への変更を求めることは、極めて難しい。福島第一原発事故以降、事業者は国民の信任を十分得ているとは言えない状況で、規制当局と事業者が対等な立場で意見を交換することは、まずもって考えられない。そうなると「宿題型」規制は、規制当局からの一方的な要求を引き受け、経営資源を削りながら基準達成を目的とし、それ以上の安全向上に向かうインセンティブを失わせる。「宿題」を出す先生と、「宿題」を提出する生徒の関係において、生徒が「宿題」の課題設定に口を出す権限がないという固定的な上下関係が出来上がってしまう。重要な点は「不断に安全を向上させる」ことを目的として規制当局と事業者が対等な立場で議論ができることを優先することであり、それが困難であるなら会議の公開も含めてやり方を再検討すべきである。

さらに、原子力規制委員会が関西電力に火山灰対策を巡る方針で、公開の本委員会に入る前に非公開の場で事前に担当の委員や規制庁の幹部と協議し、方針を絞っていたことが報道された。原子力規制委員会が規制庁の職員から提案された内容を非公開の場で調整し、2案あるうちの1案を公開の場で議論する前に選択するという事実上の決定をしていたというのである。これが事実とすれば、これまで政府とは独立の立場で、そして「フル・オープン」で議論するという立場を取ってきた規制委員会が、オープンではない場所で

5　原子力規制委員会設置法（平成24年法律第47号）第3条
6　ジョージ・アポストラキス氏ヒアリング、2020年1月29日
7　田中俊一氏ヒアリング、2019年11月20日
8　同上

事実上の決定を行っていたということになる。これではかつての規制体制と変わっていないと批判されても致し方ないだろう。「先生」であるべき規制委員会が「宿題」を非公開の場で調整していたのであれば、それは規制委員会の公開性の原則に無理が生じていることを意味している[9]。

第1章で久郷が論じたように、規制委員会が独立性を必要とするのは、国会事故調が示した「規制の虜」の現実が日本の場合、際立っていたことが背景にあるだろう。「規制側が虜と化す状態（Regulatory Capture）」とは、規制される側の事業者が規制する側の規制当局より技術的に優位にあり、現場の情報をより多く持つことにより、実質的に規制当局をコントロールし、規制を骨抜きにしたり、規制慣行に事業者の利益誘導を組み込むような状態を指す。元々はノーベル経済学賞を受賞したジョージ・スティグラーが提唱した概念であり[10]、彼は「規制の虜」の例として米国の原子力規制委員会（NRC）も挙げているが、国会事故調では以下のように説明している。

> 本来原子力安全規制の対象となるべきであった東電は、市場原理が働かない中で、情報の優位性を武器に電事連等を通じて歴代の規制当局に規制の先送りあるいは基準の軟化等に向け強く圧力をかけてきた。この圧力の源泉は、電気事業の監督官庁でもある原子力政策推進の経産省との密接な関係であり、経産省の一部である保安院との関係はその大きな枠組みの中で位置付けられていた。規制当局は、事業者への情報の偏在、自身の組織優先の姿勢等から、事業者の主張する「既設炉の稼働の維持」「訴訟対応で求められる無謬性」を後押しすることになった。このように歴代の規制当局と東電との関係においては、規制する立場とされる立場の「逆転関係」が起き、規制当局は電気事業者の「虜（とりこ）」となっていた。その結果、原子力安全についての監視・監督機能が崩壊していたと見ることができる[11]。

こうした「電事連等」を通じた「圧力」や「経産省との密接な関係」が、「事業者の主張する」要求を「後押し」することになり、「原子力安全についての監視機能が崩壊」したという結論は、福島第一原発事故後の規制のあり方を「業界からの圧力を排除し、関係官庁との関係を断絶する」方向に向かわせた。規制委員会の独立性は、他のステークホルダーとの対話と関与を遮断する硬直的な独立性の性格を帯びた。その独立性は「孤立性」へと傾斜

---

9 「規制委、密室で指導案排除　関電原発の火山灰対策　議事録作らず」『毎日新聞』2020年1月4日、「規制庁長官が対案指示　関電原発　非公開で「不適合」案排除」『毎日新聞』2020年1月13日、「原子力規制委　更田委員長の「虚偽説明」明白に　事前会議の音声記録入手　資料を基に議論主導」『毎日新聞』2020年3月25日など。

10 George J. Stigler, "The Theory of Economic Regulation", The Bell Journal of Economics and Management Science, Vol. 2, No. 1 (Spring, 1971), p.3-21

11 国会事故調『東京電力福島原子力発電所事故調査委員会報告書』2012年、p.12

したのである。

　同じく「規制の虜」問題に直面する金融規制においては、金融庁が「動的監督」と呼ばれる事業者との対話を通じて「静的規制」を補うことで「虜」から逃れ、金融機関と顧客、金融庁が金融システムの安定と経済成長という目標を共に達成するという規制のあり方を目指している[12]。その背景にはバブル崩壊後の金融危機を回避するために設けられた「宿題型」の規制が、グローバル化による不確実性の高まりに対応できないという問題があった。しかしながら、原子力規制委員会は、こうした対話による「動的監督」ではなく、「静的規制」の典型例である「宿題型」規制のみの規制を貫き、規制委員会は独立性という名の「孤立性」に立てこもった形となった。

　第三に、おそらく最も重要な問題として、「宿題型」規制は必然的にリスク管理において「想定外」の領域を作り出すということがある。第2章で奥山が鋭く分析したように、福島第一原発事故を巡る議論の中で注目されたのは、東京電力が津波に関する研究を土木学会などから報告されていたにもかかわらず、きちんと対処していなかった、という点であった。東京電力の旧経営陣が業務上過失致死罪の容疑で強制起訴された裁判では「本件発電所に10m盤を超える津波が襲来する可能性については、当時得られていた知見を踏まえて合理的に予測される程度に信頼性、具体性のある根拠を伴うものであることが必要であったと解するのが相当である」として津波対策が講じられていなかったことが旧経営陣の刑事責任を問えるものではないとの判決が出された[13]。この判決は、津波を予測して対処しなければならない法的義務が存在するとは言えないので、津波対策が十分に講じられていなかった、すなわち「宿題」がその時点でできていなかったとしても刑事責任は問われない、ということを意味する。要するに「宿題型」規制は、「宿題」を出す側が、あらゆる事象に目を配り、全ての事故のシナリオを想定して「宿題」に組み込み、それを事業者が実施することで「安全」を達成する、それによって人々に「安心」を提供することを前提としている。言い換えれば「宿題」を出す側が見落としている問題があれば、また、事業者が出し忘れている「宿題」があれば「安全」は達成されず、人々が「安心」することも出来ない。「宿題型」規制を継続することは、どこかで規制委員会が全ての問題をカバーし、「安全」を達成しているという神話を作り、人々が「安心」を得ようとしているという「新たな『安全神話』」を作り出していることに他ならない。

　米国NRCでは「想定外」の事態に直面した際、「事故が起こったら、規制当局の帽子をかなぐり捨てて、政府の持てる資源をそこにつぎ込み、できるだけの支援をする」ことになっているが、「日本の規制当局はかつての保安院

12　森信親「静的な規制から動的な監督へ」国際スワップ・デリバティブ協会第31回年次総会における森金融庁長官基調講演（仮訳）、2016年4月13日。

13　「詳報　東電刑事裁判　原発事故の真相は」NHK（Web版）https://www3.nhk.or.jp/news/special/toudensaiban/

もいまの規制庁も危機の際も依然、規制者の帽子をかぶったままだ」と米国のNRC地域局長代理であり、日本に派遣されたNRCチーム団長であったチャールズ・カストーは厳しく指摘する[14]。規制委員会は先生として「宿題」を出すのが仕事であり、生徒が危機に陥った時に助けるのが仕事ではないように見えるというのである。

　福島第一原発事故以前は規制当局が「規制の虜」となって事業者との関係性の中で「宿題」を定め、それが結果として「想定外」の余地を大きくしたことが問題であった。しかし、新たな安全規制の仕組みでは、規制当局が独立性（孤立性）を高め、事業者とのコミュニケーションのチャンネルが細くなったことで全ての「宿題」を規制当局が用意することとなった。それが「世界一厳しい」「宿題」であることで事業者の収益性や事業の持続可能性などが軽視されるだけでなく、事業者と対等な立場で安全向上を議論する機運が生まれなかった。そして規制当局は、全ての問題に目を配り、あらゆる「想定外」を想定することが求められるようになった。しかし、人間がやることである以上、「想定外」は常にあり得る。にもかかわらず、「宿題型」規制を続け、「新たな『安全神話』」を作ることで人々に「安心」を提供するという構図は変わっていない。

追求すべきは「効果型」規制

　このプロジェクトのヒアリングで、事業者側の幹部は、
・規制委員会の公開の場で議論をして得られた結果であっても、実際に現場でその規制を実施し、規制要求を達成しようとするとうまくいかないことや合理的ではないことが起こりえる
・規制要求はそれなりに安全性を高める効果はあるものの、一定の規制要求を満たしても、なおそれ以上の安全向上の努力をする必要が事業者の中にもあるのだが、そのことは規制委員会との関係においても十分に認識されていない
との点を指摘した。

　このことが含意する問題は根深い。つまり「宿題型」規制は事業者にとってコンプライアンス問題、すなわち言われたことをこなし、問題を起こさないことを目標とする対応へと還元されかねないからである。安全規制は事業者が処罰から逃れるためでも、規制当局を満足させるためにやるものでもない。事故となれば多くの人命を危険にさらす事業である原子力事業にとって安全向上に終わりはない。事業者も規制当局も常に「より高い安全」を目指し、その「備え」をし、そこからの「学び」を血肉化するしかない。規制側も事業者側もそのために努力し、工夫し、知恵を出し合うのが本来の安全規

---

14 チャールズ・カストー氏ヒアリング、2019年8月26日

制の姿であるべきである。上述した金融庁が行う「動的監督」の導入こそが「宿題型」規制、そして「新たな『安全神話』」から脱却する鍵となる。もちろん、「動的監督」が絶対的に優れた規制・監督の手法というわけではない。金融庁もスルガ銀行の事案のように、その監督の下で問題も起きている。しかし、「不断に安全を向上させる」ための規制を作っていくのに示唆的なことも少なからずある。

　金融庁における「動的監督」とは「将来の環境と金融機関の動的な展開を見通し、金融機関が将来最低基準に抵触する蓋然性を評価して、金融機関と問題意識の共有を行い、改善に向けた対応を求めていく手法を指す[15]」。この「金融機関」を原子力安全行政における「事業者」と読み替えれば、この「動的監督」とは、発電所内外で起きうる様々な事象に関する原発へのリスクの最新の知見を踏まえ、事業者と規制当局が問題意識を共有し、改善に向けた対応を求めることを指す。規制当局は事故を防ぐことに最大の価値を置き、技術の変化や新たな知見に基づき、一律の処方箋を押しつけるのではなく、事業者の事情も踏まえた建設的な対話を模索するものである。

「宿題型」規制の考え方は、これまでの「安全神話」を支えてきた考え方から脱却できていない。福島第一原発事故より前の安全規制を事故後は「世界一厳しい」規制という「宿題」に置き換えたに過ぎない。

　日本の原子力安全規制において「効果型」規制をより重視するべきである。近年、パフォーマンス指標や安全性向上評価などが導入され、「効果型」規制に近づきつつある。しかし、まだそれは十分に「宿題型」に置き換わったわけではなく、規制全体の考え方を変化させるには至っていない。

　規制委員会が規制の目標を設定する。その目標をいかに達成するかは事業者が独自に工夫して実施する。それを規制委員会が確認して許可を与える。これは「宿題」でドリルを渡し、その模範解答と照らし合わせて点数をつけるのではなく、自由に作文させ、その善し悪しを評価し、より良いものは他の生徒たちとも共有するような「動的規制」である。

「国策民営の罠」にはまったままの原子力

　民間事故調では福島第一原発事故前の原子力政策が、いわゆる「国策民営」といわれる事業体制で進められてきたことの問題点を指摘した。これは、政府が掲げる原子力平和利用推進の「国策」を、民間企業が原子力発電事業を「民営」で担う体制のことである。

　しかし、原子力事故が起こった場合、政策を推進した政府が責任を取るのか、それとも民間企業である事業者が無限の責任を持つことになるのか、が

15　金融庁「金融検査・監督の考え方と進め方（検査・監督基本方針）（案）」平成29（2017）年12月。
　　https://www.fsa.go.jp/news/29/wp/supervisory_approaches.pdf

曖昧なまま原子力政策は進められてきた。

　この曖昧さは、福島第一原発事故のあとの賠償および廃炉を巡る問題で改めて問題となった。事故が起きた場合の賠償を定めた原子力損害賠償法では、民間企業が保険で賄う額の上限を1200億円と定め、それを超えた場合、「国会の議決による政府に属された権限の範囲内」において民間事業者の賠償を支援するということになっている。

　その際の論点となったことの一つは、原子力損害賠償法の「三条ただし書き」と言われる問題であった。原子力損害賠償法の三条では「原子炉の運転等の際、当該原子炉の運転等により原子力損害を与えたときは、当該原子炉の運転等に係る原子力事業者がその損害を賠償する責めに任ずる。ただし、その損害が異常に巨大な天災地変又は社会的動乱によつて生じたものであるときは、この限りでない」との記述がある。これに基づいて東日本大震災は「異常に巨大な天災地変」と認定し、東京電力に賠償責任を負わせずに賠償問題を解決するという方法が検討された。しかし、結局のところ事故の責任は事業者である東京電力が担うこととなり、2011年8月の原子力損害賠償支援機構法（現在は原子力損害賠償・廃炉等支援機構法）によって、現在の原子力損害賠償・廃炉等支援機構（NDF）が設置され、国が事業者の賠償を支援することとなった[16]。東京電力は、2020年時点で適用されている、いわゆる「新々・総合特別事業計画」に基づき、NDFに対して毎年2,000億円程度を積み増し、総額で21.5兆円（2016年段階での見積もり）のうち16兆円を東京電力が支払うことになった。そのために東京電力は年5000億円程度の資金を確保することを目標としている[17]。また、除染費用に充てられる費用は国が保有する東京電力株の売却益で賄うことになっており、そのためには株価を1500円程度に維持する必要がある（2020年3月末で約400円）。

　かつての総括原価方式に基づく地域独占であれば、こうした収益を上げることは造作もないことであったであろう。東京電力管内で電気を使用する顧客は東京電力から電気を買うほかなく、電気料金を値上げして賠償・廃炉にかかる費用を捻出することが出来るからである。しかし、2016年に電力料金の完全自由化が実施され、東京電力は新電力とよばれる新しい電力会社や、中部電力などの他の地域で活動していた電力会社が地域独占を破って市場に参入し、顧客が奪われるかもしれない状況となった。東京電力は、いわゆる競争部門（電力小売や発電部門）と公益部門（送配電部門）に分割され、それぞれの部門がカンパニーに分かれ、異なる経営環境で企業経営をしなければならなくなった。こうした新しい経営環境の下で、東京電力は、既存の原

16　原子力損害賠償法第16条では「損害賠償すべき額が賠償措置額を超え、かつ、目的を達成するため必要と認めるときは、政府は、原子力事業者に対して賠償するために必要な援助を行う」とされていることを根拠として原子力損害賠償支援機構法が成立した。

17　原子力損害賠償・廃炉等支援機構、東京電力ホールディングス株式会社「新々・総合特別事業計画（第三次計画）」https://www.meti.go.jp/press/2019/04/20190423006/20190423006-1.pdf

子炉、具体的には柏崎刈羽原子力発電所の6、7号機を再稼働させることを不可欠とする状況である。山名元原子力損害賠償・廃炉等支援機構理事長は東京電力が自由化によって「2割ぐらいお客さん失って」おり、「安全性を大前提に、柏崎刈羽の6、7が動いたら1,000億規模で収益入るんですけど、それが動かない。本当に厳しい[18]」状況にあるとの認識を示している。

このように、東京電力は一方で賠償・廃炉にかかる「見えない（バランスシートには記載されない）」負債を抱え、毎年4000億円以上の収益を上げることを目指さざるを得ないが、他方で電力自由化に対応した競争的な環境で収益を上げなければならない。しかも、原発の再稼働に関しては、自らの経営判断だけでは決定することが出来ず、巨大な経営資源であるにもかかわらず、国や立地自治体との交渉が必要となる状況にある。東京電力の経営に関わり、電力自由化を推進した冨山和彦も「当然、原子力関連などは、国政マターにおいては永田町と霞が関、地域においては基礎自治体と県の政治を見ざるを得ないので、純粋に競争市場を向いた経営的なマインドシェアはやっと半分ぐらいまで持ってきた段階[19]」であり「国策民営」時代の経営的バイアスは残存していると述べている。電力自由化により経営が自由化され、「普通の企業」としての経営や企業文化が育つことが期待されつつ、賠償と廃炉の問題を抱え、規制当局と立地自治体の政治的な判断に経営を委ねざるを得ない状況は、「国策民営」時代の枠組みから脱却出来ない東京電力の宿命となっている。

「普通の企業」となった電力会社が、今後も「国策」として原子力を続けるとすれば、多額の規制コストや維持コスト、さらに新規原発を建設する場合は巨額の建設コストを担うことになる。果たして電力自由化の下で「普通の企業」である電力会社に原子力発電を続けさせた場合、これらのコストを「国策」として「普通の企業」に負わせることはできるのか、さらに原子力安全を「宿題型」から「課題型」に変更した際に、対等な関係で安全を向上させるための意見交換ができるのか、政府と事業者の関係は「規制の虜」を脱した新しい関係になるのか、といった新たな問題が出てくる。しかし、規制を担う原子力規制委員会は電力会社の経営を考慮することは前提にしておらず、経済産業省は電力自由化を進めつつ、2018年に策定されたエネルギー基本計画においては2030年には原子力を20-22%として「国策」としての原子力発電を進めている。

電力自由化によって迫られる「普通の企業」としての経営と福島原発事故レガシーでさらに強まる「国策民営」の経営を同時に進めなければならない状況は、東京電力の改革を遅らせ、安全向上のイノベーションを阻むリスクを高めている。本来であれば規制当局との信頼関係を築いて「効果型」規制

18 山名元氏ヒアリング、2019年12月11日
19 冨山和彦氏ヒアリング、2020年3月18日

の関係を構築すべきところを、柏崎刈羽原子力発電所の再稼働を急ぐあまりに、再び「規制の虜」をもたらしかねない政治力に訴える可能性も否定できない。

　第2章で奥山が論じたように、東京電力の原子力部門の改革を進めるための「姉川プラン」[20]が公表され、東京電力の企業体質に踏みこんだ改革を提唱しているが、福島第一原発事故の発生と拡大の原因と結びつけた問題点の深掘りは十分になされておらず、内部からの変化も期待出来ない。「普通の企業」と「国策民営」の内在的矛盾を抱えたまま、社内の改革も不十分な中で、誰が原発の責任を持つのか、もしまた事故が起きた場合、誰が最終的な責任を持つのか、整理がされていないという状況は、福島第一原発事故以前と変わっていないと評価せざるを得ない。

独りよがりなガラパゴス化

　民間事故調では第4部「グローバル・コンテクスト」で、福島第一原発事故の国際的な側面を取り上げた。そこでは原子力の「3S」と呼ばれるSafety（原子力安全）、Security（核セキュリティ）、Safeguard（保障措置）のうち、SafetyとSafeguardに重点が置かれ、核セキュリティの問題についての意識が低かったことを論じた。そこで問題になったのがいわゆる「B.5.b問題」と呼ばれる、2002年の米国原子力規制委員会（NRC）命令（現在では連邦規則10CFR50.54(hh)(2)[21]）で定められている、核テロなどの対策として「爆発あるいは火災によってプラントの大規模な機能喪失が発生した状況においても、炉心冷却、格納容器の機能および使用済み燃料プールの冷却機能を維持・回復するためのガイダンス及び戦略を実施し、発展させなければならない」という規定である。このB.5.bは「核セキュリティ」の問題として日本側に伝えられたが、政府は事業者に対して同様の措置をとることを指示せず、また核セキュリティを担当していた原子力委員会や原子力安全委員会の部会である武力攻撃原子力災害等対策緊急技術助言組織にも伝達されていなかった。

　また民間事故調の第4部では、米国のスリーマイルアイランド原発事故や旧ソ連のチェルノブイリ原発事故から学んだ教訓を日本は十分学ばず、IAEAのピアレビュー制度や放射線防護に関するICRP（国際放射線防護委員会）など、原子力利用の信頼性を高める国際的な活動から発せられた直接、間接の警告があったにもかかわらず、問題を是正することなくグローバル・スタンダードとは乖離した「ガラパゴス化」が進んでいたことを指摘した。

---

20 「福島原子力事故の総括および原子力安全改革プラン」東京電力株式会社、2013年3月29日。http://www.tepco.co.jp/cc/press/betu13_j/images/130329j0401.pdf
21 10 CFR ch.1 §50.54 https://www.govinfo.gov/content/pkg/CFR-2011-title10-vol1/pdf/CFR-2011-title10-vol1-sec50-54.pdf

確かに、福島第一原発事故の教訓を受け、原子力規制委員会は核セキュリティの問題を取り扱うことが明記され、B.5.b項に基づく原発の維持・回復にかかる措置も規制の中に取り込むようになった。しかし、既に述べたように、新たな規制は「宿題型」規制の枠組みを維持したままであり、他国の規制の思想やベスト・プラクティスを踏まえた「効果型」規制にはなっていない。

　もちろん、オフサイトセンターに関しては、津波からの防護や放射性物質からの防護といった点について配慮した規制にするなど、福島第一原発事故の教訓が全く学ばれていないというわけではない。しかし、第6章で磯部が論じたように、オフサイトにおける自衛隊・警察・消防などのファースト・リスポンダーの間の連携については未だにしっかりとした仕組みは存在しておらず、第5章で小林が論じたように、緊急時におけるオンサイトの装備が使えなくなった場合、フランスの原子力事故即応部隊（FARN）のような独立した組織による対応が必要になるという点も十分議論された形跡はない。

　また復興の問題に関しても、福島における経験はスリーマイルアイランドやチェルノブイリで経験したものとは全く異なっており、除染のあり方、廃炉のあり方などについて、国際的な発信が極めて限られた、専門家向けのものでしかない。世界は過去の原発事故から学び、事故に対する備えの教訓としているが、福島第一原発事故の経験が多くの国に共有され、専門家だけでなく、住民のレベルで教訓が学ばれているとは言い難い状況である。

　特に第7章で開沼が論じたように、原発事故に伴う様々な社会的不安を解消するための除染や甲状腺がん検査などに関する国際的発信は極めて限定的であり、しばしば反原発、そして原発推進といった特定の価値観に基づく政治的運動やアドボカシーに基づく情報が国際的に流通する現象が見られる。これは結果的に福島県を含む、日本の農産物の輸出に影響するような風評被害になっているケースもある。

　その代表例が処理水の問題であろう。福島第一原発から発生した放射性物質に汚染された水はALPSなどの浄化装置で濾過され、大半の放射性物質が取り除かれているが、トリチウム（三重水素）だけは取り除くことが出来ず、処理水としてタンクに蓄積されている。しかし、当時の菅直人民主党政権で環境相として処理水の問題に取り組んだ細野豪志は「不安をもたらした原因は政府にあるので、全ての根源は政府にある」として、処理水のリスクを過剰に訴える議論——細野は「フェイクニュース的なこと」と表現した——に対しても強く言うことはせず、「丁寧に」対応していた。しかし、その後、そうした誤った情報発信が韓国などで流布するようになり、その原因は「日本国内でちゃんとそこについて戦ってなかった」ことにあると考え、情報発信をするように心がけたと述べている[22]。事故直後からの情報発信が貧弱であ

22　細野豪志氏ヒアリング、2019年12月19日

り、国際的に正確な情報を流通させることが出来なかったため、事故の実態が歪められたままのイメージが国際的に流通し、それが定着している。この点は第3章で関谷が論じたように、緊急時の「クライシス・コミュニケーション」から平時の「リスク・コミュニケーション」への移行に失敗したケースとして見ることも出来よう。

　また、情報発信という観点で見れば、福島第一原発事故で問題になった、政府スポークスパーソンとしての官房長官の役割と閣僚や専門家による情報発信の問題がある。2020年の年初から問題となった新型コロナウイルスの件で、横浜港に入港したクルーズ船における感染問題では、当初、政府としての情報発信は加藤勝信厚生労働相が行っていたが、その情報は国際社会に向けられたものではなく、あくまでも日本国内向けであり、外国語での発信も極めて貧弱であった（実際、厚生労働省のホームページに掲載された英文の稚拙さなどは大きな問題となった[23]）。福島第一原発事故で適切な情報発信が出来ず、諸外国から様々な疑念や憶測をもたれ、のちの風評被害や誤解に繋がるような問題が残ったにも関わらず、クライシス・コミュニケーション、リスク・コミュニケーションの問題について真剣に検討した形跡はなく、情報提供の仕組みも何も変わっていない。日本には多数の外国人記者も駐在し、彼らが発信する内容は国際的な印象を形作るのに大きな役割を果たすが、外国人記者への情報提供や情報へのアクセスを改善する工夫がなされていない。情報発信の点から見ても「ガラパゴス」のままであり、福島第一原発事故の教訓を受けて改善された形跡はない。

　つまり、こうしたことは政府も規制当局も事業者も、そしてメディアも、国際社会からの視線を意識せずに国内問題として福島第一原発事故を処理し、新たな規制を作り、再稼働された原発を運転してきたのである。民間事故調で指摘した原発安全体制の「ガラパゴス化」は、その後も本質的に変わっていない。

ガバナンス、そして「この国の形」の未熟さ

　民間事故調では福島第一原発事故に至るまでの遠因として安全規制ガバナンスや歴史的・社会的構造を分析し、また首相官邸がいかにして事故に対処したかを詳細に分析し、事故の近因として分析した。安全規制ガバナンスに関しては、これまで原子力を所掌する官庁が通商産業省／経済産業省と科学技術庁／文部科学省にわかれるという二元体制が根本にあり、専門家も原子力委員会と原子力安全委員会に分断され、安全規制も原子力安全委員会と原子力安全・保安院の関係が曖昧なまま二元的に行われていたという点を問題視し、複雑で分割された責任体制が無責任状態を生み出したと指摘した。ま

23　「厚労省英語サイト「コロナ」情報乏しく　受け手に合わせた情報発信を」『毎日新聞』2020年2月18日

た、こうした原子力ガバナンスの曖昧さに加え、反原発運動が裁判戦術をとったことで、裁判で戦うための規制という性格を持ち、原発のハードウェアの安全を中心とした書類に残る安全規制という性格を持っていったことも指摘した。

　また官邸を中心とした危機管理では、官邸に入ってくる情報の乏しさや緊急時におけるリーダーシップ、また菅直人首相が直接福島第一原発に乗り込み、ベントの要請を行ったことや東京電力本店に乗り込んで、東京電力幹部を叱責した件など、官邸の動きを詳細に分析し、危機におけるリーダーシップや複合災害における組織的な対応の難しさを検討した。その中で、住民避難区域を拡大したこと、また、超法規的に行われた政府・東電による「福島原発事故対策統合本部」の設置を評価し、情報の伝達と指揮命令系統の統合が重要であることを指摘した。さらに原子力災害対策特別措置法に基づく原子力災害対策本部（原災本部）、その事務局であるべき原子力安全・保安院、オフサイトセンターが全く機能しなかった点を厳しく批判した。また、自衛隊だけでなく消防や警察などのファースト・リスポンダーの役割も分析し、危機における政府としてのガバナンス能力全体を分析した。

　これらの検討や分析を通じて、民間事故調では「政府の危機管理は、ルーティーン（通常）の価値観に則って行動する官僚機構を、どれだけ早く緊急時対応に切り替えるか、がカギである」と論じ、また、「危機の際の意思決定では、柔軟性、臨機応変、優先順位の明確化、リダンダンシー（余剰）、トップダウンなどを優先させなければならない。縦割りとたこつぼの組織の垣根を取っ払い、資源と権限を統合し、能力を一気に増幅させなければならない[24]」と結論づけた。さらに、「危機の核心は、政府が、危機の最中において国民の政府に対する信頼を喪失させたことだった[25]」と論じ、危機におけるコミュニケーションの貧弱さも指摘した。

　これらの問題は果たして解決されたのであろうか。確かに、環境省の外局として原子力規制委員会が独立性の高い「三条委員会」として設置され、その事務局として原子力規制庁が設置された。これまでの原子力行政を巡る二元性は解消され、責任関係は明確になった。しかし、重ねて指摘してきたように、そのガバナンスの思想的な背景は「宿題型」規制の枠組みから抜け出すことは出来ず、「新たな『安全神話』」を再構築することとなった。制度的な枠組みを変えただけでは、ガバナンスのあり方を変えることにはならない。また、規制当局と事業者の関係も「規制の虜」となることを避けようとするあまり、原子力規制委員会の独立性の名の下で孤立性が強まり、事業者とともに安全を高めていくというガバナンスにはならなかった。また2016年の関西電力の高浜原発の運転差止命令を大津地方裁判所が発し、初めて運転中

24　民間事故調報告書、p.394
25　同上、p.395

の原発を止めたように、原発の安全性が裁判所で争われる傾向も福島第一原発事故以前と変わっていない。上述したアポストラキスは「裁判所の唯一の役割は規制の判断に至るプロセスの検討であり、そのプロセスが法に則ったものかどうかを判断することである。例えばNRCが国民と十分な対話をして規制を決定したかどうかといったような問題を（裁判所が）判断するといったことだ。（略）しかし、裁判所は『この配管の構造分析は適切ではない』などと言うことは出来ない。なぜなら裁判所はその知識がないからだ。裁判官は『私はその原発が安全だと納得していない』などと言うことはできない[26]」と述べている。もちろん、これは一つの見方であり、最終的な安全性の判断を裁判所で決めることを否定することはできない。しかし、安全を高めていくガバナンスを「宿題型」規制と裁判所による判断で担保することは、制度の硬直性を高めるという側面があることも指摘すべき点である。

専門家と政治的リーダーシップのバランスの欠如

官邸を中心とした意思決定の仕組みについても、様々な変化が見られる、第4章で千々和が論じたように、福島第一原発事故で問題になった情報共有の仕組みや緊急参集チームの練度などの面で改善点が見られる。国家安全保障局が設置されたことで安全保障体制の各省調整と危機管理体制が整備されたことも間違いない。また、2012年から自民党政権となり、長期政権が続くことで熊本地震や西日本豪雨などの自然災害に伴う緊急事態対応の経験が積まれてきたことで、危機管理の練度が上がってきたことも確かである。しかし、こうした経験の積み重ねと総理・官房長官・内閣危機管理監などの一部のスタッフに業務が集中し、とりわけ官房長官はスポークスパーソンとして、情報発信の役割も担うことから、極めて大きな負荷がかかる。それは福島第一原発事故でもクライシス・コミュニケーションの問題として取り上げられたところだが、それに関する改善は見られないどころか、より一層権限が一部に集中している。また、そうした一部に集中した意思決定の仕組みでは、属人的なリーダーシップによって危機対応が左右されがちであり、そうしたブレを生まないためにも平時から総理が危機管理の訓練に参加するといったことが求められるだろう。東日本大震災後、内閣官房副長官補として危機管理を担当した髙見澤將林は「政権が交代した際、現在の練達したリーダーシップを、受け継げるかどうかが課題だ。経験の共有や後任人材の育成は、普段から意識していないと自民党内でのリーダーの交代であっても円滑にできるか疑問[27]」とリーダーシップが属人的なものになっていることに危惧を表明している。

---

26 ジョージ・アポストラキス氏ヒアリング、2020年1月29日
27 髙見澤將林氏ヒアリング、2020年2月4日

新型コロナウイルスへの対応との比較

　2020年春、新型コロナウイルス危機が起こった。今回もまた、福島第一原発事故のとき同様、「戦後最大の危機」という言葉が使われた。実際、安倍晋三首相は新型コロナの危機が「戦後最大の危機」であり経済への影響は「戦前の大不況のときより大きい」と述べている。

　加えて、今回もまた、見えない放射能と同様に、見えないウイルスに対する恐怖感があり、政府が避難や計画停電／外出自粛などの人々の行動変容を求めるという点で両者は共通する。

　新型ウイルス危機への対処は、日本が果たして、福島原発事故の教訓を学んだのかどうかを見る上での試金石ともなった。

　危機はなお進行中であり、現時点での判断は慎重に行う必要があるが、アジア・パシフィック・イニシアティブは「新型コロナ対応・民間臨時調査会（コロナ民間臨調）」を組織し、2020年10月に調査・検証報告書[28]を発表した。ここで明らかになったことを踏まえ、福島第一原発からの教訓が危機対応に活かされたかどうか確認しておきたい。

　一つは、「全体最適解」の迅速な対応策を決める司令塔の設置である。つまり、危機対応のガバナンス問題である。内閣官房には「インフル室」と呼ばれる新型インフルエンザ等対策室（国際感染症対策調整室も兼ねる）がありながらも、新型コロナウイルスが新興感染症ではなく、コロナウイルスの変異であることから、「インフル室」の所掌ではないとして司令塔の役割を担わず、中国の武漢から在留邦人を帰還させるオペレーションは内閣官房の「事態室」が対応し、ダイヤモンド・プリンセス号に関しては厚生労働省が対処するなど、司令塔不在のまま、総理連絡会議を通じた調整が行われていた。しかし、3月に新型インフルエンザ特措法が改正され、それに基づいて「コロナ室」（新型コロナウイルス感染症対策推進室）が設置され、西村康稔経済財政政策担当相を担当大臣として任命し、官邸に新型コロナウイルス感染症対策本部を置き、官邸が危機対応に乗り出した。ここに感染症専門家を中心とする「専門家会議」を設置し、感染症対策の戦略を立てることで政府としての方向性は明確になった。この点は法律に基づいて対策本部が設置された福島第一原発事故の方が官邸主導の体制を整えやすかったが、逆に対策本部ができても原子力安全・保安院が十分に機能しなかったため、情報が集まらず、効果的な危機管理ガバナンスができるようになったのは超法規的に政府・東電による「福島原発事故対策統合本部」を設置してからであった。

　この点に関連して、「備え」の欠如も福島第一原発事故と新型コロナ対応に共通する問題と言えよう。原発事故に関しては、スリーマイルアイランド原

28　一般財団法人アジア・パシフィック・イニシアティブ『新型コロナ対応・民間臨時調査会　調査・検証報告書』ディスカヴァー・トゥエンティワン、2020年

発事故やチェルノブイリ原発事故の教訓から学ばず、「安全神話」による「事故は起こらない」という意識が大きく作用し、安全規制の形式化、訓練の形骸化、津波対策の不十分な実施など、様々な点で「備え」が欠如していたことは民間事故調で明らかにした。コロナ民間臨調でもパンデミックに対する「プリペアドネス（Preparedness）」が欠如していたと結論付けている。2009年の新型インフルエンザ（A/H1N1）の経験から学ばず、保健所の能力強化やPCR検査の能力増加などの提言は政策に反映されず、パンデミックを迎えることになってしまった。限られた感染症指定病院を除けば、感染症対策の訓練も十分に実施されておらず、また、医療機関からの情報伝達がFAXによる手書きの書類のやり取りであったことなど、大規模な感染症が来ることを想定した「備え」は不十分であった。

　次に、危機対応に当たって、不確実性に対処する上で欠かせない科学的な助言をどのように活かすかという問題がある。民間事故調では、菅直人首相の「俺は原子力に詳しい」という自信と情報が入ってこないことによる焦り、東京電力や原子力安全・保安院に対する不信感、専門家以外からのインプットの重視、そしてマイクロマネジメントによる現場の混乱があったことを明らかにした。首相にアドバイスする役割は主として班目春樹原子力安全委員長が担ったが、首相から聞かれた時のみ答えるという限定的な役割しか与えられなかった。とりわけ問題になったのは、菅首相が「再臨界はあるのか」と問うた際に「その可能性はゼロではない」と答えたことで菅首相が危機感を高め、東京電力に対して声を荒げて指示するなど、首相と専門家のコミュニケーションの問題があり、それが専門家への不信感を生んだ。また、政府から国民に向けてのクライシス・コミュニケーションにおいても「直ちに健康に影響はない」といった表現が国民の不安を高め、「炉心溶融」という表現が使われなくなるなど、政府に対する不信感が高まるコミュニケーションとなっていた。

　コロナ民間臨調で明らかにしたのは、当初、安倍首相が専門家に諮らず、小中高校の一斉休校を要請するなど、政府が何らかの対応をすることを迫られ、政治的リーダーシップを強調する姿勢を強調して見せた。しかし、原発事故と異なるのは、一斉休校の要請の後から積極的に「専門家会議」を活用するようになったことである。また、科学者とのパートナーシップに関しても、尾身茂地域医療機能推進機構理事長が前面に出て政治家や国民に向けてのコミュニケーションを行うだけでなく、かつて世界保健機関（WHO）の西太平洋事務局でSARS対策を担った押谷仁東北大学教授や北海道大学（現在は京都大学）の西浦博教授が厚生労働省のクラスター対策班を代表してメディアに頻繁に登場し、またSNSを通じた情報発信をするなど、国民の「行動変容」を積極的に促したこと、また4月に緊急事態宣言を発令し、接触機会を8割削減することなどが推奨され、多くの国民がそうしたガイダンスに従ったことも手伝い、第一波の感染拡大は抑止され、1ヶ月半後には緊急事

態宣言が解除された。

　福島原発事故の際は——そして、風評被害や処理水問題などいまなお——世界に向けてリスク状況を的確かつ迅速に、そして効果的に伝えることができなかった点は新型コロナ対応でもそれほど変わっていなかった。横浜港に入港していたクルーズ船、ダイヤモンド・プリンセス号のクラスター発生に対する対応がその典型である。この件は、厚生労働省が中心となって対処したが、外国籍の船舶であり、外国人乗客も多く乗船していたが、その際の情報発信も一貫しておらず、外国に向けての情報発信が乏しかったため"培養液のシャーレ（Petri Dish）"などと呼ばれ、あたかも国際的なスキャンダルのように扱われた。

　新型コロナウイルス危機はなお続いている。その対処に関して、福島原発危機における対応から学ぶものは多い。

ファーストリスポンダーと「究極の問いかけ」

　最後に第6章で磯部が論じたファーストリスポンダーの問題は、民間事故調では調査・検証のテーマとしたが、政府事故調、国会事故調などでは取り上げられなかった。この点に関しては、福島第一原発事故以降に目立った組織的変更や活動マニュアルの変更が見られたわけではない。

　たしかに、警察は新たな規制要求となった住民避難の際のオフサイトの活動を担当することになり、訓練には参加しているが、それは警察が主体的に教訓を学び取って取り組んだというよりは、あくまでも法令上要求されている活動に対応しているに過ぎない。自衛隊においても福島第一原発事故を振り返り、そこから教訓を得ようとする姿勢はあるが、自衛隊が原発事故におけるファーストリスポンダーとしての役割と使命を再定義したということではない。むしろその逆に、元内閣府原子力防災担当官によれば、防衛省・自衛隊とこの問題を議論したが、「オンサイト」における自衛隊の役割を議題にすることはほとんどタブーとなってしまい、議論は深まっていないという[29]。

　言うまでもないが、原発事故において、その対処は一義的に運転者である事業者が担う。日々の運転の経験がなければどこで何が起こっているのかは理解できない。オンサイトの配管やバルブの位置など、自衛隊や警察がいきなりサイトに入ったところでわかるはずがない。その意味で、運転者が一義的に対応するのは当然である。

　しかし、問題は、運転者が手に負えないような状況になり、生命を賭してでも原発事故の進行を止め、住民と国家を守らなければならない「最悪の事態」のケースである。その時、いったい、誰がその対処に当たるのか、誰が責任を持つのか、という究極の問いかけである。これに関しては、新しい規

29　内閣府原子力防災元職員ヒアリング、2019年11月29日

制も、規制体制も、政治のリーダーシップも、国民のコンセンサスもなく、再稼働を巡る議論の中でもほとんど扱われてこなかった。

運転者である事業者は「国策民営」の下、民間企業であることが前提とされる。民間企業に就職し、その会社と契約する職員が生命を賭して原発を止め、国家と国民を守ることを義務づけることは難しい。第6章で磯部は「船員法」に類した法制度の成立を検討したが、原発の運転員が逃亡するという前提で法律を制定することは困難との結論に達している。

上述したカストーは民間人である運転者に生命を賭した作業を要求することは難しいとしながらも、アメリカではNRCの査察官は原発サイトの近くに居を構え、家族とともに住んで地域住民として緊急時においてはそこに留まり、最後まで事故を止めるために対処すると述べている[30]。また同じくアポストラキスは、例え大統領が事故対処に関心を持って直接介入しようとしても、運転者に命令することはできない、炉の管理は運転者でなければならないと述べている[31]。

この「究極の問いかけ」に出来合いの答えはない。しかし、重大事故が進展し、そこで止めなければ国家と国民の安全が失われる時に、誰かが生命を賭して作業しなければならないとすれば、それはサイトのことを隅々まで理解している運転者と、「事に臨んでは危険を顧みず、身をもって責務の完遂に務め、もって国民の負託にこたえる」と服務の宣誓をしている自衛隊が何らかの形で協力することが想定される。最後に判断するのは政治の役割だが、少なくともそうした事態がありうることを想定し、事業者と自衛隊はその時に備えて計画を立て、訓練をしておかなければ、いざ政治が決断した際になんの「備え」もなく、極めて危険な任務を遂行しなければならなくなる。

そしてその時にその最前線の任務に就く人々に対して、国としていかなる待遇、信賞必罰、表彰、そして補償を準備しておくのか、彼らにどのように報いていくのかを私たちは決めなければならない。そのようにして「この国のかたち」を決めていくときである。

最悪の事態が訪れることは誰も望んでいない。それでも最悪の事態を想定して備えておくことが、福島第一原発事故の最大の教訓であった。そして、それはいまなお最大の教訓であり続けている。

まとめ 「大きな安全」と「小さな安心」の両立

このように見てくると、この10年の「学び」は事故の「近因」を除去することには熱心だったが、その「遠因」を克服することには臆病であったと言える。

30 チャールズ・カストー氏ヒアリング、2019年8月26日
31 ジョージ・アポストラキス氏ヒアリング、2020年1月29日

その遠因とは、繰り返しになるが、「安全神話」の基礎となる「宿題型」規制であり、いまなお強い政治力を持つ電力業界の「ムラと空気のガバナンス」であり、「国策民営」がもたらす責任の曖昧さと東京電力の企業文化の惰性であり、リスク・コミュニケーションの欠如であり、世界とともに安全規制を構築する参画意識を欠いた「ガラパゴス化」心理であり、「究極の問いかけ」に正面から向かい合うことを忌避する「国民安全保障国家（national security state)[32]」の未熟さである。

　この「遠因」がなぜ、取り除かれないのか。

　カストーは「電源の喪失、非常用ディーゼル発電機の喪失、それが前回、福島での戦いだったとすれば、次の戦いは何だろうか？そういった想像力が想定外の対応には欠かせない。次は、サイバー攻撃などヴァーチャルとの戦いもあるかもしれない。そうした想像力の欠如こそ、日本人が福島第一原発事故から学んだ教訓だったはずだ[33]」という。目に見える、ハードウエアに関連する事故の「近因」にはこまごまと対処するが、目に見えない「遠因」に思いを馳せる想像力に欠けているというのである。

　しかし、おそらくそれ以上に「遠因」を克服できない背景は、民間事故調で解剖した「小さな安心」と「大きな安全」を等値し、それを一体化する日本の社会心理学的かつ政治心理学的な特質と本質にあるのではないか。

　ここでは、「安全」であることよりも「安心」を求め、「安全」のために必要なことをするのではなく、「安心」を得るために「安全」にとって不必要なことや、場合によっては矛盾することを行うことになりやすい。その社会心理的動態を民間事故調では「小さな安心を優先して、大きな安全を犠牲にする」と形容したが、改めてこの10年で一番、変わらなかったのは社会全体のセキュリティを保全するにあたってのリスクとガバナンスとリーダーシップのあるべき姿の未確立であった。

　この点は、政府事故調の委員長を務めた畑村洋太郎東京大学名誉教授も私たちのヒアリングで、「安全・安心と言って、安全と安心を一緒くたにして全部やってるじゃない。安全は求めていいけど、安心が一番いけないんだよ。考えないでよいと言っていることなんだよ[34]」と強調したところである。

　福島第一原発事故後の日本は「世界一厳しい」規制を実施するという旗を高々と掲げたが、そのことは結果的に多くの国民に「安心」ないしは「原発が再稼働しても、もう事故は起こらないだろう」という印象を与え、「新たな『安全神話』」を再生産してしまったきらいがある。

　この「宿題型」の社会から脱し、終わりのない「安全」を追求し続けるには、「効果型」規制を導入し、規制当局と事業者が対等な立場で共通する目標

32 細谷雄一「国民安全保障」を構想する、細谷雄一編『軍事と政治　日本の選択　歴史と世界の視座から』文春新書、2019年、pp.16-29
33 チャールズ・カストー氏ヒアリング、2019年8月26日
34 畑村洋太郎氏ヒアリング、2019年9月18日

を対話の中から見いだし、その目標を達成するために自ら考え、よりよいものを探求する原子力安全規制にしていかなければならない。そして、その「安全」を達成するために、事業者は旧来型の地域独占・総括原価方式のメンタリティから、電力自由化にあわせた新たな企業文化を作り上げ、「安全」を高めることで顧客に「安心」を提供する事業に転換していかなければならない。そしてその対話には国民や世界との対話も含まれなければならない。福島第一原発事故で失った信頼を取り戻し、国際社会に未だに残る傷跡を治していくのは「ガラパゴス」を脱却し、自らの言葉で原子力安全を語る事業者であり国家にならなければならない。それらを支えるものとして、原子力安全ガバナンスと、緊急時には、「究極の問いかけ」から逃げることなく事故に立ち向かうガバナンスの仕組みを確立しなければならない。

　そうすることで初めて、「大きな安全」と「小さな安心」は両立し、調和することができるだろう。

年表

年月日	事象
2011/03/11	14:46　三陸沖でマグニチュード（M）9.0の地震発生 15:38　津波によるタービン建屋地下の浸水により非常電源停止 19:03　菅首相、原災法第15条に基づく「原子力緊急事態宣言」を発令。第1回原子力災害対策本部会合。
2011/03/12	福島第一原発半径20km圏内に避難指示（原子力災害対策本部：原子力災害対策特別措置法）
2011/03/15	福島第一原発半径20km以上30km圏内に屋内避難指示
2011/03/17	ルース駐日アメリカ大使、自国民へ原発半径80km圏内から避難勧告
2011/03/17	食品中の放射性物質に関する「暫定規制値」が決定
2011/04/14	第1回東日本大震災復興構想会議
2011/04/21	福島第一原発半径20km圏内を「警戒区域」に設定
2011/04/22	半径20km以上30km圏内の屋内退避指示解除　計画的避難区域、緊急時避難準備区域設定
2011/04/22	福島第一原発構内　汚染がれき撤去開始
2011/05/13	東電賠償支援枠組み　正式決定
2011/05/25	福島産野菜　一部摂取・出荷制限解除
2011/06/24	東日本大震災復興基本法　施行
2011/06/28	第1回東日本大震災復興対策本部会合開催
2011/06/30	福島県が健康管理調査開始
2011/08/10	原子力損害賠償支援機構法　成立
2011/08/30	放射性物質汚染対処特別措置法　公布
2011/09/12	原子力損害賠償支援機構　設立
2011/09/30	福島第一原発半径20km圏外　緊急時避難準備区域解除
2011/10/09	福島県　子どもの甲状腺検査開始
2011/11/11	政府　除染基本方針を閣議決定
2011/12/07	自衛隊による役場の除染を開始
2011/12/08	国会原発事故調査委　正式発足
2011/12/09	復興庁設置法　成立
2011/12/16	野田総理が冷温停止状態達成を宣言
2011/12/21	「政府・東京電力第1回中長期対策会議」開催

年月日	事象
2011/12/21	「東京電力（株）福島第一原子力発電所1〜4号機の廃止措置等に向けた中長期ロードマップ」
2011/12/26	福島第二原発の緊急事態解除を宣言
2011/12/28	細野環境相、中間貯蔵施設受け入れを福島県に要請
2011/12/28	除染特別地域、汚染状況重点調査地域等の指定
2012/01/01	放射性物質汚染対処特別措置法　施行
2012/02/10	復興庁設置法施行　復興庁発足
2012/02/28	民間事故調　報告書公表
2012/03/08	福島　避難区域で先行除染開始
2012/03/31	福島復興再生特別措置法　施行
2012/04/01	食品中の放射性物質に関する「暫定規制値」を「基準値」へ正式・厳格化
2012/04/16	避難指示区域再編で、「帰還困難区域」新設
2012/05/09	「総合特別事業計画」認定
2012/06/20	原子力規制委員会設置法　成立
2012/06/20	原子炉等規制法　改正
2012/06/20	東電事故調　報告書公表
2012/07	除染特別地域（国直轄）の面的除染を開始
2012/07/01	大飯原発再稼働
2012/07/05	国会事故調　報告書提出
2012/07/13	福島復興再生基本方針を閣議決定
2012/07/23	政府事故調　報告書提出
2012/07/31	東京電力、事実上国有化：（原子力損害賠償支援機構（以下支援機構）の東京電力の株式引き受け、議決権過半数獲得）
2012/09/04	復興庁「原子力発電所の事故による避難地域の原子力被災者・自治体に対する国の取組方針」（グランドデザイン）公表
2012/09/07	原子力安全・保安院、日本原電（敦賀）、東北電力（東通）、北陸電力（志賀）、関西電力（美浜、大飯）、日本原研（もんじゅ）に対して、活断層リスクの追加調査を命令
2012/09/11	東京電力「原子力改革監視委員会」「調査検証プロジェクトチーム」「原子力改革特別タスクフォース」設置
2012/09/19	原子力規制委員会・原子力規制庁　設置（原子力安全・保安院の各種業務引継ぎ）
2012/10/19	第1回原子力防災会議開催

年月日	事象
2012/10/31	「原子力災害対策指針」策定
2013.	東京電力、多核種除去設備による建屋内滞留水（汚染水）の処理を開始
2013/01/01	東京電力　福島復興本社設置
2013/03/29	福島原子力事故の総括および原子力安全改革プラン（東電改革プラン）（通称：姉川プラン）発表
2013/03/30	多核種除去設備（ALPS）試験運転開始（その後、2014年9月から増設施設での処理開始、10月には国の補助事業としての高性能多核種除去設備での処理開始）
2013/04/19	第3回廃炉対策推進会議　汚染水処理対策委員会　設置決定
2013/04/23	原発賠償の特例法案　閣議決定
2013/04/26	改正福島復興再生特別措置法が参議院本会議で可決、成立
2013/04/26	経済産業省　第1回汚染水処理対策委員会　開催
2013/07/01	経済産業省　第1回陸側遮水壁タスクフォース開催（以降公募の上、8月に鹿島建設の凍土遮水壁方式案採用、2014年6月2日着工）
2013/07/08	実用発電用原子炉に係る新規制基準　施行
2013/08/01	技術研究組合　国際廃炉研究開発機構（IRID）設立
2013/09/02	大飯原発定期点検・停止
2013/09/03	原災本部「汚染水問題に関する基本方針」を決定
2013/10/01	産総研、福島再生可能エネルギー研究所設立
2013/12/04	国家安全保障会議（NSC）設置
2013/12/20	「原子力災害からの福島復興の加速に向けて」閣議決定
2014/01/07	国家安全保障局（NSS）設置
2014/01/07	内閣官房副長官補（安全保障・危機管理担当）が内閣官房副長官補（事態対処・危機管理担当）へ改組　スタッフ集団の通称は「安危室」から「事態室」へ
2014/01/15	「新総合特別事業計画」認定
2014/01/21	第1回福島・国際研究産業都市（イノベーション・コースト）構想研究会　開催
2014/02/19	規制委、基準地震動・基準津波高確定後の重大問題なき原発の審査を優先する方針決定
2014/03/31	環境省、福島県以外の震災がれき処理終了と公表
2014/04/01	東京電力　社内カンパニー制導入「福島第一廃炉推進カンパニー」を設置

年月日	事象
2014/04/01	田村市の避難指示解除準備区域を解除
2014/04/11	第4次エネルギー基本計画　閣議決定
2014/06/11	改正電気事業法成立、電力小売り2016年全面自由化へ
2014/08/21	支援機構に廃炉支援業務付与：「原子力損害賠償・廃炉等支援機構」の発足
2014/09/01	福島県が中間貯蔵施設建設受け入れを容認
2014/09/10	政府、第4次エネルギー基本計画に基づく川内原発再稼働方針を表明
2014/09/11	吉田調書公開
2014/10/01	川内村の避難指示解除準備区域を解除、居住制限区域を避難指示解除準備区域に再編
2014/10/08	原子力規制委員会が緊急時の避難にSPEEDIの計算結果を使用しないことを決定
2014/10/14	「内閣府政策統括官（原子力防災担当)」、「内閣府（原子力防災担当)」設置
2014/10/14	「原子力災害対策マニュアル」見直し
2014/10/26	福島県知事選挙　内堀雅雄氏当選
2014/12/22	福島第一原発4号機使用済燃料プールからの燃料取り出し完了
2015/03/01	常磐自動車道全線再開通
2015/03/13	中間貯蔵施設への汚染土壌の搬入開始
2015/04/08	福島県立ふたば未来学園高校開校
2015/04/14	福井地裁、高浜原発3、4号機の運転差し止めを仮処分
2015/04/27	「日米防衛協力のための指針」（ガイドライン）改定
2015/06/12	「原子力災害からの福島復興の加速に向けて」改訂を閣議決定
2015/07/16	「長期エネルギー需給見通し」発表
2015/08/11	川内原発1号機が再稼働
2015/08/24	福島相双復興官民合同チーム　発足
2015/09/05	楢葉町の避難指示解除準備区域を解除
2015/12/24	福井地裁、仮処分取り消し　高浜原発の再稼働認める
2016/02/29	東京電力　勝俣元会長ら旧経営陣3人　業務上過失致死傷罪で強制起訴（東電刑事裁判・東電強制起訴公判）
2016/03/30	県民健康調査中間とりまとめ
2016/04/01	東京電力　ホールディングカンパニー制に移行

年月日	事象
2016/04/01	電力の小売全面自由化開始
2016/04/16	熊本地震（前震は14日）
2016/06/03	トリチウム水タスクフォース報告書　公開（トリチウム水に関する各種基礎情報を整理）
2016/06/12	葛尾村の避難指示解除準備区域及び居住制限区域を解除
2016/06/14	川内村の避難指示解除準備区域を解除
2016/07/12	南相馬市の避難指示解除準備区域及び居住制限区域を解除
2016/10/05	第1回　経済産業省　東京電力改革・1F問題委員会（以下東電・1F委員会）
2016/12/20	東電・1F委員会　「東電改革提言」発表
2016/12/21	原子力関係閣僚会議により、「もんじゅ」の廃炉決定
2017/03/31	帰還困難区域を除き、除染作業終了
2017/04/01	富岡町の避難指示解除準備区域及び居住制限区域を解除
2017/05/18	「新々・総合特別事業計画」認定
2017/06/30	東電旧経営陣3人初公判
2017/07/25	福島県、一般財団法人「福島イノベーション・コースト構想推進機構」設立
2017/11	凍土遮水壁　一部を除き概ね完成
2017/12/25	特定復興再生拠点区域　除染開始
2018/06/28	平成30年7月豪雨（西日本豪雨）
2018/07/03	第5次エネルギー基本計画　閣議決定
2018/08/30	トリチウム水処分をめぐる公聴会初実施
2018/09/06	北海道胆振東部地震
2018/10/28	福島県知事選挙　内堀雅雄氏再選
2019/04/10	大熊町の避難指示解除準備区域を解除
2019/04/15	福島第一原発3号機で使用済み核燃料の取り出し開始
2019/09/19	東電強制起訴公判　判決公判（東京地裁）　旧経営陣3人に対して無罪判決
2019/12/20	復興庁の設置期限を2030年度末までに延長する新復興基本方針を閣議決定
2020/01/14	WHOが新型コロナウイルスを確認
2020/01/31	多核種除去設備等処理水の取扱いに関する小委員会
2020/03/04	双葉町一部区域の避難指示区域指定を解除

年月日	事象
2020/03/14	常磐線全線運転再開（常磐線富岡～浪江間再開通）
2020/06/28	新型コロナウイルス感染者が世界で1,000万人を超える
2020/09/20	東日本大震災・原子力災害伝承館開館

〈福島原発事故10年検証委員会　プロジェクトメンバーリスト〉

【座長】
鈴木 一人（すずき　かずと）
東京大学公共政策大学院教授。専門は国際政治・宇宙政策・科学技術と行政。
[序章・終章]

【委員】
久郷 明秀（くごう　あきひで）
株式会社三菱総合研究所 主席専門研究員。博士（エネルギー科学）。元 一般社団法人 原子力安全推進協会 執行役員国際連携室長。
[第1章]

奥山 俊宏（おくやま　としひろ）
朝日新聞 編集委員。著書『秘密解除 ロッキード事件』で司馬遼太郎賞、日本記者クラブ賞を受賞。その他の著書に『内部告発の力』、『ルポ 東京電力 原発危機1カ月』など。
[第2章]

関谷 直也（せきや　なおや）
東京大学大学院情報学環 総合防災情報研究センター 准教授、総長補佐。福島大学食農学類客員准教授。政府事故調政策・技術調査参事など。専門は災害情報論、社会心理学。
[第3章]

千々和 泰明（ちぢわ　やすあき）
防衛省防衛研究所 戦史研究センター 安全保障政策史研究室 主任研究官。博士（国際公共政策）。
[第4章]

小林 祐喜（こばやし　ゆうき）
公益財団法人 笹川平和財団 安全保障研究グループ 研究員。博士（原子力安全・レジリエンス）。元河北新報社報道部記者。
[第5章]

磯部 晃一（いそべ　こういち）
一般財団法人アジア・パシフィック・イニシアティブ シニアフェロー。元陸上自衛隊東部方面総監／陸将。震災時に防衛省統幕部長として日米調整に当たる。2019年、『トモダチ作戦の最前線―福島原発事故に見る日米同盟連携の教訓―』で猪木正道特別賞受賞。
[第6章]

開沼 博（かいぬま　ひろし）
立命館大学衣笠総合研究機構 准教授。
[第7章]

【エディター】
船橋 洋一（ふなばし　よういち）
一般財団法人アジア・パシフィック・イニシアティブ 理事長。元朝日新聞社主筆。
[はじめに]

〈福島原発事故後10年の検証プロジェクト事務局〉

船橋 洋一　　プログラム・ディレクター
柴田 なるみ
瀬戸 崇志

索 引

こ

福島原発事故10年検証委員会
民間事故調最終報告書

発行日　2021年2月20日　第1刷

Author　　　　　一般財団法人　アジア・パシフィック・イニシアティブ
Book Designer　國枝達也（カバーデザイン）　株式会社RUHIA（本文デザイン）

Publication　　株式会社ディスカヴァー・トゥエンティワン
〒102-0093　東京都千代田区平河町2-16-1　平河町森タワー11F
TEL　03-3237-8321（代表）　03-3237-8345（営業）
FAX　03-3237-8323
http://www.d21.co.jp

Publisher　　　谷口奈緒美
Editor　　　　　藤田浩芳　渡辺基志

Store Sales Company

梅本翔太　飯田智樹　古矢薫　佐藤昌幸　青木翔平　小木曽礼丈　小山怜那　川本寛子
佐竹祐哉　佐藤淳基　竹内大貴　直林実咲　野村美空　廣内悠理　井澤徳子　藤井かおり
藤井多穂子　町田加奈子

Online Sales Company

三輪真也　榊原僚　磯部隆　伊東佑真　川島理　高橋雛乃　滝口景太郎　宮田有利子
石橋佐知子

Product Company

大山聡子　大竹朝子　岡本典子　小関勝則　千葉正幸　原典宏　藤田浩芳　王廳
小田木もも　倉田華　佐々木玲奈　佐藤サラ圭　志摩麻衣　杉田彰子　辰巳佳衣　谷中卓
橋本莉奈　林拓馬　牧野類　三谷祐一　元木優子　安永姫菜　山中麻吏　渡辺基志
小石亜季　伊藤香　葛目美枝子　鈴木洋子　畑野衣見

Business Solution Company

蛯原昇　安永智洋　志摩晃司　早水真吾　野﨑竜海　野中保奈美　野村美紀　林秀樹
三角真穂　南健一　村尾純司

Ebook Company

松原史与志　中島俊平　越野志絵良　斎藤悠人　庄司知世　西川なつか　小田孝文
中澤泰宏

Corporate Design Group

大星多聞　堀部直人　岡村浩明　井筒浩　井上竜之介　奥田千晶　田中亜紀　福永友紀
山田諭志　池田望　石光まゆ子　齋藤朋子　福田章平　俵敬子　丸山香織　宮崎陽子
青木涼馬　岩城萌花　大竹美和　越智佳奈子　北村明友　副島杏南　田中真悠　田山礼真
津野主揮　永尾祐人　中西花　西方裕人　羽地夕夏　原田愛穂　平池輝　星明里
松川実夏　松ノ下直輝　八木眸

Proofreader　　文字工房燦光
DTP　　　　　　株式会社RUHIA
Printing　　　日経印刷株式会社

Discover

人と組織の可能性を拓く
ディスカヴァー・トゥエンティワンからのご案内

本書のご感想をいただいた方に
うれしい特典をお届けします！

特典内容の確認・ご応募はこちらから

https://d21.co.jp/news/event/book-voice/

最後までお読みいただき、ありがとうございます。
本書を通して、何か発見はありましたか？
ぜひ、感想をお聞かせください。

いただいた感想は、著者と編集者が拝読します。

また、ご感想をくださった方には、お得な特典をお届けします。